J. A. F. Verdy du Vernois

Studien über den Krieg

Auf Grundlage des deutsch-französischen Krieges 1870-71

J. A. F. Verdy du Vernois

Studien über den Krieg
Auf Grundlage des deutsch-französischen Krieges 1870-71

ISBN/EAN: 9783744634991

Hergestellt in Europa, USA, Kanada, Australien, Japan

Cover: Foto ©ninafisch / pixelio.de

Weitere Bücher finden Sie auf **www.hansebooks.com**

Studien über den Krieg.

Auf Grundlage des
deutsch=französischen Krieges 1870/71

von

J. v. Verdy du Vernois,
General der Infanterie,
Chef des Infanterie-Regiments Graf Schwerin (3. Pommersches) Nr. 14.

— — — —

Erster Theil:
Ereignisse in den Grenzbezirken.
(Vom 15. Juli bis 2. August 1870.)

EMS

Mit zwei Uebersichtskarten, einem Plan und einer Skizze.

Berlin 1892.
Ernst Siegfried Mittler und Sohn
Königliche Hofbuchhandlung
Kochstraße 68—70.

Inhalt des ersten Theiles.

Quellen zum ersten Theil.

1. Kriegsarchiv des Großen Generalstabes.
2. Generalstabswerk: Der Deutsch-Französische Krieg 1870/71. Berlin 1874—1881. E. S. Mittler & Sohn, Königl. Hofbuchhandlung.
3. Gisevius, Das Hohenzollernsche Füsilier-Regiment Nr. 40 1870/71. Berlin 1875 ebendaselbst.
4. Frhr. v. Schrötter, Geschichte des 7. Rheinischen Infanterie-Regiments Nr. 69. 1860—1885. Berlin 1885 ebendaselbst.
5. v. Brebow, Geschichte des 2. Rheinischen Husaren-Regiments Nr. 9. Berlin 1889 ebendaselbst.
6. Kusenberg, Geschichte des Rheinischen Ulanen-Regiments Nr. 7. 1815 bis 1890. Berlin 1890 ebendaselbst.
7. Frossard, Rapport sur les opérations du deuxième corps etc. Paris 1871. J. Dumaine.
8. Failly, Opérations et marches du 5e corps jusqu'au 31 Août 1870. Bruxelles. Lebègue et Cie.
9. Dick de Loulay, Français et Allemands, Histoire anecdotique de la guerre de 1870—71. Deuxième édition. Paris, Garnier Frères, Éditeurs. Tome II, 1888.

1. Allgemeine Uebersicht der Ereignisse vom 15. Juli bis zum 2. August.

(Hierzu Skizze 1.)

Die französische Heeresleitung war sich im Jahre 1870 der Ueberlegenheit der vereinigten deutschen Streitkräfte wohl bewußt; sie gab sich indeß der Hoffnung hin, durch die Schnelligkeit der Bewegungen dieses Verhältniß zu ihren Gunsten umgestalten zu können. Indem sie sich den Vorsprung in der Mobilmachung und Versammlung der Truppen wahrte, glaubte sie sich befähigt, dem Gegner auch im Angriff zuvorzukommen und hoffte, durch ein überraschendes Ueberschreiten des oberen Rheins eine Trennung von Süd- und Norddeutschland herbeizuführen.

Demgemäß wurde der sofortige Aufmarsch der französischen Hauptkräfte (4 Korps) an der Mosel um Metz und Diedenhofen, bez. Nancy, angeordnet, während 2 Korps im Elsaß sich versammelten. Ein Korps sollte bei Bitsch vorläufig die Verbindung zwischen beiden Gruppen unterhalten, ein weiteres bei Châlons als allgemeine Reserve verfügbar bleiben.*)

Die Befehle zur Einberufung der Reserven ergingen in Paris am 15. Juli früh; schon am 16. begann der Transport des zur Zeit im Lager von Châlons versammelten 2. Armeekorps in die Gegend von St. Avold als Avantgarde der nördlichen Gruppe.

Die Ueberführung dieses Korps war am Abend des 18. Juli vollendet. Der Kommandirende desselben, General Frossard, erhielt die Weisung, die Masse seiner Truppen nicht über St. Avold vor-

---

*) Siehe Anlage 1: Ordre de bataille der französischen Armee.

v. Berdy, Studien über den Krieg. Heft 1.   1

zuschieben, bis zur Grenze jedoch aufzuklären, ohne indeß irgend eine größere Abtheilung dabei einer gefährdeten Lage auszusetzen.*)

An demselben Tage hatte das 5. französische Korps (Failly) etwa 18 Bataillone von zwei seiner Infanterie=Divisionen bei Bitsch vereinigt, während seine dritte Infanterie=Division sich bei Hagenau versammelte. Von der Kavallerie=Division des Korps kam eine Brigade nach Niederbronn, von der andern je ein Regiment nach Bitsch und Rohrbach.

Das 1. Armeekorps versammelte sich bei Straßburg; die Zu=sammenstellung des 7. Korps sollte sich theils bei Colmar, theils um Belfort vollziehen.

Dies waren im Wesentlichen diejenigen Anordnungen, welche die Sicherung der Grenze, wie die des Aufmarsches der Armee in sich schlossen, als am 19. Juli in Berlin die Kriegserklärung übergeben wurde.

Unter dem Schutze der zunächst anlangenden Abtheilungen er=folgte die Versammlung der übrigen Heereskörper, sowie gleichzeitig die Vervollständigung der Kriegsformationen, da die Truppen ihre Garnisonen verlassen mußten, ohne das Eintreffen ihrer Reserven abzuwarten und ohne ihre Mobilmachung zu vollenden.

Diesem Verfahren gegenüber ging die deutsche Heeresleitung von einer andern Anschauung aus. Auch sie beabsichtigte den An=griff, aber auf der Grundlage einer vollständig planmäßig durch=geführten Mobilmachung und einer geordneten Versammlung der Streitkräfte.

Hierbei mußten die Grenzsicherungen im Wesentlichen den in den betreffenden Bezirken bereits im Frieden befindlichen Truppentheilen zufallen, deren Zahl auf dem linken Rhein=Ufer, nach Abzug der für die bedrohten Festungen erforderlichen Besatzungen, allerdings nur eine äußerst geringe war.

Der Mobilmachungsbefehl wurde für das gesammte norddeutsche Heer in der Nacht vom 15. zum 16. Juli ertheilt,

---

*) Rapport sur les opérations du deuxième Corps par le général Frossard; pag. 7: „Le ministre prescrirait au commandant de ce corps par une dépêche du 16, de ne pas avancer la masse de ses forces au delà de Saint-Avold mais de s'éclairer militairement jusqu' à la frontière, sans compromettre aucun détachement de quelque importance: ‚Vous serez l'oeil de l'armée' ajontait la dépêche.‟

in derselben Nacht in Baden, am 16. in Bayern, am 17. Juli in Württemberg.

Der Operationsplan stellte als nächstes Ziel hin: „Die Haupt=macht des Gegners aufzusuchen und wo man sie fände, anzugreifen." Die Versammlung sämmtlicher Streitkräfte war dabei an der Mosel und in der bayerischen Pfalz in Aussicht genommen.

Zur Durchführung wurden die vorhandenen Streitkräfte in drei Armeen und eine Reserve gegliedert.

Die Korps der I. Armee (VII. und VIII.) sollten sich an der Mosel versammeln; die Garnisonen von Trier und Saarbrücken als kleine Avantgarden vorgeschoben bleiben.

Für die II. Armee (4 Armeekorps) war ein Vorrücken durch die bayerische Pfalz in Aussicht genommen und zwar so weit, als die dortigen Bahnen noch mit Sicherheit befahren werden konnten, worüber die Abtheilung in Saarbrücken rechtzeitig zu unterrichten vermochte.

Die III. Armee hatte zwei preußische und die beiden bayerischen Korps um Landau, die badische und württembergische Division zu=nächst zwischen Rastatt und Karlsruhe zu vereinigen, um sie, je nachdem sich am oberen Rhein die Absichten des Feindes entwickelten, auf dem rechten oder linken Ufer des Stromes gemeinschaftlich zu verwenden.

Die Reserve bildeten in erster Linie das preußische IX., sowie das königlich sächsische (XII.) Armeekorps, welche vorwärts Mainz ausgeschifft werden sollten.

Von den noch verbleibenden Truppen wurde die Verwendung des I., II. und VI. Korps vorbehalten, da deren Eisenbahnbeför=derung vorläufig nicht bewerkstelligt werden konnte; die 17. Division sowie 4 Landwehr=Divisionen waren zur Sicherung der Küsten bestimmt.

Auf Grund dieses Operationsplanes standen zum Schutz der Grenzen, bis die Armee ihre Mobilmachung beendet und ihre Ueber=führung auf den Kriegsschauplatz erfolgen konnte, an Truppen zur Verfügung:

Im Regierungsbezirk Trier:
in Trier: Füsilier=Regiment Nr. 40.
1. Bataillon Regiments Nr. 69.
Husaren=Regiment Nr. 9.

in Saarlouis: 2. Bataillon Regiments Nr. 69.

Infanterie-Regiment Nr. 70.

2 Eskadrons Ulanen-Regiments Nr. 7.

in Saarbrücken: Füsilier-Bataillon Regiments Nr. 69.

3 Eskadrons Ulanen-Regiments Nr. 7.

Hiervon gingen jedoch zur Besetzung der Festung Saarlouis im Augenblick der Mobilmachung 6 Bataillone und 1 Eskadron ab, so daß im freien Felde nur 3 Bataillone und 7 Eskadrons verwendbar blieben.

In der bayerischen Pfalz bildeten das 4. und 8. bayerische Infanterie-Regiment die Besatzungen von Germersheim und Landau. Es waren somit hier zunächst nur das 5. Jäger-Bataillon und das 5. Chevauxlegers-Regiment in Zweibrücken, sowie das 1. Bataillon des 7. Infanterie-Regiments in Speyer für den Dienst an der Grenze zur Hand.

Auf dem rechten Rhein-Ufer — im Großherzogthum Baden — befanden sich infolge der geographischen Gestalt des Landes die Garnisonen des größten Theils der Truppen in nächster Nähe des französischen Gebiets, von demselben jedoch durch den Rhein getrennt. Die Division zählte nach erfolgter Mobilmachung, abgesehen von der Besatzung von Rastatt, in ihrer Kriegsformation: 13 Bataillone, 12 Eskadrons, 54 Geschütze und 1 Pionier-Kompagnie.

Vom 19. Juli, dem Tage der Kriegserklärung, an gestalteten sich die Verhältnisse an der Grenze in folgender Weise:

Das 2. französische Korps schob an diesem Tage eine Infanterie-Division mit einer Kavallerie-Brigade als Avantgarde bis Forbach vor, welche ihrerseits am 21. eine Vorhut gegen Spicheren entsandte. Ferner wurde ein Infanterie-Regiment des Korps und Artillerie nach Saargemünd gelegt, um die dortigen Straßen zu sichern und die Verbindung mit dem 5. Korps bei Bitsch zu unterhalten. Der Rest der betreffenden Division nebst der Dragoner-Brigade des Korps rückte nach Bening, wo sich die von Saargemünd und Saarbrücken auf Metz führenden Bahnen vereinigen. Das Korps-Quartier und die dritte Division verblieben vorläufig in St. Avold. Nochmals wurde das Korps darauf hingewiesen: „Nichts vorzeitig einzusetzen."

Weiter nördlich fand die Versammlung des 4. Korps (Ladmirault) um Diedenhofen statt. Auf das Gerücht vom Eintreffen starker preußischer Truppen-Abtheilungen bei Trier wurde dem Korps aufgegeben: eine Avantgarde nach Sierck vorzuschieben, was durch Entsendung einer Division zur Ausführung gelangte.

Hinter dem 2. Korps gruppirten sich die vier Infanterie-Divisionen des 3. Korps (Bazaine) um Metz; während die kaiserlichen Garden zunächst nach Nancy übergeführt wurden.

Vom 24. Juli an fand theilweise eine weitere Entwicklung der französischen Kräfte statt.

Das 3. Korps, angewiesen die Verbindung zwischen dem 2. und 4. Korps herzustellen, rückte nach Bolchen (Boulay) und Umgegend.

Das 4. Korps ging mit einer Division nach Busendorf (Bouzonville), die beiden anderen Divisionen bei Sierck und Diedenhofen belassend.

Das 5. Korps marschirte mit zwei Divisionen von Bitsch nach Saargemünd; diese wurden in ihrer bisherigen Stellung durch die bei Hagenau befindliche Division des Korps ersetzt. Von der Kavallerie verblieb das 12. Chasseur-Regiment bei Niederbronn, das 5. Lancier-Regiment bei dem mit einem Bataillon belegten Rohrbach.

Die kaiserlichen Garden rückten mittelst Fußmarsch von Nancy nach Metz.

An Stelle der von Hagenau abmarschirenden Division des 5. Korps trat eine Infanterie-Division des 1. Armeekorps, während die Kavallerie-Division desselben von Brumath aus je ein Regiment nach Hagenau, Sulz und Hatten vorschob.

Als am 28. Juli Kaiser Napoleon in Metz eintraf, zeigte es sich jedoch, daß die Armee noch keineswegs in der Verfassung war, die Offensive zu ergreifen; selbst die Absicht, am 31. die Saar bei Saarbrücken und Saargemünd zu überschreiten, sowie gegen Saarlouis zu demonstriren, mußte aufgegeben werden.

In nicht ausreichender Klarheit über die Bewegungen des Gegners entschloß man sich daher zu einer gewaltsamen Rekognoszirung gegen Saarbrücken, welche am 2. August unter Aufbietung bedeutender Kräfte stattfand und die dort befindliche schwache preußische Abtheilung nöthigte, das linke Ufer der Saar zu räumen.

Der allmäligen Entwicklung der französischen Hauptkräfte gegenüber gelangten in den betreffenden Grenzbezirken deutscherseits folgende Anordnungen zur Ausführung:

Die Garnison von Trier gab nach befohlener Mobilmachung ein Bataillon nach Saarlouis, demnächst noch ein zweites Bataillon nach Saarbrücken ab; sie übernahm nunmehr in der Stärke von 2 Bataillonen und 4 Eskadrons die Sicherung an der Mosel und Saar bei Conz und späterhin weiter südlich bis Merzig.

Als gegen Ende Juli die Spitzen des VII. Armeekorps sich Trier näherten, wurde diese Abtheilung in Richtung auf Saarbrücken zur Vereinigung mit ihrer Division in Bewegung gesetzt.

Die Besatzung von Saarlouis — 6 Bataillone, 1 Eskadron — vermochte ihre Thätigkeit nur auf die nächste Umgebung der Festung auszudehnen; sie stellte im letzten Drittel des Monats die Verbindung mit Merzig durch Besetzung von Rehlingen und mit Saarbrücken durch Entsendung eines Bataillons und eines Theils der Ulanen-Eskadron nach dem Uebergange von Völklingen her.

Aus Saarbrücken rückte das dort garnisonirende Bataillon ebenfalls nach Saarlouis ab und wurde durch ein Bataillon des Regiments Nr. 40 aus Trier ersetzt. Dieses Bataillon wie die drei Ulanen-Eskadrons verblieben bis zum 2. August bei Saarbrücken, unter gleichzeitiger Beobachtung von Saargemünd.

Die nächsten befreundeten Truppen nach der Pfalz zu standen in Homburg und Zweibrücken. Zur Unterhaltung der Verbindung mit diesen konnte nur eine stehende Offizierspatrouille nach dem Eberstein bei St. Ingbert entsandt werden.

Von den in der Pfalz befindlichen verfügbaren bayerischen Truppen beobachteten das 5. Jäger-Bataillon mit zwei Eskadrons die Wege im Haardtgebirge von Homburg und Zweibrücken bis Vorder-Weidenthal, das Bataillon des 7. Infanterie-Regiments und die beiden anderen Eskadrons der 5. Chevauxlegers die Ebene zwischen Haardtgebirge und Rhein.

Da diese Sicherungen jedoch nicht ausreichend erschienen, entschloß man sich, weitere Verstärkungen, zum Theil noch vor vollendeter Mobilmachung, heranzuziehen. Für den rechten Flügel wurde das preußische Dragoner-Regiment Nr. 5 bestimmt, welches in beschleunigten Märschen von Frankfurt a. M. und Mainz her am 26. Juli bei Einöd eintraf. Es übernahm von Lautzkirchen und Zweibrücken aus (mit einer in letzterem Ort verbliebenen bayerischen Jäger-Kompagnie) die Ueberwachung der Straßen auf Saargemünd und Bitsch.

Zur Verstärkung des linken Flügels wurden bayerische Truppen, im Ganzen 8 Bataillone, 4 Eskadrons und 2 Batterien, in der Zeit vom 22. bis 24. Juli mittelst Bahn aus verschiedenen Garnisonen herangezogen. Dieselben, zur 4. Division (Generallieutenant Graf

Bothmer) gehörend, fanden zwischen dem Klingbach und der Lauter gruppenweise Aufstellung: ihre Vortruppen überwachten das feindliche Gebiet von Weißenburg bis Lauterburg.

Letzterer Ort wurde gleichzeitig von Hagenbach aus beobachtet, wohin vom 18. ab die badische Division ein Bataillon und eine Escadron vom rechten Rhein=Ufer vorschob, unter gleichzeitiger Besetzung des Ueberganges bei Maxau, welcher demnächst durch Stromsperren, Anlage eines Brückenkopfes und Batterien gesichert wurde.

Unter dem Schutze der vorgeworfenen bayerischen Truppen trafen in der Pfalz vom 25. Juli an die Transporte der Armeekorps, welche die III. Armee bilden sollten, unausgesetzt ein.

Auf dem rechten Ufer des oberen Rheins hatte inzwischen vom Tage der Mobilmachung an eine den allgemeinen Operations= absichten entsprechende Gruppirung der badischen Truppen statt= gefunden.

Der bezügliche Entwurf des Chefs des Generalstabes der deutschen Armeen, Generals v. Moltke, ging von der Wahrscheinlichkeit aus, daß die Franzosen ihre erste Versammlung auf der Linie Metz— Straßburg bewirken würden, „um mit Umgehung unserer starken Rheinfront gegen den Main vorzugehen, Nord= und Süddeutschland zu trennen".

In der betreffenden Denkschrift heißt es dann weiter:

„Die Aussicht auf leichte Erfolge könnte wohl die Franzosen bestimmen, mit einem Theil ihrer Streitmacht von Straßburg aus gegen Süddeutschland vorzugehen. Eine Operation rheinaufwärts in die Flanke dieses Marsches wird indeß jedes weitere Vordringen über den Schwarzwald hinaus verhindern und den Gegner zwingen, sich erst gegen Norden Luft zu machen."

„Hat das badisch=württembergische Korps sich unserem linken Flügel angeschlossen, so sind wir in der Lage, von der Pfalz aus, dasselbe so zu verstärken, daß eine nahe Entscheidung schon in der Höhe von Rastatt gesucht werden darf, bei deren glücklichem Ausgang der Rückzug dem Gegner gefährlich werden muß."

Den hier entwickelten Gesichtspunkten wurde vom ersten Augen= blick an, als sich die politischen Verhältnisse in bedrohlicher Weise gestalteten, Rechnung getragen.

Um nicht durch einen plötzlichen Vorstoß von Straßburg her einen Theil der badischen Truppen nach Osten aus der Richtung der beabsichtigten Versammlung nördlich Rastatt abgedrängt zu sehen, war die sofortige Vereinigung sämmtlicher badischen Truppen nördlich dieser Festung sicher zu stellen.

Die in Freiburg und Konstanz garnisonirenden Truppen wurden daher bereits am 16. Juli mittelst Bahn nach Rastatt verlegt, woselbst am 17. aus Frankfurt und Coblenz das Pommersche Füsilier-Regiment Nr. 34 und eine Mineur-Kompagnie zu ihnen stieß.

An diesem Tage stand die badische Kavallerie-Brigade um Karlsruhe vereinigt, den Rhein aufwärts bis zum Einfluß der Lauter überwachend; am 23. Juli war die gesammte badische Feld-Division bereits zwischen Karlsruhe und Mörsch versammelt und bis auf die Trains vollständig marschfähig; ihre Avantgarde — 3 Bataillone, 4 Eskadrons und 2 Batterien — wurde bis an die Murg vorgeschoben.

Eine Verstärkung war außerdem der Division bereits am Tage vorher auf Anordnung aus Berlin durch das Eintreffen von zehn württembergischen Eskadrons bei Durlach zugegangen; einige Tage später traf auch die württembergische Infanterie-Division nördlich Karlsruhe ein.

Hinter der vordersten Linie der Grenzbesatzungen hatten inzwischen die Truppenbewegungen auf deutscher Seite behufs der Versammlung in Armeen ihren Fortgang genommen, wobei jedoch das Vorwerfen der französischen Streitkräfte in ihrem unfertigen Zustande nicht ohne Einfluß geblieben war:

In Bezug hierauf sagt das Geschichtswerk des preußischen Generalstabes:

„Sehr bald hatten die Nachrichten nicht mehr daran zweifeln lassen, daß die französischen Truppen wirklich im Abrücken gegen die Grenze begriffen waren, ohne das Eintreffen ihrer Reserven abzuwarten und ohne die Mobilmachung in den Garnisonen überhaupt zu vollenden."

„Die bloße Störung der Mobilmachung eines Theiles der preußischen 16. Division erschien nicht als das Ziel, welches eine so außergewöhnliche und an sich bedenkliche Maßregel rechtfertigte."

„Es war nicht anzunehmen, daß der Gegner sich der Vortheile einer geordneten Mobilmachung und der Organisirung seiner Streitkräfte begeben würde, ohne dafür die Erreichung größerer Zwecke wenigstens anzustreben. Man durfte vielmehr gewärtigen, daß die

Franzosen mit allen zunächst verfügbaren Truppen, und zwar im ersten Augenblick mit entschiedener Ueberlegenheit, die Grenze der Rheinprovinz und der Pfalz überschreiten würden, um den Aufmarsch des deutschen Heeres diesseits des Rheins zu verhindern."

„Welches auch die Konsequenzen dieses Verfahrens waren, für den Augenblick drohte eine Störung, der zuvorgekommen werden mußte."

Diese Störung konnte sich im Wesentlichsten indeß nur auf die II. Armee beziehen. An diese ging daher bereits am 23. Juli Befehl:

Das III. und X. Korps schon bei Bingen auszuschiffen, das Garde- und IV. Korps bei Mannheim, die 25. (Großherzoglich Hessische) Division sollte am 25. Gernsheim, am 26. Worms erreichen.

Das III. und IV. Korps hatten demnächst Avantgarden über Kreuznach bezw. Dürckheim vorzuschieben.

Infolge der getroffenen Anordnungen waren die beiden Korps der I. Armee am 2. August so weit gelangt, daß sie am folgenden Tage in der Linie Losheim—Wadern aufzumarschiren vermochten.

Die Abtheilungen bei Saarbrücken und Völklingen waren daher in der Zeit vom 19. bezw. 22. Juli bis zum 1. August, an welchem Tage die von der Bewachung der Saar weiter unterhalb abgelösten beiden Bataillone des Regiments Nr. 40 und die Husaren Nr. 9 in ihrer Nähe eintrafen, den französischen Massen gegenüber auf ihre eigenen Kräfte angewiesen.

Auch die Dragoner Nr. 5 und die bayerischen Abtheilungen bei Zweibrücken und Pirmasens konnten auf eine wirksame Unterstützung durch die II. Armee im Laufe des Juli nicht rechnen. Erst am 2. August erreichten die vordersten Korps derselben Meisenheim, Kirchheimbolanden und Kaiserslautern, die darüber hinaus vorgeschobene Kavallerie Tholey, St. Wendel und Schvenenberg. Nur einzelne Abtheilungen derselben waren bereits am Tage vorher in Pirmasens und in der Gegend von Homburg eingetroffen.

Die allgemeinen Verhältnisse gestatteten indessen von diesem Tage an die Ausschiffungspunkte für die noch fehlenden Abtheilungen der II. Armee, sowie für die außerdem noch heranzuziehenden Korps wieder bis Birkenfeld und Kaiserslautern vorzuschieben.

Günstiger gestalteten sich die Verhältnisse im südöstlichen Theile der Pfalz, wo die Grenzbezirke selbst das Aufmarschgebiet der III. Armee bildeten, indem die Verstärkungen für das bayerische Bataillon und die beiden Eskadrons bereits vom 22. Juli an in ununterbrochener Reihenfolge daselbst eintrafen.

Den zunächst herangezogenen bayerischen Truppen (8 Bataillone, 4 Eskadrons, 2 Batterien) folgten vom 25. bis 27. Juli das XI. und von letzterem Tage an das V. Korps, welche sich um Landau versammelten.

In den ersten Tagen des August trafen ferner das I. bayerische Korps bei Speyer, die noch fehlenden Theile des II. Korps bei Neustadt ein.

Abgesehen von der badischen und württembergischen Division, deren Heranziehung frühzeitig zu ermöglichen war, vermochte man hier jedem Vorstoß von Süden her sehr bald mit ausreichenden Kräften unmittelbar an der Grenze entgegenzutreten.

Als die Zeit verging, ohne daß jedoch eine französische Offensive erfolgte, wurde in Rücksicht auf die Operationen der gesammten Streitkräfte vom Oberkommando der III. Armee Befehl am 30. Juli gegeben, daß sich die badische Division bei Karlsruhe, die württembergische bei Graben zusammenziehen sollten. Am 2. August finden wir — im Begriff, sich den anderen Korps der III. Armee anzuschließen — die Badenser bei Pforz und Hagenbach bereits auf dem linken Ufer des Rheins, die Württemberger noch auf dem rechten Ufer bei Knielingen.

An demselben Tage wurden die übrigen Korps der III. Armee in Biwaks zusammengezogen, in der Absicht, am 4. August die Offensive mit den gesammten Kräften zu ergreifen.

Zu erwähnen ist noch, daß für den Fall eines Vorstoßes des Gegners auf das rechte Rhein-Ufer die Zerstörung der im Rhein- und Kinzig-Thale befindlichen Bahnen, sowie der nach Stuttgart führenden Kniebis-Straßen in Aussicht genommen, und für diesen Zweck eine kleinere Truppen-Abtheilung in Oberkirch 2c. bis zum Abmarsch der badischen Division aufgestellt worden war. Außerdem trat auf Veranlassung des württembergischen Kriegsministeriums in den letzten Tagen des Juli eine fliegende Kolonne (6. württembergisches Infanterie-Regiment, 1 Ersatz-Eskadron und 1 Ersatz-Batterie) im südlichen Theile des Schwarzwaldes in Thätigkeit.

Bemerkungen zu der Uebersicht der Ereignisse vom 14. Juli bis zum 2. August.

(In Rücksicht auf die Ereignisse in den Grenzbezirken.)

Unter den in der Uebersicht dargelegten Verhältnissen beschränkte sich die gesammte kriegerische Thätigkeit in den Grenzbezirken während der ersten 14 Tage nach erfolgter Kriegserklärung auf den Zusammenstoß von Patrouillen und Rekognoszirungs-Abtheilungen und trug im Wesentlichen nur den Charakter gegenseitiger Beobachtung.

Selbst das Gefecht von Saarbrücken am 2. August ging über den Zweck einer größeren Rekognoszirung nicht hinaus.

Gleichwohl standen schon vor dem 19. Juli Abtheilungen beider Gegner an den Grenzen sich auf nur geringen Entfernungen gegenüber; auf der einen Seite große Heereskörper oder deren Avantgarden, auf der andern kleine Abtheilungen von Infanterie und Kavallerie, welche nur unmittelbar zu beiden Seiten des Rheins in den nächsten Tagen auf die ungefähre Stärke von je einer Division anwuchsen.

Es fragt sich, ob auch in Zukunft beim Ausbruch europäischer Kriege auf ähnliche Erscheinungen zu rechnen ist.

Daß sich genau dasselbe Bild wiederholen sollte, welches sich in Bezug auf die einschlagenden Verhältnisse im Jahre 1870 entrollt hat, dürfte nur ganz ausnahmsweise zu erwarten sein.

Dagegen ist nicht von der Hand zu weisen, daß beim Ausbruch eines zukünftigen Krieges die an den Grenzen sich abspielenden Ereignisse einen größeren Umfang annehmen können und alsdann auch an Bedeutung gewinnen werden.

Ein weiteres Eingehen auf diese Ansicht wird nach genauer Kenntnißnahme von den Aufgaben, welche die Grenz-Detachements im Jahre 1870 zu erfüllen hatten, am Platze sein.

Im Allgemeinen aber läßt sich bereits an dieser Stelle hierüber Folgendes bemerken:

Es bleibt in Bezug auf die Verhältnisse an den Grenzen auch für die Zukunft bestehen:

die Nothwendigkeit, den Gegner vom ersten Augenblick an zu beobachten und dazu bestimmte Abtheilungen zu verwenden.

Auch wird ferner die Absicht: noch vor Beginn der großen Operationen das eigene Gebiet zu sichern, soweit dies irgend möglich ist,

zu entsprechenden Maßnahmen führen. Schon rein militärische Rück=
sichten der Mobilmachung bedingen dies (Einberufung der Mann=
schaften, Pferdeaushebung, Rückführung der Bestände, des Eisenbahn=
materials u. s. w. in den bedrohten Bezirken).

Ebenso wird in den meisten Fällen — insbesondere bei beab=
sichtigter Offensive — das Bestreben vorwalten, bei Versammlung
der Streitkräfte die Ausschiffungspunkte so weit als angängig nach
vorwärts zu verlegen, wodurch das weitere Vorschieben von Abthei=
lungen, welche die Deckung übernehmen und gefährdete Bahnstrecken
schützen, erforderlich wird.

Dagegen kommt für eine etwa anderweitige Gestaltung zukünftiger
Verhältnisse in Betracht:

der Umstand, daß das Vorwerfen der gesammten Streitkräfte
eines Landes an die Grenzen in völlig unfertigem Zustande nur als
ein ganz ausnahmsweises Verfahren sich wiederholen dürfte;

die seit 1870 bei den meisten großen Mächten stattgefundene
bedeutende Verstärkung der Friedens=Garnisonen in den Grenzbezirken,
sowie deren theilweise höhere Kriegsbereitschaft;

ferner:

daß dem Gedanken einer offensiven Thätigkeit an den Grenzen
noch vor Beginn der großen Operationen in theoretischen Be=
trachtungen eine weitgehende Bedeutung eingeräumt worden ist.

Im Jahre 1870 findet man in Frankreich, vor Beginn des
Krieges, abgesehen von der Rhein=Linie und Hagenau, in den Grenz=
bezirken fast nur die Besatzungen der Festungen (Diedenhofen, Metz
u. s. w.), welcher diese anfangs für ihre eigenen Zwecke bedurften.

An den deutschen Grenzen waren für die Verwendung im freien
Felde, von Conz an der Saar bis zur Mündung der Lauter in den
Rhein, nicht mehr als 5 Bataillone und 11 Eskadrons verfügbar,
deren Verstärkung von rückwärts her, für den größten Theil der
langen Linie sogar nur aus weiter Entfernung, erfolgen konnte.

Allerdings traten im Jahre 1870 Angriffsbewegungen oder
Störungen auf feindlichem Gebiet in irgend bemerkenswerther Weise
vor dem 2. August nicht hervor.

Auf deutscher Seite gestatteten die Stärkeverhältnisse den feind=
lichen Massen gegenüber solche Unternehmungen im Allgemeinen nicht;
nur die vom Generalstabe des Großen Hauptquartiers ausgehende
Anordnung zur Zerstörung der Bahn Saargemünd—Hagenau bildete
hiervon eine Ausnahme.

Auf französischer Seite unterbindet die wiederholte Weisung, keinen Theil einer Gefahr auszusetzen, den Unternehmungsgeist.

Heutigen Tages stehen sich beispielsweise in dem kleinen Viereck Mörchingen, Nancy, Luneville, Saarburg über 24 Bataillone und mehr als 30 Eskadrons innerhalb eines Tagemarsches Entfernung von der Grenze gegenüber.

Ueberall sind bei fast sämmtlichen Großmächten die Friedens= garnisonen in denjenigen Bezirken vermehrt worden, welche bei Ausbruch eines Krieges mit den Nachbarn von Wichtigkeit werden könnten.

Diese Maßnahmen gehen über die Erfordernisse bloßer Beobachtungen im gegebenen Falle hinaus; sie zeigen das Bestreben, sich in ausreichender Weise gegen Störungen und kleinere Einfälle zu sichern, und bieten in der Masse der Truppen gleichzeitig die Mittel zu Offensivunterneh= mungen, wenn solche unter den sonst obwaltenden Verhält= nissen angezeigt erscheinen sollten.

Mit der Entwicklung größerer Streitkräfte an der Grenze beim Beginn eines Krieges wächst überdies die Möglichkeit von Zusammen= stößen an einzelnen Stellen, ohne daß die oberste Heeresleitung solche beabsichtigt oder zu hindern vermag.

Ein an und für sich unbedeutendes Zusammentreffen kann durch Kampfesmuth und die kameradschaftliche Unterstützung benachbarter Abtheilungen größeren Umfang annehmen und an Bedeutung ge= winnen.

Abhängig bleibt jede kriegerische Thätigkeit in diesem Zeitraume allerdings von der beiderseitigen Lage in dem Augenblick, in welchem die Feindseligkeiten beginnen.

Je nach den Möglichkeiten, welche hierbei eintreten können, wird sich auch der Zeitraum bemessen, in welchem Zusammenstöße an der Grenze zu erwarten stehen, bevor die großen Heereskörper sich ein= ander genähert haben. Dieser Zeitraum braucht nur wenige Tage zu umfassen, aber er kann sich auch auf Wochen ausdehnen.

Daß ein Verfahren, wie es die Franzosen 1870 einschlugen, auch in Zukunft von irgend einer kriegführenden Macht wieder auf= genommen werden sollte, damit kann — wie bereits bemerkt — wohl nur ganz ausnahmsweise gerechnet werden.

Immerhin ist ein solches Verfahren bei Erwägungen nicht aus-
zuschließen, denn es sind wohl allgemeine Kriegslagen denkbar, bei
denen die damit verbundenen Nachtheile durch größere Vortheile über-
wogen werden können, nur muß alsdann auch der Versammlung sich
die weitere Vorwärtsbewegung unmittelbar anschließen (sogen. strategischer Ueberfall).

Auch darf man dabei nicht nur das Vorwerfen der gesammten
Armee im Auge behalten; es genügt bereits die Versammlung auch
geringerer Kräfte, welche für einen bestimmten Zweck ausreichen,
um die Feindseligkeiten durch Ueberschreiten der Grenze zu beginnen.

Vornehmlich aber wird die Gestaltung der Verhältnisse an den
Grenzen wesentlich dadurch beeinflußt werden, inwieweit eine der
Parteien einen Vorsprung in der Kriegsbereitschaft erlangt hat und
dadurch in die Lage kommt, früher als der Gegner die Feindseligkeiten zu eröffnen. Es müßte ein besonderer Zufall sein, wenn die
Kriegserklärung in dem Augenblick erfolgen sollte, in welchem man
beiderseits sich in der Lage befände, unmittelbar von den Grenzen
aus mit den großen Operationen zu beginnen. Vielmehr dürfte
darauf zu rechnen sein, daß irgend ein Zeitraum entsteht, in welchem
entweder die beiderseitigen Grenzsicherungen sich im Kriegszustande
gegenüber befinden oder einer der beiden Gegner bereits dem Vorstoße
größerer feindlicher Kräfte ausgesetzt ist. Unter allen Verhältnissen
muß man daher auf den Beginn von Feindseligkeiten vor Eröffnung
der großen Operationen vorbereitet sein.

Auf dieses Gebiet führt uns die erste Anregung, welche wir aus
dem Beginn des Krieges von 1870/71 empfangen.

Bei der Masse der Truppen, die heutigen Tages in solche Lagen
gerathen können, bei der Vielseitigkeit der Verhältnisse, welche durch
die Stärke, das Gelände und die Form der Grenze, sowie durch
mögliche Absichten des Gegners entstehen werden, ist es erforderlich,
den Aufgaben und ihrer Durchführung in gründlicher Weise näherzutreten. Wenn die Lage, wie sie sich 1870 in den Grenzbezirken
herausgestellt hat, auch als eine außergewöhnliche bezeichnet werden
mußte, so bietet sie doch immerhin zahlreiche Anhaltspunkte für hierauf bezügliche Studien.

Ein Eingehen in die Einzelheiten der damaligen Lage dürfte zu
einer Bestätigung der Grundzüge führen, welche weiter oben als auch

noch für die Zukunft gültig aufgestellt sind, gleichzeitig aber auch zu einer Erweiterung derselben, sowie überhaupt zu einer Klärung der Ansichten über ihre etwaige anderweitige Gestaltung.

---

2. Die Aufgaben der Grenzdetachements.

Allgemeines.

Ueber die Anschauungen, von welchen die obere Heeresleitung in Bezug auf die Aufgaben der Grenzdetachements ausging, giebt, wenn auch später bei der Ausführung kleine Aenderungen eintraten, im Geschichtswerke des Generalstabes der Operationsentwurf des Generals v. Moltke Aufklärung. Wir entnehmen demselben Folgendes:

„I. Armee.

„Um die Versammlung des VII. und VIII. Armeekorps an der Mosel zu sichern, wird es nothwendig, die dort garnisonirenden Truppen nicht zurückzuziehen, sondern sie als Avantgarden bei Trier und Saarbrücken zu belassen und zu verstärken."

„Die Postirung an letzterem Ort wird allerdings nur von den dort und in Saarlouis stehenden 2 Bataillonen und 4 Eskadrons gebildet, was jedoch für bloße Beobachtung und Schutz der Eisenbahn gegen kleinere Unternehmungen des Feindes genügt. Ueber nur successive Zerstörung der Bahn wird höhere Anweisung erfolgen und für diesen Zweck dem Detachement eine Eisenbahn-Abtheilung zuzugeben sein. Wenn irgend möglich, wird das Detachement nicht über Neunkirchen hinaus zurückweichen, vielmehr bereits am 12. Tage durch Abtheilungen des III. Armeekorps verstärkt resp. abgelöst werden. Es kehrt dann zu seinem Korps zurück."

„Die Garnison von Trier, 4 Bataillone, 4 Eskadrons und 1 Batterie (welche letztere sofort aus Coblenz abzusenden ist), bildet einen Truppenkörper, welcher, vom Feinde nicht so unmittelbar bedroht und vom Terrain auf das Günstigste unterstützt, sich bei Trier, Schweich oder doch vor Wittlich*) zu behaupten hat. Bereits am

---

*) Nordöstlich von Trier an der Straße nach Coblenz (linkes Mosel-Ufer).

14. Tage treffen dort Abtheilungen zur nachhaltigen Unterstützung ein, ..."

"II. Armee.

"Durch die Postirung bei Saarbrücken event. Neunkirchen wird man unterrichtet sein, wie weit die pfälzischen Bahnen mit Sicherheit zu befahren sind. Auf diesen treffen bereits am 10. Tage vom III. Armeekorps und am 11. Tage vom IV. Armeekorps die ersten Abtheilungen ein . . . ."

"III. Armee.

"Die Postirung einer bayerischen Brigade bei Landau wird bereits am 15. und 16. Tage durch das Einrücken einer der Infanterie=Divisionen des V. Korps unterstützt. Schon am 11. Tage ist die größere Hälfte des theils per Fußmarsch anlangenden XI. Armeekorps versammelt . . . ."

Bemerkungen.

Aus den vorstehenden Anführungen ersieht man, daß die Heeres=leitung die schwachen Detachements von Trier und Saarbrücken als kleine Avantgarden betrachtete, welchen die Beobachtung des Feindes und die Sicherung der Eisenbahnen gegen kleinere Unternehmungen desselben oblag. Beide Detachements wurden vom VIII. Armeekorps gegeben; das eine sollte, wenn gedrängt, in Richtung des Anmarsches der die I. Armee bildenden Kolonnen zurückgehen, das andere in Richtung auf die mittelst Bahn heranzuführenden Korps der II. Armee. Dabei wurden den Detachements bestimmte Punkte gegeben, über die hinaus sie, wenn irgend möglich, nicht zurückweichen sollten; besondere Bestimmungen über Bahnzerstörungen blieben vorbehalten.

In der Pfalz rechnete man dagegen darauf, daß die Aufstellung einer bayerischen Brigade unter Anlehnung an die Festung Landau zur Sicherung des Aufmarsches der III. Armee, welcher in nächster Nähe der Grenze erfolgen sollte, ausreichen würde.

Die gesammten Entwürfe bezogen sich somit auf die Beobachtung des Gegners und die durch die Versammlung bezüglich den Vormarsch der drei Armeen gebotenen Rücksichten.

Ein Operationsplan muß aber so geheim wie möglich gehalten werden; die einzelnen Generalkommandos bekommen nur das, was sie nothwendig von demselben für ihre selbständigen Anordnungen wissen müssen, in Form von Befehlen oder Direktiven übersandt. Die weitere Ausführung wird dann von ihnen nach Lage der örtlichen Verhältniffe und sonstiger Umstände durch Befehle 2c. an die betreffenden Abtheilungen geregelt, die in den Grenzbezirken außerdem noth= wendigen Anordnungen sind dagegen selbständig von den Korps zu treffen. Hierdurch werden sich die Aufgaben der einzelnen Detache= ments oft reichhaltiger und umfaffender gestalten, immerhin aber tritt bei dem Umstande, daß die Versammlung und der Vormarsch der Armeen ihre Grundlage bildet, die Nothwendigkeit für die obere Heeresleitung hervor, diese Detachements noch längere Zeit un= mittelbar in ihrer Hand zu behalten. Erst wenn die Kolonnen der einzelnen Armeen sich diesen als kleine Avantgarden für sie zu be= trachtenden Abtheilungen genähert haben, wird ihre gesammte Ver= wendung von dem Oberkommando der betreffenden Armee oder General=Kommando des bezüglichen Korps 2c. weiter geregelt werden können.

Wo es sich aber um die Versammlung einer Armee unmittelbar in dem Grenzgebiet im engsten Anschluß an die Grenzdetachements handelt, wird das Oberkommando für eine einheitliche Leitung an Ort und Stelle zu sorgen haben, um die Thätigkeit derselben im Einklange mit den in diesem Gebiet stattfindenden Bewegungen der eintreffenden Truppen zu erhalten.

a. Detachement Trier.
(Hierzu Karte 1.)

Die Sicherung der Grenze im Regierungsbezirk Trier fiel der 16. Division zu; wie gezeigt worden ist, blieben ihr für diesen Zweck im freien Felde verfügbar: das Füsilier=Regiment Nr. 40, die Husaren 9 in Trier, sowie 3 Eskadrons Ulanen 7 in Saarbrücken.

In Anbetracht der immer drohender sich gestaltenden politischen Lage waren bereits am 12. Juli der Division vom Generalkommando aus Cöln Weisungen zugegangen. Wir entnehmen denselben Folgendes:

„. . . die übrigen Truppen (Regiment 40, Husaren 9, 3 Eska= drons Ulanen 7) würden schwächere feindliche Abtheilungen zurückzu= weisen haben, vor überlegenen Kräften aber sich zurückziehen, ohne sich vorher einer Niederlage auszusetzen, sowohl um die Truppen nicht unnütz zu schwächen, als auch dem Feinde nicht den moralischen Erfolg eines siegreichen Gefechts einzuräumen."

„Sollte dagegen der Feind unvorsichtigerweise Gelegenheit geben, kleinere Abtheilungen desselben zurückzuwerfen, so würde dies auf die Stimmung unserer Truppen wie der Landeseinwohner in demselben Maße günstig wirken, wie eine unnöthige Niederlage unsererseits dem Feinde Gelegenheit zu übertriebenen Siegesnachrichten liefern würde."

„Die genaue Beobachtung des Feindes, ein wohlorganisirtes Nachrichtenwesen über seine Bewegungen und Absichten schon jetzt, wie später bei seinem Einrücken in unser Gebiet sind von der höchsten Wichtigkeit, und von der Division sind alle Anstalten zu treffen, um sowohl durch Kundschafter, telegraphische Depeschen der Landräthe u.s.w., wie seiner Zeit Kavalleriepatrouillen, Vorposten, von allem Wichtigen frühzeitig Nachricht zu haben."

„Die 3 Eskadrons Ulanen würden zunächst längs der Eisenbahn über Kirn*) zurückgehen, um möglichst lange, durch Aufheben von Schienen und dergleichen, die Benutzung der Bahn seitens des Feindes zu hindern, während eine gründliche Zerstörung derselben nicht statt= finden darf."

„Ob die 3 Bataillone 40er und die 4 Eskadrons Husaren auf dem linken oder rechten Ufer (Mosel) zurückgehen, muß vorläufig dem Ermessen des Divisionskommandeurs anheimgestellt werden."

„Ein zu frühzeitiges Räumen der Stadt Trier ist zu vermeiden, um so mehr, als bei gehöriger Wachsamkeit der Rückzug von dort auf dem linken Mosel=Ufer nicht wohl gefährdet erscheinen kann."

. . . (Es wurde anheimgegeben, die Brigade=, Regiments= und Bezirkskommandeure nach Trier zu berufen und mündlich ihnen das Erforderliche zu eröffnen.)

Vom 13. Juli an verbreiteten sich in Trier bereits beunruhigende Nachrichten über Ereignisse in Paris, welche dem Divisionskommando in Trier Veranlassung gaben, einige die Mobilmachung vorbereitende Maßregeln zu treffen. Am 15. Juli vermehrten sich diese Gerüchte, namentlich tauchten auch solche auf, welche auf ein Vordringen fran= zösischer Truppen mittelst der Bahn durch luxemburgisches Gebiet hinwiesen. Der Kommandeur der 16. Division sah sich dadurch ver= anlaßt, noch in der Nacht vom 15. zum 16. Truppen aus Trier aus= rücken zu lassen, um gegen Ueberraschung gesichert zu sein; in derselben Nacht traf auch der Befehl zur Mobilmachung bei der Division ein.

---

*) Richtung auf Kreuznach; siehe Skizze 1.

Das Husaren=Regiment Nr. 9 wurde gegen die französische Grenze zur Sicherung in Richtung auf Diedenhofen bis Conz vor= geschoben, das 2. Bataillon des Regiments Nr. 40 zur Beobachtung der luxemburgischen Grenze nach Igel und Wasserbillig entsandt. In Trier verblieben zunächst noch die beiden anderen Bataillone des Regiments 40.

Bei den zur Beobachtung bis an den Einfluß der Saar in die Mosel vorgeschobenen Abtheilungen fand in den nächsten Tagen, je nach den einlaufenden Nachrichten, bald ein Zurückziehen einzelner Theile, bald eine Verstärkung statt, auch wurde die gesammte Auf= stellung durch Besetzung von Saarburg, schließlich sogar bis Merzig, nach Süden ausgedehnt.

Als die Nachrichten auf eine Anhäufung französischer Truppen bei Diedenhofen hinwiesen, erging unter dem 21. Juli seitens des Generalkommandos VIII. Armeekorps an den Kommandeur der 16. Division weitere Weisung:

„Nach den heute hier eingegangenen Nachrichten halte ich es nicht für unwahrscheinlich, daß Euer Excellenz bald an der Conzer Brücke angegriffen und vielleicht durch überlegene Kräfte zur Räumung von Trier genöthigt werden. Die beiden Mosel=Brücken bei Conz und bei Trier werden es ermöglichen, mit Ihrem Detachement auf dem linken Mosel=Ufer zurückzugehen.“

„Eure Excellenz werden es als Ihre nächste Aufgabe dann zu betrachten haben, den Punkt Berncastel*) nicht nur in unserem ungestörten Besitz zu erhalten, sondern auch gegen feindliche Rekognos= zirung zu schützen.“

„Zu diesem Ende erscheint es mir zweckmäßig, daß Euer Ex= cellenz den kleineren Theil Ihres Detachements — etwa 1 Kom= pagnie und 1 Eskadron — auf dem rechten Mosel=Ufer auf Monzel= feld und Longcamp zurückgehen lassen mit dem Auftrage, den Feind fortgesetzt zu beobachten, bei weiter nothwendig werdendem Rückzug aber alle Brücken aufzuheben 2c., um das Folgen des Feindes so sehr als möglich zu verlangsamen.“

„Die letzten Aufgaben würden in gleichem Maße dem auf dem linken Mosel=Ufer hinter den Abschnitt der Salm oder der Lieser zurückgehenden Detachement zufallen.“

---

*) Rechtes Mosel=Ufer, Skizze 1.

„Sobald mir Nachricht zugeht, daß Euer Exzellenz genöthigt werden, Trier zu räumen, werde ich suchen, durch andere disponible Kräfte Ihrem Detachement nach der Gegend Wittlich—Berncastel successive Verstärkungen zugehen zu lassen." —

Das Ende des Monats Juli nahte indeß heran, ohne daß der vermuthete Vorstoß der Franzosen erfolgte. Die Kolonnen der deutschen I. Armee waren inzwischen vom Rhein her im Anmarsch, das VII. Armeekorps erreichte im Vorgehen auf dem linken Mosel-Ufer am 30. und 31. Trier, das VIII. Armeekorps auf dem rechten Ufer mit einer Division die Gegend von Wadern und Hermeskeil, mit der anderen, auf einen Tagemarsch dahinter, Thalfang und Birkenfeld.

Unter diesen Verhältnissen ging bereits am 28. Juli der 16. Division vom Generalkommando Mittheilung über eine anderweitige Anordnung zu, welche mit dem Vormarsche des VIII. Korps und dessen Sicherung in Beziehung stand:

„Habe Kommandantur Saarlouis befohlen, Füsilier-Bataillon 69 und 100 Ulanen nach Völklingen zu legen, um beim feindlichen Vorgehen auf Lebach und Wadern sich zurückzuziehen. Detachement Saarbrücken ist auf eigene Kräfte angewiesen, geht event. längs Eisenbahn zurück. Disposition über Husaren und Truppen Trier Euer Exzellenz überlassen, sowie über 2. Bataillon 29; jedoch Meldung vom Befohlenen."

In Rücksicht auf die Annäherung der Armee und der bevorstehenden Ablösung an der Conzer Brücke durch Truppen des VII. Armeekorps wurde daher am 29. der Schwerpunkt der Trierer Abtheilung mehr nach dem linken Flügel gelegt, durch stärkere Belegung von Saarburg, auch zur Sicherung der Straße Merzig—Wadern, Merzig mit einer Kompagnie, als Unterstützung für eine früher schon dorthin vorgeschobene Husaren-Eskadron besetzt.

Die beiden Bataillone des Regiments 40 und 2 Eskadrons Husaren sollten demnächst zur Vereinigung mit der Division an dieselbe nach Lebach herangezogen werden, 2 Eskadrons an der Saar bei Rehlingen und Dillingen zur Beobachtung verbleiben.

Während der Ausführung ging jedoch in der Nacht vom 30. zum 31. Juli folgendes Telegramm des Generalkommandos ein:

„Beide Bataillone 40, wenn nicht morgen früh feindliches Vorgehen auf Rehlingen, Merzig sie dort fesselt, nach Saarbrücken statt Lebach. Aufgabe: Rückwärtige Stellung zur Sicherung und event.

Aufnahme des Detachements Saarbrücken. Dieses bleibt unter Kommando Pestels. Graf Gneisenau kommandirt alle Truppen vorn, auch Füsiliere 69. Rückzug, wenn nöthig, auf Lebach, wohin morgen 2 Batterien von Wadern beordere. Regiment 29, 1. August Neunkirchen, Regiment 60 Mettnich.

gez. v. Goeben."

Auch dieser Befehl erlitt während des Marsches am 31. eine Abänderung. Die Abtheilung rückte an diesem Tage nach Hilschbach,*) von wo aus sie erst am 31. Nachmittags bis in die Nähe von Saarbrücken vorging.

Bemerkungen zu den Aufgaben des Detachements Trier.

Aus den vorstehenden Anführungen ergiebt sich, daß die der 16. Division zunächst gestellte Aufgabe, soweit das Detachement Trier dabei in Frage kommt, den größten Werth auf die Beobachtung des Gegners legt. Gleichzeitig enthält aber der Auftrag noch die weiteren Weisungen: schwächeren feindlichen Abtheilungen Widerstand zu leisten, vor überlegenen Kräften dagegen den Rückzug anzutreten, ohne sich einer Niederlage auszusetzen,

und:

ein zu frühzeitiges Aufgeben von Trier zu vermeiden.

Als man demnächst ein Vorgehen des Gegners auf Trier für wahrscheinlich hielt, bezogen sich die Direktiven des Generalkommandos vornehmlich auf einen etwaigen Rückzug. Es erweiterte sich dabei die Aufgabe über die Beobachtung hinaus, dahin, daß „Berncastel in unserem ungestörten Besitz zu erhalten sei", also auf die Behauptung eines bestimmten Punktes. Verstärkungen in der Linie Wittlich—Berncastel wurden dabei in Aussicht gestellt. Der Umstand, daß die Vereinigung des VIII. Armeekorps auf dem rechten Mosel-Ufer erfolgen mußte und dazu die weiter von Norden her auf dem linken Ufer anrückenden Theile desselben bei Berncastel die Mosel zu überschreiten hatten, rechtfertigte vollkommen die Anordnung, diesen Punkt zu behaupten.

---

*) Halbwegs Lebach—Saarbrücken.

Eine dritte Veränderung in der Aufgabe der Trier=
Abtheilung tritt ein, als die Kolonnen der I. Armee theils Trier
erreicht haben, theils sich auf dem rechten Mosel=Ufer der Saar=Linie
nähern.

Die Beobachtung des Gegners bleibt als hauptsächlichste Forde=
rung bestehen, aber Trier wie Berncastel verlieren für diese Ab=
theilung ihre Bedeutung, dagegen tritt die Rücksicht auf das im
Anrücken befindliche eigene Armeekorps hinzu. Diese Rücksicht
bedingt, daß man sich in Bereitschaft setzt, die Wege, welche vom
Feinde her in die Anmarschrichtung des Armeekorps führen, zu sichern
und die Abtheilung demnächst in die Eintheilung desselben selbst ein=
zufügen. Da aber die Maßnahmen des Gegners sich nicht im Voraus
übersehen lassen, so ist es nothwendig, daß die Verfügung über die
Truppe dem Kommandeur der 16. Division selbständig überlassen
bleibt; gleichzeitig wird er über die in seiner Nähe dem Feinde
gegenüberstehenden Truppen unterrichtet. (Telegramm des General=
kommandos vom 28. Juli.)

Der letzte hier zur Sprache gekommene Auftrag führt die
Trier=Abtheilung, mit Ausnahme von zwei Eskadrons, welche zur
Beobachtung verbleiben, in die zweite Linie: zur Aufnahme des
Saarbrücker Detachements. Der Augenblick nähert sich, in welchem
das Armeekorps sich zu den Aufgaben der großen Operationen zusammen=
ziehen und alle seine Theile zur Hand haben muß, um sie gemein=
schaftlich für die Gefechtsentscheidungen verwerthen zu können.

b. Detachement Saarbrücken.
(Karte 1.)

Infolge der Mobilmachung verließ das in Saarbrücken stehende
Bataillon Regiments Nr. 69 die Garnison und verstärkte die Be=
satzung von Saarlouis; es wäre mithin noch in Saarbrücken der
Stab und drei Eskadrons Ulanen=Regiments Nr. 7 verfügbar ge=
blieben; diese sehen wir aber ebenfalls die Stadt verlassen. Für
das Verhalten der Ulanen mußte der bereits angeführte Erlaß des
Generalkommandos VIII. Armeekorps vom 12. Juli maßgebend sein,
insbesondere auch der Absatz:

„die drei Eskadrons Ulanen würden zunächst längs der
Eisenbahn über Kirn zurückgehen und möglichst lange durch
Aufheben von Schienen u. dergl. die Benutzung der Bahn seitens

des Feindes hindern, während eine gründliche Zerstörung derselben nicht stattfinden darf."

Daraufhin ist der Befehl ertheilt worden, über Kirn nach Sieg-burg*) zu rücken. Dieser Abmarsch war vom Generalkommando wohl erst beabsichtigt, sobald die Feindseligkeiten begonnen hatten und dann auch nur unter Berücksichtigung des ersten Satzes des Erlasses vom 12. Juli: „die übrigen Truppen würden schwächere feindliche Abtheilungen zurückzuweisen haben, vor überlegenen Kräften aber sich zurückziehen u. s. w."

Von Einfluß auf den sofortigen Abmarsch scheint auch noch ein in der Nacht vom 15. zum 16. Juli — also in derselben Nacht, als auch der Mobilmachungsbefehl eintraf — beim Regiment eingegangenes Telegramm gewesen zu sein, welches lautete:

„Coblenz, den 16. Juli 12 Uhr 44 M. B. M.

Plötzlicher Angriff möglich. Die Ulanen von Saarbrücken sollen beim Rückzug hinter sich an vielen Stellen die Eisenbahn auf Bingen und Kaiserslautern unbrauchbar machen, hierbei jedoch keine größeren Bauwerke zerstören."

Die erforderlichen Mobilmachungsmaßnahmen waren sehr schnell getroffen; bereits um 3½ Uhr früh marschirten die drei Eskadrons nach Ottweiler ab. Dorthin wurden die in Saarlouis stehenden beiden Eskadrons, unter Belassung von 100 Reitern der 1. Eskadron in der Festung, ebenfalls beordert. Am folgenden Tage sollte der Marsch nach Siegburg, dem Mobilmachungsort des Regiments, fort-gesetzt werden.

So trat im Bereich der 16. Division der eigenthümliche Fall ein, daß von Trier aus die Kavallerie, noch bevor der Mobilmachungs-befehl eingetroffen war, zur Beobachtung gegen die Grenze vor-geschickt wurde, die Ulanen in Saarbrücken dagegen nach Eingang des Befehls und vor erfolgter Kriegserklärung ihren Platz an der Grenze räumten und in das Innere des Landes zurückgingen.

Letzteres entsprach weder den Absichten der obersten Heeresleitung noch denen des Generalkommandos, wenngleich dieses durch seine Be-fehle wohl selbst mit Veranlassung zum Abmarsch gegeben hat.

Die angeordneten Störungen der Bahn konnten überdies beim Verlassen von Saarbrücken nicht zur Ausführung gelangen, da zahl-

---

*) Auf dem rechten Rhein-Ufer gelegen.

reiches Eisenbahnmaterial noch zurückzuschaffen war. Der Eisenbahn=
direktor von St. Johann erklärte auf Anfrage:

„Abgang des letzten Zuges von hier noch unbestimmt, daher
Bahn ohne unser Zuthun nicht zu zerstören."

Das Generalkommando war sehr erstaunt über die Meldung,
daß das Regiment nach Ottweiler abmarschirt sei. Es fragte bei
der Division um 11 Uhr 30 Minuten Vormittags an:

„Warum hat 7. Ulanen=Regiment schon Saarbrücken geräumt
und Ottweiler erreicht? Durch das gestrige Telegramm*) kann ein
so frühzeitiger Abzug wohl nicht veranlaßt worden sein. Ist das
Füsilier=Bataillon noch dort?"

Eine Antwort hierauf findet sich in den Akten nicht vor. Das
Ulanen=Regiment erhielt nach seinem Eintreffen in Ottweiler den
Befehl des Generalkommandos: „möglichst bald genaue Nach=
richten über die feindlichen Bewegungen zu senden." In=
folgedessen entschloß sich der Kommandeur, Major Pestel, am 17.
Morgens 4 Uhr wieder auf Saarbrücken zurückzumarschiren; gegen
Mittag bezog bereits eine Eskadron die Vorposten jenseits der Stadt
auf dem linken Ufer der Saar, eine zweite wurde in Bereitschaft
etwa 3 km nördlich Saarbrücken gehalten, die letzte verblieb mit dem
Stabe in Dudweiler.

Während des Vormittags gelangte ein Schreiben des Chefs des
Generalstabes VIII. Armeekorps vom vorigen Tage an den Major
v. Pestel, welches den Inhalt des früheren Erlasses des General=
kommandos vom 12. Juli, sowie das Telegramm vom 16. Juli
12¹¹ Vormittags nochmals zusammenfaßte und die Aufgabe des
Ulanen=Regiments demselben genau feststellte: ... „kein Terrain
zu räumen, so lange es ohne Verlust zu behaupten, den Rückzug des
Materials möglichst lange zu decken, über den Feind genaue Nach=
richten einzuziehen; wo es ginge, ihn aufzuhalten durch Aufhebung
der Schienen u. s. w., demnächst sein rasches Vorgehen zu verhindern, ..
Rückt der Feind vor, so würde Ihr weiterer Rückzug langsam
über Kirn und von dort wohl in breiter Front über Simmern
und Kreuznach statthaben, um einestheils vielleicht dem Bataillon

---

*) Es ist wohl das „heutige" von 12 Uhr 44 Minuten Vormittags ge=
meint, welches vor Mitternacht beim Generalkommando ausgefertigt und dadurch
als „gestriges" bezeichnet wurde.

Simmern nützlich zu sein, anderntheils immerfort dem Feinde die Benutzung der Eisenbahn zu nehmen und um selbst nicht von Linie nach Coblenz abgedrängt zu werden."

Weiterer Befehl erging an demselben Tage (17. Juli) vom Generalkommando an die 16. Division (ab: 2⁴⁵ Nachmittags):

„Saarbrücken ist mit Benutzung der Eisenbahn durch ein Bataillon 40 wieder zu besetzen. Schleunigst!"

Demgemäß traf in der Nacht vom 17. zum 18. das 2. Bataillon Regiments Nr. 40 von Trier aus in Saarbrücken ein. Dem Bataillon wurde als Zweck seiner Entsendung bekannt gegeben:

„Beobachtung der Grenze und Schutz der Eisenbahn gegen kleinere Unternehmungen des Feindes, während es stärkeren Abtheilungen gegenüber, unter successiver Zerstörung der Bahn auf Neunkirchen zurückgehen sollte."

So waren am 18. früh bei Saarbrücken wieder ein Bataillon und drei Eskadrons vereinigt, welche, da ein Vorgehen der feindlichen Massen vor dem 2. August nicht stattfand, bis zu diesem Tage dort verblieben.

Als weitere Aufträge beziehungsweise Abänderungen der ersten Aufgabe gingen der Saarbrücker Abtheilung in diesem Zeitraume noch folgende Telegramme und Befehle zu:

„Berlin, 20. Juli 8⁴⁵ Nachmittags.

Versuchen Sie, durch kleines Detachement von Zweibrücken aus Bahn Saargemünd—Hagenau gründlich zu zerstören. Bahndirektion Saarbrücken um technische Hülfe ersuchen.

gez. v. Moltke."

Zur Erledigung dieses Auftrages wurde sofort ein Offizier mit einem Zuge Ulanen entsandt, welcher nach Ausführung einiger Störungen am 26. Juli wieder beim Regiment eintraf.

Als die einzelnen kleineren Zusammenstöße inzwischen häufiger wurden und ein allgemeines Vorgehen des Gegners immer mehr an Wahrscheinlichkeit gewann, erschien es der Heeres-Oberleitung doch bedenklich, das Bataillon noch länger in seiner gefährdeten Stellung zu belassen.

Infolgedessen ertheilte General v. Moltke am 30. Juli dem Oberstlieutenant Pestel*) die Weisung:

---

*) Inzwischen zu dieser Charge befördert.

„mit der Kavallerie zwar den Feind unausgesetzt zu beobachten, mit der Infanterie dagegen auf Sulzbach oder Bildstock abzu= marschiren."

Dieser Befehl kam jedoch nicht zur Ausführung; der Oberst= lieutenant erwiderte noch an demselben Tage (9⁴⁵ Nachmittags):

„Befehl erhalten, werde morgen früh Infanterie abmarschiren lassen. Feind fürchtet, daß wir ihn angreifen, Position hier gut zu halten, besonders da morgen früh General Gneisenau mit zwei Bataillonen 40er auf Befehl Goebens eintrifft."

Der hierin liegende Wunsch, mit dem gesammten Detachement Saarbrücken noch länger zu behaupten, fand sowohl die Zustimmung des Generals v. Goeben, welcher den Abmarsch bis auf erneuten Be= fehl des Generals v. Moltke verschob, wie der obersten Heeres= leitung. Das mustergültige Verhalten der kleinen Abtheilung hatte sich bei Letzterer die größte Anerkennung und vollstes Vertrauen er= worben. In Rücksicht darauf, daß nunmehr auch für das gesicherte Zurückkommen der Infanterie durch andere Truppen gesorgt war, erklärte sich der Chef des Generalstabes der Armee mit dem weiteren Belassen des Bataillons in Saarbrücken einverstanden.

Wir ergänzen diesen Zwischenfall, dessen Kenntniß von besonderem Werth ist sowohl für den Geist, welcher die Truppe beseelte, wie für das Vertrauen, welches man zu ihr und ihrer Führung hatte, noch durch die Mittheilung folgender zwei Telegramme:

General v. Goeben an General v. Moltke:

„Coblenz, den 31. Juli 7⁵⁴ Vormittags.

Da ich gestern für heute zwei Bataillone 40er nach Saarbrücken beordert habe und heute Mittag in Lebach Aufnahmedetachement mit zwei Batterien eintrifft, bitte Genehmigung, Posten Saarbrücken ferner zu halten, und habe (dies) einstweilen Oberstlieutenant Pestel befohlen. Ich bin selbst morgen in Saarbrücken."

Oberstlieutenant Pestel an General v. Moltke:

„Saarbrücken, 31. Juli 10²⁴ Vormittags.

Stellung wieder eingenommen, werde Position unter allen Um= ständen halten, selbst ohne Verstärkung, da Eisenbahn und Telegraph sonst aufhören. Bitte um Zutrauen!"

Dieses „unter allen Umständen Halten" befindet sich allerdings nicht im Einklange mit der Grundlage, welche die allgemeine Weisung enthielt:

„kein Terrain zu räumen, so lange es ohne Verlust zu behaupten war."*)

Eine weitere Abänderung in dem gegebenen Auftrage erfolgte schließlich noch am 31. Juli durch den Befehl des Generalkommandos, einen etwa erforderlich werdenden Rückzug nicht mehr auf Dudweiler, Neunkirchen und Kirn anzutreten, sondern alsdann auf Lebach abzumarschiren.

Das Vorgehen der Franzosen am 2. August nöthigte zum Aufgeben von Saarbrücken und beendigte die selbständige Thätigkeit der dortigen Abtheilung.

Bemerkungen zu den Aufgaben des Detachements Saarbrücken.

Somit bestand auch für das Saarbrücker Detachement die Aufgabe zunächst in der Beobachtung des Gegners, das Festhalten von Saarbrücken selbst kam nur in so weit in Betracht, als es den Ausgangspunkt für diese Beobachtung bildete und die Bergung des Materials ꝛc. sicherte.

Weitere Aufgaben waren dem Detachement für den Fall zugewiesen, daß es seine Aufstellung räumen mußte. Es sollte alsdann längs der Eisenbahn Saarbrücken—Bingen zurückgehen und hierbei das Folgen des Gegners nach Möglichkeit verlangsamen; von Kirn aus sollte der Rückzug in breiterer Front (Simmern—Kreuznach) stattfinden.

Die Rückzugsrichtung führt dabei nicht zu der Vereinigung des Detachements mit dem eigenen Armeekorps bezw. der eigenen Armee,**) sondern sicherte die hauptsächlichste Anmarschlinie der II. Armee; die Verwendung des Grenzdetachements war somit nach dieser Richtung hin im Interesse der Gesammtoperationen geplant.

Der Abmarschbefehl für das Bataillon führt uns die Bedenken vor Augen, welche das Belassen einer kleineren Infanterie-Abtheilung im Angesichte größerer Ansammlungen des Feindes hervorrufen. Aber gleichzeitig weist dieser Vorfall auf eine der Bedingungen hin, unter welcher ein Be-

---

*) Wir werden auf diese Worte: „ohne Verlust zu behaupten" beim Gefecht von Saarbrücken zurückkommen.

**) Das Ulanen-Regiment Nr. 7 war nach der Ordre de bataille der zur I. Armee gehörenden 1. Kavallerie-Division zugetheilt.

laſſen deſſelben in ſolcher Lage ſtatthaft iſt — die einer ausreichenden Aufnahme.

Der letzte Befehl bezieht ſich auf eine Abänderung der Rückzugsrichtung. Auch hier kommt zur Geltung das inzwiſchen erfolgte Vorſchreiten der großen Heereskörper: die II. Armee iſt bereits in der Lage, ſich ſelbſt zu ſichern und die für ſie beſtimmte Eiſenbahnlinie hinreichend weit zu ſchützen.

Die I. Armee nähert ſich ihrer vorgeſchobenen Abtheilung und ſichert durch die abgeänderte Rückzugsrichtung die Vereinigung mit derſelben.

c. Beſatzung von Saarlouis.
(Karte 1.)

Außer den beiden bisher beſprochenen Grenzabtheilungen an der Saar kommt zwiſchen ihnen noch die Beſatzung der Feſtung Saar=louis in Betracht. Aus der Lage der Feſtung an der Grenze und der Stärke ihrer Beſatzung ergaben ſich die Aufgaben für Letztere von ſelbſt. Abgeſehen von der eigenen Sicherung, konnten ſie nur in Beobachtung des Gegners und Feſthalten der Saar=Linie beſtehen, ſoweit die Rückſichten auf die Feſtung ſelbſt eine Entſendung von Truppen geſtatteten.

Nach dieſer Richtung hin hatte der Kommandant auch die Be=ſetzung von Völklingen durch 3, ſpäter 4 Kompagnien und eine Abtheilung Ulanen ſelbſtändig angeordnet, ſobald der Feind ſich in der Nähe dieſes Ueberganges bemerkbar machte.

Am 28. Juli befahl General v. Goeben, das geſammte Füſilier=Bataillon und 100 Ulanen dorthin zu verlegen, welche bei einem Vordringen des Feindes ſich in Richtung auf Lebach und Wadern zurückziehen ſollten. Von dieſem Detachement beſetzte, auf ein Geſuch des Oberſtlieutenants v. Peſtel, eine Kompagnie in der Nacht vom 29. zum 30. den Uebergang von Malſtatt, dicht bei Saarbrücken.

Bemerkungen.

Bemerkenswerth iſt die unmittelbare Verfügung des Generals v. Goeben über einen Theil der Beſatzung zum Feſthalten von Völklingen, wie insbeſondere, daß er dem Bataillon und den Ulanen eine Rückzugsrichtung anweiſt, durch welche deren Zurückkommen in die Feſtung in Frage geſtellt wird.

Es könnte dies als ein Eingriff in die Selbständigkeit des Kommandanten angesehen werden, welcher für die Festung verantwortlich ist und dem daher die freie Verfügung über seine Truppen nicht beeinträchtigt werden darf. Dies ist jedoch nicht der Fall.

Die Sicherung der Provinz liegt dem kommandirenden General ob; er verfügt hierzu über alle in derselben vorhandenen Mittel, und die Festung mit ihrer Besatzung gehört zu diesen Mitteln. Machen anderweitige Rücksichten die Verwendung eines Theiles der Besatzung nothwendig, so ordnet der kommandirende General dies an, trägt dann aber auch die Verantwortung der Folgen, welche für die Festung daraus entstehen können. Es werden daher nur ganz zwingende Gründe dazu führen, die Besatzung eines festen Platzes, vor welchem der Feind jeden Augenblick erscheinen kann, dauernd oder auch nur zeitweise zu schwächen.

Wodurch es hier bedingt wurde, dem Bataillon und den Ulanen den Rückzug auf Lebach und Wadern vorzuschreiben, ist aktenmäßig nicht nachweisbar. Vermuthet kann Folgendes werden:

Das Detachement in Saarbrücken war mit seinem etwaigen Rückzuge in Richtung der Bahn auf Neunkirchen angewiesen worden; die Abtheilung der Garnison von Saarlouis würde aber, wenn sie nicht einen anderen Befehl erhielt, jedenfalls Alles angewandt haben, um wieder in die Festung zurückzukommen. Unter diesen Umständen wäre die Anmarschlinie der Truppen des VIII. Armeekorps, welche noch nicht aufgeschlossen waren — die von Wadern aus nach Saarbrücken führende große Straße — ungesichert geblieben, nur der Abzug des Detachements von Völklingen auf Lebach bot Sicherung und Erhalten der mit dem Feinde hier bereits erlangten Fühlung. Ueberdies schloß der Abzug desselben von Völklingen nach der Festung, wenn er durch ungünstiges Gefecht hervorgerufen wurde, Schwierigkeiten und Gefahren in sich, da dann die Rückzugslinie in der rechten Flanke lag und bei den starken Kräften, über welche der Angreifer gebot, während des Gefechts ein Ueberschreiten der Saar seinerseits weiter unterhalb nicht ausgeschlossen war. Schließlich kann auch die Ansicht für den kommandirenden General maßgebend gewesen sein, daß Saarlouis mit einer Besatzung von fünf Linien-Bataillonen ausreichte.

Die Bedeutung einer Festung oder fortifikatorischen Anlage nahe an der Grenze für Zwecke der Grenzsicherung kann eine verschiedene sein. Mit der Größe des Waffenplatzes und seiner Besatzung wächst die Ausdehnung seines Einflusses: die Bedrohung der zunächst gelegenen Grenzbezirke des Gegners wie die Sicherung des eigenen

Landes; immerhin wird man aber auch damit zu rechnen haben, daß anfangs die Armirungsarbeiten der Festung die Thätigkeit der in ihr befindlichen Truppen noch in hohem Grade in Anspruch nehmen. Auch die kleineren Festungen oder fortifikatorischen Anlagen bieten Vortheile, namentlich wo sie Flußübergänge sichern oder — insbesondere im Gebirge — Wege sperren. Eine zu große Ausdehnung derartiger Anlagen aber erfordert einen Aufwand an Truppen, Material und Geldmitteln, welcher für die aktive Vertheidigung eines Landes anderweitig eine bessere Verwendung finden dürfte.

d. Die Detachements in der bayerischen Pfalz.
(Skizze 1.)

Die Aufgabe der hier zunächst verfügbaren schwachen Kräfte (zwei Bataillone, vier Eskadrons) konnte bei der großen Ausdehnung von Zweibrücken bis zum Rhein nur in einer Beobachtung der Grenze bestehen.

Die Truppen traten unter den Befehl des Kommandeurs des 5. Chevauxlegers-Regiments, Oberst v. Weinrich, und nahmen am 17. Juli folgende Aufstellung ein:

Kommandeur der Vorposten: Winden.

Rechter Flügel: 1 Jäger-Kompagnie und
  2 Eskadrons: Zweibrücken (eine Abtheilung Kavallerie in Homburg).
  1 Jäger-Kompagnie: Pirmasens.
  2 Jäger-Kompagnien und 23 Reiter: Vorder-Weidenthal (Dahn).

Linker Flügel: Das Bataillon 7. Regiments, in der Stärke von 214 Mann, zunächst nur in 2 Kompagnien formirt, wurde nach Winden gelegt, 1 Kompagnie rückte von da am 18. bereits nach Bergzabern.
  1 Eskadron: Landau.
  1 Eskadron: Langenkandel, mit 23 Reitern nach Vorder-Weidenthal und Dahn.

Wesentlich verstärkte diesen Flügel die Entsendung eines badischen Bataillons und 1 Eskadron am 18. Juli nach Hagenbach (auf dem linken Rhein-Ufer) zur Beobachtung von Lauterburg und Unterhaltung der Verbindung mit den bayerischen Truppen in Winden.

Ein Telegramm des bayerischen Kriegsministeriums vom 22. wies die Truppen darauf hin:

„Daß ein nur defensives Verhalten nicht mehr durch die politische Lage, wohl aber durch militärische Rücksichten (Truppenstärke in der Pfalz) bedingt sei."

Auf der über 80 km langen Linie vermochte die schwache Infanterie jedoch nur die hauptsächlichsten Straßen im Gebirge sowie in der Rhein-Ebene nothdürftig zu besetzen, auch konnten die 4 Eskadrons für die Zwecke weitgehender Beobachtung nicht ausreichen. Da es aber geboten war, diese Linie zur Sicherung der eigenen Versammlung theils zu decken, theils sogar zu halten, so mußte eine Verstärkung der Truppen erfolgen. Eine solche konnte nur von rückwärts her, zum Theil sogar aus ziemlich weiter Entfernung, stattfinden, und ohne überall die vollständige Mobilmachung abzuwarten. Die Verstärkungen erfolgten auf beiden Flügeln in verschiedener Weise.

Rechter Flügel.

Für diesen wurde das Rheinische Dragoner-Regiment Nr. 5 bestimmt, welches in Frankfurt a. M. und in Mainz in Garnison stand; es erhielt am 20. vom General v. Moltke folgenden Auftrag:

„Das Regiment hat am 22. Alzey, am 23. Winnweiler und Gegend, am 24. Kaiserslautern zu erreichen und die Beobachtung der bayerisch-französischen Grenze, rechts im Anschluß an das Ulanen-Regiment Nr. 7 (zur Zeit Saarbrücken), links im Anschluß an die unter Befehl des Generals v. Maillinger stehende Königlich bayerische Brigade (zur Zeit Speyer) zu übernehmen."

„Nach beiden Flanken ist die Verbindung zu unterhalten und speziell die Eisenbahn Ludwigshafen—Homburg gegen überraschende Unternehmungen durch schwächere feindliche Detachements zu sichern."

„Das Kommando auf gedachter Bahnlinie führt Hauptmann v. Huene des Generalstabes; 2 Festungs-Pionier-Kompagnien treffen mit ihm über Ludwigshafen event. am 24. Juli Vormittags in Homburg ein."

„Wichtige Meldungen sind stets direkt an mich und an das Gouvernement Mainz zu telegraphiren."

„Sollte das Regiment von überlegenen Kräften gedrängt werden, so hat es auf Mainz zu weichen. Bahnzerstörungen liegen dem Hauptmann v. Huene ob. Nur wenn dieser nicht zur Stelle sein sollte, ist in dringenden Fällen eine leichte Zerstörung durch Aufnahme von Schienen und Herausnahme von Weichen möglichst unter Beihülfe eines Technikers gestattet."

„Generalmajor v. Maillinger und das Kommando des Ulanen-Regiments Nr. 7 haben Nachricht von dem Auftrage des Regiments erhalten."

Infolge dieses Befehls traf das Regiment am 24. Juli in Kaiserslautern ein. Der Kommandeur, Oberstlieutenant v. Wright, telegraphirte von dort an General v. Moltke:

„Regiment eingetroffen, werde, wenn in 3 Stunden kein Gegen-befehl, noch heute nach Landstuhl aufbrechen, morgen Homburg event. Blieskastel; stehe in täglicher telegraphischer Verbindung mit Saar-brücken und Homburg, werde heut selbst nach Homburg fahren und Offiziere nach Saarbrücken entsenden."

Die Antwort lautete:

„Immer weiter, aber auch Verbindung nach links."

Am 26. konnte der Kommandeur melden:

„Zwei Eskadrons des Regiments in Einöd, 1 Eskadron bei Zweibrücken, 1 Eskadron bei Lautzkirchen. Erwarte weitere Befehle nach Homburg oder Zweibrücken."

Hierauf ging der Bescheid noch am selben Abend ein:

„Bis zur Ablösung durch andere Truppen weiter beobachten und nach beiden Seiten Verbindung halten."

Die bisher durch eine stehende Offiziers-Patrouille zwischen den Ulanen in Saarbrücken und dem rechten Flügel der Bayern bei St. Ingbert unterhaltene Verbindung wurde durch einen Zug der Dragoner übernommen.

Infolge des Eintreffens des Dragoner-Regiments rückte die noch in Zweibrücken und Homburg verbliebene Chevauxlegers-Eska-dron von Zweibrücken mehr nach Osten hin.

Das Dragoner-Regiment verblieb mit einer bayerischen Jäger-Kompagnie bis Anfang August bei Zweibrücken und Gegend in Beobachtung des Feindes bei Saargemünd und Bitsch. Am 31. Juli wurde eine Ablösung der Jäger durch preußische Infanterie in An-regung gebracht, da sie bei Dahn dringend nöthig wären. Oberst-lieutenant v. Wright antwortete, daß die preußische Infanterie noch nicht herangerückt sei, sie aber täglich erwartet werde: „Wenn Jäger-Kompagnien anderswo dringend nöthig, müßte ich mich allein behelfen, bitte aber, bis morgen zu warten"; worauf angeordnet wurde, daß der Abmarsch der Jäger erst erfolgen sollte, wenn preußische Infan-terie einträfe.

Das Bezirks-Kommando Zweibrücken verblieb bis zum 30. Juli daselbst, worauf es nach Speyer verlegt wurde.

Am 2. August war die der II. Armee vorangehende Kavallerie bereits so weit gelangt, daß sie in Verbindung mit dem Dragoner-Regiment treten konnte; dem Jäger-Bataillon wie den beiden Chevauxlegers-Eskadrons und dem Dragoner-Regiment fiel mithin in dem ganzen Zeitraume die Aufgabe einer Beobachtung der Grenze zu, gleichzeitig, wenigstens auf dem äußersten rechten Flügel, aber auch die Sicherung der dahinter befindlichen Bahnstrecke.

Linker Flügel.

Auch auf diesem Flügel erfolgte bereits am 19. Juli für die bayerischen Truppen eine geringe Unterstützung an Kavallerie durch Abgabe einer halben badischen Eskadron nach Winden.

Von den zunächst vom 22. bis zum 25. Abends eintreffenden Truppen aus Bayern (8 Bataillone, 4 Eskadrons, 2 Batterien) wurden die Vorposten verstärkt und das 1. Bataillon des 9. Regiments am 26., jedoch nur auf einen Tag, in das Gebirge vorgeschoben, letzteres mit dem Auftrage, bei einem feindlichen Angriff die Detachements von Dahn und Vorder-Weidenthal aufzunehmen und den Rückzug auf die Höhen von Klingenmünster anzutreten. Dort war beabsichtigt, mit den zur Zeit in der Pfalz stehenden Truppen eine erste Stellung zu beziehen, bevor man sich auf Landau und die südlich davor gelegenen Höhen zurückzöge.

Einige Tage später fand das preußische 5. Jäger-Bataillon mit einiger Kavallerie im Annweiler-Thal eine ähnliche Bestimmung wie das genannte bayerische Bataillon.

Die anfängliche Aufgabe der kleinen Detachements erweiterte sich mit der Zahl der eintreffenden Truppen von bloßer Beobachtung bis zum Festhalten des Gebietes; es erforderte dies ein Gruppiren in größeren Massen, wodurch mehrfacher Wechsel sowohl in der vordersten Beobachtungs- und Sicherheits-Linie wie in der Belegung des Hinterlandes bedingt wurde.

Die 4. bayerische Division zog sich allmälig zwischen Billigheim und Bergzabern zusammen unter Besetzhaltung von Vorder-Weidenthal in ihrer rechten Flanke; das anfangs in der ersten Linie befindliche Bataillon des 7. Regiments wurde am 27. und 28. bei Ingenheim versammelt.*) Die Avantgarde des XI. Korps stand bereits am

---

*) Am Klingbach, nordwestlich von Winden.

31. bei Rheinzabern, Vorpoſten bei Langenkandel, hart am Rhein
befanden ſich badiſche Truppen bei Hagenbach. Dahinter in erſter
Linie waren an demſelben Tage das V. Armee-Korps, mit Ausnahme
von 4 Eskadrons und 6 Batterien, um Landau, das XI. Korps mit
allen Truppentheilen um Bellheim verſammelt.

Für den Fall eines feindlichen Vordringens ſollten dieſe zunächſt
verfügbaren Heerestheile auf den Höhen des nördlichen Ufers des
Klingbaches Stellung nehmen, die 4. bayeriſche Diviſion bei Klingenmünſter, das V. Korps weſtlich Insheim,*) Avantgarde Rohrbach**)
XI. Korps bei Herzheimweiher***)

Bemerkungen zu den Aufgaben der Detachements in der bayeriſchen Pfalz.

Die Schwäche der in den erſten Tagen für die bayeriſche Pfalz
verfügbaren Truppen geſtattet nur die Bildung einer dünnen
Beobachtungskette.

Auf dem rechten Flügel wird die Löſung dieſer Aufgabe durch
das Gebirge erleichtert, in welchem die Jäger die wichtigſten Punkte
des Straßennetzes beſetzen und hier der Kavallerie gleichzeitig als
Rückhalt dienen. Schwieriger iſt die Lage am linken Flügel, vom
Gebirge bis zum Rhein. Die Hälfte der verfügbaren Truppen
(1 Bataillon, 2 Eskadrons) findet deshalb auf dieſer nur 22 km
betragenden Strecke Verwendung, auch wird eine Abtheilung badiſcher
Truppen auf das linke Rhein-Ufer herübergezogen.

Aber die geringe Truppenzahl kann für die Löſung der Aufgaben
auf der ganzen Linie überhaupt nicht als ausreichend betrachtet
werden.

Auf dem rechten Flügel erfordert die Verſammlung der
II. Armee gleichzeitig eine Sicherung der Bahn Mannheim—Homburg—Neunkirchen, auf dem linken iſt eine ſolche in noch höherem
Grade nothwendig, da hier das Aufmarſch-Gebiet der III. Armee
unmittelbar bis an die franzöſiſche Grenze reicht.

---

*) 3 km ſüdöſtlich Landau.
**) 2 km ſüdlich Insheim am Klingbach.
***) 7 km öſtlich Insheim, ebenfalls am Klingbach.
Der Klingbach tritt bei Klingenmünſter aus dem Gebirge und fließt
ſüdlich des Ortes, ſowie von Billigheim, Rohrbach und Herzheimweiher in
den Rhein.

Das Heranziehen von Truppen, von denen der größte Theil seine Mobilmachung noch nicht vollendet hat, ist daher unvermeidlich. Bei Zweibrücken erfolgt die Verstärkung durch die 5. Dragoner, ihr Auftrag lautet auf Beobachtung der französischen Grenze und Sicherung der Bahn, ein etwaiger Rückzug soll auf Mainz ausgeführt werden.

Nach der Rhein-Ebene werden sehr bald noch immobile Truppen vorgeführt, welche die schwachen Posten der ersten Linie theils verstärken, theils hinter derselben als Reserve verbleiben. Im Fall eines Vorgehens überlegener feindlicher Kräfte ist durch Letztere für Aufnahme gesorgt.

Mit dem Eintreffen dieser Truppen änderte sich auch die Aufgabe in so weit, daß, wenn der Feind nicht eine zu große Ueberlegenheit entwickelte, auch ernsterer Widerstand gefordert werden konnte. Die Fähigkeit, einen solchen zu leisten und selbst eine Schlacht anzunehmen, steigerte sich mit dem schnell hintereinander erfolgenden Einrücken der mobilen preußischen und bayerischen Armee-Korps vom 25. Juli an mit jedem Tage. Ueberdies waren die badische und württembergische Feld-Division auf dem rechten Rhein-Ufer sehr bald so nahe an dem Uebergange von Maxau versammelt, daß auch sie rechtzeitig zu einer Entscheidung herangezogen werden konnten. Allerdings war bei einem Theile der Truppen bis Ende des Monats noch nicht Alles zur Stelle und derartig formirt, daß durchweg ein operationsfähiger Zustand vorhanden, aber immerhin war man in der Lage, begünstigt durch das Gelände und die Nähe der Festungen Landau und Germersheim, es auf eine Waffenentscheidung ankommen zu lassen.

In diesem Theile der Grenzbezirke vergrößern sich daher von selbst die Aufgaben von einer schwachen Beobachtung bis zum Widerstande gemischter Truppentheile auf bestimmten wichtigen Straßen und gipfeln, mit den sich mehrenden Verstärkungen, im Festhalten desjenigen Gebietes, in dem die Versammlung erfolgt und von welchem die großen Operationen einer Armee ausgehen sollen, auch wenn das Festhalten nur durch Annahme einer Schlacht zu ermöglichen wäre.

Auch in Zukunft können an dieser oder jener Stelle ähnliche Lagen eintreten und ähnliche Aufgaben erwachsen.

Es wird Strecken an der Grenze geben, für welche eine ganz schwache Beobachtungslinie ausreicht, namentlich, wenn die anliegenden Bezirke keinen besonderen Werth für die großen Operationen haben.

3*

Immerhin wird man auch dann eine solche Verwendung kleinerer Abthei=
lungen eintreten laſſen, um ſo viel als möglich das eigene Gebiet vor
Streifereien des Gegners zu ſichern und die Bewohner vor Beunruhi=
gung und Requiſitionen zu ſchützen. Wo es die Kräfte irgend er=
lauben, iſt es angebracht, dieſer Linie einen Rückhalt zu geben.

Es wird auch ferner in manchen Fällen geboten ſein, immobile
Truppen an die Grenze zu werfen, wenn die Nothwendigkeit eines
beſſeren Schutzes für dieſelbe aus irgend welchem Grunde vorliegt
und die in nächſter Nähe der Grenze befindlichen Friedens=Garniſonen
nicht dazu ausreichen.

Auch wird überall da, wo die Verſammlung einer Armee nahe
der Grenze geplant iſt und dieſe durch ſtärkere Kräfte des Feindes
geſtört werden kann, die Nothwendigkeit vorliegen, die Ueberführung
der Truppen ſo zu regeln, daß eine volle Schlagfähigkeit der einzelnen
Abtheilungen geſichert iſt. Dabei iſt dann auch die gegenſeitige Unter=
ſtützung der größeren Körper eines Korps oder einer Armee, wie der Zu=
ſammenhang der Aufgaben einzelner Theile mit dem Ganzen im Auge
zu behalten. Hierzu gehören geordnete Kommando=Verhältniſſe für die
Leitung, ſo lange der oberſte Befehlshaber noch nicht eingetroffen iſt,
richtige Begrenzung des von den einzelnen Abtheilungen zu beobachten=
den und zu behauptenden Gebietes, Anſchluß der Vorpoſten und enge
Verbindung in Bezug auf die Mittheilung von Nachrichten, welche
bei den einzelnen Theilen einlaufen, ſowie der bei ihnen beſtehenden
Abſichten.

Die Verſammlung einer Armee unmittelbar an der
Grenze (III. Armee) und im Angeſicht des Feindes erfolgt
unter anderen Bedingungen, als wenn ſie weiter rückwärts (II. Armee)
oder erſt während eines Vormarſches (I. Armee) ſtattfinden ſoll.

e. Die Truppen im Großherzogthum Baden.
(Skizze 1.)

Der allgemeinen Ueberſicht ſind hier für unſere Zwecke bezüg=
lich der Aufgaben weſentliche Einzelheiten nicht hinzuzufügen.

Die badiſchen Truppen werden zu einem geſchloſſenen Körper
ſofort zwiſchen Karlsruhe und Raſtatt gefechtsbereit zuſammengezogen.
Dieſer ſchiebt ſeine Avantgarde vor, beobachtet in der rechten Flanke
den Rhein durch Kavallerie und ſichert ſich durch Anlage eines Brücken=

topfes und fortifikatorischer Verstärkungen bei demselben den Uferwechsel. Die Aufgabe gestaltet sich mithin derart, daß die Kräfte zu einer Waffenentscheidung zusammenzuziehen waren, für welche stärkere Unterstützungen in Aussicht standen. Für den Rückzug wird die Division in nördliche Richtung verwiesen, um über Maxau oder Germersheim die Verbindung mit den übrigen Korps der III. Armee zu erhalten.

Der südliche Theil des Großherzogthums blieb dabei zunächst ohne unmittelbare Sicherung. Zur Beruhigung der Bevölkerung diente jedoch das württembergische Detachement, bestehend aus dem 6. Infanterie=Regiment, 1 Ersatz=Eskadron und 1 Ersatz=Batterie, mit dem Auftrage, zur Beobachtung des Schwarzwaldes als mobile Kolonne anzutreten. Dasselbe trat am 31. Juli in Thätigkeit; sein Gros stand an diesem Tage in Donaueschingen,*) ein rechtes Seiten= detachement mit 25 Reitern in Freudenstadt, einzelne Abtheilungen waren auf den verschiedenen Wegen im Gebirge vorgeschoben. Un= mittelbar nach der Versammlung stieg diese fliegende Kolonne jedoch vom Schwarzwalde hinab in das Rhein=Thal und übernahm dort die Sicherung des südlichen Theils von Baden.

Das hier beobachtete Verfahren weist darauf hin, daß unter Umständen, wenn die Verhältnisse nicht einen ausreichenden unmittel= baren Schutz des eigenen Landes gestatten, ein solcher auch noch auf anderen Wegen angestrebt werden kann. Es wird dies hier erreicht theils durch Zusammenziehen von Truppen zu größeren Gefechts= körpern in einer Flankenstellung, theils durch die Verwendung einer beweglichen kleineren Abtheilung.

Die Aufgabe, einen Grenzbezirk durch Zusammenziehen aller in demselben befindlichen Truppen zu einem geschlossenen größeren Ge= fechtskörper zu decken, kann auch in Zukunft unter Umständen hervor= treten, namentlich dort, wo eine starke Belegung im Frieden dies be= günstigt. Ob das Zusammenziehen dann in einer Weise stattfindet, daß man dem vorstoßenden Gegner frontal entgegenzutreten vermag, oder ob man eine Flankenstellung zu seiner muthmaßlichen Anmarsch= Richtung einnimmt, wird von den besonderen Umständen abhängen; namentlich aber auch — wie wir es im Badischen sehen — von der Rolle, welche dem betreffenden Truppenkörper für die beabsichtigten großen Operationen zugedacht ist.

---

*) 45 km Luftlinie östlich Freiburg.

Die örtlichen Verhältnisse wie das Verhältniß der Kräfte zu der Größe des zu sichernden Bezirkes werden ferner von Einfluß sein, ob die Truppe in der vordersten Linie einzelne Punkte festhält, deren Unterstützung von rückwärts her erfolgt, oder ob die vorgeschobenen kleineren Abtheilungen sich auf eine Stellung ihres Gros beim Angriffe des Feindes zurückzuziehen haben.

Allgemeine Betrachtungen über die Aufgaben der Grenzdetachements.

Die bei den verschiedenen Grenzdetachements über ihre Aufgaben einzeln angestellten Betrachtungen ergeben, wenn wir sie zusammenfassen, folgende Uebersicht:

Die Verhältnisse im Jahre 1870 zeigen uns die deutschen Grenzdetachements für die ersten Tage aus Truppen zusammengesetzt, welche in nächster Nähe der Grenze ihre Standquartiere hatten. Es entstehen hierbei verschiedene Gruppen, von denen wenigstens anfangs fast keine in der Lage ist, der benachbarten eine wesentliche Unterstützung zu bieten; selbst die Verbindung zwischen ihnen ist eine lose und vielfach nur auf den telegraphischen Verkehr angewiesen.

Eine Sicherung der gesammten Grenzbezirke ist dabei ausgeschlossen; auf dem rechten Rhein-Ufer wird sie für den südlichen Theil des Großherzogthums Baden durch Fortziehen sämmtlicher Garnisonen sogar absichtlich aufgegeben. Die Rücksichten auf die beabsichtigten Operationen treten überall in den Vordergrund.

Jedenfalls waren diese Maßregeln durch die Verhältnisse bedingt.

Man wollte die Vortheile einer geordneten Mobilmachung, soweit dies irgend zu ermöglichen war, der Armee auch zukommen lassen, ausgeschlossen mußten selbstverständlich diejenigen Truppentheile bleiben, welche jeden Augenblick durch die Lage ihrer Garnisonen mit dem Gegner in Berührung treten konnten.

Aber man beachtete gleichzeitig die Rücksichten, welche die Beobachtung des Gegners sowie die beabsichtigten Operationen erforderten, und so wurden auch diese maßgebend für die Anordnungen.

An der Saar-Linie, wie an der Grenze der bayerischen Pfalz, der Strecke Saargemünd—Bitsch gegenüber, wäre man nur in der Lage gewesen, Vorstößen französischer Heerestheile zu begegnen, wenn man vom Rhein her und noch weiter rückwärts ebenfalls Maſſen in noch nicht abgeſchloſſener Kriegsfertigleit vorgeworfen hätte. Eine Störung der planmäßigen Mobilmachung ganzer Korps wäre die Folge eines derartigen Verfahrens geworden. Die Entfernung des mittleren und unteren Rheins von der franzöſiſchen Grenze ſchützte die an dieſem Strome befindlichen Garniſonen vor Ueberraſchung und geſtattete ſchlimmſten Falles die rechtzeitige Vereinigung ausreichender Kräfte an demſelben. So kamen nur die Truppen zunächſt in Betracht, welche durch die Nähe der Grenze ſo wie ſo einer Störung ausgeſetzt waren; man mußte ſich mit dieſen begnügen, um die Beobachtung des Gegners auf deſſen hauptſächlichſten Anmarſchſtraßen anzuordnen und dieſe Beobachtung auch dann noch nach Möglichkeit durchzuführen, wenn dieſe Abtheilungen zurückgedrängt werden ſollten. Auf der Linie von Conz bis Zweibrücken und Pirmaſens wurde nur ein Dragoner-Regiment zur Unterſtützung der Kavallerie im Beobachtungsdienſt von rückwärts vorgeholt. Den Rückzug ſelbſt wies man den Detachements in Richtung der eigenen Anmarſchlinien an, auf beiden Ufern der Moſel ſowie längs der beiden Eiſenbahnen: Saarbrücken—Kreuznach und Homburg—Kaiserslautern. Zu ernſthafterem Widerſtande gegen Ueberlegenheit waren — bevor ihnen Aufnahme oder Unterſtützung geboten werden konnte — dieſe Detachements nicht befähigt, und wurde ein ſolcher von ihnen auch nicht erwartet.

Anders lagen die Verhältniſſe in der unmittelbaren Nähe des Rheins. Hier machten die Rückſichten auf die großen Operationen anderweitige Maßnahmen nothwendig, die überdies auf beiden Ufern eine von einander verſchiedene Geſtaltung hervorriefen.

Der Aufmarſch ſämmtlicher Streitkräfte der deutſchen Armeen war an der Moſel und in der bayeriſchen Pfalz geplant, die III. Armee deckte dabei die Flanke der übrigen und mußte ſich vor Beginn der eigenen Offenſive bereit ſtellen, einem Vorſtoß der Franzoſen aus dem Elſaß, ſowohl auf dem linken, wie auf dem rechten Ufer des Rheins entgegentreten zu können. Hierbei kam allerdings günſtig in Betracht, daß der III. Armee gegenüber ſich zunächſt nur die kleinere Gruppe der beiden franzöſiſchen Hauptmaſſen verſammeln konnte, deren Bildung vorausſichtlich auch einen größeren Zeitaufwand bedingte.

Die badiſche und württembergiſche Diviſion wurden bis zum Beginn der eigenen Operationen daher noch auf dem rechten Ufer des Rheins belaſſen, mußten aber derartig verſammelt werden, daß ihr Heranziehen zum Gros der Armee oder ihre rechtzeitige Unterſtützung unter allen Verhältniſſen geſichert blieb. Dies bedingte die Räumung des ſüdlichen Theils von Baden.

Die um Karlsruhe ſchnell verſammelte badiſche Feld-Diviſion mit nach Süden vorgeſchobener Avantgarde und weiter gehenden Kavalleriebeobachtungen wurde ſehr bald durch die nördlich von ihr ſich ſammelnden Württemberger verſtärkt, und beide bildeten gemein= ſchaftlich eine Streitmacht, welche bis zum Eintreffen weiterer Unter= ſtützungen ſich daſelbſt ſehr wohl zu behaupten vermochte. Es war ſomit ein großer Theil Badens wie Württembergs von den eigenen Feldtruppen faſt gänzlich geräumt worden, und es ſei auch an dieſer Stelle das im Werke des Generalſtabes Ausgeſprochene wiederholt: „Es verdient ausdrücklich hervorgehoben zu werden, daß die deutſchen Fürſten in Hingebung an die gemeinſame Sache und im Vertrauen auf die obere Heeresleitung nicht zögerten, das eigene Landesgebiet von ihrer aktiven Militärmacht zu entblößen, um ſie dem nord= deutſchen Heere unmittelbar anzureihen."

Auf dem linken Rhein-Ufer galt es, das Verſammlungs= gebiet der III. Armee zu ſchützen. Die zunächſt vorhandenen ſchwachen Kräfte reichten kaum zur Beobachtung hin, ihre Verſtärkung wurde daher ſofort nothwendig und erfolgte durch zum Theil immobile Truppen, deren Transport ſich jedoch ſehr bald die Ueberführung bereits ſchlagfertiger Heereskörper anſchloß, beides unter dem Geſichts= punkt, das an der Grenze befindliche Aufmarſchgebiet der Armee gegen jeden Vorſtoß zu behaupten.

Wenden wir uns den Aufgaben der einzelnen Detachements zu, ſo ergiebt eine Betrachtung derſelben eine große Vielſeitigkeit und theilweiſe auch einen Wechſel einzelner Punkte in denſelben im Laufe des vorliegenden Zeitabſchnittes. Ebenſo groß iſt die Ver= ſchiedenheit in der Stärke der zur Verfügung geſtellten Kräfte, welche zum Theil in dem urſprünglichen Umfange dauernd belaſſen werden, zum Theil aber auch ſchnell zu größeren Maſſen anwachſen.

Allen Abtheilungen erwächſt gemeinſchaftlich die Aufgabe der Beobachtung. Längs eines Theils der Grenze wird dieſe aber nicht, wie es naturgemäß erſcheint, bis auf die Beobachtung des Feindes, ſondern nur bis zur Beobachtung der Grenze ausgedehnt. Bei den Betrachtungen über die Durchführung der Aufgaben werden wir die Folgen einer derartigen Anordnung hervortreten ſehen.

Die Sicherung des eigenen Grenzgebietes wird faſt nirgends bei den Aufträgen beſonders ausgeſprochen; ſie mag als

selbstverständlich angenommen worden sein, · so weit eben an jeder
Stelle die vorhandenen Kräfte dazu ausreichen; mittelbar geht diese
Forderung aber doch aus einzelnen Anweisungen hervor.

So heißt es in der Instruktion für die 16. Division, daß
schwächere feindliche Abtheilungen zurückzuweisen seien, vor überlegenen
Kräften aber der Abmarsch erfolgen sollte. Inwieweit eine derartige
Anweisung Gefahren in sich schließt, wird eine Besprechung des Gefechts von Saarbrücken ergeben.

Im Allgemeinen gewinnt man jedoch den Eindruck, daß das Belassen wie die Verstärkung der Truppen in den Grenzbezirken, ebenso
wie ihr Herausziehen aus Theilen desselben von der obersten Heeresleitung unter dem Gesichtspunkt der beabsichtigten großen
Operationen angeordnet worden ist.

Die Detachements bei Trier und Saarbrücken werden als kleine,
weit vorgeschobene Avantgarden betrachtet für die auf dem Wege des
Vormarsches und der Eisenbahnbeförderung erstrebte Versammlung
der I., bezw. der II. Armee.

Die kleine Abtheilung in Zweibrücken dient wesentlich dem
Schutze der letzten Strecke einer Bahnlinie, auf welche der linke
Flügel der II. Armee vorwärts geführt werden soll.

Die zur Sicherung zwischen Hardtgebirge und Rhein verfügten
Kräfte wachsen durch hintereinander folgende Verstärkungen zu einer
Armee an, die sich in den der Grenze zunächst liegenden Bezirken
versammelt, und zeigen das Bestreben, sich von Anfang an daselbst
behaupten zu wollen, um von hier aus unmittelbar mit den Operationen
beginnen zu können.

Das in Baden erfolgte Freigeben eines Theils des Landes durch
die Versammlung der dort im Frieden liegenden Truppen zwischen
Rastatt und Karlsruhe ist ebenfalls vorzugsweise durch die Absicht
bedingt, diese Kräfte für die großen Operationen verfügbar zu machen,
worauf auch die Vereinigung der badischen und württembergischen
Divisionen hinweist.

Dem höheren Zwecke müssen sich alle sonstigen Rücksichten unter-
ordnen, den Absichten für die großen Operationen daher auch die
Bedenken, welche an weniger wichtigen Punkten die Möglichkeit eines
feindlichen Einfalles hervorrufen dürften.

Dieser Gesichtspunkt wird auch in Zukunft bestehen bleiben, aber
die Verlegung von stärkeren Kräften während des Friedens in die
Grenzbezirke, wie dies seit 1871 in fast allen größeren europäischen

Staaten erfolgt ist, gewährt eher die Mittel als früher, den An=
forderungen für die großen Operationen gerecht zu werden und doch
auch gleichzeitig den Ansprüchen mehr zu genügen, welche die Sicher=
heit des eigenen Gebietes hervorruft.

Auch in Zukunft können sich die Aufgaben der in den Grenz=
bezirken zur Verwendung gelangenden Truppen verschieden gestalten,
wie dies 1870 der Fall war, ebenso wird auch ihre Stärke eine ver=
schiedene sein; letztere wächst mit der Wichtigkeit des Festhaltens eines
Bezirkes in Bezug auf die beabsichtigten Operationen und mit der
Bedeutung dessen, was sonst innerhalb desselben zu schützen ist.

Ferner tritt aus der Betrachtung der den einzelnen Detachements
gestellten Aufgaben hervor, welche Wichtigkeit den Weisungen in
Bezug der Richtung eines etwa nöthig werdenden Rück=
zuges und der bei einem solchen erforderlichen Maßnahmen beigelegt
worden ist.

Die Richtung des Abzuges erfolgt dabei ebenfalls unter dem
Gesichtspunkt der großen Operationen, aber auch des Festhaltens
wichtiger Punkte.

Das Detachement Trier wird auf die Straßen, welche die An=
marschlinien der I. Armee zu beiden Seiten der Mosel bilden, an=
gewiesen, aber auch gleichzeitig darauf, Trier so lange als möglich
zu sichern und, von dort verdrängt, Berncastel zu behaupten.

Die Saarbrücker Abtheilung, obgleich der II. Armee nicht an=
gehörend, erhält die Bahnlinie, auf welche Truppen derselben vor=
geführt werden sollen, als Abzugslinie, um so lange als angängig
eine Deckung derselben zu erzielen, zunächst aber Neunkirchen als
Ausschiffungspunkt zu erhalten. Für einen weiter nothwendig werden=
den Rückzug wird der Kavallerie empfohlen, die Deckung in breiterer
Front zu übernehmen, das Landwehr=Bataillon Simmern zu unter=
stützen und sich nicht von Coblenz abdrängen zu lassen.

Beiden Abtheilungen der 16. Division wie den Dragonern Nr. 5
bei Zweibrücken wird aufgegeben, Alles zu thun, was ein schnelles
Nachdrängen des Feindes verhindert, namentlich viele kleinere
Sperrungen der Bahn wie der Wege auszuführen.

Für das aus Saarlouis nach Völllingen mit 100 Ulanen ent=
sandte Bataillon erfolgt der Befehl, den Rückzug so anzutreten, daß
es nicht wieder zur Besatzung der Festung stößt, sondern die An=
marschstraße des Armeekorps sichert.

Den im Rhein-Thal befindlichen bayerischen Truppen sind die Punkte angegeben, an welchen sie Aufnahme finden.

Der badischen Division wird der Rückzug nach Norden angewiesen, um entweder über Maxau oder Germersheim die Verbindung mit den übrigen Korps der III. Armee zu erhalten.

Wie gesagt, man bemerkt überall, welche besondere Wichtigkeit bei Ertheilung der Aufgaben diesen Verhältnissen beigemessen wird, und daß es auch hierbei vornehmlich die Erfordernisse der großen Operationen sind, welche ein solches Eingehen auf dieselben herbeigeführt haben.

Dabei treten auch Aenderungen in den ursprünglichen Aufgaben hervor, wie Wechsel in den Angaben der Abzugsrichtung, je nach der Annäherung der einzelnen Heereskörper, oder dem Anwachsen der Streitkräfte an einzelnen Stellen.

Beispielsweise entsteht für das Detachement Trier ein solcher Wechsel durch die Befehle, erst auf Berncastel, dann auf Lebach den Rückzug zu richten und schließlich nach Saarbrücken zur Aufnahme des dortigen Detachements abzumarschiren; für die Bayern und deren Unterstützung durch die Anweisungen, von der einfachen Beobachtung zum Festhalten überzugehen.

Wenn aber in erster Linie alle Aufgaben den Anforderungen der großen Operationen entspringen, so ist es einleuchtend, daß auch nur die obere Heeresleitung in der Lage ist, diese Aufgaben zu stellen. Selbstverständlich wird sie dies für die einzelnen Abschnitte nur durch Bezeichnung der beabsichtigten Zwecke und der dabei in Betracht kommenden Mittel ausführen können, ohne dabei die Selbständigkeit der einzelnen Befehlshaber in der Durchführung zu beeinträchtigen; im Uebrigen bleibt es aber ihre Sorge, dort, wo die Stärke der Truppen nicht ausreicht, Verstärkungen aus anderen Bezirken rechtzeitig bereit zu stellen.

Jedenfalls zeigt die Betrachtung des thatsächlichen Verlaufes im Jahre 1870, daß sich die obere Heeresleitung nicht bloß bei der ersten Aufstellung, sondern auch ferner noch bis zum Beginn der Operationen eine Einwirkung auf die einzelnen Detachements bewahrt hat.

Die Verwendung der Truppen tritt in verschiedener Gestalt hervor:

An der Saar und im anstoßenden Theile der Pfalz sind es kleine Detachements in der Stärke von einer Kompagnie und einigen Reitern bis zu der von 2 Bataillonen und 4 Eskadrons. Ihr Zweck ist die Beobachtung, und sichert ihre Anwesenheit den

Grenzbezirk, so lange nicht ein überlegener Vorstoß des Feindes er=
folgt; gleichzeitig bieten sie eine Sicherung der Anmarschlinien der
von rückwärts an die Grenze heraneilenden Korps.

Weiter in der Pfalz bis an das linke Ufer des Rheins
wird eine schwache Division (9 Bataillone, 6 Eskadrons und
2 Batterien) durch Abtheilungen zusammengestellt, welche, ohne ihre
Mobilmachung zu vollenden, von rückwärts her eiligst vor=
gezogen werden. Sie bildet die Sicherheit für die im Grenzbezirke
zu versammelnde Armee.

Auf dem rechten Ufer des Rheins: Schnelle Versammlung
der in dem Grenzbezirke garnisonirenden Division, deren
Kavallerie durch herangeführte Regimenter auf 22 Eskadrons verstärkt
wird; zur Sicherung des Gebietes: Zusammenziehen der Truppen in
eine Flankenstellung.

Ferner im oberen Theile des Landes Schutz desselben durch
Bildung einer mobilen Kolonne, deren einzelne Abtheilungen von
rückwärts her vorgeworfen werden.

Die hier besprochenen Aufgaben umfassen nicht alle Verhältnisse,
unter welchen Grenzdetachements im Kriege in Thätigkeit treten
können; aber die aus dem Jahre 1870 hervorgehobenen Thatsachen
bieten immerhin einen erwünschten Anhalt zu Betrachtungen wenigstens
eines Theiles derselben.

Wir wollen versuchen, diese Betrachtungen noch nach zwei Rich=
tungen hin zu erweitern und zwar:

    unter dem Gesichtspunkt der stärkeren Belegung der Grenz=
    bezirke im Frieden in Ausführung des S. 12 bis S. 14
    bereits gegebenen allgemeinen Hinweises

und

    unter dem einer angriffsweisen Verwendung der Grenz=
    detachements, deren Thätigkeit bei den Ereignissen von 1870
    doch nur als Sicherheits= und Beobachtungs-Abtheilungen
    hervorgetreten ist.

Was Ersteres betrifft, so ist darauf hinzuweisen, daß die ein=
zelnen Grenzdetachements in Zukunft von Anfang an in größerer
Stärke, unter Umständen auch in größerer Zahl aufgestellt werden
können, wobei eine gegenseitige Unterstützung mehr hervortreten dürfte.

Es wird ihnen ferner durch die Armeekorps, zu welchen sie ge=
hören, Unterstützung oder Aufnahme leichter zu bieten, auch werden
Lücken in der Gesammtaufstellung leichter auszufüllen sein.

Auf eine weitergehende Verwendung von Truppentheilen vor vollendeter Mobilmachung, als dies früher der Fall war, muß unter Umständen dabei gerechnet werden.

Durch die engere Gruppirung von größeren Truppenkörpern an den Grenzen wird außerdem die Möglichkeit geboten, bei ihrem erforderlich werdenden Rückzuge die Anmarschlinien der eigenen Armee gründlicher zu sichern, und, indem sich dabei die einzelnen Detachements in größere Verbände zusammenballen, wird sich die Widerstandskraft dieser Abtheilungen erhöhen.

Schließlich wird die Masse der in die Grenzbezirke gelegten Truppen es vielfach gestatten, auch noch eine Sicherung des eigenen Gebietes eintreten zu lassen, wo sonst das Bedürfniß, diese Truppen anderweitig zu verwenden, zum Aufgeben der betreffenden Strecke führen mußte.

Im Großen und Ganzen hat man sich also mit dem Gedanken vertraut zu machen, daß in Zukunft durch die Vermehrung der Streitkräfte an den Grenzen bereits die für Zwecke der Beobachtung stattfindenden Zusammenstöße — insbesondere der Kavallerie — zahlreicher und von größerem Umfange sein können, daß ferner beim Festhalten einzelner Punkte, sei es in der vordersten Linie, sei es während eines Rückzuges, Zusammenstöße aller Waffen in größeren Gefechten nicht ausgeschlossen sind.

Erfolgen aber derartige Zusammenstöße in der Nähe der Ausschiffungspunkte einer Armee zu einer Zeit, wo die Versammlung derselben bereits im Gange ist, so können durch die herbeieilenden Unterstützungen sogar Schlachten herbeigeführt werden.

Wir beabsichtigen in einer späteren Studie hierauf zurückzukommen, indem die Betrachtung einiger der ersten im Feldzuge 1870 gelieferten Schlachten wesentlichen Anhalt für die dann zu Tage tretenden eigenthümlichen Erscheinungen bietet.

Eine wesentliche Veränderung gegenüber den Verhältnissen von 1870 dürfte in Zukunft aber dadurch erfolgen, daß die heut größere Truppenzahl in den Grenzbezirken die Möglichkeit von Unternehmungen der Grenzdetachements in das Gebiet des Gegners begünstigt.

Mit solchen Zusammenstößen in den ersten Tagen der Mobilmachung und vor der Bereitstellung schlagfertiger Truppenmassen hat es jedoch seine ernsten Bedenken. Dies darf nicht aus den Augen gelassen werden.

Die Mobilmachung der in den Grenzbezirken garnisonirenden
Abtheilungen vollzieht sich in dieser Zeit, und befinden sich dieselben
anfangs noch in einem unfertigen Zustande.

Die mobilen Armeen aller größeren Staaten sind heutigen Tages
auf einem Cadresystem aufgebaut, d. h. für die meisten Formationen
sind im Frieden nur Stämme von größerer oder geringerer Stärke
vorhanden, welche die im Augenblick der Mobilmachung aufgebotenen
Mannschaften in sich aufnehmen, diesen in dem festen Gefüge des
Bestehenden einen Halt geben und so das Ganze zur einheitlichen
Verwendung geeignet machen sollen.

Führt man aber die Truppen noch in ihrer Friedensstärke, bei
denen schon an und für sich Abkommandirungen in diesem Augen=
blicke, sowie namentlich auch Veränderungen in den Stellenbesetzungen
nicht zu vermeiden und von schwerwiegendem Einfluß sind, in ernste
Kämpfe, so können durch solche die Cadres erschüttert und dann die
Folgen recht bedenkliche werden. Ein Bataillon, dessen Offiziere und
Unteroffiziere zum Theil außer Gefecht gesetzt sind, und dem ein
Theil der Stammmannschaften verloren gegangen ist, bietet keinen
ausreichenden Stamm mehr für diejenigen, welche sich an denselben
anschließen sollen.

Vor Allem aber sind die Gefahren nicht zu unterschätzen, welche
die vereinzelten Vorstöße kleinerer Detachements in feindliches Gebiet
in sich schließen. Man wird zwar eine ziemlich zutreffende Kenntniß
der nächsten Garnisonen jenseits der Grenze im Frieden besitzen, aber
wenige Stunden können, infolge der durch die Bahnen schnell heran=
zuführenden Unterstützungen, die bekannten Stärken wesentlich ver=
ändern. Dabei wird jedes Eindringen in feindliches Gebiet von
Schritt zu Schritt durch die dortigen Behörden, wie durch die Be=
völkerung überwacht, und leicht können daher weiter gehende Vorstöße
solcher Detachements zu Katastrophen führen.

Jedenfalls aber bietet sich in diesem Zeitraum vielfache Gelegenheit,
durch Ausführung verschiedener Unternehmungen des kleinen Krieges
die Truppen überhaupt an den Krieg zu gewöhnen. Das Ergreifen
und Herbeiführen solcher Gelegenheiten ist für diesen Zweck von
außerordentlichem Vortheil. Wenige Tage, in derartigen Lagen ver=
bracht, bringen die Truppen weiter, als zahlreiche Feldbienstübungen
dies im Frieden vermögen. Wo man mit feindlichen Kugeln zu
rechnen hat, wird unter dem Eindruck derselben die Findigkeit im
Gelände gesteigert und der Werth des einzelnen Schusses erkannt.

Die Disziplin im Feuer erhält dabei den praktischen Unterricht, und die dem Einzelnen innewohnenden kriegerischen Tugenden: Lust am Kampfe und an der Gefahr, Muth, Gewandtheit, Ausdauer u. s. w. finden Gelegenheit, sich zu entwickeln. Mit Verständniß angeordnete Patrouillengänge und Erkundungen durch kleinere Abtheilungen, mit Umsicht angelegte Unternehmungen gegen Feldwachen, Hinterhalte, Ueberfälle und dergl. werden zur Belebung des Selbstgefühls der Truppe wesentlich beitragen, rastlose Thätigkeit und Energie den Gegner zu seinem Nachtheil beeinflussen.

Wir können es uns nicht versagen, in Bezug auf diese Verhält= nisse zwei Stellen aus der Geschichte der Regimenter, welche bei Saarbrücken thätig gewesen sind, anzuführen:

So sagt die Geschichte des Hohenzollern'schen Füsilier=Regiments Nr. 40, Seite 47: „15 Tage hintereinander auf Vorposten oder im Alarmhause, täglich, oft mehrmals alarmirt, dazu Mobilmachungs= arbeiten und wenigstens anfangs täglicher Wechsel in den Stellungen, der immer neue Orientirung nöthig machte! Allein Offiziere und Mannschaften thaten ihren Dienst mit Lust und freudiger Hingebung. War es ihnen auch kein Geheimniß, daß bedeutend überlegene Kräfte ihnen gegenüber standen, so brannten sie doch vor Begierde, sich mit dem Feinde zu messen, . . . gab ihnen doch die Begeisterung in Saar= brücken einen Beweis davon, wie einmüthig ganz Deutschland zur Sache des Königs stand, wußten sie doch selbst, daß auf sie, den vorgeschobensten Posten der Armee, ganz Deutschlands Augen gerichtet waren!"

Ferner aus der Geschichte des Rheinischen Ulanen=Regiments Nr. 7: „die wachsende Gefahr aber schien die Leute nur zu um so größerer Kühnheit anzuspornen, denn auch in der Folge verging kein Tag, an dem nicht schwache Patrouillen mit gefällter Lanze auf über= legene feindliche Abtheilungen losgeritten wären."

Allerdings kann ein derartiger Geist nur da zu weiterer Ent= wickelung gelangen und in Thaten seinen Ausdruck finden, wo die Grundlage dazu bereits im Frieden gelegt und fest gefügt worden ist: der Geist der Königstreue und Vaterlandsliebe, der Geist der Dis= ziplin, der Kameradschaft und der Hingebung.

Wenn nun aber auch die Verhältnisse von Truppen, welche ihre Mobilmachung noch nicht vollendet haben, sowie die Vereinzelung solcher Detachements recht dringend von größeren Unternehmungen abrathen und an und für sich nur auf eine Thätigkeit hinweisen, soweit solche aus dem Beobachtungs= und Sicherheitsdienst entspringt, so sind wir doch der Ansicht, daß unter Umständen auch größere Unternehmungen von besonderem Vortheil sein können und daher die Ausführung solcher stets im Auge behalten werden muß, sei es, daß in dem der Besprechung unterliegenden Zeitraum die eigentliche Grenzsicherung damit beauftragt wird, sei es, daß hierzu besondere Detachements zur Ausführung bereit zu stellen sind.

In erster Linie wird die Kavallerie hierbei in Betracht kommen, namentlich wenn diese Waffe bereits in stärkerer Zahl im Frieden in den Grenzbezirken garnisonirt.

Allerdings muß von vornherein darauf aufmerksam gemacht werden, daß die stärkere Belegung der Grenzbezirke überhaupt die Thätigkeit dieser Waffe in Massen wesentlich einschränken dürfte. Wo sich die Vorposten größerer Infanterie=Abtheilungen auf längeren Strecken nahe gegenüberstehen und Umfassungen ausgeschlossen sind, da findet sich zwischen ihnen freilich kein Tummelplatz für Kavallerie=Divisionen.

Dagegen läßt sich aber anführen und ist damit zu rechnen, daß weitausgedehnte Grenzen nicht an allen Stellen durch gemischte Detachements geschlossen sein werden, es überhaupt nicht sein können; es werden verschiedentlich auch ferner noch Lücken bleiben. Dann aber vermag eine Kavalleriemasse doch unbedingt noch Erfolge, selbst gegen gemischte Detachements zu erzielen, wenn ihre Verwendung in Uebereinstimmung mit vorgehender Infanterie gebracht wird. Im Uebrigen verbleibt schwächeren Kavallerie=Abtheilungen gerade in den Verhältnissen des kleinen Krieges ein ausgedehntes Feld umfassender Thätigkeit.

Bevor wir dies weiter verfolgen, wollen wir uns erst klar machen, zu welchen Zwecken in diesem Zeitraume Vorstöße in feindliches Gebiet überhaupt angebracht erscheinen.

Abgesehen von der unter allen Verhältnissen nothwendigen Beobachtung des Gegners und seiner Maßnahmen kommen zunächst hierbei Störungen seiner Mobilmachung in Betracht. Diese bestehen im Verhindern rechtzeitiger Versammlung der einzuberufenden Mannschaften, der Pferdeaushebung, Gestellung von Wagen, Störung auf den diesen Zwecken dienenden Bahnen, wie der Bewegung auf den Wasserstraßen, Unterbrechen der telegraphischen Verbindungen, ferner im Vertreiben der Civilbehörden, Alarmiren der benachbarten Garnisonen u. s. w. Dann kann aber auch ein Einfall in feindliches Gebiet durch die Möglichkeit hervorgerufen werden, Erfolge gegen vereinzelne Abtheilungen des Gegners zu erringen oder sich in den Besitz wichtiger Punkte zu setzen. Unter solche Punkte sind insbesondere Oertlichkeiten zc. zu rechnen, welche für die demnächst beabsichtigten größeren Offensivbewegungen Werth haben, wie Fluß= übergänge, Eisenbahnknoten, die Wegnahme von Magazinen u. dergl. Unternehmungen in dieser Richtung können sich sogar bis zur Ueber= rumpelung fester Plätze ausdehnen, namentlich so lange deren Armi= rung noch beträchtliche Mängel zeigt. Insoweit bei der Durchführung derartiger Unternehmungen auf größere Gefechte gerechnet werden kann, muß dies bei ihrer Anlage berücksichtigt werden. In dieses Gebiet fällt auch das Vorgehen gegen einzelne Garnisonen in Nähe der Grenze, namentlich solchen, bei denen eine rechtzeitige Unterstützung nicht zu erwarten steht.

Weiter können sich Vorstöße gegen die Versammlung größerer feindlicher Streitkräfte richten. Hierbei treten die Zerstörungen von Bahnen und Wegeverbindungen wiederum in die erste Linie; selbstverständlich sind solche nur dort gründlich auszu= führen, wo die für später beabsichtigten eigenen Operationen nicht darunter leiden; sonst dürfen nur zeitweise Sperrungen vorgenommen werden.

Endlich wird eine allgemeine Schädigung des Gegners, wie Aufheben öffentlicher Kassen, Ausführung von Requisitionen u. dergl. überall dort anzustreben sein, wo sich eine solche überhaupt ermöglichen läßt.

Wir wollen, um auf einige dieser Zwecke näher eingehen zu können, die Grenzverhältnisse an der Saar im Jahre 1870 zu Grunde legen und in Erwägung ziehen, unter welchen Umständen gegen die deutschen Grenzdetachements Unternehmungen des Feindes in den ersten Tagen hätten zur Ausführung gelangen können.

Der Saar=Linie gegenüber standen vor Ausbruch des Krieges die nächsten französischen Truppen (abgesehen von einer Batterie in St. Avold), in Metz und Diedenhofen, auf etwa 31 bezw. 27 km Entfernung von der Grenze. Unbedingt mußten von ihnen die von letzterer auf die Festungen führenden großen Straßen beobachtet werden; es waren dies:

in Richtung auf Metz die Straßen
     von Saargemünd und Saarbrücken über St. Avold,
     von Saarlouis über Bolchen,

sowie die

von Saargemünd und Saarbrücken hereinführenden beiden
Bahnen, welche östlich St. Avold zusammenstoßen;

in Richtung auf Diedenhofen die Straßen:

von Saarlouis über Busendorf und von Trier über
Saarburg und Sierck.

Als Ausgangspunkt der Beobachtung würden dementsprechend die
Orte Saargemünd, St. Avold, Bolchen, Busendorf und Sierck am
geeignetsten gewesen sein. Bei stärkerer Belegung der Grenzbezirke
im Frieden würde voraussichtlich eine oder mehrere der genannten
Städte bereits Garnisonen besessen haben; selbst wenn dies nicht der
Fall, so war doch die Möglichkeit gegeben, von rückwärts her mittelst
der Bahn sehr schnell Truppen unmittelbar bis Saargemünd und
St. Avold vorzuschieben oder sie nach Metz und Diedenhofen über=
zuführen und von diesen Punkten aus mittelst Fußmarsch Bolchen
oder Busendorf oder Sierck zu besetzen.

Jedenfalls war — was die Truppen betraf — die Möglichkeit
gegeben, am ersten, zweiten oder dritten Tage nach Anordnung der
Mobilmachung bereits Unternehmungen von einem oder mehreren
dieser Punkte aus in deutsches Gebiet auszuführen.

Es fragt sich nun, ob nach Lage aller sonstigen Verhältnisse die
Ausführung derartiger Unternehmungen überhaupt angezeigt erschien
oder es vorzuziehen gewesen wäre, sich auf Beobachtung des Gegners
und Sicherung des eigenen Gebietes zu beschränken.

Die Friedensvertheilung der preußischen und bayerischen Truppen
war jedenfalls bekannt. Aus diesen Truppen konnten nur sehr schwache
Grenzdetachements gebildet werden, für die allerdings mit Ausnahme
des südlichen Theils die Saar=Linie wie die Festung Saarlouis eine
gewisse Unterstützung bot.

Eine schnelle Verstärkung der hier im Frieden bereits befindlichen
Truppen konnte nur mittelst Bahn von rückwärts her erfolgen, und
konnten diese nur bei St. Johann=Saarbrücken oder auf der Saar=
Bahn bis Trier hin ausgeschifft werden.*) Bei der Nähe der fran=
zösischen Grenze an Saarbrücken waren jedenfalls die Bewegungen
auf der Bahn unausgesetzt unter Augen zu halten, und wäre es in

---

*) Anderweitige Bahnverbindungen aus dem Inneren des Landes bis
Trier bestanden damals noch nicht.

diesem Falle vielleicht zu ermöglichen gewesen, über das Eintreffen von Truppenverstärkungen einigermaßen unterrichtet zu bleiben.

Wie wir wissen, standen — abgesehen von der Garnison der Festung Saarlouis, welche jedoch nur im nächsten Umkreise der Festung Verwendung finden konnte — südlich derselben an der Saar nur 1 Bataillon, 3 Eskadrons bei Saarbrücken, nördlich 2 Bataillone, 3 Eskadrons in und vorwärts Trier.

Es hätte für die französische Heeresleitung durchaus nicht des Aufwandes beträchtlicher Streitkräfte bedurft, um diese schwachen Kräfte zurückzuwerfen und dadurch Erfolge zu erringen, welche, selbst wenn sie an und für sich auch unbedeutend gewesen wären, doch im Beginn eines Krieges eine weitergehende Bedeutung gehabt hätten.

Dabei könnte man aber derartige Erfolge auch an und für sich durchaus nicht einmal als unbedeutende bezeichnen. So lange die französische Armee beabsichtigte, gegen den Rhein vorzugehen, mußte sie mit einem Ueberschreiten der Saar rechnen, und es war für sie jedenfalls von Werth, sich in den Besitz von Uebergängen über diesen Fluß zu setzen, so lange ansehnlichere Kräfte des Gegners noch nicht zur Hand waren, um ihr dies streitig zu machen.

Einmal aber im Besitz der Saar-Linie (ausgenommen der nächsten Umgebung von Saarlouis), vermochte man noch vor Beginn der großen Operationen unter den damaligen Verhältnissen durch Vorwerfen von Kavallerie weite Strecken des feindlichen Gebietes zu beherrschen. Diese Kavallerie bot alsdann gleichzeitig die Mittel, die Massen des Gegners aufzusuchen und seine Maßnahmen zu beobachten, wie die eigenen zu verschleiern.

Gehen wir auf die Einzelheiten eines derartigen Verfahrens über, so forderte die geringe Stärke der preußischen Truppen in Saarbrücken, die Nähe und Gestalt der Grenzlinie, sowie die Beschaffenheit des Geländes, geradezu zu einem Vorgehen gegen dieselben heraus. Der Aufstellung auf dem linken Ufer nahe der Stadt fehlt es an einem weiten Ueberblick in das Vorgelände, indem die Höhen von Spicheren die Fernsicht beschränken, dabei bietet auf beiden Flügeln das nahe Herantreten bewaldeter Höhen einer Umfassung besondere Begünstigung. Ueberdies bedarf es bei Unternehmungen gegen Abtheilungen des Grenzschutzes in vielen Fällen nicht einmal einer Ueberlegenheit. Die vereinzelte Lage, in welcher sich diese Abtheilungen befinden, die Nothwendigkeit für sie, sich nach verschiedenen Richtungen hin zu sichern, in vielen Fällen auch das Erforderniß, mit geringen

Kräften größere Landesstrecken zu decken, wie dies an der unteren Saar und in der Pfalz scharf hervortritt, führen vielfach zu einer kaum zu vermeidenden Zersplitterung der Kräfte. Der Angreifer aber wird meist in der Lage sein, mit vereinter Kraft zunächst gegen einen Theil der Aufstellung vorstoßen und so von Anfang an mit einer Ueberlegenheit auftreten zu können.

Wenn das Detachement von Saarbrücken auch seinen Schwerpunkt auf ein möglichst langes Behaupten des linken Flußufers legen mußte, so konnte es doch nicht alle Kräfte auf demselben verwenden. Die Möglichkeit eines Vordringens des Gegners oberhalb wie unterhalb der Stadt auf das rechte Ufer bedingte das Belassen einiger Kräfte auf diesem sowohl nördlich, wie namentlich bei der vorspringenden Lage von Saargemünd auch südlich derselben.

Hätte so ein unmittelbarer Vorstoß gegen Saarbrücken von etwa 2 Bataillonen, 1 Kavallerie-Regiment und 1 Batterie von St. Avold her unter Ausnutzung aller begünstigenden Umstände Aussicht auf Erfolg gehabt, so mußte sich diese noch steigern, wenn gleichzeitig ein Vorgehen französischer Truppen von Saargemünd auf dem rechten Ufer der Saar erfolgte. Vorzugsweise wäre von dort aus Kavallerie mit reitender Artillerie hierzu befähigt gewesen.

Ein derartig in den ersten 10 Tagen nach der Mobilmachung ausgeführtes Unternehmen hätte die Saarbrücker Abtheilung, da andere Truppen zu ihrer Aufnahme noch nicht bereit standen, in eine recht gefährliche Lage bringen können.

Aber selbst von dem beschränkten Ziele einer Besitznahme von Saarbrücken abgesehen, boten die Verhältnisse in dieser Gegend noch eine ganz besonders günstige Gelegenheit für einen Vorstoß französischer Kavallerie von Saargemünd aus.

Die Luftlinie zwischen St. Johann-Saarbrücken und dem anfangs nur mit einer schwachen Jäger-Kompagnie und zwei Eskadrons Chevaurlegers besetzten Zweibrücken beträgt etwa 30 km, die Verbindung zwischen den an diesen Punkten befindlichen Abtheilungen konnte nur durch wenige Reiter bei St. Ingbert unterhalten werden; es war also der Raum für den Durchbruch starker Kavallerie von Saargemünd her vorhanden; dieser Raum aber hätte sich durch Wegnahme von Saarbrücken in ausgiebigster Weise erweitert. Die preußischen Truppen in Saarbrücken konnten überdies von Forbach her so lange mit Leichtigkeit beschäftigt werden, bis ein Vorgehen von Kavallerie von Saargemünd aus ihren Abzug wesentlich bedrohte.

In der rechten Flanke war eine Gefährdung dieser Kavallerie durch stärkere aus dem Berglande vorbrechende Kräfte nicht zu erwarten; in dieser Richtung genügte daher für sie eine verhältnißmäßig schwache Beobachtung. Es blieb also für die Masse der hier vorbrechenden Eskadrons ein freies Wirkungsfeld gegen die Linie Homburg—Neunkirchen und darüber hinaus gegen die von diesen Punkten nach dem Rhein zu führenden Bahnen, auf welchen allein ihr ein ausreichender Widerstand durch schnell vorgeworfene Truppen entgegentreten konnte. Es muß diese Lage, in welcher die Kavallerie bei weiterem Vordringen nur auf größere Abtheilungen des Gegners in der Front zu rechnen hatte, als eine besonders glückliche bezeichnet werden.

Wäre ein derartiges Vordringen der Kavallerie aber auch von weitergehendem Nutzen gewesen? Diese Frage kann man wohl unbedingt mit „Ja" beantworten. Gleichviel ob die französische Heeresführung die Offensive beabsichtigte oder in der Defensive verharren wollte; es blieb jede Besitznahme feindlichen Gebietes, jede Störung des in demselben sich abspielenden Ganges der Mobilmachung ein Erfolg. Dabei konnte die Kavallerie so weit vordringen, bis sie auf stärkere Abtheilungen des Gegners stieß, und indem sie von diesem Augenblicke an die Fühlung mit demselben behielt, trat sie in die Lösung der ihr stets zufallenden Aufgaben: Beobachtung des Gegners und Verhüllung der eigenen Bewegungen. Für Zwecke der Offensive war es ferner günstig, den Gegner an Eisenbahnsperrungen zu hindern und bereits erfolgte möglichst wiederherzustellen, für solche der Defensive, daß gründliche Störungen auf feindlichem Gebiet vorgenommen werden konnten.

Die Lösung derartiger Aufgaben für Kavalleriemassen — also eine oder mehrere Divisionen dieser Waffe — ist indeß keineswegs so einfach und leicht, als dies vielleicht den Anschein hat. Es gehört dazu eine sehr leistungsfähige, im Aufklärungsdienst durchgebildete und zum einheitlichen Handeln im Gefecht geübte Truppe, vor Allem eine diesen Aufgaben gewachsene Führung und — wie überall im Kriege — Glück! Die Lösung wird schwieriger, je weiter man sich von den eigenen Truppen entfernt, je mehr der Gegner in der Lage ist, im Laufe der Stunden und Tage, namentlich von den Seiten her, infolge ihm günstiger Bahnverbindungen oder der Lage von Garnisonen, Truppen — insbesondere ebenfalls Kavallerie — vorzuwerfen, wodurch der Rückzug verhängnißvoll werden kann. Dazu kommt in Betracht: die Haltung der Bevölkerung, die Beschaffenheit des Geländes und die Stärke der sich in der Front entgegenstellenden feindlichen Kavallerie. Das Bestreben, schnell und überraschend aufzutreten, verleitet leicht gleich anfangs oft zu übergroßen Anstrengungen. Stehen überhaupt mehrere Tage für die Bewegungen in Aussicht, so wird man gut thun, im Anfange möglichst Maß hierbei zu halten, denn je weiter man vorgeht, desto mehr häufen sich die Schwierigkeiten, desto größer werden die Ansprüche an die Leistungsfähigkeit. Die in einer Richtung weit vordringende Kavallerie wird durch den Gegner von den Seiten aus leicht mit einem Netz umspannt, die nothwendige Ruhe — insbesondere des Nachts — durch kleine feindliche Infanterie-Abtheilungen gestört, oder überhaupt nicht mehr gewonnen, und tritt dann frische feindliche Kavallerie auf, manchmal aus recht unangenehmen Richtungen her, so ist die Zeit da, in welcher an die Pferde oft das höchste Maß von Leistungsfähigkeit gestellt werden muß.

Die Lage der Kavalleriemassen, welche in ein feindliches Gebiet einfallen, bevor der Gegner seine Mobilmachung und Versammlung durchgeführt hat, ist in einzelnen Richtungen eine wesentlich andere, als die der Divisionen, welche im Laufe der Operationen vor der Front der Armee Verwendung finden.

Je weiter Erstere vordringen — je mehr Feinde ringsum! Damit ist zu rechnen, um so mehr, da durch die Landesbewohner und deren Behörden, durch die Telegraphen- und Sicherheits-Beamten eine unausgesetzte Ueberwachung ihrer Bewegungen erfolgt, die dem Gegner es erleichtert, seine Maßregeln zu treffen und aus verschiedenen Richtungen her Truppen aus ihren Garnisonen in Bewegung zu setzen.

Man wird sehr reiflich erwägen müssen, wie weit man den Kavalleriemassen das Ziel ihrer Thätigkeit anweist. Das Vorgehen ist meist verhältnißmäßig leicht, das Zurückkommen oft recht schwierig!

Führt der Vormarsch bei Garnisonen des Gegners vorbei, so wird man diese außer Schußbereich zu umgehen suchen, indeß empfiehlt es sich, Beobachtungen gegen die dortigen Truppen zurückzulassen, deren Stärke sich meist nach derjenigen der dort befindlichen feindlichen Kavallerie richten wird.

Für das Verhalten gegen feindliche Infanterie-Abtheilungen, auf welche man stößt, sind die besonderen Umstände entscheidend. In ebenem, der Kavallerie günstigem Gelände, namentlich wenn die Infanterie sich im Rückzuge befindet, wird man suchen, durch die Artillerie ihre Widerstandskraft zu brechen, und dann selbst zum Angriffe schreiten. Sind dagegen die Verhältnisse für eine Gefechtsthätigkeit der Kaval= lerie nicht günstig, so setzt man sich durch Eingehen des Kampfes unnütz einem Verlust an Kräften und Zeit aus, aber auch hier thut man gut, Beobachtungen zurückzulassen, wozu, wenn es sich nur um Infanterie handelt, eine Patrouille genügt. Ueberhaupt darf keine stärkere feindliche Abtheilung, die im Rücken des Vormarsches bleibt, unbeobachtet gelassen werden. Ebenso bedarf es der Entsendung von Aufklärungen nach denjenigen Richtungen, aus welchen in den Flanken die Annäherung feindlicher Truppen, sei es aus einer in der Nähe gelegenen Garnison mittelst Fußmarsch, sei es von weiter her durch Eisenbahnbeförderung, erwartet werden kann.

Die Ziele solcher Aufklärungen sind genau zu begrenzen, sie dürfen nicht zu weit gesteckt werden, ebenso ist ihnen mitzutheilen, wohin sie zu melden und wohin sie — wenn gedrängt — sich zurück= ziehen sollen. Meist wird ihnen auch die Sperrung von Wegen und Eisenbahnlinien, fast immer die Unterbrechung der Telegraphenleitun= gen aufgegeben werden, und sind sie mit entsprechenden Zerstörungs= mitteln zu versehen.

Haben mehrfache Entsendungen von Patrouillen und kleinen Abtheilungen unter diesen Umständen stattgefunden, so empfiehlt es sich, ihnen einen gemeinschaftlichen Sammelpunkt anzuweisen, im Falle sie zurückgedrängt werden sollten, und erscheint es für einen solchen Fall zweckmäßig, etwas für ihre Aufnahme zu thun, also an einem geeig= neten Punkte einen Zug oder mehr zurückzulassen.

Waren größere Entsendungen zur Beobachtung von Truppen erforderlich, so können von dieser zurückzulassenden Abtheilung auch die Relais gestellt werden, wo solche zur Erhaltung von Verbin= dungen erforderlich werden.

Vielfach ist die Ansicht verbreitet, den Kavallerie=Divisionen dauernd Infanterie beizugeben. Durch deren Unterstützung sollen wichtige Punkte besetzt und der Widerstand feindlicher Infanterie gebrochen werden, die Kavallerie selbst aber eine gesicherte Aufnahme, sowie Schutz für die Nachtruhe erhalten. Um der Kavallerie folgen zu können, müßte man die Infanterie auf Wagen setzen und selbst dies würde keine Sicherheit für ihr Folgen oder rechtzeitiges Erscheinen bieten; eine Beförderung auf Pferden als dauernde Einrichtung, wo= möglich bereits organisatorisch festzusetzen, empfiehlt sich nicht. Die meisten Staaten sind nicht reich genug an Reitpferden, um von diesen nicht einen zweckmäßigeren Gebrauch machen zu müssen.

Es muß zugegeben werden, daß Mitgabe von Infanterie sich in manchen Fällen nützlich erweisen dürfte, dessenungeachtet können wir eine solche nur ganz ausnahmsweise empfehlen, namentlich aber nicht, wenn sich der Einfall der Kavallerie auf mehrere Tagemärsche ausdehnen soll. Der Augenblick kommt bei solchen Unternehmungen, wo die Kavallerie zurück muß, und die Beigabe von Infanterie kann dann oft entweder die Bewegungsfreiheit der Kavallerie zu deren größtem Nachtheil hemmen, oder diese wird gezwungen, sie im Stich zu lassen und somit ihrem Schicksal preiszugeben. Auch das Mitführen von Wagen bietet keine Sicherheit dafür, daß sich die Infanterie rechtzeitig dem ihr alsdann drohenden Mißgeschick entziehen wird.

Gerechtfertigt erscheint dagegen die Mitgabe von Infanterie auf geringen Entfernungen, wenn es sich dabei um ganz bestimmte Aufgaben handelt oder bei Mitwirkung in einem für diese Waffe günstigen Gelände, wie im Gebirge, überhaupt dort, wo ein schließliches Zurückgehen gesichert erscheint.

Andererseits kann die Kavallerie für derartige Unternehmungen der Beigabe von Pionieren in vielen Fällen nicht entbehren.

Zu ähnlichen Ergebnissen, wie bezüglich eines Einfalles bei Saarbrücken, gelangt man, wenn man die damalige Lage am unteren Laufe der Saar, in der Nähe ihrer Mündung in die Mosel, betrachtet.

In Rücksicht auf die verhältnißmäßig schwache Garnison von Trier konnte französischerseits darauf gerechnet werden, daß man die an der Saar sich entgegenstellenden Truppen an vielleicht 4 Uebergangsstellen, die sich in der etwa 35 km langen Linie befanden, finden würde, bei Merzig, Mettlach, Saarburg und Conz. Bei einer Verwendung von etwa 3 bis 4 Bataillonen, 4 Eskadrons und einer Batterie hätte bei dieser Ausdehnung ein Angriff auch hier schon Aussicht auf Erfolg gehabt, wenn man sich mit ganzer Kraft auf einen dieser Punkte warf, den man sich unter Berücksichtigung aller Verhältnisse aussuchen konnte und an dem man es vielleicht mit nur ein paar Kompagnien zu thun bekam. Ueberdies hätte man den Vortheil gehabt, Artillerie ins Gefecht zu führen, während man mit ziemlicher Bestimmtheit annehmen konnte, daß der Gegner, wenigstens in den ersten Tagen, über keine Geschütze verfügen würde.

War die Saar-Linie einmal durchbrochen, so lag allerdings die

Möglichkeit vor, daß auf dem rechten Ufer ein weiteres ernstes Gefecht über den endlichen Ausgang der Unternehmung entschied. Wollte man aber aus dem Erfolg noch weiteren nicht unbedeutenden Nutzen ziehen, so brauchte man nur dem Detachement eine starke Kavallerie beizugeben, welche die Mosel während des Gefechts oder nach Eröffnung der Uebergänge überschritt und der sich dann auf dem rechten Ufer weithin ein großes Feld für ihre Wirksamkeit geboten hätte.

Zunächst vermochte alsdann diese Waffe dazu beizutragen, den Abtheilungen des Gegners, deren Vereinzelung die Ueberwachung des Flusses erforderlich gemacht hatte, das Zurückkommen zu erschweren, sie festzuhalten oder selbst anzugreifen. Für letzteres ist die Beschaffenheit des Geländes, sowie das Mitführen von Geschützen von Einfluß.

Je günstiger das Gelände für die Wirksamkeit der Kavallerie, desto eher wird man, unter Mitwirkung von Artillerie, Erfolg erreichen können. Aber auch im Berglande vermag sie gegen abziehende kleinere Infanterie-Abtheilungen erfolgreich zu wirken, wenn sie ihre Bewegungen unter dem Gesichtspunkte des „Aufhaltens" einrichtet, bis die eigene Infanterie heran ist. Im Wesentlichen wird dies dadurch erreicht werden, daß sie auf Umwegen sich auf die Abzugsstraße setzt, dort an Einschnitten Brücken zerstört oder günstig gelegene Engen besetzt und zum Feuergefecht greift.

Im vorliegenden Falle würde für die Thätigkeit der Kavallerie auch eine vorläufige Einschließung von Saarlouis in Betracht gekommen sein. Selbst die auf das Sorgsamste für den Kriegsfall vorbereitete Festung bedarf zur Vervollständigung aller Streitmittel und Bedürfnisse noch einige Zeit der Verbindung mit dem Hinterlande. Je früher man sie davon abschneidet, desto wirkungsvoller arbeitet man einem späteren Verfahren gegen die Festung vor.

Aber mit diesen Aufgaben wäre die Wirksamkeit der Kavallerie in der hier angenommenen allgemeinen Lage noch keineswegs erschöpft gewesen, im Gegentheil, ihre Wirkung für die großen Operationen hätte erst begonnen, wenn die Gefechtszwecke beim Uebergange erreicht waren.

Von diesem Augenblicke an öffnete sich ihr ein sich weithin ausdehnendes Gebiet. Zwar bestand dasselbe im Gebirgsland des Hundsrück, doch war nach Lage der Verhältnisse ein ernstlicher Widerstand in demselben in den nächsten Tagen nicht zu erwarten, und bei der Größe des Bezirkes und der allgemeinen Lage hätte es genug zu thun gegeben, um die Verwendung selbst einer Kavallerie-Division in dem Berglande zu rechtfertigen.

Zunächst mußte es der oberen Führung von größtem Werth sein, nachdem der vorderste Schleier an der Saar zerrissen war, von den Massen des Gegners Nachrichten zu erhalten, zu erfahren, aus welchen Richtungen man das Vorgehen seiner doch jedenfalls in verschiedene Gruppen zur Zeit noch getheilten Streitkräfte erwarten konnte, und festzustellen, bis wohin die Spitzen derselben gelangt waren, beziehungsweise wo die Ausladepunkte seiner Eisenbahntransporte lagen. War einmal die Fühlung mit diesen verschiedenen Gruppen gewonnen, so durfte sie nicht mehr aufgegeben werden. Dies bedingte ebenfalls eine gewisse Stärke der Kavallerie, einmal, da sie in verschiedenen Richtungen große Gebiete aufzuklären hatte, dann aber auch, um dort, wo ihre weit vorgestreckten Fühler durch erscheinende stärkere Kavallerie zurückgedrängt wurden, den Kampf mit dieser aufzunehmen.

Um diese Fühlung zu gewinnen, bedurfte es zunächst der Abzweigung einer Kavallerie-Brigade gegen Trier. Dorthin hätten sich voraussichtlich die von der Saar unterhalb Saarlouis verwandten Truppen zurückgezogen, dort aber war vor Allem auch das Zuströmen weiterer Verstärkungen des Gegners vom Unter-Rhein her zu erwarten. Jedenfalls würde die Kavallerie-Brigade größere Ansammlungen bei Trier rechtzeitig zu fühlen bekommen haben; sie wäre außerdem befähigt gewesen, den Anmarsch von Kolonnen auf der Straße Coblenz—Trier festzustellen, den wichtigen Verkehr auf der Mosel selbst zu verhindern. Vielleicht vermochte eine beigegebene Batterie sogar dem Marsch auf dem jenseitigen Ufer Unbequemlichkeiten zu bereiten, auch konnten über den Fluß vordringende Patrouillen Kunstbauten auf der Bergstraße zerstören und so dem Gegner Zeitverlust bereiten, indem man ihn alsdann zu Umwegen zwang.

Der größere Theil der Kavallerie-Division hätte seine Wirksamkeit in dem Raume zwischen der Mosel und der Eisenbahn Saarbrücken—Mainz gefunden. Dabei war im Auge zu behalten, ob, wenn das preußische Detachement in Saarbrücken genöthigt wurde, seinen Rückzug in Richtung dieser Bahn zu nehmen, es nicht gelang, ihm den Rückzug abzuschneiden, sei es durch Unterbrechung der Bahn, sei es durch unmittelbares Vorlegen. Baldige Unterbrechung der Bahn, etwa bei St. Wendel, hätte das Vorsenden von Truppen zur Aufnahme wesentlich erschwert.

Die Hauptaufgabe der Division wäre aber das Einbringen von Nachrichten über den sich versammelnden oder anrückenden Gegner geblieben. Der Masse der Division konnten hierzu einzelne Eskadrons möglichst weit vorangehen und diese darüber hinaus ihre Fühler ausstreuen. Auch hier wären, wenn das Vorgehen in den ersten Tagen der preußischen Mobilmachung ausgeführt wurde, wie bei einem Vorstoße von Saargemünd her, mannigfache Störungen derselben zu ermöglichen gewesen; nur die Verpflegung — namentlich für die Pferde — hätte der Kavallerie bei längerem Verweilen in dortiger Gegend vielleicht stellenweise Schwierigkeiten bereiten können.

Ebenso wäre aber auch hier bei beabsichtigter Defensive der französischen Armee das Vertreiben der kleinen deutschen Detachements von der Saar von Wichtigkeit gewesen. Nicht allein hätte dies ermöglicht, die Fühlung der Kavallerie weit darüber hinaus vorzutreiben, sondern dieser wäre es voraussichtlich auch geglückt, an den vom Rhein herführenden Bahnen gründliche Zerstörungen auszuführen. Deutscherseits hätten die Ausschiffungspunkte auch in diesem Falle, weiter zurückgelegt werden müssen, was der französischen Armee in Bezug auf Vollendung ihrer Kriegsbereitschaft und der Verstärkung ihrer Stellungen nun zu gute gekommen wäre.

Auch in dem Gelände zwischen Hardt-Gebirge und Rhein hätte sich ein geeignetes Feld für die Thätigkeit stärkerer Kavallerie gefunden. Bis zum 22. wurde dieser Raum nur durch ein Bataillon und zwei Eskadrons gedeckt; Ersteres anfangs sogar nur in einer Stärke von 214 Mann; dem Vorstoße einer französischen Kavallerie-Division hätten sich also bedeutende Schwierigkeiten zunächst gar nicht entgegengestellt, der Vorstoß selbst aber würde unmittelbar in das Aufmarschgebiet der III. Armee geführt haben und konnte den Vorbereitungen, namentlich durch Zerstörungen der Bahnen, wie dem Aufmarsch selbst bedeutende Störungen bereiten.

Vorbedingung für eine solche Unternehmung wäre die Belegung des anstoßenden Theiles des Elsaß im Frieden durch stärkere Kavallerie oder der schnelle Transport derjenigen Regimenter, welche zur Bildung der Kavallerie-Division des Mac Mahonschen, bezüglich des 5. Korps bestimmt waren, bis an die Grenze gewesen.

Zieht man nun andererseits in Betracht, in wie weit bei dem thatsächlich stattgefundenen Aufmarsch der französischen Armee deutscherseits von der Grenze aus eine offensive Thätigkeit hätte ausgeübt werden können, wenn ausreichendere Mittel zur Ver-

fügung gestanden, so muß man auch hier vorzugsweise der Kavallerie
eine Rolle zusprechen.

Die Betrachtung der Aufgaben und Thätigkeit der einzelnen
Detachements wird zeigen, daß von Trier aus die Verwendung
stärkerer Kavallerie gegen Diedenhofen und Metz nützlich gewesen wäre.

Die feindlichen Massen Saarbrücken gegenüber und bei Saar=
gemünd verboten allerdings an diesen Stellen jede größere Unter=
nehmung.

Aus dem Hardt=Gebirge heraus konnten Vorstöße gegen die
Linie Saargemünd—Hagenau von Nutzen sein. Die Verwendung
von Kavallerie wäre nicht ausgeschlossen gewesen, wenngleich das
Gebirgsland Unternehmungen von Infanterie=Abtheilungen wesentlich
begünstigt hätte.

In dem Gelände südlich der Lauter vermochte eine ein=
brechende deutsche Kavallerie bis Hagenau und über Niederbronn hinaus
Verwirrung anzurichten und den Feind genauer zu überwachen. Ihr
wären dabei die sieben Regimenter der Kavallerie=Division des Mac
Mahonschen Korps und eine Brigade der Kavallerie=Division des
5. Korps entgegengetreten; sie hätte daher sehr stark sein müssen, und
es wäre dann zu einem der großen Reiterkämpfe vor der Front
der Armee gekommen, welche wir im Kriege von 1870/71 ver=
gebens erwartet haben. Im Uebrigen konnte hier auch alsdann im=
mobile Infanterie zur Besetzung von Weißenburg und Lauterburg
vorgeworfen werden, welche der vorgehenden Reiterei einen Rückhalt
an der Lauter bot und durch Festhalten dieser Punkte nicht bloß die
Versammlung der III. Armee wesentlich geschützt, sondern deren
beabsichtigten Operationen einen recht bedeutenden Vorschub gewährt
hätte.

Aehnliche Kavalleriegefechte wie an dieser Stelle wären auch im
nördlichen Theile der Rheinprovinz und Lothringens voraussichtlich
durchgefochten worden, wenn stärkere preußische Kavallerie hier vor=
brach und sich ihr die vier Regimenter starke Kavallerie=Division des
Korps Ladmirault entgegenwarf.

Außer den bisher betrachteten Unternehmungen ist noch darauf
hinzuweisen, daß solche gegen Festungen oder kleinere fortifi=
katorische Werke nicht ausgeschlossen erscheinen. Selbst eine solche
gegen Saarlouis konnte bei der Nähe der Grenze auf dem Wege der
Ueberraschung in Betracht kommen, wenn irgend ein Versäumniß
deutscherseits in Bezug auf ausreichende Garnison oder auch im Friedens=

zuſtand der Feſtungswerke und deren Bewachung ſtattgefunden hätte. Dies war hier allerdings in keiner Weiſe geſchehen: vier Bataillone nebſt Kavallerie und Feſtungsartillerie bildeten die urſprüngliche Garniſon des kleinen Platzes, welche ſofort bei ausgeſprochener Mobilmachung durch zwei weitere Bataillone verſtärkt wurde. Daß aber Fälle wohl denkbar ſind, die derartigen Unternehmungen günſtig ſein können, beweiſen die Zuſtände in Diedenhofen. Dort zählte die Beſatzung an Stelle von 4000 bis 5000 Mann anfangs nur 1000 Mann und von dieſen waren 600 Mann Mobilgarden, 90 Douaniers und 300 Mann nicht ausgebildeter Kavalleriſten und Artilleriſten. Dabei lag die Feſtung nur etwa 17 km von der Grenze, war alſo durch einen Nachtmarſch füglich vom Gegner zu erreichen.

Immerhin wäre es Aufgabe eines Grenzdetachements in Buſendorf geweſen, die Eiſenbahnverbindungen, welche Saarlouis beſaß, zu zerſtören und die Beſatzung unausgeſetzt zu allarmiren. Für erſteren Zweck genügten Kavalleriepatrouillen, für letzteren kleinere Abtheilungen von Infanterie.

Das Zerſtören der Bahnen hätte das Zuführen von Verſtärkungen, von Vorräthen, Munition u. dergl. in die Feſtung erſchwert, die unmittelbare Verbindung und ſchnelle gegenſeitige Unterſtützung aller an der Saar entwickelten preußiſchen Truppen verhindert. Die Zerſtörungen konnten dabei an ſolchen Punkten der Bahn ausgeführt werden, welche deren Gebrauch auf längere Zeit verhinderten, denn es handelte ſich hier um eine Linie, deren Erhaltung nur für die deutſchen Truppen von Werth war, für die franzöſiſchen aber einen ſolchen — namentlich für den Anfang des Feldzuges — in keiner Weiſe beſaßen.

Die Ausführung derartiger Aufgaben erfordert genaue Kenntniß aller einſchlagenden Verhältniſſe ſeitens des Führers des Unternehmens. Alſo frühzeitige Mittheilung an denſelben, daß er mit einem ſolchen Auftrage betraut werde, Mittheilung des Materials, welches über die Bahnſtrecke hat geſammelt werden können, und genaue Kenntniß des Geländes. Kommt es auf Unterbrechungen oder Störungen auf weite Entfernungen an, ſo fällt die Aufgabe der Kavallerie zu, in der Nähe wird ſie vorzugsweiſe durch Infanterie erfüllt werden. In einzelnen Fällen werden auch beide Waffen vereint wirken. Bei Störungen, welche franzöſiſcherſeits jenſeits der Saar beabſichtigt worden wären, hätte die Kavallerie den Fluß durchſchwimmen und die eigentliche Aufgabe ausführen müſſen, während Infanterie bis an die Uebergangsstelle zur etwa erforderlich werdenden Aufnahme vorzuschieben war. Mitwirkung von Pionieren wird man bei beabsichtigten größeren Zerstörungen nicht entbehren können.

Verdeckter Anmarsch — meist unter Begünstigung der Nacht —, schnelles, energisches Handeln, wenn man entdeckt wird, sind weitere nothwendige Vorbedingungen für das Gelingen.

Die Masse einer Kavallerie-Division ist im Allgemeinen auf Bewegung im Laufe des Tages und auf ein Gelände angewiesen, welches ihre Entwickelung oder ihre Ausbreitung gestattet. Unternehmungen von kleinen Abtheilungen werden dagegen durch die Nacht oder bedecktes Gelände begünstigt.

Die angestellten Betrachtungen ergeben, daß auch die Ertheilung offensiver Aufgaben für die in den Grenzbezirken auftretenden Abtheilungen unter Umständen von Nutzen sein können. Ob jedoch derartige Aufgaben gestellt werden sollen, darüber wird stets nur die allgemeine Lage entscheiden. Handelt es sich hierbei nur um Einzelunternehmungen und nicht um einen strategischen Ueberfall, so ist zu erwägen, ob der zu erwartende Erfolg die Gefahren einer selbständigen Verwendung von Truppen und die Bedenken, vor gänzlicher Mobilmachung in Kämpfe einzutreten, überwiegt.

Schließlich sei noch darauf hingewiesen, daß alle Aufgaben, welche beim Beginn des Krieges in den Grenzbezirken zu lösen sind, in ihrer Durchführung wesentlich erleichtert werden, je mehr die Führer sich bereits im Frieden mit denselben vertraut gemacht haben und die Truppe in dem betreffenden Gelände bekannt ist. In letzterer Beziehung muß die Unterbringung der Truppen im Frieden im Sinne einer Begünstigung dieser Forderung ausgeführt werden. Vielfach werden aber verschiedene Rücksichten dies nicht in dem wünschenswerthen Umfange gestatten, und auch aus diesem Grunde wird dann zur Verstärkung oder Ausfüllung von Lücken ein schnelles Vorwerfen von noch nicht mobilen Truppen aus weiter zurückliegenden Standorten nicht immer zu vermeiden sein.

3. Durchführung der Aufgaben der Grenz-detachements.

a. Detachement Trier.
(Karte 1.)

Wie bereits erwähnt, übernahm von den in der Nacht vom 15. zum 16. Juli aus Trier vorgesandten Truppen das Husaren-Regiment Nr. 9 die Sicherung gegen Diedenhofen, das 2. Bataillon Regiments Nr. 40 die Beobachtung der luxemburgischen Grenze; Letzteres erhielt gleichzeitig den Auftrag, die Bahn nach Luxemburg zu unterbrechen.

Die Husaren bezogen Biwak bei Conz; die 1. Eskadron (3 Züge) überschritt die Saar und stellte Vorposten gegen Cönen und Tawern aus; Offizierspatrouillen wurden über Zerf und Losheim (rechtes Saar-Ufer) nach der Straße Merzig—Wadern und auf dem linken Ufer über Saarburg nach Perl entsandt. Erstere ging bis Merzig vor und meldete von dort telegraphisch, daß nichts zu bemerken sei; Letztere sollte „soweit auf der Hauptstraße vordringen als möglich"; sie überschritt infolgedessen die Grenze südlich Perl und gelangte über Sierck hinaus, ohne etwas von Franzosen zu bemerken; dagegen versuchte eine zusammengelaufene Schaar von Einwohnern, ihr den Rückmarsch am Ausgange der Stadt zu versperren. Die Patrouille traf um 2 Uhr Nachmittags, nachdem sie etwa 82 km zurückgelegt hatte, beim Regiment wieder ein; sie meldete: „ging durch Sierck vor und brachte in Erfahrung, daß eine Abtheilung von 3000 Mann heut Abend um 5 Uhr in Sierck als Einquartierung angesagt wäre."

Am Nachmittage wurde aus Perl telegraphisch gemeldet, daß eine französische Dragoner-Patrouille (5 Mann) in Sierck gesehen worden sei, ferner von Saarburg durch das Landrathsamt ebenfalls die Mittheilung, daß noch an diesem Tage 2000 Mann als Einquartierung in Sierck eintreffen würden. Letztere Nachricht bestätigte sich zunächst noch nicht.

Von dem Bataillon marschirte eine Kompagnie nach Conz zur etwaigen Aufnahme der Husaren; sie stellte daselbst zwei Feldwachen (gegen Wasserliesch und Cönen) aus und besetzte den Bahnhof. Die drei anderen Kompagnien fuhren mit der Bahn bis in die Nähe von

Wasserbillig, den letzten Theil des Weges unter besonderen Vorsichtsmaßregeln, da die Nachricht einging, daß die telegraphische Verbindung mit Luxemburg unterbrochen sei. Eine halbe Stunde vor der Eisenbahnbrücke stiegen die Mannschaften aus und setzten den Weg zu Fuß fort. An der Brücke angelangt, stellte die AvantgardenKompagnie Posten längs der Sauer bis Langsur aus, eine zweite Kompagnie zerstörte unter Leitung eines Eisenbahn=Baumeisters die Schienen und Schwellen und verbarrikadirte den Damm vor der steinernen Brücke, Wasserbillig gegenüber. Der diesseitige Ausgang der Sauer=Brücke wurde zur Vertheidigung eingerichtet und die am linken Ufer liegenden Schiffe an das diesseitige herübergeführt. Die letzte Kompagnie verblieb auf der Chaussee in der Nähe der Böwener Mühle in Reserve. Ein dem Bataillon überwiesener Zug Husaren wurde zum Theil der vordersten Kompagnie beigegeben, zum Theil als Relais nach Trier verwandt.

Bereits am Mittag des 16. fand aus Mobilmachungsrücksichten eine Ablösung des 2. Bataillons durch das 1. statt, welches mit je einer Kompagnie Conz und die Brücken bei Wasserbillig besetzte und die beiden anderen als Reserve zurückbehielt; doch wurde von diesen noch eine nach Wasserbillig vorgezogen, als Nachricht einging, daß bei einbrechender Dunkelheit zehn Züge mit französischen Truppen über Luxemburg vorkommen würden.

Aus Saarburg theilte ferner der Landrath mit:

„Zwei Husaren melden von Perl, daß zwei französische Kavallerie=Regimenter etwa zwei Stunden von der Grenze konzentrirt sind. Die Meldung geht nach Cönen."

Ferner um 4 Uhr 40.:

„Fünf Mann Dragoner=Patrouille in Sierck . . ."

Am 17. Juli löste das 3. Bataillon das 1. ab, welches ungefähr dieselbe Stellung einnahm; vom Gros des Husaren=Regiments wurde ein Zug nach Igel auf das linke Mosel=Ufer entsandt, Offiziers=Patrouillen gingen nach Saarburg, Hammer= und Merzig=Fähre, sowie Wasserbillig und Borg vor, ohne bei diesen Orten etwas von französischen Truppen zu entdecken. Dagegen liefen zwei andere Meldungen ein, welche auf die Anwesenheit feindlicher Truppen in der Gegend von Remich deuteten, wohl aber irrthümlich gewesen sein müssen, da Remich auf luxemburgischem Gebiet liegt und das Vorkommen feindlicher Patrouillen über Perl jedenfalls von dem dort stationirten sehr aufmerksamen Telegraphenbeamten mitgetheilt worden wäre:

Die erste Meldung lautete:

„Soeben stieß eine Patrouille der Avantgarde in der Nähe von Remich auf eine feindliche Patrouille; Letztere wurde zurückgetrieben und ein Zug zur Aufklärung vorgeschickt."

Die andere:

„Eine um 5¼ Uhr Nachmittags zurückkehrende Patrouille brachte die Nachricht mit, daß Remich von französischer Infanterie besetzt sei."

Dagegen ging aus Saarburg die Nachricht vom Landrath ein: „Aus ganz zuverlässiger Quelle, daß Sierck bis auf eine Dragoner-Patrouille heut Nacht ohne Truppen war .."

Privatbriefe aus dem Luxemburgischen sprachen davon: „daß Mac Mahon mit 30 000 Mann über Sierck nach Saarburg vorgehen sollte."

Da in Trier nach Abmarsch der 69er nach Saarlouis und des 2. Bataillons 40 nach Saarbrücken nur noch ein Bataillon verblieb, welches den durch Zurückschaffen aller Bestände sehr umfassenden Arbeitsdienst nicht zu überwältigen vermochte, wurden am 18. Juli von der vorgeschobenen Abtheilung zwei Kompagnien nach der Garnison zurückgezogen und gleichzeitig befohlen, daß zwei Eskadrons ebenfalls dorthin zurückkehren sollten. Von den beiden noch vorn verbleibenden Kompagnien wurde eine nebst einer Eskadron bei Conz, mit Vorposten bei Cönen, belassen. Die andere, ebenfalls mit einer Eskadron, besetzte Igel und beobachtete durch eine Feldwache die Brücke bei Wasserbillig, sowie durch Patrouillen das Thal der Sauer und die gegenüberliegenden Berge.

Inzwischen hatte sich in Trier durch einen aus Luxemburg kommenden Zeitungskorrespondenten die Nachricht verbreitet, daß französische Kolonnen über Perl auf Saarburg im Marsche wären.

Der Kommandeur des Husaren-Regiments erhielt infolgedessen von der Division Befehl: „mit allen Eskadrons bei Saarburg zu bleiben und sich Gewißheit über die Wahrheit der Nachricht zu verschaffen."

Derselbe hatte bereits um 3½ Uhr Vormittags Lieutenant v. Bredow mit 1 Unteroffizier und 10 Husaren über Saarburg auf Perl vorgeschickt, welcher um 10 Uhr 15 Min. Vormittags von dorther meldete:

„In Sierck waren gestern 12 Dragoner aus Diebenhofen, die sich wieder dorthin zurückgezogen haben, so daß Sierck augenblicklich ganz von Militär entblößt ist."

Zur größeren Sicherheit wurde nach Eingang des Befehls der Division gegen 3 Uhr Nachmittags eine Eskadron nach Perl vorgeschickt. Diese stellte das Unrichtige der Nachricht fest und biwakirte demnächst in der Nacht bei Borg, von wo sie am folgenden Tage nach Trier zurückkehrte, während der Stab des Regiments und eine Eskadron noch an diesem Tage die Garnison erreichten.

Am 19. Juli, dem Tage der Kriegserklärung, fand, nachdem die Beachtung der Neutralität Luxemburgs durch die Franzosen sichergestellt war, ein weiteres Zurückziehen von Truppen statt. Die beobachtende Kavallerie wurde bis auf eine Eskadron verringert, welche mit drei Zügen gegen Cönen verblieb, mit einem Zuge auf dem linken Mosel-Ufer die Sauer-Uebergänge beobachtete; von den beiden Kompagnien wurde die bei Igel stehende eingezogen.

Ueber die bei Conz genommene Aufstellung meldete der Kompagniechef der Division um 4 Uhr 10 Min. Nachmittags:

„Die Kavallerie steht vor der Saar-Brücke und hat eine Feldwache mit zwei Vedetten gegen Cönen vorgeschoben, ein Unteroffiziersposten steht auf dem östlichen Abhange des Reiniger Kapellen-Berges; Patrouillen gehen permanent über Cönen, Saarburg nach Perl zu, über Tawern nach der Mosel, über Wasserliesch bis Oberbillig hinaus.

„Die Infanterie hat zwei Feldwachen vorgeschoben: Feldwache I an der Conzer Saar-Brücke .... Feldwache II am südlichen Ausgange des Conzer Bahnhofes ...." *)

General v. Barnekow erwiederte hierauf am Nachmittag 7 Uhr:

„Mit der von der Kavallerie eingenommenen Vorposten-Aufstellung bin ich nicht einverstanden, sie steht zu nahe vor Conz. Ich bestimme daher:

„Die Vorposten-Eskadron geht morgen früh bei Tagesanbruch bis Tawern vor und etablirt stehende Patrouillen

    1. bei Fellerich,

    2. auf dem Wege nach Ensdorf,

---

*) Das Gros der Kompagnie befand sich am nördlichen Ausgange von Conz.

3. auf der Chaussee Saarburg—Perl, da, wo der Weg von
Tawern einfällt.

„Von diesen Patrouillen, sowie vom Mepli aus wird in der
Richtung auf Perl resp. längs der Mosel rekognoszirt.

„Um die Kavallerie aufzunehmen, ist zu derselben Zeit die Kom=
pagnie an die Conzer Brücke heranzuziehen."

Aus Perl wurde gemeldet, daß in Königsmachern (halbwegs
Sierck—Diedenhofen) eine Eskadron Dragoner stände, sonst nichts vom
Feinde zu sehen wäre. Zurückkehrende Reservisten gaben an, daß
Diedenhofen nur die gewöhnliche Friedensbesatzung habe.

Bis zur Nacht vom 21. zum 22. Juli verblieb die Beobachtung
nur in dieser Stärke (1 Kompagnie und 1 Eskadron) unter täglicher
Ablösung von Trier aus. Die Schwadron verblieb im Biwak bei
Tawern, entsandte einen Zug nach Saarburg und beobachtete auch
ferner noch die Sauer=Uebergänge. Von den in diesen Tagen ein=
gehenden Nachrichten sind folgende zu erwähnen:

Am 20. meldete der sehr thätige Telegraphenbeamte in Perl
(Adamczit) Vormittags:

„Zuverlässig: Gestern Abend 6 Uhr sind in Diedenhofen 56 Ge=
schütze eingetroffen .... Unverbürgte Nachrichten: In Diedenhofen
sind für heute 40 000 Mann Infanterie und Kavallerie angesagt."

Am Nachmittage ging von demselben ein weiteres Telegramm ein:

„Die französischen Steuerbeamten und Gendarmen haben sich
von der Grenze bis Diedenhofen zurückgezogen. Truppen werden von
dort in Richtung nach Metz und umgekehrt per Bahn transportirt ..."

Ueber Saarburg ging am 21. Juli die erste Meldung von
der Anwesenheit feindlicher Truppen, eines Bataillons und 1 bis
2 Eskadrons, bei Sierck ein.

Die betreffende Depesche des Bürgermeisters von Perl (8 Uhr
20 Min. Vorm.) an die Division in Trier lautete:

„In Sierck soll augenblicklich ein Bataillon Zouaven, ein Zug
Artillerie und eine Eskadron Dragoner Rendezvous machen, welche
um 9 Uhr in Perl einrücken, um hier zu biwakiren und morgen früh
nach Saarburg zu marschiren."

Um 2 Uhr Nachmittags ging hierauf von einer Offiziers=Patrouille
aus Perl die telegraphische Meldung ein:

„Perl noch unbesetzt. 2 Eskadrons, 1 Bataillon Zouaven
zwischen Sierck und Perl vor der Anhöhe, keine Kavallerie.

Lieutenant v. Hermsterck."

Um 2 Uhr 30 Min. Nachmittags fernere Depesche dieses Offiziers: „Lager bei Sierck selbst gesehen . . . ."

Am Nachmittag theilte das Telegraphenamt in Trier der Division mit:

„Station Perl eben aufgehoben, Beamte nach dem Luxemburgischen zurückgezogen. Französische Truppen in der Nähe von Perl im Anmarsch."

Um 6 Uhr 35 Min. Nachmittags meldete jedoch der Telegraphenbeamte aus Perl, daß dies nur blinder Lärm gewesen wäre und um 10 Uhr 50 Min. Nachmittags:

„8 Uhr Hammelsberg (?) gewesen und nichts bemerkt. Bei Rückkehr hat sich Lärm verbreitet.

„Jetzt persönlich Feind an der Grenze über eine Stunde beobachtet durch Fernrohr. Nördlich Sierck lagern und kochen ab ungefähr 300 Mann Infanterie und 14 Mann Kavallerie; südlich Apach stehen Vorposten. Zweck und Marschrichtung unbekannt. Bürgermeister verständigt, Civil-Postenkette aufzustellen, was auch geschehen, um sofort Meldung machen zu können. Bleibe bis aufs Aeußerste; wenn Gefahr, bin ich in 10 Minuten auf neutralem Boden." *)

Infolge dieser Meldungen wurde eine stehende Patrouille in Borg aufgestellt und die ganze Gegend zwischen Saar und Mosel durch lebhaften Patrouillengang ununterbrochen beobachtet.

Am 22. Juli gaben falsche Meldungen Veranlassung, der vordersten Aufstellung Verstärkungen zuzuführen.

Die an diesem Tage eingehenden Nachrichten waren folgende:

Von der Telegraphenstation Perl um 6 Uhr 40 Min. Vormittags:

„Von 4 bis 5½ Uhr Morgens beobachtet. Kavallerietruppe von 350 Pferden marschirt mit Vorsichtsmaßregeln auf der Straße die Grenze entlang nach Saarlouis. Zwei Infanterie-Patrouillen haben Posto in den Weinbergen vor dem Hammelsberge gefaßt. Grenze momentan nicht überschritten, Lager unverändert."

Meldung über die Vorposten-Aufstellung der Kavallerie bei Tawern, wobei hinzugefügt ist:

---

*) Die falsche Nachricht hatte weithin Aufregung verbreitet. So ging von Beurig (unweit Saarburg) Meldung ein: „Nach einer Mittheilung sollen die Franzosen gegen Saarburg marschiren und hiesige Station aufheben wollen."

„Die um 5 Uhr (Vormittags) zurückgekommene Patrouille hat, sowie sämmtliche andere Patrouillen nichts Feindliches bemerkt und nichts über feindliche Bewegungen in Erfahrung gebracht."

Von Telegraphenstation Perl (12 Uhr 55 Min.):

„Der Feind hat Lager bei Sierck verlassen und dasselbe westlich Rustdorf bezogen."

Dann folgte aber vom Landraths-Amt Saarburg um 7 Uhr 5 Min. die Nachricht:

„Die Husaren-Feldwache zieht sich zurück und theilt mit, daß 2 französische Eskadrons im Anmarsch auf Saarburg seien."

Infolgedessen erhielt das Husaren-Regiment Befehl, mit den in Trier befindlichen Eskadrons auszurücken, auch wurden 3 Kompagnien angewiesen, zu folgen.

Während noch im Verlaufe dieses Tages mehrere Telegramme von der Station Perl die Lage des Gegners bei Sierck als eine unveränderte bezeichneten, schien die Nachricht aus Saarburg weitere Begründung zu erhalten durch eine Meldung des Lieutenants v. Bredow, die über Beurig Abends 9¼ Uhr einging:

„Zwei feindliche Eskadrons sind im Mannebacher Walde (nordöstlich Saarburg) bei Anbruch der Dunkelheit gesehen worden; Näheres weiß ich noch nicht. Ich telegraphire, sowie etwas bekannt." —

Schließlich ist noch eines Telegramms zu erwähnen, welches vom Bürgermeister aus Merzig um 8½ Uhr einging:

„Sicherem Vernehmen nach sollen heute Abend 5000 Franzosen zur Besetzung der Grenze von Waldwiese nach Perl ankommen."

Von den drei in Trier befindlichen Husaren-Eskadrons war bei Eingang des Befehls eine bereits zur Ablösung abmarschirt, die beiden anderen rückten um 8 Uhr Abends ab. Gegen 11 Uhr Nachts traf eine Eskadron bei Saarburg ein mit dem Auftrage, bis Traffem vorzugehen und auf Perl und Freudenburg aufzuklären, 2½ Eskadrons bezogen ein Biwak bei Tawern. Vom Feinde wurde nirgends etwas bemerkt; auch Lieutenant v. Bredow theilte aus Saarburg mit:

„Ich habe den Mannebacher Wald von Rehlingen bis Kirf absuchen lassen und vom Feinde nichts gesehen. Landrath Mersmann erfährt soeben durch einen zuverlässigen Mann, daß heute bei Perl nichts über die Grenze ist." (10 Uhr 59 Min. Nachm.)

Von den aus Trier folgenden 3 Kompagnien verstärkte eine den Posten von Conz, während von den beiden anderen Saarburg und

Tawern besetzt wurden. Das Ganze trat unter den Befehl des Oberst v. Wittich, Kommandeur der 9. Husaren.

Am 23. Juli wurden vom Gros der Husaren 2 Eskadrons an die große Straße am Walde von Cönen verlegt, ferner ein Zug Infanterie von Conz mit dem Auftrage nach Igel entsandt, den Personenverkehr nach Wasserbillig zu überwachen und die Ausfuhr von Waffen, Munition, Pferden, Schlachtvieh, Getreide, Viktualien, Stroh, Heu und Kohlen zu hindern.

Die Patrouillen stellten fest, daß das feindliche Zeltlager sich noch in der Gegend von Sierck befände. Auch die Kommandantur von Saarlouis meldete: „Waldwiese nicht besetzt gefunden, nach Aussage der Landleute noch kein Feind sichtbar gewesen."

Seitens des Landraths Mersmann aus Saarburg ging ein Schreiben an das Divisionskommando ein, in welchem unter Anderem folgende Aussagen eines aus Metz zurückgekehrten Deutschen enthalten waren:

„3. In Königsmachern, rechts von der Chaussee nach Mastricht eine stärkere Infanteriemasse (angeblich Linien=Regimenter 32, 33 und 34) im Biwak.

„4. Nahe bei Metrich, am Ausgange von Sierck zu, ein kleines Lager Infanterie, aber keine Linie. Die Uniformen dem p. X., trotzdem derselbe früher in Frankreich fünf Jahre gearbeitet, ganz unbekannt.

„5. Oberhalb Sierck auf dem Altenberg ein Infanterie=Beobachtungsposten, Stärke nicht anzugeben.

„6. In der Stadt Sierck eine Abtheilung Kavallerie (angeblich Dragoner), nach ungefährer Schätzung wohl 1 Eskadron zu 120 bis 130 Pferden, biwakiren an der Mosel neben der Hauptstraße. Außerdem ein Zug Infanterie oder Schützen.

„7. Zwischen Sierck und Apach, nahe bei Sierck, ein Infanterie=Piquet; Stärke nicht näher anzugeben.

„8. Zwischen Sierck und Apach, nahe an letzterem Dorf vorgeschoben, eine Kompagnie Linien=Infanterie mit Vorposten.

„9. Zwischen Apach und Perl, hart an der Grenze, 10 Infanteristen.

„Soweit bekannt, ist bis gestern Abend die Grenze bei Perl erst einmal und zwar durch eine Patrouille von 3 französischen Dragonern überschritten worden, die bis an das erste Wohnhaus von Perl vorritten und dann zurückgekehrt sind."

Am 24. Juli wurden, da der Feind keine Patrouillen zeigte, auch sich nicht verstärkte, wiederum 2 Eskadrons nach Trier zurückgenommen, so daß bei Tawern und Trassem nur je 1 Eskadron verblieb. Der Kommandeur des Infanterie=Bataillons übernahm den Befehl über die vorn befindlichen Truppen. Nach Aussage von Leuten, die aus Frankreich kamen, sollten Jäger zu Fuß hinter Sierck eingetroffen sein. Infolge eines am Abend eingegangenen Befehls des Generalkommandos wurde am Morgen des 25. Juli die 3. Eskadron von Trier aus mittelst Bahn nach Mettlach übergeführt und marschirte von dort nach Merzig.

Lieutenant v. Bredow ging mit 10 Husaren nach Oberesch und Guerlfangen, Lieutenant Müller ebenfalls mit 10 Husaren nach Büdingen und Silvingen, eine Patrouille von 4 Mann nach Beckingen.

Die Grenze wurde überall vom Feinde frei gefunden. Auf besonderen Befehl des Generalkommandos wurde demnächst auch die Straße auf Busendorf in die Beobachtung gezogen. Nach Aussage eines von dort gekommenen Einwohners von Merzig hatte bei Freisdorf (westlich Busendorf) eine kleine Abtheilung Infanterie und Kavallerie gestanden, die aber nach Bolchen abgezogen wäre.

Die erwähnten Offiziers=Patrouillen verblieben demnächst als stehende Patrouillen bei Mondorf und Silvingen.

Weitere Patrouillen der Husaren von Merzig, wie der Ulanen von Saarlouis stellten die Verbindung zwischen beiden Punkten her.

Der Kommandant von Saarlouis meldete um Mittag: „10 000 Mann in Busendorf und Tromborn (?), Patrouillen kommen bis an die Grenze, Eisenbahn bis über Beckingen beobachtet, Verbindung mit Merzig wird aufgenommen."

Um dieselbe Zeit meldeten die Husaren aus Perl, daß die feindlichen Truppen im Lager bei Sierck höchstens auf 1800 Mann (einschließlich 200 Reiter) geschätzt würden, ihr vorderster Posten (etwa 10 Mann) stände dicht hinter Apach. Kurz vor 3 Uhr Nachmittags ging von dorther weitere Nachricht ein, daß an der Straße von Sierck nach Diedenhofen mehrere Tausend Mann aller Waffen biwakiren sollten.

Am 26. fand erneut Ablösung aus Trier statt, ausgenommen der bei Merzig stehenden Eskadron.

Von Perl aus meldete der Telegraphenbeamte:

„Lager bei Sierck weiter durch Infanterie verstärkt und wird im

Ganzen auf 2500 bis 3000 Mann geschätzt. Muthmaßlich sind es nur einberufene Reservisten, wodurch die Regimenter verstärkt werden."

Aus Saarlouis ging durch einen Oberförster die Nachricht ein:

„Feindliche Truppen, Infanterie und Kavallerie, stehen vor Questling (nordöstlich Busendorf) über ... und ... bis Brettnach (südlich Busendorf) und weiter auf der Straße nach Metz zu. Zahl unbekannt, aber ziemlich bedeutend."

Die Eskadron bei Merzig meldete:

„12 Uhr 35 Min. Nachmittags. Nach Meldung der Patrouille des Lieutenants Müller sollen heut Morgen ungefähr 80 feindliche Dragoner in Waldwiese angekommen sein, sich aber wieder zurück-gezogen haben."

Ferner um 3 Uhr Nachmittags:

„Die Patrouille bei Büdingen — Silvingen meldet, daß nach Aussage von Einwohnern die Grenze von feindlichen Truppen besetzt werden soll. Stärke unbekannt."

Die andere Patrouille bei Mondorf ging nach Guerlfangen und trieb von dort kleinere Patrouillen auf Schwerdorf und Niedalt-dorf vor.

Am 27. Juli ging zunächst Meldung der Eskadron bei Merzig um 6 Uhr 45 Minuten ein:

„Gestern Abend haben sich in Niederwellingen, Niedaltdorf gegen-über, kleine feindliche Infanterie-Patrouillen gezeigt, haben aber bis jetzt die Grenze respektirt. Sonst nichts Neues."

Ferner von derselben um 12 Uhr 25 Min. Nachmittags:

„Die Patrouille in Silvingen — Büdingen meldet, daß die 70 feind-lichen Dragoner, welche sich gestern in Waldwiese gezeigt, nach Kirsch les Sirk (auf dem Wege Waldwiese — Sierck) zurückgegangen sind. Von den übrigen Patrouillen nichts Neues."

Weiter um 7 Uhr Nachmittags:

„Zwischen Ihn und Niedaltdorf, unmittelbar an der Grenze, stehen feindliche Infanterie-Vorposten, die dahinter stehenden Truppen sind des Waldes wegen nicht zu sehen." *)

---

*) Die Geschichte des 2. Rheinischen Husaren-Regiments führt an (S. 144): „Bald wurde Fühlung mit dem Feinde genommen, denn am 27. bezogen je zwei feindliche Bataillone mit einigen Schwadronen Lager bei Burg Esch, bezüglich Abr. Welling." Eine Meldung hiervon an die 16. Division findet sich nicht vor; diese bestimmte Angabe mag daher wohl auf späteren Feststellungen beruhen.

Auf dem rechten Flügel meldete aus Perl der Telegraphenbeamte im Laufe des Tages:

„Ein aus Diedenhofen zurückkommender Reservist sagt aus:

„Zwei Regimenter Kavallerie, Kürassiere und Dragoner, und das 20. Infanterie=Regiment, sowie 4 Geschütze sind heute von Dieden=hofen abmarschirt und haben bei Sierck an der Mosel Lager bezogen. In und in der Umgegend von Diedenhofen nach Königsmachern resp. Sierck liegen größere Truppenmassen, Infanterie und Kavallerie ... Das Ganze zwischen Diedenhofen und Sierck wird auf 10 000 Mann geschätzt."

Ferner:

„Oberkontrolleur meldet: Französische Grenzortschaften haben Weisung heut Abend 9 Uhr je zwei Wagen Sierck zu stellen. Wie viel Ortschaften und Zweck unbekannt."

Nachmittags 1 Uhr 20 Minuten:

„Wegen Gefahr ist Post eben nach Saarburg ab, statt morgen früh 5 Uhr. Allgemein wird morgen früh 2 oder 3 ein Marsch erwartet, jedoch unbestimmt. Wenn keine Gefahr, morgen frühzeitig Meldung."

Schließlich um 7 Uhr 54 Min. Nachmittags:

„Sehr gefährlich. Apparat in Sicherheit gebracht, kann nur mit Schlüssel arbeiten, aber keine Schrift empfangen . . . ."

Am 28. fand der vermuthete Einmarsch und zwar als eine größere Rekognoszirung französischerseits statt. Zunächst entdeckte früh Morgens eine Patrouille der 9. Husaren am Zollhaus jenseits Perl eine feindliche Kompagnie nebst 2 Eskadrons Dragoner, welche ihr bis Borg folgten. Der Telegraphenbeamte in Perl hatte von dem ersten Vorgehen der Franzosen telegraphisch Mittheilung gemacht, und war es ihm dann gelungen, noch rechtzeitig zu entkommen.*)

Um 6 Uhr 50 Min. Vormittags ging aus Saarburg folgende Depesche in Trier ein (pr. 7 Uhr):

„4. Eskadron bei Trassem meldet: Um 5 Uhr hat Feind in Stärke von 10 bis 12 Pferden Grenze bei Perl überschritten. Sergeant Dill hat sich mit ihm beschossen; Lieutenant v. Osterroth ist zur Rekognoszirung vorgeschickt."

---

*) Das um 4³/₄ Uhr in Trier eintreffende Telegramm lautete:
„Muß fort; Feind rückt an. Adamczik."

Um $8\frac{1}{2}$ Uhr vom Bataillonskommandeur in Conz, aufgegeben um 8 Uhr:

„Schwadron von Trassem meldet: Feindliche Eskadron und 1 Kompagnie um 6 Uhr bei Borg. Wohin Rückzug der 2. Kompagnie aus Saarburg? Beabsichtige Conz mit 3 Kompagnien zu vertheidigen. Rückzug über Rohrscheiderhof, Fezen, Kavallerie auf Chaussee, Bagage frühzeitig nach Trier."

General v. Barnekow antwortete hierauf:

„Vom Abmarsch noch gar keine Rede. Rekognosziren Sie erst mit der Kavallerie, was kommt. Die Eskadron bei Tawern ist vorzuschieben und hat aufzuklären. Nur im äußersten Falle geht 2. Kompagnie und 4. Eskadron von Saarburg auf Zerf zurück."

Weitere Meldungen der 4. Eskadron theilten um 9 Uhr 10 Min. Vormittags den Marsch stärkerer Kräfte über Tünsdorf durch Hellendorf mit, ferner von etwa 3 Kompagnien, 2 Eskadrons über Borg, sowie das Anrücken von Kavallerie über Tettingen. Die Spitze der vorgegangenen Husaren-Eskadron befand sich um diese Zeit bei Münzingen.

Auch von dem Stationsvorsteher Adamczik kam wieder Nachricht an; diesmal aus Saarburg (10 Uhr 10 Min. Vormittags):

„$4\frac{1}{2}$ Uhr Vormittags. Borg und Sehudorff (?) vom französischen Husaren-Regiment besetzt, über eine Stunde im Walde beobachtet; Stellung nicht verändert, daher habe ich Weg nach Saarburg angetreten."

Infolge dieser Meldungen befahl der Divisionskommandeur den Abmarsch der noch in Trier befindlichen Eskadron, sowie von weiteren 3 Kompagnien; dem Kommandeur des Regiments 40, Oberst v. Eberstein, wurde der Befehl über sämmtliche vorgeschickte Truppen übertragen (nunmehr 7 Kompagnien und 4 Eskadrons). Gegen Mittag in Conz eintreffend, fand der Oberst ein Telegramm aus Saarburg von der 4. Eskadron vor, nach welchem der Gegner sich mit seiner auf 2 Bataillone geschätzten Hauptstärke auf Bischdorf, mit 3 Kompagnien und ungefähr 20 Reitern auf Perl abgezogen habe.

„Was in unserer rechten Flanke auf Nennig marschirt, ist einstweilen unseren Augen verborgen. Lieutenant v. Mechow rekognoszirt dieselbe. Meine Eskadron bei Trassem, stehende Patrouillen bei Freudenburg, Collesleuken und Kirf … Feindliche Kavallerie besteht aus Husaren auf auffallend kleinen Pferden.

Starkloff, Rittmeister."

Später eingehende Meldungen theilten den Abzug sämmtlicher feindlicher Kräfte auf Sierck mit.

Weiter südlich war eine Schleichpatrouille der Husaren von Guerlfangen, auf Niedaltdorf vorgehend, in Remeldorf auf feindliche Dragoner gestoßen, von denen einer heruntergeschossen wurde. In Waldwiese wurde eine andere Husaren-Patrouille von Einwohnern beschossen.*) Weiterhin meldete jedoch die Schwadron bei Merzig um 7 Uhr 30 Min. Nachmittags:

„Der Feind, der gestern bei Niederwellingen und Remeldorf gestanden, hat sich laut Meldung der Patrouille bei Guerlfangen bis circa eine Stunde von der Grenze zurückgezogen."

Am Abend des 28. Juli befanden sich die einzelnen Abtheilungen des Trier-Detachements an folgenden Stellen:

In Trier: Die 11. Kompagnie.

An der Saar. Conzer Brücke: 9., 10. und 12. Kompagnie (ein Zug in Igel).

Saarburg: 2. Kompagnie.

Merzig: 1 Eskadron (zwei Offizierspatrouillen weiter vor).

Ueber die Saar vorgeschoben:

Bei Tawern: 1., 3. und 4. Kompagnie nebst 2 Eskadrons.

In Trassem: 1 Eskadron mit Vorposten in der Linie Kirf—Freudenburg.

Auch Abamczik begab sich wieder auf den Weg; er meldete aus Saarburg um 9 Uhr Abends:

„Auf Weg nach Perl zurück; wann und wo mich in Leitung einschalte, noch unbestimmt. Melde mich seiner Zeit."

Am Morgen des 29. Juli trat Abamczik von Borg aus, wo er die Station etablirte, wieder in Thätigkeit.**)

Gegen Abend traf der Kommandeur der 31. Infanterie-Brigade, Generalmajor Graf Gneisenau, in Merzig ein; derselbe hatte das Kommando der Vorposten an der Saar zu übernehmen.

Am 29. Juli ging der etatsmäßige Stabsoffizier des Husaren-Regiments, Major v. Lützow, bis dicht an Sierck mit einer Rekognos-

---

*) Beide Angaben sind der Geschichte des Husaren-Regiments entnommen.

**) Am 30. meldete derselbe um 6 Uhr 45 Min. Vormittags:

„Am 28. sind vom Feinde auf Station Perl 25 Batteriegläser und an einem Aktenschrank eine Seitenwand zerschlagen; im großen Ganzen ein Schaden von 28 Silbergroschen angerichtet."

zirung heran; er sah hier wie bei den nächsten Ortschaften die fran=
zösischen Bivoals, jedoch nur Infanterie und Artillerie; Höhen verdeckten
die anscheinend dahinter liegenden Truppen. Zahlreiche Posten waren
ausgestellt, von welchen auf weite Entfernung Schüsse abgegeben
wurden.

Vom Bürgermeister von Perl wurde mitgetheilt, daß nach Aus=
sage von Merschweiler Bauern die dortigen Gemeinden angewiesen
wären, alle ihre Wagen den Franzosen zur Verfügung zu stellen, um
das Gepäck von 5000 Mann über Perl (wohin wußten sie nicht) zu
befördern.

Die Division ordnete infolgedessen an, daß, wenn ein derartiger
Vorstoß erfolgen sollte, die Infanterie von Conz nach Saarburg
herangezogen werden sollte. „11. Kompagnie (noch in Trier) rückt
dann nach Conz. Husaren vorpoussirt. Feind möglichst von Saar=
burg abhalten. Eventueller Abzug auf Zerf; ein Zug Husaren über
Tawern—Conz."

Weiter südlich ging die Offiziers=Patrouille von Guerlfangen
nach Waldwiese vor, um die Bewohner zu züchtigen; sie stieß dabei
in der Dorfstraße auf einen Zug Dragoner, welcher nach der Remel
zurückwich; über das steile und enge Thal entspann sich ein Schützen=
gefecht, das den Franzosen 2 Verwundete kostete.

Am 30. Juli rückte die Avantgarde der 13. Infanterie=Division
(3 Bataillone, 4 Eskadrons, 2 Batterien von Herforst und Zammer)
in Trier ein, gleichzeitig trafen unter General Grafen v. d. Groeben
8 Eskadrons, 1 Batterie und 1 Bataillon von Bittburg aus in der
Gegend zwischen Conz und Trier ein und wurden beide Abtheilungen
dem General v. Barnekow zur Verfügung gestellt.

Inzwischen waren in der Nacht die ersten Befehle zur Links=
schiebung des Detachements eingegangen. Bereits 3 Uhr Vormittags
rückten die 3 Kompagnien von Tawern nach Saarburg, 1 Kompagnie
von da mittelst Bahn nach Merzig; auch von Conz wurde noch eine
Kompagnie nach Saarburg vorgeschickt; Patrouillen von Merzig aus
wechselten an der Grenze einige Kugeln mit feindlichen Patrouillen.

Die beiden Bataillone des Füsilier=Regiments Nr. 40 wurden
demnächst per Bahn in Dillingen vereinigt mit der Anweisung, am
folgenden Tage nach Lebach, woselbst sich die 16. Division versammeln
sollte, zu marschiren. Die 1. und 2. Eskadron der Husaren rückten von
Tawern nach Zerf, die 4. Eskadron am Abend von Trassem auf das

rechte Saar = Ufer, während die 3. Eskadron noch bei Merzig verblieb.

Aus Saarlouis meldete ein Oberförster:

„Der Feind hat gestern mit Infanterie und Kavallerie die französischen Orte Neunkirchen, Colmen, Flasdorf, Zeutringen und Schwerdorf besetzt, circa 3000 Mann."

Eine Bestätigung dieser Nachricht ging auch von dem dortigen Landrath ein: „Nach heute von drei Seiten übereinstimmenden Mittheilungen", mit dem Hinzufügen, daß Ihn und Niedaltdorf heute von Franzosen besetzt worden wären. Die Stärke der in oben genannten Ortschaften befindlichen Truppen wurde dagegen nur auf 1600 Mann angegeben.

Am 31. Juli früh traf das bereits S. 20 erwähnte Telegramm ein, infolgedessen der Marsch im Saarthal auf Völklingen ausgeführt wurde. Dort ging die Nachricht ein, Saarbrücken sollte von der Infanterie geräumt werden, nur die Ulanen am Feinde bleiben, das Detachement daher nicht auf Saarbrücken abmarschiren, sondern nach Hilschbach rücken (Straße Saarbrücken—Lebach) und Vorposten bis südlich Guichenbach ausstellen. Beide Bataillone trafen in der Gegend von Hilschbach um 2 Uhr Nachmittags ein.

Von den Husaren erreichten an diesem Tage die 1. und 2. Eskadron Lebach und Gegend, die 3. Eskadron rückte nach Dillingen (Feldwache östlich Niedaltdorf, starke Patrouillen gegen Ittendorf), die 4. Eskadron bezog ein Biwak bei Rehlingen an der Saar.

Am 1. August, 2 Uhr Nachmittags, nachdem inzwischen das angeordnete Verbleiben des 2. Bataillons 40 in Saarbrücken bekannt geworden war, wurden die beiden anderen Bataillone des Regiments mit einer leichten Batterie und einem Zuge der 2. Husaren-Eskadron wieder in Marsch gesetzt, und bezog das Detachement ein Biwak bei Raschpfuhl. Die 1. und drei Züge der 2. Eskadron wurden von Lebach nach Herrschenbach und Walperschhofen vorgezogen, das 2. Bataillon 29 und eine schwere Batterie nach Guichenbach, Generalmajor Graf Gneisenau ging mit dem Husaren-Zuge nach St. Johann, die 3. und 4. Eskadron verblieben bei Rehlingen und Dillingen. Der Feldwache östlich Niedaltdorf gegenüber lagerten auf den Höhen zwei französische Infanterie-Regimenter, von wo aus sie stärkere Patrouillen nach Niederwelling und Ihn entsandten. Eine Offiziers-Patrouille vom Regiment 70*) traf bei Niedaltdorf von Saarlouis her ein und ging gegen die vom Feinde besetzte Höhe vor, mußte sich jedoch vor einem feindlichen Bataillon zurückziehen unter Verlust von zwei Verwundeten; bei Ihn stieß ferner eine Ulanen-Patrouille auf eine Kompagnie und einige Reiter, wobei ihr ein Pferd erschossen wurde.

In dieser Lage finden wir das Detachement Trier am 2. August Morgens vor dem auf Saarbrücken erfolgenden Angriff des Feindes.

Bemerkungen zur Durchführung der Aufgabe des Detachements Trier.

Die Entsendung von Truppen an die Grenze erfolgte in der Nacht vom 15. zum 16. Juli, etwas früher als das Eintreffen des Mobilmachungsbefehls, und zwar auf selbständige Veranlassung des Divisionskommandeurs, als beunruhigende Nachrichten über die Kriegserklärung, sowie von einem Durchzuge französischer Truppen durch luxemburgisches Gebiet sich verbreitet hatten.

Zu derartigen Maßnahmen wird aber jeder Befehlshaber einer der Grenze nahe liegenden Garnison nicht nur berechtigt, sondern auch verpflichtet sein, sobald eine Ueberraschung des Standortes oder selbst nur eine Bedrohung der Grenze oder wichtiger Punkte auf eigenem Gebiet vermuthet werden kann oder das Eintreffen feindlicher Abtheilungen an der Grenze eine Beobachtung erforderlich macht. Es dürfte sich sogar unter solchen Umständen empfehlen, lieber etwas zu viel als zu wenig zu thun.

Mit derartigen Entsendungen verknüpfen sich als erste Forderungen die der Aufklärung und der Deckung.

Die bis Conz gerückte Kavallerie trieb Offiziers-Patrouillen auf beiden Ufern der Saar vor. Die auf Perl vorgehende Patrouille überschritt dabei ohne Weiteres die französische Grenze. Die Frage eines Douaniers: ob denn der Krieg erklärt sei? beantwortet der Offizier im guten Glauben mit: „Gewiß!"

Dieses Ueberschreiten der Grenze steht aber nicht vereinzelt da, weder auf deutscher noch auf französischer Seite.

Wir werden beim Detachement Saarbrücken sehen, daß die Ulanen am Vormittage des 19. Juli eine Rekognoszirung auf Forbach beabsichtigten, infolge von Nachrichten über das Eintreffen fran-

---

*) Von der Besatzung von Saarlouis.

zösischer Truppen daselbst und bei St. Avold, während die Mit=
theilung von der Kriegserklärung erst am Nachmittage einging.

An demselben Tage — dem 19. — nahmen mehrere französische
Chasseur=Eskadrons, von Forbach anrückend, auf preußischem Gebiet
Grenzbeamte gefangen. Nach den Mittheilungen des Generals Frossard
wurde die Kriegserklärung den dortigen Truppen aber erst am 20. Juli
bekannt.

Zeiten politischer Spannung, die dadurch in den Grenzbezirken
hervorgerufene Aufregung, wie das sichere Erwarten des baldigen
Ausbruches eines Krieges können leicht den Glauben hervorrufen, daß
in dem Mobilmachungsbefehl auch gleichzeitig der Beginn der Feind=
seligkeiten einbegriffen sei. Auch sind überall da, wo sofort Truppen
von rückwärts her plötzlich in einen ihnen bisher unbekannten Grenz=
bezirk vorgeworfen werden, Irrthümer über den Lauf der Grenze
leicht möglich.

Man wird daher gut thun, in den Anweisungen, welche die vor
Ausbruch des Krieges vorgeworfenen Detachements erhalten, aus=
drücklich anzuführen, daß die Grenze noch nicht überschritten werden
darf, sondern erst hierzu besonderer Befehl abgewartet werden solle,
es sei denn, daß der Gegner die Grenze verletzt.

Andererseits wird man aber auch sehr sorgsam im Auge be=
halten müssen, die Grenzdetachements auf das Schleunigste von der
erfolgten Kriegserklärung zu benachrichtigen, damit sie nicht durch
die Eröffnung der Feindseligkeiten vom Gegner überrascht werden.

Dem Detachement Trier lag außer der Beobachtung das Zurück=
weisen kleiner feindlicher Abtheilungen und die möglichst lange Be=
hauptung von Trier ob; es traf seine Anordnungen derartig, daß
diese Aufgaben zunächst an und von der Saar aus gelöst werden
sollten; es wechselte hierbei mit Stärke und Aufstellung der Truppen,
je nachdem über den Feind eingehende Nachrichten und anderweitige
Veränderungen der allgemeinen Lage dies erforderlich erscheinen ließen
und Rücksichten auf die Mobilmachung der Truppe maßgebend blieben.

An welchen Stellen von einer nahe der Grenze liegenden Garnison
etwaiger Widerstand geleistet werden kann, wird von der Beschaffen=
heit des Geländes abhängen. Befinden sich Flußlinien, wie hier die
Saar und Mosel, mit für die Vertheidigung günstigen Uferverhält=
nissen weiter vorwärts, so wird dies in den meisten Fällen zu einem
Vorschieben der Truppen auffordern. In welcher Ausdehnung man
alsdann die Flußlinie stärker besetzt hält und auf welcher man sie

nur beobachtet, hängt von der Richtung der Straßen, von der Zahl
der Truppen, aber auch davon ab, ob man allen Abtheilungen eine
gemeinschaftliche Rückzugsrichtung geben kann oder zur Deckung rück=
wärtiger Straßen, Magazine u. dergl. den Abmarsch einzelner ander=
weitig anordnen muß.

Im vorliegenden Falle z. B. wäre es in Rücksicht auf den Lauf
der Mosel und der großen Truppenbewegungen geboten gewesen, wenn
man zum Abmarsch genöthigt wurde, Abtheilungen auf beiden Ufern
des Flusses zurückgehen zu lassen, wie dies auch das Schreiben des
Generalkommandos vom 21. Juli vorsah.

Daß im Uebrigen die gewiß richtige Absicht vorlag, sich an der
Saar, bezüglich an der Mosel (auf der Strecke Wasserbillig—Conz)
nach Kräften zu behaupten, geht aus dem Telegramm des Generals
v. Barnekow am 28. an den Bataillonskommandeur in Conz („vom
Abmarsch noch keine Rede"), wie aus dem Befehl vom 29. („Feind
möglichst von Saarburg abhalten") hervor.

Hierbei erscheint die Anfrage des Bataillonskommandeurs bei
Conz am 28: „Wohin Rückzug der 2. Kompagnie aus Saarburg?"
berechtigt. Zerlegt sich die vorgeschobene Sicherung in einzelne Posten
(Conz, Saarburg und Merzig), so darf bei diesen über die Rich=
tung eines Abzuges keine Unsicherheit herrschen. Schon die
ganze Anlage einer jeden örtlichen Vertheidigung bedingt, daß
man bei ihr auf die Rückzugsrichtung Rücksicht nimmt. Ein von
größeren Kräften abgezweigter Posten wird, wenn diese nicht aus
seinem Auftrage zweifellos hervorgeht, meist, so lange ihm die Wahl
noch vom Gegner offen gelassen bleibt, sich dorthin abziehen, von wo
aus er vorgeschickt worden ist oder wo er seine Vereinigung mit
anderen Truppen erreichen kann. Um aber jedem Zweifel von vorn=
herein vorzubeugen, empfiehlt es sich, derartigen Detachements bei
ihrer Entsendung auch in Bezug auf den Abzug ganz bestimmte
Weisung zu geben.

Insbesondere wird es aber bei den ausgedehnten Postirungen
einer Grenzbesetzung nothwendig, diesen Verhältnissen die eingehendste
Aufmerksamkeit zu widmen, da ihre Aufstellung meist weitergehenden
Rücksichten der Heeresversammlung dient und der Führer eines
einzelnen Postens gar nicht in der Lage ist, diese zu übersehen.

Die Aufstellung, welche die Truppen im Laufe des hier vor=
liegenden Zeitraums einnahmen, war einem vielfachen Wechsel unter=
worfen.

Als am 15. Juli die bedrohlichen Gerüchte von einer bereits erfolgten Kriegserklärung sprachen, mußte man sich nicht nur in Richtung auf die französische Grenze, sondern auch gegen Luxemburg hin sichern, so lange über die Neutralität dieses Staates noch Zweifel bestanden. Der Mobilmachungsbefehl wurde jeden Augenblick erwartet, und um die Mobilmachung nicht zu sehr zu stören, entsandte man nur einen Theil der vorhandenen Infanterie, dagegen die gesammte Kavallerie. Die Verwendung von drei Kompagnien gegen die luxemburgische Grenze erscheint umsomehr gerechtfertigt, als ein Vorgehen des Gegners von dort aus Trier am schnellsten bedrohte; an Kavallerie reichte der ihnen beigegebene eine Husaren-Zug vollständig aus, da man von stärkerer Kavallerie hier für den Beobachtungsdienst keinen Gebrauch machen konnte, umsomehr als der Ausgangspunkt für die Beobachtung und etwaige Vertheidigung räumlich zusammenfiel und die Gefechtsstellung in nächster Nähe der Grenze genommen werden mußte. Man traf daher hier auch alle für ein Gefecht erforderlichen Anordnungen: Unterbrechung der Bahn, Verbarrikadirung der Brücken, Herüberschaffen der Kähne an das diesseitige Ufer u. s. w.

Der übrige Theil der Truppen — 3¾ Eskadrons, 1 Kompagnie — diente zur Beobachtung der französischen Grenze. Die Kompagnie besetzte Conz und die vorliegende Brücke zur Aufnahme der vorgeschobenen Husaren. Vorläufig verblieb jedoch die Masse des Kavallerie-Regiments ebenfalls bei Conz, nur eine Vorposten-Eskadron (drei Züge) überschritt die Saar und beobachtete die Wege nach der französischen Grenze; Patrouillen wurden dorthin, wie auch auf dem rechte Saar-Ufer entsandt.

Die nahe Aufstellung der Vorposten-Eskadron vor der Conzer Brücke hatte am 19. Juli das Eingreifen des Divisionskommandeurs zur Folge, durch welches die Kavallerie etwas weiter vorgeschoben, der Uebergang selbst aber durch eine ganze Kompagnie besetzt wurde.

Man könnte fragen, warum die Masse der Kavallerie nicht auch die Saar überschritt und ihre Vorposten bis unmittelbar an die französische Grenze heranschob, da sie in der gewählten Stellung doch noch etwa 30 km von ihr entfernt blieb. Die Gründe, weshalb dies nicht geschah, sind nicht bekannt; es ist möglich, daß für das Verbleiben bei Conz die Nähe des luxemburgischen Gebietes und eines von dorther vermutheten Vorstoßes maßgebend gewesen ist. Bei dieser

Anordnung war es nicht zu vermeiden, daß der nicht unbedeutende
Bezirk links der Saar bis zur Grenze keine unmittelbare Sicherung
erhielt; diesem Uebelstande konnte nur durch Vorsenden von Patrouillen
einigermaßen abgeholfen werden. Thatsächlich sind dieselben auch bald
in geringer, bald in größerer Stärke, selbst bis zu einer Eskadron,
meist von Offizieren geführt, unablässig bis zur Grenze vorgeschickt
worden. Die Darstellung der Ereignisse hat sich darauf beschränkt,
sie nur dann hervorzuheben, wenn ihre Meldungen entweder an und
für sich oder in Rücksicht auf anderweitig eingegangene Nachrichten
von Wichtigkeit waren.

Nach den heute gültigen durch die „Feldbienst=Ordnung" vom
Jahre 1887 festgesetzten Gesichtspunkten würde man die Aufstellung
der Vorposten=Eskadron unweit des Saar=Ueberganges unterlassen,
dafür aber diese als „vorgeschobene Eskadron" bis nach Sirf
oder darüber hinaus entsandt haben, mit einer stehenden Patrouille
bei Borg.*) Die Besetzung der Brücke durch die Infanterie in Conz
sicherte ihren Rückzug über die Wege=Enge, wie das Ganze vor
sonstiger Ueberraschung. Ueberdies stand es einer bis Sirf vorge=
schobenen Eskadron frei, wenn sie gedrängt wurde, auch bei Saarburg
das andere Ufer zu erreichen. Die übrigen Eskadrons hätte man
dann — so lange man ein weiteres Vorschieben noch nicht für angezeigt hielt — zu jeder etwa nothwendig werdenden Verwendung
stärkerer Kavallerie auf dem linken, wie auch aufwärts auf dem
rechten Ufer der Saar bereit gehabt.

Bereits am 17. Juli war man betreffs der Neutralität Luxem=
burgs bei einem etwaigen Kriege mit Frankreich beruhigt; die Nach=
richt von der Anwesenheit feindlicher Truppen nahe der Grenze hatte
sich nicht bestätigt, dagegen wurde die Mobilmachung der Truppen
durch ihre Abwesenheit aus dem Standort wesentlich erschwert, um=
somehr als neben der eigenen Mobilmachung den dort Verbliebenen
das Zurückschaffen aller Bestände auch vom Regiment Nr. 69 und
der beiden Bezirkskommandos Trier I und II oblag.**) Erst am

---

*) Siehe Feldbienst=Ordnung S. 73 und 171: „Neben der Entwicklung
der eigentlichen Vorposten werden bei größerer Entfernung vom Feinde weit
vorgeschobene Eskadrons ein wirksames Mittel zur Aufklärung und
Sicherung sein."

**) Es ist von Werth, in Bezug auf die Schwierigkeiten das Betreffende
in der eingehenden Darstellung der Geschichte der Hohenzollernschen Füsiliere
S. 16 ff. nachzulesen.

29. trafen die letzten Reserven — 400 Mann — beim Regiment Nr. 40 ein.

Es ist zu verstehen, daß, als die ersten beunruhigenden Nachrichten einliefen, in Rücksicht auf die Größe des zu beobachtenden Gebietes die gesammten verfügbaren Eskadrons vorgeschoben und zu einer etwa nothwendig werdenden Aufklärung bereit gestellt wurden.

Ebenso erklärlich ist es aber auch, daß, als die beunruhigenden Nachrichten sich nicht erfüllten, auch von der Anwesenheit französischer Truppen nicht das Geringste bemerkt wurde, eine Kriegserklärung überhaupt noch nicht vorlag, die vorgeschobenen Truppen am 18. und 19. Juli bis auf eine Kompagnie und eine Eskadron verringert wurden.

Dagegen wurde die Sicherung bis Saarburg ausgedehnt, indem die bei Tawern biwakirende Eskadron einen Zug nach dieser Stadt verlegte.

Es war allerdings ein eigenthümliches Zusammentreffen, daß die Verringerung gerade an dem Tage zur Ausführung gelangte, an welchem die Kriegserklärung erfolgte und die Feindseligkeiten beginnen konnten.

Eine Verstärkung der vorgeschobenen Truppen trat erst wieder ein, als am 21. Juli Nachricht vom Eintreffen eines Bataillons des Gegners nebst einiger Kavallerie bei Sierck einging; von da an wurde auch eine stehende Patrouille bei Borg aufgestellt.

So lange der Krieg noch nicht erklärt war und der Feind in der Nähe der Grenze noch nicht erschien, durfte man allerdings durch die Behörden, Post-, Telegraphenbeamten wie die Grenzaufseher u. s. w. eine rechtzeitige Benachrichtigung erwarten, sobald überhaupt sich etwas Verdächtiges in der Nähe der Grenze zeigte. Auch behielt man durch die getroffenen Maßregeln etwas Kavallerie zur Hand, um alsbann die Anwesenheit des Feindes durch die eigenen Truppen festzustellen.

Aber von dem Augenblick an, in dem die Kriegserklärung erfolgte, lagen die Verhältnisse doch wesentlich anders. Von da an bestand für die eigene Thätigkeit überhaupt keine Grenzlinie mehr, und Nichts hinderte die Kavallerie, Besorgniß und Verwirrung in das feindliche Gebiet hineinzutragen und die Aufklärung so weit zu treiben, bis sie auf den Gegner stieß.

Zu diesem Zwecke konnte am 19. Juli Nachmittags oder 20. früh das Husaren-Regiment, mit Ausnahme von vielleicht 1 bis 2 Zügen für den Dienst bei den Infanterieposten, Verwendung finden

6*

und alsdann seine Streifereien bis gegen Diedenhofen und, über die Straße von dort nach Busendorf, gegen Metz so weit ausdehnen, als das Auftreten feindlicher Abtheilungen dies überhaupt gestattete. Für die Sicherung der Saar-Uebergänge genügte die Besetzung von Saarburg und Conz mit je einer Kompagnie unter Beigabe einiger Reiter. Wurde das Eintreffen und Vorgehen feindlicher Infanterie gemeldet, so konnte man, je mehr die Aufklärung weiter vorwärts erfolgte, auch um so sicherer auf rechtzeitige Unterstützung der vorgeschobenen Posten an der Saar von Trier aus rechnen.

Wollte man aber mit stärkerer Kavallerie sich nicht in Feindes Land hineinbegeben, sondern nur die der Grenze zunächst gelegenen Bezirke beobachten, so wäre es vortheilhaft gewesen, diese Beobachtung auch in größerer Breite anzulegen, nicht bloß von Saarburg aus, sondern schon vom 20. Juli an von Merzig her. Nach letzterer Stadt wurde erst am 25. Juli eine Eskadron auf Anordnung des Generalkommandos hingeschickt.

Ein Vorgehen des gesammten Detachements bis an oder sogar über die Grenze hinaus empfahl sich dagegen nicht. Da die Brücken bei Saarburg und Conz doch besetzt bleiben mußten, wären überhaupt nur 6 Kompagnien hierzu verfügbar gewesen, deren Vorgehen kaum größeren Nutzen erwarten ließ, als man durch einen Vorstoß der Kavallerie erreichen konnte, dagegen die Gefahr in sich schloß, beim Eintreffen stärkerer feindlicher Kräfte, namentlich an Kavallerie, in Verlegenheit zu gerathen.

Auf Grund der Meldung von dem Eintreffen von französischen Truppen bei Sierck, insbesondere aber auch der falschen Mittheilung aus Saarburg, nach welcher 2 Eskadrons im Anmarsch auf diese Stadt sein sollten, wurden in der Nacht vom 21. zum 22., sowie am letzteren Tage die Vortruppen auf die Stärke von 1 Bataillon und 4 Eskadrons gebracht, auch nunmehr Saarburg und Tawern mit Infanterie besetzt, am 24. jedoch wieder 2 Eskadrons zurückgezogen, von denen indessen eine auf Befehl des Generalkommandos am 25. nach Merzig rückte. Die am 27. eingehende Meldung von der Anwesenheit feindlicher Infanterie bei Ihn und Niedaltdorf veranlaßte keine weiteren Maßregeln, und erst als am 28. Juli die größere Rekognoszirung der Franzosen stattfand, sehen wir das gesammte Detachement (ausschließlich einer Kompagnie) an und jenseits der Saar sich entwickeln.

Was die Verwerthung der Kavallerie in diesem Zeitraume betrifft, so kennen wir die Gründe, welche das Zurückziehen zweier Eskadrons am 24. bedingten, nicht, vermögen daher auch diese Maßregel nicht zu beurtheilen. Waren die Gründe nicht zwingender Natur, so hätten andere Anordnungen Platz greifen können.

Es ist nämlich bereits hervorgehoben worden, daß vom Tage an, an welchem durch die erfolgte Kriegserklärung die Grenze überschritten werden konnte, dies auch durch die Kavallerie hätte geschehen müssen. In höherem Grade scheint eine solche Forderung begründet von dem Augenblick an, als thatsächlich feindliche Truppen an der Grenze eintrafen.

Eine einmal entdeckte feindliche Abtheilung darf, so lange man die Mittel dazu besitzt, nicht mehr aus den Augen gelassen werden. Das ist eine Aufgabe der Kavallerie, die sich von selbst versteht und die selbst dann noch bestehen bleibt, wenn andere Verhältnisse sie an andere Stelle rufen. Auch in solchen Fällen muß vor dem festgestellten Gegner irgend eine Beobachtung weiter belassen bleiben. Wie es den Anschein hat, ist das Lager bei Sierck nun auch fortwährend unter Beobachtung geblieben. Immerhin reichte dies jetzt nicht mehr aus. Feindliche Truppen waren an einer bestimmten Stelle erschienen. War dies nun ebenfalls nur ein kleines Grenzdetachement oder war es nur die äußerste Sicherung weiter zurück befindlicher größerer Massen? Darüber mußte Klarheit geschaffen werden, um so mehr, als am Abend des 23. und bis zum 25. weitere Nachrichten die Anwesenheit stärkerer Infanterie bei Königsmachern, sowie in der Gegend von Busendorf angaben.

Ließ sich hierüber überhaupt Gewißheit verschaffen, so war dies nur durch ein Vorgehen der Kavallerie zu erreichen. Es gehörte dann aber auch ihre ganze verfügbare Stärke dazu, um sie in voller Kraft zum Zerreißen des Schleiers, welchen feindliche Kavallerie etwa zu ziehen vermochte, auch verwerthen zu können.

Eine derartig weitergehende Aufklärung hätte bedingt, daß man das Gelände südlich von Sierck betrat und unter Beobachtung der bei diesem Ort bereits befindlichen feindlichen Abtheilung einen Einblick auf die Straßen von Diedenhofen nach Sierck und Busendorf zu erlangen suchte. Wie weit die Masse des Regiments hierbei zu gelangen vermochte, hing zunächst von den Kräften und Maßregeln des Gegners ab; es kann aber auch das Vorgehen geschlossener Kavallerie-

Abtheilungen — von der einzelnen Eskadron an bis zu Divisionen — durch die Verhältnisse begrenzt werden.

Ist der Gegner nur in der von der aufklärenden Kavallerie eingeschlagenen Richtung zu erwarten, so kann diese auch auf weite Entfernungen hin bis an ihn herangehen.

Ist dagegen das Erscheinen von stärkerer Reiterei auch noch gleichzeitig aus anderen Richtungen her wahrscheinlich, so schränkt dies das Vorgehen der Masse oft wesentlich ein.

Zu der Zeit, als Sierck noch nicht besetzt war, vermochte das Husaren-Regiment mit seinen Fühlern bis an Diedenhofen heranzugehen, wenn sich diesem Vormarsch nur Abtheilungen entgegenstellten, deren Widerstand zu überwinden war und anderweitige Rücksichten nicht genommen zu werden brauchten. Hatte man aber auf das Eintreffen feindlicher Reiterei bei Busendorf zu rechnen, ohne daß hier anderweitige Kavallerie entgegengestellt werden konnte, so war der Vormarsch des Regiments bis in die Nähe der Festung heran kaum ausführbar. Die Masse des Regiments wäre entweder nicht über Sierck hinaus gekommen, nur ihre Patrouillen hätten bis Diedenhofen vorgetrieben werden können, während gleichzeitig starke Aufklärungen gegen Busendorf erforderlich wurden, oder — es mußte sich das Regiment selbst gegen Busendorf wenden unter Abzweigung der für Diedenhofen nothwendigen Aufklärung.

Unter den im Juli 1870 vorliegenden Verhältnissen mag es dahingestellt bleiben, ob das Regiment mit seinem größten Theil diesseits oder jenseits der Grenze die Stelle fand, von der aus es durch Vortreiben einzelner Eskadrons oder Züge und über diese hinaus durch Patrouillen die Aufgabe weiterer Aufklärung zu lösen suchte, wobei es gleichzeitig zur Unterstützung der vorgeschickten Abtheilungen sich bereit stellte. Immerhin hätte es nicht genügt, die Aufklärung nur an einem Tage auszuführen; sie mußte täglich wiederholt werden. Gänzlich unbekannten Verhältnissen gegenüber ist es gerathen, am ersten Tage mit voller Stärke aufzutreten, um allen Möglichkeiten, wenigstens nach den überhaupt vorhandenen Kräften, gewachsen zu sein. Nach den Ergebnissen des ersten Tages konnte man für den folgenden die Kräfte bemessen, welche zur weiteren Beobachtung des festgestellten Gegners erforderlich wurden, ob man einzelne Eskadrons oder Züge verwenden mußte oder ob man kleinere Patrouillen als ausreichend erachtete. In allen Fällen aber mußte der Ausgangspunkt der Aufklärung — also das Biwak des Regiments bezw. seiner vorgeschobenen Abtheilungen — dann so gelegt werden, daß die Masse rechtzeitig zur Verfügung stand, wenn die Verhältnisse sich änderten und die vorgeschickten Abtheilungen nicht ausreichten; auch war auf einen öfteren Wechsel des Biwaks Rücksicht zu nehmen, sobald man dauernd in nähere Berührung mit dem Gegner trat. Jede bei Trier oder Conz in diesem Zeitraum belassene Eskadron blieb zu weit von der aufzuklärenden Gegend ab, selbst ein Biwak bei Trassem erforderte noch verhältnißmäßig weite An= und Rück= märsche; das Regiment hätte mithin noch weiter vorgeschoben werden können und am günstigsten wäre es vielleicht gewesen, wenn die Auf= klärung mehr von der Seite her, also etwa von Merzig ausging; für diesen Fall empfahl sich eine frühzeitige Besetzung dieses Ortes mit einer Kompagnie; für die weiter unterhalb die Saar haltende Infanterie hätte auch unter solchen Umständen die Zutheilung von 2 Zügen Husaren genügt.

Abgesehen von der Verwendung der Truppen geben die an= geführten Thatsachen noch Anlaß, die Nachrichten und Meldungen einer näheren Betrachtung zu unterziehen.

Die bei dem Kommando eines Grenzdetachements eingehenden Nachrichten setzen sich zusammen aus solchen, welche von den höheren Kommandos oder benachbarten Abtheilungen ihnen zukommen, sowie aus denen, welche sie selbst in ihrem eigenen Bezirke sammeln.

In Bezug auf erstere wird die Armeeleitung Bedacht zu nehmen haben, von Allem, was bei ihr eingeht, dem betreffenden Grenz= detachement umgehend Kenntniß zukommen zu lassen, sobald dessen Aufgabe oder Lage irgendwie davon berührt wird; sie wird auch in dieser Richtung unmittelbare Anweisungen geben, wenn es sich darum handelt, aus dem Bereich des Grenzdetachements heraus die Richtig= keit einer bei ihr eingegangenen Nachricht festzustellen.

Die von einem Grenzdetachement selbst zu sammelnden Nach= richten werden sich sowohl auf die Ergebnisse eines bei ihm frühzeitig eingerichteten Nachrichtenwesens gründen, als auch auf Mittheilung zufällig eintreffender Persönlichkeiten beruhen; vor Allem muß aber die Thätigkeit der eigenen Truppen dafür in vollstem Maße in An= spruch genommen werden.

Die Bildung eines eigenen Nachrichtenwesens muß frühzeitig in Angriff genommen werden; je sorgfältiger dies vorbereitet wird, desto nützlicher wird es sich erweisen.

Immerhin wird ein derartig organisirtes Nachrichtenwesen sich vorzugsweise nur mit dem zu beschäftigen haben, was an der Grenze selbst oder in deren nächster Nähe sich zuträgt. Ein ausgebreitetes Kundschaftswesen ist hier selbständig nicht einzurichten; dessen Organisation muß einheitlich geleitet werden und kann nur in der Hand höherer Behörden liegen. Beiträge hierfür werden aber die Grenz-Detachements insofern liefern, als sie die aus Feindes Land kommenden Personen verhören und deren Aussagen auch insoweit, als sie Verhältnisse im Innern des feindlichen Gebietes berühren, schleunigst weiter melden.

Auch im Regierungsbezirk Trier war auf eine Vorbereitung zum Erlangen von Nachrichten bereits vor Ausbruch des Krieges Rücksicht genommen worden. Ein an die Landräthe gerichtetes Schreiben des Divisionskommandeurs vom 15. Juli besagt in dieser Beziehung:

„Es handelt sich insbesondere darum, rechtzeitig zu erfahren, ob Truppen an der Grenze zusammengezogen werden, welche Stärke sie haben, aus welcher Waffengattung sie bestehen, welche Marschdirektionen sie nehmen. Euer ꝛc. ersuche ich Vorsorge zu treffen, daß Sie durch geeignete und zuverlässige Personen von allen Vorgängen dieser Art in Kenntniß gesetzt werden. Sodann wollen Sie diese Nachrichten unter gleichzeitiger Angabe, ob es sich um feststehende Thatsachen oder um gleichmäßig auftretende Gerüchte handelt, sofort dem Divisionskommando — womöglich telegraphisch — zugehen lassen" ...
(Namentlich wird auf die Forstbeamten hingewiesen, dann Bürgermeister, Gemeindebeamten u. s. w.)

Wir möchten dem noch hinzufügen, daß, wo eine Mittheilung der Regimentsnummern — nicht bloß der Waffengattungen — zu erlangen, dies von besonderem Werth in diesem Zeitraume sowohl für die Heeresleitung wie für das betreffende Detachement selbst ist. Erstere bedarf einer möglichst genauen Feststellung der Kriegsformation der feindlichen Armee, und je richtiger man eine solche von Anfang an zu übersehen vermag, desto mehr bietet sie im Verlauf der Operationen einen Anhalt zur Beurtheilung der Stärke und Vertheilung des Gegners. Für das Detachement an der Grenze aber ist jede Notiz, welche dazu beiträgt, Klarheit über den unmittelbar gegenüber befindlichen Feind zu erhalten, dessen Absichten es jeden Augenblick zu erkennen und zu begegnen trachten muß, von besonderem Werth.

Sehr wünschenswerth erscheint auch eine Kenntniß der Uniformen und besonderen Abzeichen der feindlichen Armee; häufig sind durch Unkenntniß derselben, namentlich in Bezug auf die französische Kavallerie, irrthümliche Angaben hervorgetreten und dadurch die Anschauung begründet worden, daß noch andere Truppentheile, als die bis dahin bekannten, sich gegenüber befänden.

Auch die Bezeichnung der bei Sierck zuerst eintreffenden Infanterie als „Zouaven" dürfte auf die Unkenntniß der Uniformen des Feindes zurückzuführen sein, da zu dem 4. französischen Korps überhaupt keine algierischen Truppen gehörten.

Andererseits sind die Meldungen des Rittmeisters Starkloff und des Stationsvorstehers Abamczik vom 28. Juli, daß an diesem Tage feindliche Husaren gesehen worden sind, von Werth. Bis dahin hatte man nur von Dragonern etwas gesehen und gehört; jetzt erhält man durch die bestimmte Angabe über die Anwesenheit von Husaren den Anhalt dafür, mit einer den Verhältnissen nach nicht unbedeutenden Verstärkung der feindlichen Kavallerie rechnen zu müssen.

Alle Hinweise auf die Stärke und Zusammensetzung des Gegners müssen bei jeder Gelegenheit gesammelt werden, sei es, daß Bewohner in den Ortschaften auf die Regimentsnummer oder sonstige Abzeichen durchmarschirender Abtheilungen achten, sei es, daß man bei liegengebliebenen Todten oder Verwundeten danach sieht; vor Allem aber wird das Betreffende bei Gefangenen und Deserteuren sofort festzustellen und weiter zu melden sein. So klar die Nothwendigkeit hierfür auch vorliegt, so wird das Sammeln derartiger Notizen doch vielfach unter dem Drange der wechselnden Ereignisse und Eindrücke, wie bei der eigenen Thätigkeit aus den Augen gelassen. Mehrfache in dieser Hinsicht ergangene Anfragen aus dem Großen Hauptquartier gerade in den ersten Tagen des Feldzuges bestätigen das Unterlassen der bezüglichen Meldungen, aber gleichzeitig auch den Werth, der auf dieselben gelegt wurde. Gerade in Bezug auf die Zusammensetzung des 4. Armeekorps war die deutsche Oberleitung im Juli noch am wenigsten sicher unterrichtet. Die bei derselben geführte Zusammenstellung der vom 27. bis 29. Juli eingegangenen Nachrichten führte über dieses Armeekorps unter Anderem an:

„IV. Korps (Ladmirault) Chef des Stabes: General de Marthille; das Korps soll jetzt bei Thionville vereinigt sein. Die Avantgarde bei Sierck scheint aus dem 20. Jäger-Bataillon, den Infanterie-Regimentern 13 und 33 und dem 11. Chasseurs à cheval zu bestehen. Zwei der Divisionen des Korps sollen von den Generalen Cissey und Pajol kommandirt werden."

Nach der im Generalstabswerk mitgetheilten Ordre de bataille gehörten die genannten Fußtruppen drei verschiedenen Divisionen an; statt der 11. Chasseurs à cheval befanden sich die Dragoner 11, welche in Diedenhofen ihren Standort hatten, beim Korps; General Pajol kommandirte eine Brigade der 3. Division, und Chef des Generalstabes war der General Osmont.

Im Laufe des Krieges wird die Wichtigkeit derartiger Nachrichten mehr gewürdigt, und dann denkt die Truppe auch schon eher von selbst daran; für den Beginn des Feldzuges aber erscheint es nothwendig, ihre Aufmerksamkeit ganz bestimmt darauf hinzuweisen.

Infolge der frühzeitig bezüglich des Nachrichtenwesens getroffenen Anordnungen gingen bei dem Divisionskommando in Trier zahlreiche Mittheilungen von den Landrathsämtern, durch Gensdarme, Postillone, Eisenbahn-Stationsvorsteher, Post-, Steuer- und Telegraphenbeamte, Ortsvorstände u. s. w. ein.

In hervorragender Weise wurde die Thätigkeit des Telegraphenbeamten in Perl nützlich, und ist sein Verhalten ein geradezu mustergültiges. Nicht bloß, daß er Alles, was er in Erfahrung bringt, sofort meldet, er beobachtet selbst, harrt auf seinem Posten in unmittelbarster Nähe des Feindes bis zum letzten Augenblick aus, zum Verlassen desselben genöthigt, machte er sich sofort an anderer Stelle nützlich und kehrt, sobald der Gegner abgezogen, augenblicklich wieder zurück, um aufs Neue eine Station so weit vorwärts als möglich einzurichten.*)

Man darf jedoch nicht in allen Fällen auf solch ein unbedingtes Ausharren rechnen. Die Aufregung in den Grenzbezirken ist in derartigen Zeiten naturgemäß eine sehr große, von überall her laufen übertriebene Nachrichten ein, und der alleinstehende Beamte ist vielfach nicht in der Lage, das Richtige zu erkennen. Es ist daher erklärlich, daß, wo Alles voller Besorgniß ist, er auch um seine eigene Sicherheit

---

*) Nachdem am 22. Juli der Alarm über das Vorrücken des Feindes gegen Saarburg entstanden war, schreibt Abamczik am 23. an den Landrath:

„Der Stand feindlicher Truppen zwischen Sierd und Rußdorf ist noch unverändert. Alles ruhig, begreife daher die Schreckenskunde von der Annäherung zweier feindlicher Eskadrons nicht, welche gegen Saarburg zu im Anmarsch gewesen sein sollten. Ich wurde dieserhalb höheren Orts gewarnt, nicht im Rücken überfallen zu werden."

beforgt wird. Die Angst greift unter Umständen selbst in Oertlich=
keiten um sich, welche nicht unmittelbar an der Grenze liegen und
überdies durch die Anwesenheit von Truppen geschützt sind.

So liegt unter den in diesem Zeitraum beim Divisionskommando
eingegangenen Meldungen die eines Kompagniechefs vor, welche besagt:

„Ich habe dem hiesigen Telegraphenbeamten, der am Freitag
den 22. seine Funktionen voreilig eingestellt hatte, befohlen, die Stadt
nicht eher zu verlassen, als bis ich ihm dies direkt befehle. Nöthigen=
falls beabsichtige ich, ihm einen Posten in die Stube zu stellen.“
General v. Barnekow schrieb sein „Einverstanden“ hinzu.

Insbesondere mag hierbei noch darauf hingewiesen werden, daß
bestimmte Anordnungen erforderlich erscheinen, an welche Stellen die
Mittheilungen zu richten sind. Mehrfach sind ungünstige Verzögerungen
dadurch hervorgerufen worden, daß derartige Meldungen erst auf
Umwegen an die Befehlshaber gelangten, für welche die schnellste
Uebermittelung von besonderem Werthe gewesen wäre.

Was die Mittheilungen zufällig eintreffender Personen
betrifft, so gehen diese meist von Landsleuten ein, die bei gespannter
politischer Lage das jenseitige Gebiet verlassen, sowie von Reisenden
oder auch von Leuten aus einem benachbarten neutralen Staat, welche
nach beiden Richtungen hin in Geschäftsverbindungen stehen, und deren
Aussagen sich von Mund zu Mund fortpflanzen. Auch auf den
Eisenbahn= und Poststationen ist daher auf solche Persönlichkeiten zu
achten und sind dieselben in Gespräche zu verwickeln. Vieles, was
man auf diesem Wege erfährt, wird allerdings unwahr sein, das
Meiste übertrieben, dann und wann aber wird sich auch Richtiges
und Werthvolles darunter befinden. Jedenfalls muß man die Glaub=
würdigkeit der Personen sehr beachten und das, was sie aussagen,
stets noch einer genauen Prüfung unterziehen. Der Weitergabe von
Nachrichten, welche man auf diesen Wegen empfangen hat, darf daher
eine Bemerkung über die Glaubwürdigkeit der betreffenden Persönlich=
keit niemals fehlen.

Die sichere Kenntniß einer Neutralität Luxemburgs erhielt man
durch Privatmittheilung. Das betreffende Telegramm lautete:

„Division an Generalkommando (Trier, den 17. Juli) Herr
X..., zuverlässige Persönlichkeit aus Luxemburg, sagt aus:

Staatsminister N... hat ihm gestern Abend persönlich ein
Telegramm des luxemburgischen Geschäftsträgers aus Paris mit=

getheilt, daß nach einer Erklärung Grammonts Frankreich die Neutralität respektiren werde. Diese Quelle zuverlässig, durch gleich= lautende Gerüchte bestätigt."

Ebenso haben wir gesehen, daß die Nachricht von der An= wesenheit stärkerer Kräfte hinter dem bis Sierck vorgeschobenen Posten durch Personen bekannt wurde, welche aus Frankreich zurückkamen.

Die dritte und zwar hauptsächlichste Gruppe von Nach= richten besteht in den von den Patrouillen eingehenden Meldungen; diese enthalten entweder was sie selbst gesehen, oder, namentlich wenn ihr Wirkungskreis noch vor Eröffnung der Feindseligkeiten einge= schränkt ist, von ihnen eingesammelte Nachrichten. Welches aber auch immer die Quelle einer wichtigen Nachricht ist, nie entbindet sie von der Verpflichtung, überall da, wo es überhaupt angängig ist, ihre Richtigkeit durch die Truppe selbst feststellen zu lassen.

Wo Kavallerie nicht verfügbar ist, muß die Infanterie selbst die Aufklärung übernehmen, doch kann dies nur innerhalb eines be= schränkteren Wirkungskreises erfolgen.

Zuverlässigkeit der Meldung in Bezug auf das, was gesehen worden, ist dabei die erste Forderung.

Nun ist es eine Erscheinung, mit welcher man rechnen muß, daß die Zahl unrichtiger oder ungenauer Meldungen und Nachrichten gerade kurz vor Beginn der Feindseligkeiten, sowie in den ersten Tagen derselben an manchen Stellen eine größere ist, als dies im weiteren Verlaufe des Feldzuges hervortritt.

Wenn die Mannschaften zum ersten Male im Kriege das Ge= lände durchstreifen und nach einem Gegner ausspähen, so liegt die Sache für sie doch etwas anders, als wenn dies beim Manöver ge= schieht. Eine gewisse Aufregung ist dabei sehr wohl erklärlich und naturgemäß, diese führt leicht zu falschen Auffassungen: feindliche Soldaten werden erblickt, wo nur Landbewohner sich bewegen, Sensen. die in der Ferne blinken, für Gewehre gehalten, die Stärke eines feindlichen Trupps wird leicht überschätzt, die von Ortseinwohnern oder sonst mitgetheilten Nachrichten werden als völlig glaubhafte an= gesehen, und durch Verwechseln von Ortsnamen wird häufig Ver= wirrung angerichtet.

So gab 1866 bei Neiße kurz vor Ausbruch der Feindseligkeiten das Abernten eines Feldes durch Arbeiter Veranlassung zu einer Alarmirung, die sich über mehr als ein Armeekorps der II. Armee erstreckte; so finden sich auch in dem hier betrachteten Zeitraume an zwei Tagen falsche Truppenmeldungen vor.

Am 17. Juli berichteten diese Meldungen die Anwesenheit feind= licher Truppen bei Remich. Es ist nicht bekannt, welche Thatsache dieser im höchsten Grade unwahrscheinlichen Meldung zu Grunde lag, auch nicht das Ergebniß des zur Aufklärung vorgeschickten Zuges, indeß kann man annehmen, daß er die Unrichtigkeit der Meldungen festgestellt hat, da Remich auf luxemburgischem Gebiet liegt; in den aufbewahrten Meldungen ist von dieser Angelegenheit nicht mehr die Rede. Unkenntniß der Grenze dürfte bei dem Vorfalle mit Veran= lassung zu den Meldungen gegeben haben.

Am 22. scheint die falsche Meldung ebenfalls von der Truppe ausgegangen zu sein, denn die Nachricht des Landrathes in Saarburg von dem Zurückgehen der Feldwache und dem Anrücken zweier feind= licher Eskadrons auf diese Stadt beruhte auf einer ihm durch zwei Husaren gemachten Mittheilung.

Ob die Nachricht vom Zurückgehen der Feldwache überhaupt richtig gewesen ist, mag dahingestellt bleiben. Eine Meldung derselben ist nicht mehr vorhanden; jedenfalls hätte sie lauten müssen: ich bin selbst vorgegangen, habe den Feind bei X. in der und der Stärke gesehen u. s. w. und werde ihn unausgesetzt im Auge behalten.

Die Meldung aus Saarburg brachte unnütze Aufregung hervor, man wollte demnächst den Gegner bereits im Mannebacher Walde gesehen haben, Truppen wurden zum Absuchen in Bewegung gesetzt und die noch in Trier befindlichen Eskadrons wurden mit drei Kom= pagnien vorgeschickt.

Die Geschichte des 2. Rheinischen Husaren=Regiments Nr. 9 bemerkt S. 143 hierzu:

„Alles die Folge der übereilten telegraphischen Meldung aus Saarburg! Der Gegenstand derselben ist — wie sich bei anbrechen= dem Tage herausstellte — in Wirklichkeit eine Rindviehheerde ge= wesen!"

Es ist unter allen Umständen daran festzuhalten, daß wenn bei irgend einer Patrouille, Feldwache u. s. w. Nachrichten aus nicht militärischen Kreisen eingehen, deren Richtigkeit durch die betreffenden Mannschaften oder sonstigen Abtheilungen festgestellt werden kann, diese Feststellung auch vor Weitergabe erfolgen muß.

Selbst wenn von Vedetten oder Patrouillen dem nächst vor= gesetzten Offizier eigene Wahrnehmungen gemeldet werden, so hat dieser die Verpflichtung, wo dies irgend angängig, sich ebenfalls von ihrer Richtigkeit zu überzeugen, bevor die Meldung von ihm anderweitig erstattet wird.

Nur wo die Verhältnisse ihm nicht gestatten, sich so weit als es zum Erkennen erforderlich wäre — wie dies bei weit vorgeschickten Patrouillen der Fall sein kann — vorzubewegen, oder wenn Gefahr im Verzuge liegen würde, hat unmittelbare Mittheilung zu erfolgen, immer aber mit einem Zusatze, aus welchem hervorgeht, daß Anordnungen zur weiteren Feststellung getroffen worden sind. Die höheren Vorgesetzten, welche sich an entfernten Punkten befinden, erhalten durch einen derartigen Zusatz die Beruhigung, daß an Ort und Stelle nichts versäumt wird; sie werden dadurch auch eher in die Lage gesetzt, das Ergebniß weiterer Aufklärungen erst abwarten zu können, bevor sie selbst andere Truppentheile in Bewegung setzen.

Es sei hier daran erinnert, daß Katzler, der ausgezeichnete Führer der Avantgarde des Yorkschen Korps (1813 und 1814), vielfach bei Weitergabe der Meldungen hinzufügte: „Ich bin selbst vor gewesen und habe mich von der Richtigkeit überzeugt."

Wo es sich um wiederholte Beobachtung handelt, ob der Gegner sich an einem berets festgestellten Punkt — wie im Bivak von Sierck — noch befindet, wird man gut thun, möglichst dieselben Leute, welche ihn bereits dort gesehen haben, wieder zu verwenden, oder wenigstens einen derselben der neuen Patrouille mitzugeben. Gerade in Bezug auf die Sicherheit derartiger Beobachtungen ist es nothwendig, diejenige Abtheilung, welche sich zunächst am Feinde befindet, auch so lange als möglich vorn zu belassen; jede Ablösung der ganzen Abtheilung schließt Nachtheile in sich. Der Verwendung „vorgeschobener Escadrons" oder selbst kleinerer Abtheilungen ist der allergrößte Werth beizumessen. Es giebt dies die besten Mittel an die Hand, eine unausgesetzte Beobachtung des Gegners eintreten zu lassen und zuverlässige Meldungen zu erhalten.

Es ist darauf zu rechnen, daß bei dem Kommando eines Grenzdetachements, wenn bei demselben die erforderlichen Vorkehrungen für ein Nachrichtenwesen getroffen worden sind, eine große Anzahl von Mittheilungen eingehen, und es ist durchaus nicht leicht, Richtiges und Falsches dabei ausreichend zu unterscheiden.

In Rücksicht hierauf ist es von Werth, einige der bereits gemachten Angaben einer näheren Prüfung zu unterziehen.

Am 16. Juli wurde von zwei Stellen gemeldet, daß man am Nachmittage eine Einquartierung von 2000 (3000) Mann französischer Truppen erwarte. Diese Meldungen hatten viel Wahrscheinliches für sich, es mußte daher von diesem Augenblick an eine Beobachtung von Sierck durch eine Offiziers=Patrouille erfolgen, so lange man noch im Glauben war, daß die Grenze überschritten werden dürfte, dicht vor der Stadt; als dies fortfiel, wenigstens von Perl aus. Dem Tele=graphen=Beamten durfte dies nicht allein überlassen werden.

Der Nachricht von dem beabsichtigten Durchmarsch französischer Truppen durch luxemburgisches Gebiet konnte immerhin etwas Wahres zu Grunde liegen; man war nicht in der Lage, dies zu übersehen und Vorsicht daher geboten. Unter diesen Umständen war die Entsendung von Truppen an die Grenze durchaus gerechtfertigt.

Wichtig war ferner die Meldung, daß eine feindliche Dragoner=Patrouille in Sierck gesehen worden sei und daß etwa zwei Stunden von der Grenze zwei französische Kavallerie=Regimenter zusammen=gezogen worden seien, denn von diesen Abtheilungen konnten im Augen=blick der Kriegserklärung Störungen auf diesseitigem Gebiet aus=geführt werden. Die Meldung, daß die feindliche Patrouille aus Dragonern bestanden, war um so mehr zu glauben, als in Dieden=hofen ein Dragoner=Regiment in Garnison stand. Aber erwünscht wäre es gewesen, zu wissen, wer diese Dragoner gesehen hatte. Mehr aber noch bedurfte es der eingehenden Prüfung, wie die beiden Husaren von der Anwesenheit zweier Kavallerie=Regimenter ein paar Stunden jenseits Sierck Kenntniß erhalten hatten. Bestätigte sich die Nachricht von der Anwesenheit feindlicher Kavallerie in der Nähe der Grenze, so konnte dies sehr wohl das Vorschieben der Husaren ebenfalls bis an dieselbe hervorrufen. Die Meldungen am 17. besagten zunächst, daß sich bei Sierck, mit Ausnahme einer Dragoner=Patrouille, in der Nacht keine französischen Abtheilungen gezeigt hätten.

Dann liefen die bereits besprochenen irrthümlichen Nachrichten über die Anwesenheit französischer Truppen bei Remich ein.

Die Angaben, daß „Mac Mahon mit 30 000 Mann über Sierck nach Saarburg marschiren sollte", wie dies Privatbriefe besagten, verdiente vorläufig keine besondere Beachtung; sie war zu allgemein gehalten, und schwerlich konnten Privatpersonen Derartiges bereits wissen. Ueberdies war zur Zeit noch gar kein Anhalt für die Ver=sammlung größerer Truppenmassen nahe der Grenze vorhanden.

Die am 18. Juli durch einen Zeitungskorrespondenten aus Luxemburg verbreitete Nachricht vom Marsche französischer Kolonnen über Perl auf Saarburg hatte gar keinen Werth. Wäre dies der Fall gewesen, so mußten die Husaren-Patrouillen schon Meldung geschickt haben oder aus dem betroffenen Gebiet anderweitige Mittheilungen eingegangen sein. Man wird in den Grenzbezirken immer auf alarmirende Gerüchte gefaßt sein müssen; alle Augenblicke schwirren solche umher und bald heißt es: „Jetzt kommt der Feind", oder „morgen marschirt er bestimmt ein", oder es heißt: „er lagert schon mit einem Korps in nächster Nähe" und dergl. Hier hatte die Nachricht zur Folge, daß die Husaren-Eskadrons, welche bereits den Befehl zum Rückmarsch nach Trier erhalten hatten, angehalten wurden und eine Eskadron nach Perl zur Aufklärung vorging.

Mit der am 19. Juli eingegangenen Nachricht über die Besatzung von Diedenhofen, der Anwesenheit einer Dragoner-Eskadron bei Königsmachern (halbwegs Sierck—Diedenhofen) konnte man sich ein ziemlich zutreffendes Bild der Lage und Stärke der Franzosen in nächster Nähe der Grenze machen. Danach war von einem Vorstoß derselben durch Luxemburg nicht mehr die Rede, von Diedenhofen aus war ein solcher jedenfalls für die nächste Zeit nicht zu besorgen; vorläufig hatte man nur mit dem Vorschieben von einem Theil oder vielleicht auch des ganzen Dragoner-Regiments aus Diedenhofen zu rechnen, welche sich aber noch in ziemlicher Entfernung von der Grenze hielt.

Am 20. erfolgt die Meldung des Stations-Vorstehers aus Perl, daß in Diedenhofen 56 Geschütze eingetroffen wären und noch 40 000 Mann erwartet würden. Die Aufmerksamkeit mußte von vornherein auf diese Richtung gelenkt sein; es bedurfte aber noch weiterer Anzeichen, um Bestätigung für diese Nachricht zu erhalten.

Dazu trägt wenigstens in etwas die Nachricht am 21. bei, daß bei Sierck thatsächlich ein Bataillon und Kavallerie erscheint und das Lager derselben von einem Offizier selbst gesehen wird. Die Anwesenheit dieser Truppe erweckt an der Grenze selbst Befürchtungen wegen eines Einmarsches. Jedenfalls kann man jetzt damit rechnen, außer den bisher weit zurückgehaltenen Dragonern nun auch Infanterie unmittelbar an der Grenze vor sich zu haben. Die Nähe dieser Truppe führt dazu, daß man Kavallerie am 22. schon an Stellen zu erblicken glaubt, wo sie noch gar nicht hingekommen sind, im Anmarsch auf Saarbrücken, im Mannebacher Walde und an der Grenze bei Waldwiese, und die falsche Meldung vom Vorgehen zweier Eskadrons hat die Absendung der noch in Trier verfügbaren Eskadrons wie dreier Kompagnien zur Folge.

Am 23. bieten die Aussagen eines aus Frankreich zurückkehrenden Mannes einigen Anhalt über die Aufstellung und Stärke der Franzosen, da diese Aussagen wenigstens bezüglich der Anwesenheit des Gegners bei Sierck den Stempel der Richtigkeit an sich tragen. Ueber das Bekannte hinaus erfährt man durch den Betreffenden als etwas Neues: daß bei Königsmachern Infanteriemassen biwakiren und auch bei Metterich eine kleine Infanterie-Abtheilung sich befände. Wenn auch die Nummern der Regimenter (32, 33, 34) nicht richtig erscheinen und die Uniformen der bei Mettlach gesehenen Soldaten dem Ueberbringer der Nachricht nicht bekannt gewesen sind, so kann man doch das Ganze im Allgemeinen für richtig halten und zwar auf Grund der Zuverlässigkeit, welche seine Aussagen in Bezug auf den Gegner bei Sierck haben. (Nur das Regiment 33 gehörte dem 4. Korps an; die unbekannten Uniformen konnten auf Jäger oder Genie-Truppen gedeutet werden.)

Man mußte sich jetzt mit dem Gedanken tragen, daß man in Richtung auf Diedenhofen ungefähr eine Division nebst einem Dragoner-Regiment vor sich hatte. Die Anwesenheit eines Jäger-Bataillons hinter Sierck schien sich am 24. zu bestätigen.

Dagegen erwies sich am 25. die Gegend in Richtung auf Busendorf noch frei vom Feinde; nur rückwärts dieses Ortes sollte ein kleines Detachement gestanden haben, aber bereits wieder auf Bolchen abgezogen sein.

Am 26. wurde eine Verstärkung des Lagers bei Sierck (2500 bis 3000 Mann) bemerkt. Weiter wurde aber die Aufmerksamkeit auf die Richtung nach Busendorf wie auf die Straße Diedenhofen—Merzig gelenkt, indem Gerüchte von Truppenanhäufungen von Questling bis Brettnach und von demnächstiger Besetzung der Grenze in der Gegend bei Büdingen—Silvingen eingingen, auch 80 Dragoner bei Waldwiese gesehen sein sollten.

Welche Ansichten sich bei dem Divisions-Kommando in Trier auf Grund der Nachrichten und Meldungen über die Entwicklung der feindlichen Kräfte in dem nächsten Grenzgebiet gebildet hatten, ist nicht bekannt; es muß auch darauf hingewiesen werden, daß dasselbe gleichzeitig die Verhältnisse bei Saarlouis und Saarbrücken zu überwachen und die von beiden Punkten aus eingehenden Nachrichten zu prüfen und zu verwerthen hatte. Wenn hierbei auch einzelne Meldungen aus den

Gegenden saaraufwärts von Merzig zur Ergänzung und Richtig-
stellung von Nachrichten über die Verhältnisse von Sierck bis Busendorf dienen konnten, so war eine Anzahl anderer doch dazu angethan,
das Erkennen des Richtigen zu erschweren und das allgemeine Bild
zu verwirren. Inwieweit Mittheilungen aus dem Großen Hauptquartier bis an die Division gelangten, ist nicht bekannt.

Nach der hier von uns durchgeführten Prüfung der Nachrichten
bis zum 26. Juli einschließlich würde man zu folgenden Schlüssen
über den Feind berechtigt gewesen sein:

Bis zum 20. Juli hatten die Franzosen nur auf der Straße
von Diedenhofen nach Sierck etwas Kavallerie vorgeschoben (Dragoner
von der Friedens-Besatzung der Festung.)

Am 22. trifft ein kleines Detachement (etwa 1 Bataillon und
1 Eskadron) bei Sierck ein. Am 23. kann man annehmen, daß auf
der Straße Diedenhofen—Sierck bereits eine feindliche Division vorgeschoben ist (nebst einem Dragoner-Regiment).

Am 26. wird die Verstärkung der vordersten Abtheilung dieser
Division bemerkbar, auch muß man von diesem Tage an mit der Ent-
wicklung weiterer feindlicher Kräfte an der Grenze sowohl an der
Straße Merzig—Diedenhofen, sowie zu beiden Seiten der Straße
Rehlingen—Busendorf rechnen.

Diese Schlüsse dürften sich mit den Thatsachen decken. Zuerst
wird das Vorwerfen von Dragonern aus Diedenhofen erfolgt sein,
dann ist etwa am 21. und 22. die Division Cissey als Avantgarde
gegen Sierck vorgeschoben worden, „um den Feind über die Absichten
zu beunruhigen" und schließlich ist — um den 26. — eine weitere
Division des Korps Ladmirault von Diedenhofen nach Busendorf
gerückt.

Durch die Meldungen am 27. Juli konnte nur eine Bestätigung
der oben gegebenen Anschauungen erfolgen. Wir wollen diese Meldungen jedoch noch unter einem anderen Gesichtspunkt betrachten,
nämlich dem, daß bei längerem Gegenüberstehen die Absicht einer
Vorbewegung des Feindes durch aufmerksame Beobachtung oft leicht
erkannt wird; eine Erscheinung, welche wir auch bei dem Detachement
Saarbrücken wieder finden werden.

Zahlreichere Rekognoszirungen, welche der Gegner unternimmt,
Verstärkungen seiner vordersten Linie, Vorschieben der Posten und
Besetzung von Punkten, die bisher noch nicht besetzt waren, besondere
Marschvorbereitungen sowie allgemeine Gerüchte geben Anzeichen hier-

für. So entgingen einige Einzelheiten der Vorbereitung zur Re=
kognoszirung am 28. Juli den Beobachtern nicht. Die Meldungen
vom 27. lassen dies deutlich erkennen; wir geben daher die sämmt=
lichen an diesen Tagen eingegangenen Nachrichten in ihrer Reihenfolge:

Bis Mittag:

 Von Perl: Nichts Neues.

 Von Perl: Lager ruhig.

 Von Merzig: Gestern Abend haben sich Niedaltdorf gegen=
  über feindliche Infanterie=Patrouillen gezeigt, bis jetzt
  die Grenze respektirt.

 Von Conz: Bei Conz und Tawern nichts Neues. Meldung
  aus Saarburg fehlt.

Von Conz: Von den Vorposten bei Saarburg nichts Neues.

Von Perl (Offizierspatrouille): In den letzten Tagen sind
gegen 200 Franzosen truppweise ohne Gewehre in Schenken zum
Einkauf von Tabak ꝛc. gewesen. Habe heute selbst 6 Franzosen nach
Schenken gehen sehen. Sonst nichts Neues.

Von Conz: Nach Angabe des aus Perl gekommenen Postillons
Schröder sollen die Franzosen gestern Abend Verstärkung erhalten
und ihr Lager weiter gegen Perl zu vorgeschoben haben.

Von Merzig: Patrouillen in Silvingen. Büdingen meldet, daß
die 70 feindlichen Dragoner, die sich gestern in Waldwiese gezeigt,
nach Kirsch bei Sierck zurückgegangen. Sonst nichts Neues.

Am Nachmittage.

Von Saarburg: Soeben ein französischer Deserteur hier ein=
getroffen, behauptet, daß gegen 5000 Mann bei Sierck stehen. Der
Mann wird hiermit überliefert.

Von Perl: (Telegramm S. 73 bereits angeführt) daß die Post
wegen Gefahr frühzeitiger abgefahren sei und allgemein ein Ein=
marsch am folgenden Tage erwartet würde.

Von Merzig (nach Conz und Saarburg): Telegraphenstation
befürchtet Einmarsch. Vorposten avertiren; nach Trassem mittheilen.

Von Perl: (Telegramm auf S. 73) Aussage eines aus Frankreich
zurückkehrenden Mannes über den Vormarsch von Truppen aus
Diedenhofen und der Anwesenheit von 10 000 Mann zwischen der
Festung und Sierck.

Von Perl: Französische Grenzorte haben Weisung, heute Abend
9 Uhr je 2 Wagen nach Sierck zu stellen.

7*

Von Merzig: Zwischen Niedaltdorf und Jhn stehen unmittelbar an der Grenze feindliche Infanterie-Vorposten, die dahinter stehenden Truppen sind des Waldes wegen nicht zu sehen. Von den übrigen Patrouillen nichts Neues.

Von Perl: Bereits mitgetheilte Meldung (S. 73), daß die Lage sehr gefährlich und der Telegraphenapparat in Sicherheit gebracht sei.

Hier waren es mithin allgemeine Gerüchte, welche sich wahrscheinlich auf Grund von Einzelheiten gebildet hatten, sowie die Mittheilung der angeordneten Gestellung von Wagen nach Sierck.

Im Uebrigen dürfte die unausgesetzte und gründliche Ueberwachung des Gegners aus der Mittheilung dieser Meldungen deutlich hervorgehen.

Eine weitere Einsicht in die längs der gesammten Grenze sich entwickelnden Verhältnisse, wie der innere Zusammenhang der Bewegungen des Gegners wäre unter den obwaltenden Verhältnissen nur möglich gewesen, wenn man eine dem Gegner überlegene Kavallerie zur Hand gehabt hätte.

Schließlich sei noch darauf hingewiesen, daß das Einsammeln von Nachrichten sich nicht bloß auf die feindlichen Streitkräfte bezogen, sondern auch alle anderen für Verhältnisse des Krieges werthvollen Anzeichen umfaßt hat.

Beispielsweise mögen in Bezug hierauf folgende Meldungen Erwähnung finden:

Am 15. Juli:

„Sämmtliches Bahnmaterial (im Luxemburgischen) soll nach dem Lager von Châlons gezogen sein." (Es geschah dies wohl zum Transport der Truppen des Frossard'schen Korps von Châlons nach St. Avold.)

Am 16. Juli:

„In Metz gestern 300 Wagen mit Lagereffekten eingetroffen 300 werden noch erwartet. Direktion nach Straßburg."

Weiterhin hat sich die Aufmerksamkeit auch auf Transporte von Pferden, Schlachtvieh, Getreide, Munition und überhaupt auf Alles, was dem Gegner für den Krieg nützlich sein könnte, zu erstrecken: geeignete Persönlichkeiten zur Ueberwachung sind nicht immer in ausreichender Zahl vorhanden, für die Bahnstation Conz mußte dies besonders noch beantragt werden; jedenfalls ist frühzeitiger Erlaß der bezüglichen Ausfuhrverbote herbeizuführen.

Außer den in diesen Betrachtungen angeführten Nachrichten und Meldungen, deren Richtigkeit überdies nicht immer feststeht, gehen bei dem Kommando eines Grenz-Detachements gerade in der ersten Zeit noch eine außerordentlich große Anzahl von Aufträgen und Anfragen ein; überdies nimmt die Mobilmachung der eigenen Truppen, wie sonstige selbständig zu treffende Anordnungen, den Führer derselben im höchsten Maße in Anspruch.

Wenn man sich dies Alles vergegenwärtigt, so ist es um so mehr rathsam, den Führer solcher Abtheilung schon frühzeitig mit seiner Aufgabe bekannt zu machen, und ihm selbst kann nicht genug an's Herz gelegt werden, im gegebenen Falle Ruhe und Bestimmtheit zu bewahren, damit auch in der Bevölkerung das Vertrauen erhalten bleibt und nicht durch Aufregung in weiteren Kreisen noch die Schwierigkeiten der Lage sich vermehren.

b. Die Besatzung von Saarlouis.
(Karte 1.)

Es liegt in den Verhältnissen einer Festung, daß deren im Augenblick der Mobilmachung erst zusammentretende Garnison durch die Armirungsarbeiten vielfach in Anspruch genommen wird. Dessenungeachtet war hier die Thätigkeit der Truppen nach außen hin eine sehr umfassende. Wir verzichten jedoch auf eine tageweise Zusammenstellung derselben wie der von Saarlouis aus übermittelten Nachrichten, da beides sich meist auf den Wirkungskreis der Detachements von Trier und Saarbrücken bezog und hier theils bereits erwähnt worden ist, theils noch zur Darstellung gelangen wird.

Unmittelbar der Festung gegenüber zeigten sich an der Grenze französische Patrouillen erst vom 25. Juli an.

Infolge der Mobilmachung waren sofort der Stab sowie das 1. und Füsilier-Bataillon des Infanterie-Regiments Nr. 69 aus Trier und Saarbrücken in Saarlouis eingetroffen, dagegen hatte eine der beiden Ulanen-Eskadrons die Festung verlassen. Die Besatzung zählte demgemäß an Infanterie und Kavallerie: 6 Bataillone (Regimenter 69 und 70) und 1 Eskadron (Ulanen 7).

Vom ersten Tage an wurde die Grenze unausgesetzt durch Patrouillen beobachtet. Zunächst stießen dieselben auf Douaniers, durch deren Feuer am 23. Juli in der Gegend von Schreckling zwei Pferde einer Ulanen-Patrouille verwundet wurden. Eine infolge dessen in der Nacht vom 23. zum 24. entsandte Abtheilung des Regiments Nr. 70 hob den Posten am dortigen Zollhause auf und nahm die Zollkasse in Beschlag. Ein Offizier (Lieutenant v. Alten) war dabei verwundet worden, während von den Douaniers zwei blieben und vier in Gefangenschaft fielen.

Die Patrouillen wurden demnächst in größerer Stärke — bis zu einer Kompagnie —, täglich oft mehrmals, vorgeschickt und am 28. nördlich der Festung eine Kompagnie mit je einem Zuge nach Beckingen, Rehlingen und Dillingen gelegt, welche von dort aus die Verbindung mit dem äußersten linken Flügel des Trierer Detachements, der Husaren-Eskadron bei Merzig, aufnahm.

Eine am 1. August auf Niedaltdorf vorgeschickte Offiziers-patrouille des Regiments 70 stieß, wie bereits S. 77 angeführt, daselbst auf ein Lager zweier französischer Infanterie-Regimenter und verlor 2 Verwundete; gleichzeitig traf eine Ulanen-Patrouille bei Ihn auf eine Kompagnie und einige Reiter, wobei ein Pferd ver-wundet wurde.

Südlich von Saarlouis hatten sich bereits am 22. Juli fran-zösische Patrouillen bei Völklingen gezeigt. Infolge dessen rückte noch an demselben Tage Major Backe mit der 6., 7. und 10. Kom-pagnie des Regiments 69 und 50 Ulanen dorthin; am 23. wurde diese Abtheilung noch durch die 8. Kompagnie verstärkt. Am 28. fand auf Befehl des kommandirenden Generals (s. S. 28) die Ab-lösung der Kompagnien des 2. Bataillons durch die übrigen Füsilier-Kompagnien und die Verstärkung der Ulanen auf 100 Mann statt, wobei gleichzeitig das Detachement die Rückzugsrichtung auf Lebach angewiesen erhielt. Auf die Thätigkeit dieser Abtheilung südlich Saar-louis werden wir bei der Darstellung der Ereignisse bei Saarbrücken zurückkommen.

Zu bemerken ist noch, daß gleich anfangs eine Bahnsperrung auf Veranlassung der Kommandantur in unmittelbarer Nähe von Saarlouis bei Ensdorf stattfand, jedoch sehr bald wieder beseitigt wurde.

Bemerkungen zu der Thätigkeit der Besatzung von Saarlouis.

Die nur 6 Bataillone und 1 Eskadron zählende Besatzung ver=
wandte 5 Kompagnien und ⅓ Eskadron — abgesehen von dem
besonderen Außendienst unmittelbar vor den Werken — außerhalb
der Festung; die Luftlinie zwischen den beiden Flügeln von Beckingen
bis Völklingen beträgt etwa 20 km.

.Diese Ausdehnung muß als eine recht große bezeichnet und die
Unterstützung der Festung in Bezug auf die Grenzsicherung daher als
eine nicht unbeträchtliche anerkannt werden. Aber der Umfang, in
welchem diese Unterstützung erfolgte, ist wesentlich durch die örtlichen
Verhältnisse, durch die Saar und die Richtung ihres mit der Grenz=
linie parallel führenden Laufes bedingt. Wollte man die Grenze
selbst durch Truppen sichern, so hätte man die einzelnen Detachements
stärker machen müssen und die Besatzung würde jedenfalls nicht zum
vorläufigen Festhalten einer so langen Linie ausgereicht haben, wie
dies an der Saar selbst geschehen konnte.

Ueberdies wird ein Vorschieben von Abtheilungen weit über
den Geschützbereich der Festung hinaus, wenn nicht das Gelände eine
ganz besondere Unterstützung bietet, immer Gefahren in sich schließen,
und zwar dies um so mehr, als Festungen in der Regel nur über
eine geringe Kavallerie verfügen, die zur Sicherung dieser Abtheilungen
kaum ausreichen dürfte. Es wird daher ein Vorschieben auf größere
Entfernungen nur so lange rathsam sein, als nicht stärkere Kräfte
des Feindes zur Verwendung gelangen.

Unter diesen Verhältnissen erscheint es gerechtfertigt, daß nicht
besondere Detachements ständig weit vorwärts der Festung aufgestellt
wurden; man mußte sich nach dieser Richtung hin mit dem Festhalten
von Oertlichkeiten begnügen, bei welchen, wenn es sich um ein Gefecht
handelte, eine Unterstützung durch die Wallgeschütze oder wenigstens
eine Begünstigung des Abzugs noch zu ermöglichen war. Inwieweit
dies durch die Anordnungen geschehen, ist nicht bekannt.

Die weitere Aufklärung nach der Grenze zu konnte somit nur
durch Patrouillen erfolgen. Auch in dieser Hinsicht ist viel geschehen,
wenn man bedenkt, daß sich der Wirkungskreis derselben von Niedalt=
dorf bis gegen Stiring erstreckt hat. Da für besondere Zwecke nach
Völklingen zuerst 50, dann 100 Ulanen abgegeben wurden, blieb von

der einen Eskadron für die Beobachtung in westlicher und nord-
westlicher Richtung sehr wenig übrig. Es dürfte sich daher empfehlen,
dem Kommandanten einer Grenzfestung für die ersten Aufgaben, die
ihm bei Erwartung von Feindseligkeiten obliegen, eine stärkere Kavallerie zur Verfügung zu stellen, ohne daß diese der Kriegsbesatzung
des Platzes zugetheilt wird. Dringt der Feind über die Festung
hinaus vor, so dürfen diese Eskadrons sich nicht in dieselbe einschließen
lassen, sondern müssen sich in unmittelbarer Fühlung mit den Spitzen
der feindlichen Kolonnen weiter in das Innere des Landes zurückziehen.

Wäre hier mehr Kavallerie zur Verfügung gewesen, so konnte
eine stärkere Abtheilung derselben bei Ober- und Unter-Felsberg verbleiben, mit weit vorgeschobenen „selbständigen Posten" auf den
Straßen nach Busendorf und Bolchen und Patrouillengang über
ersteren Ort hinaus, sowie bis zu letzterem. Ebenso mußte dann
die Aufklärung und Sicherung nach Süden und Nordwesten durch
besondere „selbständige Posten" zwischen Berus und Ueberherrn, bezw.
aus der Gegend von Niedaltdorf erfolgen.

Bei der thatsächlich vorhandenen geringen Kavallerie ist es erklärlich, daß dieselbe, wie es wenigstens den Anschein hat, nirgends
weit in feindliches Gebiet eingedrungen ist; jedenfalls war sie nicht
in der Lage, derartige Unternehmungen nach allen erforderlichen Richtungen hin und in ausreichender Wiederholung auszuführen.

Allerdings ist festzuhalten, daß, so lange überhaupt noch ein paar
Reiter zur Aufklärung zur Verfügung stehen, dieselben auch benutzt
werden müssen. Ist dies nicht mehr in ausreichender Weise der Fall,
so muß die Infanterie eintreten.

Die „Felddienst-Ordnung" betont Letzteres an verschiedenen
Stellen; so namentlich S. 71 bei den „Vorposten selbständiger Infanterie" (unter Nr. 164): „Befindet sich die Infanterie ausnahmsweise ohne Meldereiter, so muß sie durch eigene Patrouillen in be-
schränkterem Gebiet den Aufklärungsdienst ausführen."

Nun liegen aber die Verhältnisse bei einer Grenzfestung im
Anfange derartig, daß die Aufklärung nicht bloß unter dem Gesichtspunkt der eigenen Sicherheit, sondern auch der Kenntniß von Allem,
was sich feindlicherseits an der Grenze entwickelt, im allgemeinen
Interesse erfolgen muß.

Geht daher die Nachricht ein, daß der Feind sich an der einen
oder anderen Stelle der Grenze zeigt, so muß dies festgestellt, und,

wenn keine Reiter zur Hand sind, Infanterie dazu verwandt werden. Immerhin wird dabei die Entfernung, in welcher Infanterie= Patrouillen vorgehen können, gegenüber den Ansprüchen, welche an Reiter zu machen sind, eine „beschränktere" bleiben, wenn sie auch an und für sich zu einer für diese Waffe ausnahmsweisen und bedeuten= deren Leistung anwachsen kann.

So haben auch bei Saarlouis Infanterie=Patrouillen auf eine Entfernung von 8 km von ihrer nächsten Unterstützung Verwendung gefunden.

Indeß wird man doch dabei festhalten müssen, ein so weites Vorgehen von Infanterie=Aufklärungen nur kleineren Patrouillen zu übertragen, welche dabei im Sinne von Schleichpatrouillen zu ver= fahren haben. Größere geschlossene Abtheilungen werden vom Gegner leichter frühzeitig entdeckt und laufen mehr Gefahr, überhaupt nicht wieder oder nur unter empfindlichen Verlusten in die Festung zurück= zukehren. Der Zweck derartiger Entsendungen besteht nicht im „Fechten", sondern im „Sehen", und dazu genügen ein paar gewandte Leute unter einem verständigen Führer.

Anlage 1.

Ordre de bataille der französischen Armee.
(Juli 1870.)

Oberbefehlshaber: Kaiser Napoleon III.
Major général: Marschall le Boeuf.

Kaiserliche Garde.
General Bourbaki.

1. Division.	**2. Division.**
General Deligny.	General Picard.

1. Brigade. General Brincourt.
Garde-Voltigeur-Regt. Nr. 1 . . 3 Bat.
Garde-Voltigeur-Regt. Nr. 2 . . 3 ⸱
Garde-Jäger-Bat. . . . . 1 ⸱

2. Brigade. General Garnier.
Garde-Voltigeur-Regt. Nr. 3 . . 3 Bat.
Garde-Voltigeur-Regt. Nr. 4 . . 3 ⸱
Artillerie: 2 fahrende Batt. . 12 Gesch.
1 Mitraill. Batt. . 6 ⸱
Genie: 1 Kompagnie . . . . 1 Komp.

Summe: 13 Bat., 18 Gesch., 1 Genie-Komp.

1. Brigade: General Jeanningros.
Garde-Zuaven-Regt. . . . . 2 Bat.
Garde-Grenadier-Regt. Nr. 1 . . 3 ⸱

2. Brigade. General de la Croix.
Garde-Grenadier-Regt. Nr. 2 . . 3 Bat.
Garde-Grenadier-Regt. Nr. 3 . . 3 ⸱
Artillerie: 2 fahrende Batt. . 12 Gesch.
1 Mitraill. Batt. . 6 ⸱
Genie: 1 Kompagnie . . . . 1 Komp.

Summe: 11 Bat., 18 Gesch., 1 Genie-Komp.

Kavallerie-Division.
General Desvaux.

1. Brigade. General du Fretay.
Guiden-Regt. . . . . 4 Esk.
Garde-Chasseurs à cheval . . . 4 ⸱

2. Brigade. General de France.
Garde-Lancier-Regt. . . . . . . 4 Esk.
Garde-Dragoner-Regt. . . . . . 4 ⸱

3. Brigade. General du Preuil.
Garde-Kürassier-Regt. . . . . . 4 Esk.
Garde-Karabinier-Regt. . . . . 4 ⸱
Artillerie: 2 reitb. Batt. . . . 12 Gesch.

Summe: 24 Esk., 12 Gesch.

Artillerie-Reserve.
4 reitende Batterien . . . . . 24 Geschütze

Stärke des Gardekorps:
24 Bataillone,
24 Eskadrons,
72 Geschütze,
2 Genie-Kompagnien.

1. Armeekorps.

Marschall de Mac Mahon, Herzog von Magenta.

1. Division.
General Ducrot.

1. Brigade. General Wolff.

Linien-Regt. Nr. 18 . . . . . . 3 Bat.
Linien-Regt. Nr. 96 . . . . . . 3 ,
Jäger-Bat. Nr. 13 . . . . 1 ,

2. Brigade. General du Houlbec.

Linien-Regt. Nr. 45 . . . . . . 3 Bat.
Zuaven-Regt. Nr. 1 . . . . . . 3 ,
Artillerie: 2 fahrende und
1 Mitraill. Batt. 18 Gesch.
Genie: 1 Kompagnie . . . . . 1 Komp.

Summe: 13 Bat., 18 Gesch., 1 Genie-Komp.

3. Division.
General Raoult.

1. Brigade. General l'Hériller.

Linien-Regt. Nr. 36 . . . . . . 3 Bat.
Zuaven-Regt. Nr. 1 . . . . . . 3 ,
Jäger-Bat. Nr. 8 . . . . 1 ,

2. Brigade. General Lefebvre.

Linien-Regt. Nr. 48 . . . . . . 3 Bat.
Algiersches Tirailleur-Regt. Nr. 2 3 ,
Artillerie: 2 fahrende und
1 Mitraill. Batt. 18 Gesch.
Genie: 1 Kompagnie . . . . . 1 Komp.

Summe: 13 Bat., 18 Gesch., 1 Genie-Komp.

Kavallerie-Division.
General Duhesme.

1. Brigade. General de Septenil.

Husaren-Regt. Nr. 3 . . . . . 4 Esk.
Chasseur-Regt. Nr. 1 . . . . . 4 ,

2. Brigade. General de Ransouty.

Dragoner-Regt. Nr. 10 . . . . 4 Esk.
Lancier-Regt. Nr. 6 . . . . . . 4 ,
Lancier-Regt. Nr. 10 . . . . . 4 ,

3. Brigade. General Michel.

Küraffier-Regt. Nr. 8 . . . . . 4 Esk.
Küraffier-Regt. Nr. 9 . . . . . 4 ,

Summe: 28 Esk.

2. Division.
General Abel Douay.

1. Brigade. General de Montmarie.

Linien-Regt. Nr. 50 . . . . . . 3 Bat.
Linien-Regt. Nr. 74 . . . . . . 3 ,
Jäger-Bat. Nr. 16 . . . . 1 ,

2. Brigade. General Pellé.

Linien-Regt. Nr. 78 . . . . . . 3 Bat.
Algiersches Tirailleur-Regt. Nr. 1 3 ,
Artillerie: 2 fahrende und
1 Mitraill. Batt. 18 Gesch.
Genie: 1 Kompagnie . . . . . 1 Komp.

Summe: 13 Bat., 18 Gesch., 1 Genie-Komp.

4. Division.
General de Lartigue.

1. Brigade. General de Kerléabec.

Linien-Regt. Nr. 56 . . . . . . 3 Bat.
Zuaven-Regt. Nr. 3 . . . . . . 3 ,
Jäger-Bat. Nr. 1 . . . . 1 ,

2. Brigade. General Lacretelle.

Linien-Regt. Nr. 87 . . . . . . 3 Bat.
Algiersches Tirailleur-Regt. Nr. 3 3 ,
Artillerie: 2 fahrende und
1 Mitraill. Batt. 18 Gesch.
Genie: 1 Kompagnie . . . . . 1 Komp.

Summe: 13 Bat., 18 Gesch., 1 Genie-Komp.

Artillerie-Reserve.

4 fahrende Batterien . . . . . 24 Gesch.
4 reitende Batterien . . . . . 24 ,

Summe: 48 Geschütze.

Genie-Reserve.

1½ Kompagnien.

Stärke des 1. Armeekorps:

52 Bataillone,
28 Eskadrons,
120 Geschütze (einschl. 24 Mitrailleusen),
5½ Genie-Kompagnien.

NB. Hiervon verblieb jedoch das Regiment Nr. 87 als Besatzung in Straßburg.

2. Armeekorps.

General Frossard.

1. Division.
General Vergé.

1. Brigade. General Balazé.

Linien=Regt. Nr. 32	3 Bat.
Linien=Regt. Nr. 55	3 =
Jäger=Bat. Nr. 8	1 =

2. Brigade. General Jollivet.

Linien=Regt. Nr. 76	3 Bat.
Linien=Regt. Nr. 77	3 =
Artillerie: 2 fahrende und	
1 Mitraill. Batt.	18 Gesch.
Genie: 1 Kompagnie	1 Komp.

Summe: 13 Bat., 18 Gesch., 1 Genie=Komp.

2. Division.
General Bataille.

1. Brigade. General Pouget.

Linien=Regt. Nr. 8	3 Bat.
Linien=Regt. Nr 23	3 =
Jäger=Bat. Nr. 12	1 =

2. Brigade. General F. Bastoul.

Linien=Regt. Nr. 66	3 Bat.
Linien=Regt. Nr. 67	3 =
Artillerie: 3 fahrende und	
1 Mitraill. Batt.	18 Gesch.
Genie: 1 Kompagnie	1 Komp.

Summe: 13 Bat., 18 Gesch., 1 Genie=Komp.

3. Division.
General de Laveaucoupet.

1. Brigade. General Doëns.

Linien=Regt. Nr. 2	3 Bat.
Linien=Regt. Nr. 63	3 =
Jäger=Bat. Nr. 10	1 =

2. Brigade. General Micheler.

Linien=Regt. Nr. 24	3 Bat.
Linien=Regt. Nr. 40	3 =
Artillerie: 2 fahrende und	
1 Mitraill. Batt.	18 Gesch.
Genie: 1 Kompagnie	1 Komp.

Summe: 13 Bat., 18 Gesch., 1 Genie=Komp.

Kavallerie=Division.

1. Brigade. General de Balabrègue.

Chasseur=Regt. Nr. 4	4 Esk.
Chasseur=Regt. Nr. 5	4 =

2. Brigade. General Bachelier.

Dragoner=Regt. Nr. 7	4 Esk.
Dragoner=Regt. Nr. 12	4 =

Summe: 16 Esk.

Artillerie=Reserve.

4 fahrende Batterien	24 Gesch.
2 reitende Batterien	12 =

Summe: 36 Geschütze.

Genie=Reserve.

2 Kompagnien,
1 Sappeur=Detachement.

Stärke des 2. Armeekorps.

39 Bataillone,
16 Eskadrons,
90 Geschütze (einschl. 18 Mitrailleusen),
5 Genie=Kompagnien.

3. Armeekorps.
Marschall Bazaine.

1. Division.
General Montaudon.

1. Brigade. General Baron Aymard.
Linien-Regt. Nr. 51 . . . . 3 Bat.
Linien-Regt. Nr. 62 . . . . 3 =
Jäger-Bat. Nr. 18 . . . . 1 =

2. Brigade. General Clinchant.
Linien-Regt. Nr. 81 . . . . 3 Bat.
Linien-Regt. Nr. 95 . . . . 3 =
Artillerie: 2 fahrende und
    1 Mitraill. Batt. 18 Gesch.
Genie: 1 Kompagnie . . . . . 1 Komp.

Summe: 13 Bat., 18 Gesch., 1 Genie-Komp.

2. Division.
General de Castagny.

1. Brigade. General Nayral.
Linien-Regt. Nr. 19 . . . . 3 Bat.
Linien-Regt. Nr. 41 . . . . 3 =
Jäger-Bat. Nr. 15 . . . . 1 =

2. Brigade. General Duplessis.
Linien-Regt. Nr. 69 . . . . 3 Bat.
Linien-Regt. Nr. 90 . . . . 3 =
Artillerie: 2 fahrende und
    1 Mitraill. Batt. 18 Gesch.
Genie: 1 Kompagnie . . . 1 Komp.

Summe: 13 Bat., 18 Gesch., 1 Genie-Komp.

3. Division.
General Metman.

1. Brigade. General de Potier.
Linien-Regt. Nr. 7 . . . . 3 Bat.
Linien-Regt. Nr. 29 . . . . 3 =
Jäger-Bat. Nr. 7 . . . . 1 =

2. Brigade. General Arnaudeau.
Linien-Regt. Nr. 59 . . . . 3 =
Linien-Regt. Nr. 71 . . . . 3 =
Artillerie: 2 fahrende und
    1 Mitraill. Batt. 18 Gesch.
Genie: 1 Kompagnie . . . . . 1 Komp.

Summe: 13 Bat., 18 Gesch., 1 Genie-Komp.

4. Division.
General Decaen.

1. Brigade. General de Brauer.
Linien-Regt. Nr. 44 . . . . 3 Bat.
Linien-Regt. Nr. 60 . . . . 3 =
Jäger-Bat. Nr. 11 . . . . 1 =

2. Brigade. General Sanglé-Ferriére.
Linien-Regt. Nr. 80 . . . . 3 Bat.
Linien-Regt. Nr. 85 . . . . 3 =
Artillerie: 2 fahrende und
    1 Mitraill. Batt. 18 Gesch.
Genie: 1 Kompagnie . . . 1 Komp.

Summe: 13 Bat., 18 Gesch., 1 Genie-Komp.

Kavallerie-Division.
General de Clérambault.

1. Brigade. General de Bruchard.
Chasseur-Regtr. Nr. 2, 3 u. 10 12 Esk.

**2. Brigade. General Gayault de Mau-
branches.**
Dragoner-Regtr. Nr. 2 u. 4 . . 8 Esk.

3. Brigade. General Baron de Juniac.
Dragoner-Regtr. Nr. 5 u. 8 . . 8 Esk.

Summe: 28 Esk.

Artillerie-Reserve.

4 fahrende Batterien . . . . . . 24 Gesch.
4 reitende Batterien . . . . . . 24 =

Summe: 48 Gesch.

Genie-Reserve.

1½ Kompagnien.
1 Sappeur-Detachement.

Stärke des 3. Armeekorps.

  52 Bataillone,
  28 Eskadrons,
 120 Geschütze (einschl. 24 Mitrailleusen),
  5½ Genie-Kompagnien.

4. Armeekorps.

General de Ladmirault.

1. Division.
General de Cissey.

1. Brigade. General Graf Brayer.

Linien-Regt. Nr. 1 . . . . 3 Bat.
Linien-Regt. Nr. 6 . . . . 3 =
Jäger-Bat. Nr. 20 . . . . 1 =

2. Brigade. General de Golberg.

Linien-Regt. Nr. 57 . . . . . . 3 Bat.
Linien-Regt. Nr. 73 . . . . . . 3 =
Artillerie: 2 fahrende und
      1 Mitraill. Batt. 18 Gesch.
Genie: 1 Kompagnie . . . . . 1 Komp.

Summe: 13 Bat., 18 Gesch., 1 Genie-Komp.

2. Division.
General Grenier.

1. Brigade. Gen. Beron dit Bellecourt.

Linien-Regt. Nr. 13 . . . . . . 3 Bat.
Linien-Regt. Nr. 14 . . . . . . 3 =
Jäger-Bat. 5 . . . . 1 =

2. Brigade. General Prabier.

Linien-Regt. Nr. 64 . . . . . . 3 Bat.
Linien-Regt. Nr. 98 . . . . . . 3 =
Artillerie: 2 fahrende und
      1 Mitraill. Batt. 18 Gesch.
Genie: 1 Kompagnie . . . . . 1 Komp.

Summe: 13 Bat., 18 Gesch., 1 Genie-Komp.

3. Division.
General Graf Latrille de Lorencez.

1. Brigade. General Graf Pajol.

Linien-Regt. Nr. 15 . . . . . . 3 Bat.
Linien-Regt. Nr. 33 . . . . . . 3 =
Jäger-Bat. Nr. 2 . . . . 1 =

2. Brigade. General Berger.

Linien-Regt. Nr. 54 . . . . . . 3 Bat.
Linien-Regt. Nr. 65 . . . . . . 3 =
Artillerie: 2 fahrende und
      1 Mitraill. Batt. 18 Gesch.
Genie: 1 Kompagnie . . . . . 1 Komp.

Summe: 13 Bat., 18 Gesch., 1 Genie-Komp.

Kavallerie-Division.
General Legrand.

1. Brigade. General de Montaigu.

Husaren-Regtr. Nr. 2 u. 7 . . . 8 Esk.

2. Brigade. General de Gondrecourt.

Dragoner-Regtr. Nr. 3 u. 11 . . 8 Esk.

Summe: 16 Esk.

Artillerie-Reserve.

4 fahrende Batterien . . . . . . 24 Gesch.
2 reitende Batterien . . . . 12 =

Summe: 36 Geschütze.

Genie-Reserve.

1 Kompagnie,
1 Sappeur-Detachement.

Stärke des 4. Armeekorps.

39 Bataillone,
16 Eskadrons,
90 Geschütze (einschl. 18 Mitrailleusen),
 4 Genie-Kompagnien.

5. Armeekorps.

General de Failly.

1. Division.	**2. Division.**
General Goze.	General de L'Abadie.

1. Brigade. General Saurin.

Linien-Regt. Nr. 11 . . . . 3 Bat.
Linien-Regt. Nr. 46 . . . . 3 -
Jäger-Bat. Nr. 4 . . . . 1 -

2. Brigade. General Baron R. Nicolas.

Linien-Regt. Nr. 61 . . . . 3 Bat.
Linien-Regt. Nr. 86 . . . . 3 -
Artillerie: 2 fahrende und
　　　　1 Mitraill. Batt. 18 Gesch.
Genie: 1 Kompagnie . . . . . 1 Komp.

Summe: 13 Bat., 18 Gesch., 1 Genie-Korps.

1. Brigade. General Lapasset.

Linien-Regt. Nr. 84 . . . . 8 Bat.
Linien-Regt. Nr. 97 . . . . 3 -
Jäger-Bat. Nr. 14 . . . . 1 -

2. Brigade. General de Maussion.

Linien-Regt. Nr. 49 . . . . 3 Bat.
Linien-Regt. Nr. 88 . . . . 3 -
Artillerie: 2 fahrende und
　　　　1 Mitraill. Batt. 18 Gesch.
Genie: 1 Kompagnie . . . . . 1 Komp.

Summe: 13 Bat., 18 Gesch., 1 Genie-Komp.

---

3. Division.

General Guyot de Lespart.

1. Brigade. General Abatucci.

Linien-Regt. Nr. 17 . . . . 3 Bat.
Linien-Regt. Nr. 27 . . . . 3 -
Jäger-Bat. Nr. 19 . . . . 1 -

2. Brigade. General de Fontanges.

Linien-Regt. Nr. 30 . . . . 3 Bat.
Linien-Regt. Nr. 68 . . . . 3 -
Artillerie: 2 fahrende und
　　　　1 Mitraill. Batt. 18 Gesch.
Genie: 1 Kompagnie . . . . . 1 Komp.

Summe: 13 Bat., 18 Gesch., 1 Genie-Komp.

Kavallerie-Division.

General Brahaut.

1. Brigade. General Vicomte de Bernis.

Husaren-Regt. Nr. 5, Chasseur-
　　Regt. Nr. 12 . . . . 8 Esk.

2. Brigade. General de la Mortière.

Lancier-Regtr. Nr. 3 u. 5 . . . 8 Esk.

Summe: 16 Esk.

Artillerie-Reserve.

4 fahrende Batterien . . . . . . 24 Gesch.
2 reitende Batterien . . . . 12 -

Summe: 36 Gesch.

Genie-Reserve.

1 Kompagnie,
1 Sappeur-Detachement.

Stärke des 5. Armeekorps.

39 Bataillone,
16 Eskadrons,
90 Geschütze (einschl. 18 Mitrailleusen),
　4 Genie-Kompagnien.

6. Armeekorps.

Marschall Canrobert.

1. Division.
General Tixier.

1. Brigade. General Péchot.

Linien-Regt. Nr. 4 . . . . 3 Bat.
Linien-Regt. Nr. 10 . . . . . . 3 ,
Jäger-Bat. Nr. 9 . . . . 1 ,

2. Brigade. General Le Roy de Dais.

Linien-Regt. Nr. 12 . . . . . . 3 Bat.
Linien-Regt. Nr. 100 . . . . . 3 ,
Artillerie: 3 fahrende Batt. . 18 Gesch.
Genie: 1 Kompagnie . . . . . 1 Komp.

Summe: 13 Bat., 18 Gesch., 1 Genie-Komp.

2. Division.
General Bisson.

1. Brigade. General Archinard.

Linien-Regt. Nr. 9 . . . . 3 Bat.
Linien-Regt. Nr. 14 . . . . . . 3 ,

2. Brigade. General Maurice.

Linien-Regt. Nr. 20 . . . . . . 3 Bat.
Linien-Regt. Nr. 81 . . . . . . 3 ,
Artillerie: 2 fahrende und
1 Mitraill. Batt. 18 Gesch.
Genie: 1 Kompagnie . . . . . 1 Komp.

Summe: 12 Bat., 18 Gesch., 1 Genie-Komp.

3. Division.
General de Villers.

1. Brigade. General de Sonnay.

Linien-Regt. Nr. 75 . . . . . . 3 Bat.
Linien-Regt. Nr. 91 . . . . . . 3 ,

2. Brigade. General Colin.

Linien-Regt. Nr. 93 . . . . . . 3 Bat.
Linien-Regt. Nr. 94 . . . . . . 3 ,
Artillerie: 3 fahrende Batt. . 18 Gesch.
Genie: 1 Kompagnie . . . . . 1 Komp.

Summe: 12 Bat., 18 Gesch., 1 Genie-Komp.

4. Division.
General le Vassor-Sorval.

1. Brigade. General de Marguenat.

Linien-Regt. Nr. 25 . . . . . . 3 Bat.
Linien-Regt. Nr. 26 . . . . . . 3 ,

2. Brigade. Gen. Graf de Chanaleilles.

Linien-Regt. Nr. 28 . . . . . . 3 Bat.
Linien-Regt. Nr. 70 . . . . . . 3 ,
Artillerie: 3 fahrende Batt. . 18 Gesch.
Genie: 1 Kompagnie . . . . . 1 Komp.

Summe: 12 Bat., 18 Gesch., 1 Genie-Komp.

Kavallerie-Division.
General de Salignac-Fenelon.

1. Brigade. General Tilliard.
Husaren-Regt. Nr. 1, Chasseur-
Regt. Nr. 6 . . . . 8 Esk.

2. Brigade. General Savaresse.
Lancier-Regtr. Nr. 1 und Nr. 7 8 Esk.

3. Brigade. General de Beville.
Kürassier-Regtr. Nr. 5 und Nr. 6 8 Esk.

Summe: 24 Esk.

Artillerie-Reserve.

6 fahrende Batterien . . . . . 36 Gesch.
2 reitende Batterien . . . . . 12 ,

Summe: 48 Geschütze.

Genie-Reserve.

1 Kompagnie,
1 Detachement Sapp. cond.

Stärke des 6. Armeekorps.

49 Bataillone,
24 Eskadrons,
120 Geschütze (einschl. 6 Mitrailleusen),
5 Genie-Kompagnien.

7. Armeekorps.

General F. Douay.

1. Division.
General Conseil-Dumesnil.

1. Brigade. General Nicolaï.

Linien-Regt. Nr. 3 . . . . 3 Bat.
Linien-Regt. Nr. 21 . . . . . . 3 -
Jäger-Bat. Nr. 17 . . . . . . 1 -

2. Brigade. General Maire.

Linien-Regt. Nr. 47 . . . . . 3 Bat.
Linien-Regt. Nr. 99 . . . . . . 3 -
Artillerie: 3 fahrende und
    1 Mitraill. Batt. 18 Gesch.
Genie: 1 Kompagnie . . . . . 1 Komp.

Summe: 13 Bat., 18 Gesch., 1 Genie-Komp.

2. Division.
General Liébert.

1. Brigade. General Guiomar.

Linien-Regt. Nr. 5 . . . . . . 3 Bat.
Linien-Regt. Nr. 37 . . . . . . 3 -
Jäger-Bat. Nr. 6 . . . . 1 -

2. Brigade. General de la Bastide.

Linien-Regt. Nr. 53 . . . . . . 3 Bat.
Linien-Regt. Nr. 89 . . . . . . 3 -
Artillerie: 2 fahrende und
    1 Mitraill. Batt. 18 Gesch.
Genie: 1 Kompagnie . . . . . 1 Komp.

Summe: 13 Bat., 18 Gesch., 1 Genie-Komp.

3. Division.
General Dumont.

1. Brigade. General Bordas.

Linien-Regt. Nr. 52 . . . . . . 3 Bat.
Linien-Regt. Nr. 79 . . . . . . 3 -

2. Brigade. General des Portes.

Linien-Regt. Nr. 82 . . . . . . 3 Bat.
Linien-Regt. Nr. 83 . . . . . . 3 -
Artillerie: 2 fahrende und
    1 Mitraill. Batt. 18 Gesch.
Genie: 1 Kompagnie . . . . . 1 Komp.

Summe: 12 Bat., 18 Gesch., 1 Genie-Komp.

Kavallerie-Division.
General Ameil.

1. Brigade. General Cambriel.

Husaren-Regt. Nr. 4, Lancier-
    Regtr. Nr. 4 und 8 . . . . 12 Esk.

**2. Brigade. General Jolif du Cou-
lombier.**

Husaren-Regt. Nr. 6, Dragoner-
    Regt. Nr. 6 . . . . 8 Esk.

Summe: 20 Esk.

Artillerie-Reserve.

4 fahrende, 2 reitende Batt. . . 36 Gesch.

Genie-Reserve.

1 Kompagnie,
1 Detachement Sappeurs conducteurs.

Stärke des 7. Armeekorps.

38 Bataillone,
20 Eskadrons,
90 Geschütze (einschl. 18 Mitrailleusen).
4 Genie-Kompagnien.

Kavallerie-Reserve.

1. Division.	2. Division.	3. Division.
General du Barail.	General Vicomte de Bonnemains.	General de Forton.
1. Brigade.	1. Brigade.	1. Brigade.
General Margueritte.	General Girard.	General Prinz Murat
1. Regt. Chasseurs d'Afrique.	Kürassier-Regt. Nr. 1.	Dragoner-Regt. Nr. 1.
3. Regt. Chasseurs d'Afrique.	Kürassier-Regt. Nr. 4.	Dragoner-Regt. Nr. 9.
2. Brigade.	2. Brigade.	2. Brigade.
General de Lajaille.	General de Brauer.	General de Gramont
2. Regt. Chasseurs d'Afrique.	Kürassier-Regt. Nr. 2.	Kürassier-Regt. Nr. 7.
4. Regt. Chasseurs d'Afrique.	Kürassier-Regt. Nr. 3.	Kürassier-Regt. Nr. 10.
Artillerie: 2 reitde. Batt.	Artillerie: 1 rtde. und 1 Mitraill. Batt.	Artillerie: 2 reitde. Ba
Summe: 16 Esk., 12 Gesch.	Summe: 16 Esk., 12 Gesch.	Summe: 16 Esk., 12 Ges

Stärke der Reserve-Kavallerie.

48 Eskadrons, 36 Geschütze (einschl. 6 Mitrailleusen).

Artillerie-Hauptreserve.

8 fahrende Batterien	. . . . .	48 Geschütze
8 reitende Batterien	. . . . .	48 ,

Summe: 96 Geschütze.

Genie-Hauptreserve.

1 Kompagnie (Telegraphen) des Genie-Regiments Nr. 1.
1 Kompagnie des Genie-Regiments Nr. 3.
1 Kompagnie (Eisenbahn) des Genie-Regiments Nr. 3.
Detachement der Sappeurs conducteurs.

Summe: 3 Kompagnien.

— —•— • •—— —

•

Gedruckt in der Königlichen Hofbuchdruckerei von E. S. Mittler & Sohn,
Kochstraße 68—70.

Gedruckt in der Königlichen Hofbuchdruckerei von E. S. Mittler & Sohn,
Kochstraße 68—70.

c. Detachement Saarbrücken.

(Hierzu Karte der Umgebung von Saarbrücken, sowie die im 1. Hefte befindliche Karte.)

Wie bekannt verließen die Ulanen und das Bataillon 69er Saarbrücken nach Eingang des Mobilmachungsbefehls am Morgen des 16. Juli; erstere kehrten dann am folgenden Nachmittage wieder dorthin zurück, und für letzteres traf das 2. Bataillon des Hohenzollernschen Füsilier-Regiments Nr. 40 in der Nacht vom 17. zum 18. Juli ein.*)

Die Ulanen schoben eine Eskadron auf das linke Saar-Ufer als Vorposten vor, während eine zweite 3 km nördlich der Stadt in Bereitschaft gehalten wurde und der Stab mit der letzten Eskadron bei Dudweiler verblieb.

Das Bataillon bezog in der Nacht mit der 7. Kompagnie ein Alarm-Quartier in St. Johann, die übrigen Kompagnien fanden ebenfalls daselbst Unterkunft.

Im Wesentlichen wurden von da an die Vorposten während der Nacht von der Infanterie, bei Tage von beiden Waffen gestellt. Die Beobachtung und Sicherheits-Maßregeln erstreckten sich auf

---

*) Ueber die Auffassung der Lage in Saarbrücken, während diese Stadt am 16. Juli von Truppen entblößt war, geben folgende zwei Telegramme, von Regierungs-Organen nach Trier gerichtet, Aufschluß:

„8 Uhr 57 Min. Vormittags. Die hiesige Telegraphen-Station stellt wegen Besorgniß einer Invasion den Verkehr ein. Gendarme rekognosziren, und erwarte ich in einer Stunde Bescheid, ob das Gerücht, die Franzosen ständen in Gr. Blittersdorf (Straße Saarbrücken— Saargemünd), wahr ist.

Ferner: „10 Uhr 25 Min. Vormittags. Die Saargemünder Garnison steht in Gr.-Blittersdorf in Quartier; andere Truppen werden in Saargemünd konzentrirt. Die Grenze ist noch nicht überschritten."

Auch der Kommandant von Saarlouis meldete um 7 Uhr 45 Min. Nachmittags: „Absendung von Waffen bedenklich. Saarbrücken ohne Verbindung mit hier. Franzosen dort im Anmarsch."

beiden Ufern der Saar gegen Forbach, Saargemünd und Völklingen; die Anwesenheit der Infanterie gestattete den Ulanen später, wenigstens theilweise, wieder ihre Kaserne in der Stadt zu beziehen.

Am Morgen des 18. Juli stellte eine Kompagnie die Vorposten auf den Höhen südlich Saarbrücken auf, eine zweite bezog Alarm-Quartier in St. Johann an der Mainzer Allee, die anderen verblieben in den in der Nacht belegten Häusern.

Ueber die Infanterie-Sicherung hinaus schob eine Ulanen-Eskadron Feldwachen von je einem Zuge auf den Exerzirplatz, bei St. Arnual und nach Brebach vor,*) eine zweite biwakirte beim Schützenhause von St. Arnual, während die letzte auch ferner in Dudweiler verblieb.

Das Detachement erhielt nunmehr Befehl, Saarbrücken nur vor überlegenen Kräften zu räumen; gleichzeitig wurde ihm Beobachtung der Grenze und Schutz der Eisenbahn aufgetragen. Bei einem nothwendig werdenden Abzuge sollte das Folgen des Feindes nach Kräften verlangsamt werden, zu diesem Zwecke Abtheilungen auf den beiden Eisenbahnlinien über Neunkirchen und Kaiserslautern zurückgehen und an vielen Stellen die Bahnen unterbrechen, ohne jedoch größere Bauten zu zerstören.

Am Nachmittage des 18. eingehende Nachrichten über den Anmarsch stärkerer feindlicher Kräfte von St. Avold her schienen anfangs auf ein Vorgehen des Gegners in Richtung auf Völklingen hinzuweisen. Die Truppen wurden alarmirt und vorsichtshalber wurde die Bagage auf der Straße nach Dudweiler zurückgeschickt, woselbst sie von da an, etwa eine halbe Stunde von Saarbrücken entfernt, im Biwak verblieb. Weitere Nachrichten stellten inzwischen den Anmarsch von 6000 Mann mit einer Avantgarde von Chasseurs à cheval von St. Avold auf Forbach fest, auch ging von den Vorposten die Meldung ein, daß um 7 Uhr Abends die französischen Linien-Regimenter 66 und 67 und eine halbe Stunde später fünf Eskadrons Chasseurs bei Forbach eingetroffen wären und an der Chaussee nach Stiring biwakiren sollten. Außerdem wurde von Homburg her die Stärke der bei St. Avold sich sammelnden feindlichen Truppen auf 22,000 Mann angegeben.

Aus den Einzelheiten der an diesem Tage eingegangenen Nachrichten und weitergegebenen Meldungen mögen folgende noch Erwähnung finden:

---

*) Brebach an der Straße St. Johann—Saargemünd.

Von Saarlouis an das Divisions-Kommando in Trier:

> „Karlsbrunn, 18. Juli 3 Uhr Nachmittags.*)
>
> Französische Truppen marschiren von St. Avold nach
> Forbach auf der Kaiserstraße. Sie können um 3 Uhr in
> Forbach sein.
>
> Der Oberförster
Solff.“

Demnächst eine von demselben Oberförster um 5 Uhr 40 Min.
ebenfalls nach Trier abgesandte Depesche:

> „Auf den höchsten Punkten des Reviers sah ich soeben mit
> eigenen Augen etwa 500 Chasseurs bei Roßbrücken nach
> Forbach marschiren; 500 Mann liegen bei Merlenbach auf
> freiem Felde.**)
>
> Karlsbrunn, 18. 7. 3½ Uhr Nachmittags.“

Um 6 Uhr 15 Min. Nachmittags lief von St. Johann in
Trier eine Depesche (anscheinend vom Telegraphenamt) ein, in der
es hieß:

> „Feindlicher Anmarsch Forbach und nach Meldung des
> Königlichen Försters v. E. auf Oetingen zu.“ Vorkehrungen
> getroffen.“***)

Weiter erging vom Oberförster Solff nach Trier um 7 Uhr
folgende Benachrichtigung:

> „Karlsbrunn, 6 Uhr Abends.
>
> Auf der Straße von St. Avold nach Forbach bewegten
> sich große Truppenmassen. Voran sind die 5. Chasseurs
> à cheval aus Zertem (?) marschirt. Infanterie, Kavallerie,
> Artillerie. Bis jetzt schätze ich die vorübergehenden Truppen-
> massen auf etwa 6000 Mann.“

Um dieselbe Zeit, 7 Uhr Nachmittags, meldet Major v. Pestel
aus Saarbrücken nach Trier:

> „Eine größere Anzahl französischer Grenz-Aufseher mit
> Gewehren machte Rekognoszirung. Der Feind sei in An-
> marsch auf Forbach. Sonst nach allen Nachrichten nichts
> vom Feinde besetzt.“

---

*) Karlsbrunn: Försterei 6½ km westlich Forbach.

**) Roßbrücken: 4½, Merlenbach 8 km südwestlich Forbach; beide Ort-
schaften an der Eisenbahn gelegen.

***) Oetingen, 2 km südöstlich Forbach.

Von der Division wurde geantwortet, daß nach wiederholten Meldungen des Oberförsters Solff 6000 Mann im Anmarsche von St. Avold auf Forbach sich befänden, und hinzugefügt: „In Völklingen soll angeblich Pferde-Aushebung gestört sein."

In der Nacht zum 19. um 2 Uhr B.M. meldete hierauf Major v. Pestel:

„Mehrseitige Nachrichten und Meldungen bestätigen die Depesche des Oberförsters; mehrere Regimenter zu Fuß und zu Pferde biwakiren zwischen Forbach und Stiring, auch bei St. Avold. Saargemünd soll von Truppen entblößt sein. Erwarte Angriff für heute früh."*)

Um über die Lage bestimmte Aufklärung zu erhalten, schickte Major v. Pestel am 19. Juli früh eine Eskadron vor.

Dieselbe stieß sehr bald auf ein Chasseur-Regiment, welches von Forbach her bis an die Grenze vorgegangen war und preußische Zollbeamte auf diesseitigem Gebiete aufhob. Die Ulanen, durch ihre beiden anderen Eskadrons verstärkt, ritten gegen die feindliche Kavallerie an. Diese hatte den Befehl, sich in nichts Ernstliches einzulassen, und entzog sich daher dem Angriffe durch Zurückgehen auf Stiring.

Auch die Infanterie war alarmirt worden und hatte mit zwei Kompagnien den Exerzirplatz besetzt, während die beiden anderen Stellung an der neuen Saar-Brücke nahmen.**) Erstere wurden später wieder zurückgenommen und durch eine Ulanen-Feldwache ersetzt; sie bezogen nunmehr Alarm-Quartiere in Saarbrücken; von dem Rest des Bataillons kam eine Kompagnie in den Garten des Hotels Hagen an der neuen Brücke, die andere in Alarm-Quartier in St. Johann an der Straße nach Brebach. Zum Fahren der Tornister hatte man Wagen requirirt und diese der Bagage des Bataillons angeschlossen.

Erst bei der Rückkehr von der Grenze fand Major v. Pestel eine Antwort des General-Kommandos auf seine Meldung vom Tage vorher über die beabsichtigte Erkundung vor, dahin lautend: „Krieg ist noch gar nicht erklärt, Grenzüberschreitung daher zu vermeiden."

*) Das Telegramm enthält statt des Wortes „Truppen" den Namen „Trier".
**) Die nördliche, in der Stadt befindliche Brücke, zunächst des Eisenbahn-Ueberganges über die Saar.

Der Inhalt dieser Depesche wurde jedoch überholt durch ein zweites, gleichzeitig vorgefundenes Telegramm, nach welchem in Berlin Mittags 1½ Uhr die Kriegserklärung thatsächlich übergeben war.

Am Abend übernahm wiederum eine Kompagnie die Vorposten.

Der Detachementsführer, Major v. Pestel, nahm von diesem Tage an seinen Aufenthalt bei der Vorposten-Eskadron.

Zu erwähnen ist noch, daß bereits des Morgens um 4 Uhr 50 Min. der Oberförster Solff nach Trier telegraphirt hatte:

> „Französische Truppen biwakiren von Merlenbach bis Forbach. Die ganze Nacht hindurch sind mit Eisenbahn immer mehr Truppen angekommen. Es sind Truppen aus dem Lager von Châlons.“

Am 20. Juli besagten die Nachrichten, daß bei Forbach die Infanterie-Regimenter Nr. 7, 24 und 29, blaue Husaren, Dragoner und Artillerie lagerten, Jäger und Dragoner bei Stiring; Vorposten-Kompagnien ständen in Richtung auf Gersweiler und die goldene Bremme, Pikets auf den Wegen nach St. Arnal und gegen Brebach.*)

Ferner wurde von Saarlouis her gemeldet, daß Rittmeister Jouanne von dort mit einer stärkeren Abtheilung 7. Ulanen vorgegangen sei, zwischen Roßbrücken und Forbach große Biwaks (angeblich von 40,000 bis 50,000 Mann) gesehen und dieselben alarmirt habe. Der Gegner hätte infolge dessen die nächsten Höhen mit zwei Kompagnien besetzt, auch ein Regiment Dragoner ausrücken lassen.

Mit diesem Tage begannen nunmehr die Patrouillen-Zusammenstöße, welche allmälig einen größeren Umfang annahmen; (bereits am 19. Juli war der erste Gefangene gemacht worden, dem am 20. zwei weitere folgten).

In der Aufstellung des preußischen Detachements traten demnächst auch verschiedentliche Aenderungen ein, welche sich zum Theil nach den Maßregeln des Gegners richteten, der sich allmälig in seiner vordersten Linie mit stärkeren Kräften in die Breite ausdehnte, zum Theil aber auch durch die nähere Bekanntschaft der Infanterie mit den Einzelheiten des Geländes hervorgerufen wurden.

In der Nacht zum 21. Juli traf aus Berlin vom Chef des Generalstabes der Armee der bereits früher erwähnte Auftrag ein:

---

*) Gersweiler an der Saar, 4 km unterhalb Saarbrücken; „Goldene Bremme“ an der großen Straße Saarbrücken—Forbach, 2 km nw. Stiring.

„Versuchen Sie durch kleines Detachement von Zweibrücken aus Bahn Saargemünd—Hagenau gründlich zu zerstören.

Bahndirektion Saarbrücken um technische Hülfe ersucht."

Premierlieutenant v. Voigt vom Ulanen-Regiment wurde mit der Ausführung beauftragt und ging Nachts 12 Uhr mittelst Bahn mit einem Detachement nach Zweibrücken ab.*)

Am 21. Juli trieb feindliche Infanterie Erkundungen bis Gersweiler und die goldene Bremme vor; sofort entsandte Patrouillen fanden den Feind bei Gersweiler jedoch nicht mehr vor. Dagegen wurden französische Vorposten auf den Höhen östlich Forbach und dem Spicherer Berge festgestellt.**)

Um in der rechten Flanke ausreichend gesichert zu sein, wurde die Vorpostenaufstellung etwas geändert und jeder Kompagnie gleichzeitig ein besonderer Abschnitt zugewiesen. Im Einzelnen gestaltete sich die Vertheilung in folgender Weise:

7. Kompagnie: Alarmhaus im Haupt-Zollamt (am Zusammenstoß der von Forbach und Gersweiler kommenden Straßen), mit einer Offiziers-Feldwache auf dem Exerzirplatz und einem Unteroffizier-Posten auf der Straße nach Gersweiler.

8. Kompagnie: Alarmhaus an der Straße nach St. Arnual, mit einer Feldwache zwischen Nuß- und Winterberg, einer zweiten am südlichen Ausgange von Saarbrücken auf dem Wege nach dem rothen Berge, Unteroffizier-Posten auf dem Winterberge.

Die 5. Kompagnie bezog als Alarmhaus das Hotel Hagen an der neuen Brücke in der Stadt, besetzte mit einem Zuge die verbarrikadirte Eisenbahnbrücke über die Saar und stellte einen starken Unteroffizier-Posten am Burbacher Hüttenwerk auf.

---

*) Nach einer Meldung des Regimentskommandeurs an die Division scheint das Detachement aus einem Zuge bestanden zu haben.

**) Auf das Plateau von Spicheren war das 1. Bataillon des 67. französischen Linien-Regiments schon am Abend des 19. mit einem Zuge Chasseurs aus dem Lager von Forbach vorgeschickt worden. Dasselbe marschirte indessen infolge eines mit stärkeren Kräften vermutheten preußischen Angriffes in der Nacht vom 20. zum 21. Juli nach Forbach zurück, wo es jedoch vom General Bataille sofort wieder hinaufgeschickt wurde; es bezog 5 Uhr früh seine frühere Stellung aufs Neue. Im Laufe des Tages rückte auch die Brigade Pouget (Div. Bataille) dorthin, mit Ausnahme des 1. Bataillons 8. Regiments, verstärkt durch zwei Batterien.

Das 1. Bataillon 8. Regiments hatte — ebenfalls am 20. Juli — Stiring besetzt und daselbst die Vorposten übernommen. (Nach Dick de Lonlay.)

6. Kompagnie: Alarmhaus in St. Johann an der Straße nach Brebach mit vorgeschobenem Posten.

In den folgenden Tagen fand mehrfach ein Wechsel zwischen der 5. und 7., sowie der 6. und 8. Kompagnie statt.

Am 22. Juli fingen die französischen Erkundungen an, sich bereits bis gegen Völklingen auszudehnen; es wurden daher aus Saar=louis drei Kompagnien des Regiments Nr. 69 mit 50 Ulanen, welchen demnächst noch eine vierte Kompagnie folgte, dorthin entsandt.*)

An demselben Tage zeigte sich der Gegner, wenn auch nur vorübergehend, in Gersweiler, von wo aus er einen auf dem anderen Ufer vorbeifahrenden Eisenbahnzug beschoß.

Am 23. fand französischerseits eine stärkere Unternehmung gegen Gersweiler statt, indem des Morgens um 6 Uhr ein Bataillon gegen das Dorf vorging und den hochgelegenen Kirchhof mit einer Kompagnie besetzte; eine andere Kompagnie, welche nach dem Saar=Ufer hinabstieg, gerieth dabei in ein Feuergefecht mit dem Unter=offizier=Posten am Burbacher Hüttenwerk, wobei zwei Personen der Landbevölkerung getödtet, ein Arbeiter verwundet wurde. Der fran=zösische Verlust wurde auf 1 Offizier und 13 Mann angegeben. Gegen 10 Uhr zog der Gegner ab, beließ jedoch eine Feldwache am Kirchhofe.**) Während des Gefechts waren wiederum einige Kugeln in einen von Völklingen nach Malstatt vorüberfahrenden Eisenbahnzug eingeschlagen. Infolge dessen erhielt die 5. Kompagnie Befehl, einen weiteren Zug von der neuen Brücke an die Eisenbahnbrücke heranzuziehen, um von dort aus längs der Bahn nach Völklingen zu patrouilliren.

---

*) Eine Abends eingehende Meldung des Hauptmanns Kosch (5. Kom=pagnie Regiments Nr. 40), daß die Franzosen nach Mittheilung des Ortsvor=stehers in Krughütte bei Völklingen einen Saar=Uebergang zu beabsichtigen schienen, wurde nach Saarlouis telegraphirt. (Geschichte des Hohenzollernschen Füsilier=Regiments Nr. 40.)

**) An diesem Tage fand nach Angabe von Dick de Lonlay überhaupt eine größere Rekognoszirung der Division Bataille statt. Bei derselben war auch um 4½ Uhr Morgens das 2. Bataillon 23er (Brigade Pouget) mit einer Eskadron der 4. Chasseurs durch die Waldungen über Schöneck auf Gersweiler vorgegangen, woselbst einige Kugeln mit dem jenseits der Saar bei Burbach befindlichen Posten gewechselt wurden. Daß dieses Detachement Verluste erlitten hätte, wird durch die französische Angabe nicht bestätigt.

Auch ein von Völklingen aus vorgegangener Zug der 69er stieß Saar aufwärts bei Ottenhausen auf eine feindliche Infanterie-Abtheilung mit etwa 15 Kavalleristen, die sich jedoch zurückzog.

Bei Saarbrücken fand insofern eine weitere Veränderung in der Vorpostenaufstellung statt, als an Stelle der einen Vorposten-Eskadron von jetzt an immer zwei Eskadrons in der Kaserne in Bereitschaft gehalten wurden, von welchen die eine den Abschnitt Gersweiler—Winterberg, die andere Winterberg—Brebach zur Sicherung überwiesen erhielt.

Bei dem Bataillon des Regiments Nr. 40 trafen an diesem Tage die ersten Reserven ein, welche irrthümlich zunächst nach Trier befördert worden waren.

Der 24. Juli verlief im Allgemeinen ruhig.

Eine auf Gersweiler vorgesandte Rekognoszirung von fünf Zügen Infanterie und zwei Zügen Ulanen stellte fest, daß dieser Ort vom Feinde wieder vollständig geräumt sei.

Die 5. Kompagnie schob an die Schlucht am Weiher unweit der deutschen Mühle einen Unteroffizier-Posten von 12 Mann vor und errichtete auf der Bahnbrücke eine zweite Barrikade.

Gegen Abend wurde gemeldet, daß die Franzosen in der Stärke von 4000 Mann mit 28 Geschützen bei Saargemünd ein Lager bezogen hätten.*)

Am 25. lief um 2¾ Uhr Vormittags Nachricht ein, daß eine stärkere Abtheilung des Feindes Gersweiler erneut besetzt habe. Die 7. Kompagnie nebst zwei Sektionen der 5. und zwei Zügen Ulanen wurden sofort dorthin entsandt, fanden jedoch den Gegner nicht mehr vor.

Am Abend entdeckte man dagegen südlich des Winterberges eine Feldwache von etwa 40 Mann am jenseitigen Ufer des dort befindlichen Weihers, auch gelangte eine etwa 70 Mann starke Erkundung des Gegners bis St. Arnual vor. Letztere zog, nachdem sie mit den Vorposten der Füsiliere einige Schüsse gewechselt hatte, jedoch bald wieder ab. Im Uebrigen wurde durch die Ulanen gemeldet,

---

*) Nach Dick de Lonlay war vom Korps Frossard das 2. Linien-Regiment (Division Laveaucoupet) bereits am 19. Juli per Bahn nach Saargemünd befördert worden, woselbst es auf den Höhen mit einigen Geschützen Stellung nahm, zur Sicherung der dortigen Straße und Aufrechthaltung der Verbindung mit dem Korps Failly bei Bitsch.

daß die feindlichen Vorposten auf den Spicherer Höhen etwas zurück=
gezogen worden wären.

Eine infolge dieser Meldung am 26. Juli von einem Zuge
Füsiliere und einigen Ulanen unternommene Rekognoszirung gegen diese
Höhen stellte die Anwesenheit von etwa zwei feindlichen Kompagnien
unweit des Randes derselben fest; der Stiftswald selbst zeigte sich
ebenfalls besetzt; höhere Offiziere beobachteten eine Zeit lang von
dort aus die Gegend.

Zwei Patrouillen von je 1 Unteroffizier 50 Mann und Ulanen,
welche nach dem Weiher von St. Arnual vorgeschickt wurden, fanden
die feindliche Feldwache nicht mehr vor, einzelne Theile des Wald=
saumes vom Stiftswalde jedoch noch besetzt; eine dieser Patrouillen
erhielt bereits unmittelbar hinter Saarbrücken von dort her Feuer.

Um zur Vertheidigung der Stadt mehr Kräfte zur Hand zu
haben, besonders zur Sicherung der Brücken, wurde die 5. Kompagnie
in das Hotel Hagen an der neuen Brücke wieder zum größten
Theile zusammengezogen, die Brücke selbst wurde durch eine Faß=
Barrikade gesperrt; nur die beiden Unteroffizier=Posten (am Burbacher
Hüttenwerk und der deutschen Mühle), sowie ein Zug an der Eisen=
bahnbrücke verblieben auf ihren Plätzen.

An diesem Tage traf das Rheinische Dragoner-Regiment Nr. 5
in Zweibrücken, Einöd und Lautzkirchen ein und übernahm die Ver=
bindung mit Saarbrücken. Lieutenant v. Haeseler kehrte mit seinen
Leuten (Ulanen 7) infolge dessen vom Elsterstein bei St. Ingbert
wieder zum Regiment zurück.

Am 27. Juli früh bemerkte man, daß 26 Geschütze auf den
Spicherer Höhen aufgefahren waren (wahrscheinlich schon am Abend
vorher); ein Theil derselben wurde jedoch im Laufe des Tages wieder
zurückgezogen. Hinter dem Stiftswalde von St. Arnual wie in der
Nähe von Groß=Blittersdorf entdeckte man ausgedehnte Zeltlager
von Infanterie und Kavallerie; auch fanden die von Völklingen gegen
Stiring und über Ludweiler vorgetriebenen Patrouillen und Abtheilungen
den dortigen Wald stark besetzt; ferner beobachteten die Ulanen starke
feindliche Kolonnen auf dem Marsche von Klein=Rosseln nach Lud=
weiler.*) Ein Zug der 6. Kompagnie des Regiments Nr. 69, der von der
Wehrdener Brücke vor Völklingen in dieser Richtung vorgegangen war,
beschoß den Gegner, mußte dann aber, als sich anscheinend drei Kompagnien

---

*) Klein Rosseln liegt am Wege, der von Völklingen nach Roßbrücken führt.

gegen ihn wandten, auf Geislautern zurückgehen. Der Rest der 6. Kompagnie wurde zwar vorgeschickt, nachdem die 10. Kompagnie 69 an der Brücke eingetroffen, erreichte aber den Gegner, welcher inzwischen auf Klein-Rosseln wieder abmarschirt war, nicht mehr.*)

Auf dem rechten Saar-Ufer hatte die nach Brebach entsandte 8. Kompagnie vom Gegner nichts vorgefunden, dagegen stellte der Feind im Laufe des Tages eine Feldwache beim Jägerhause von St. Arnual auf; nach Aussagen von Landleuten sollte sich dahinter starke Infanterie befinden und eine weitere Kolonne im Anmarsch sein; festgestellt wurde die Anwesenheit eines Infanterie- und eines Kavallerie-Regiments an der Simbach.**)

Von Saargemünd her erfuhr man, daß der Feind einen Theil der dortigen Eisenbahnbrücke zerstört und auf dem freien Felde Schienen des Bahndammes aufgenommen habe.

Am folgenden Tage — den 28. — konnte man von dem hochgelegenen Exerzirplatz beobachten, daß die Geschütze auf dem Spicherer Berge eingegraben wurden. Es fielen auch von dort aus die ersten Kanonenschüsse, etwa 14 bis 15, gegen Gruppen von Civilisten, welche die Neugierde nach dem Exerzirplatze geführt hatte.

Außerdem ging es an diesem Tage noch recht lebhaft zu. Um 3 Uhr früh wurde eine Patrouille von 1 Offizier 14 Mann von der deutschen Mühle gegen Stiring vorgeschickt; sie drückte die feindlichen Vorposten am Stiringer Waldstück zurück, erhielt aber bei der Verfolgung von der Seite her heftiges Feuer und wurde, während sie sich dagegen wandte, von rückwärts des Bahnkörpers aus durch eine stärkere feindliche Abtheilung bedroht. Nur unter großen Schwierigkeiten wurde der Rückzug ausgeführt, doch glückte derselbe, ohne Verluste zu erleiden.

Weitere Offiziers-Patrouillen wurden um 4 Uhr Vormittags entsandt; eine derselben auf Schöneck, wo sich nichts vom Feinde vorfand, einer zweiten dagegen, welche sich auf die Folsterhöhe richtete,

---

*) Nach Dick de Lonlay ist General Micheler an diesem Tage mit zwei Bataillonen 24er, einem Zuge Genie und einem Zuge der 7. Dragoner über Emmersweiler und Gr. Rosseln auf Ludweiler vorgegangen, gleichzeitig eine Abtheilung der 4. Chasseurs à cheval auf Kl. Rosseln. Beim Heraustreten aus Ludweiler habe man plötzlich Feuer erhalten, der an der Spitze befindliche Genie-Zug aber den Gegner vertrieben. Die Erkundung kehrte um Mittag über Beningen—Merlenbach in die Biwaks zurück.

**) Die Simbach fließt unweit Gr. Blittersdorf in die Saar.

traten zwei Kompagnien entgegen, mit denen sie sich eine Zeit lang in ein Feuergefecht einließ, demnächst aber, ebenfalls ohne Verlust, zurückging.

Eine vom Detachementsführer mit der ganzen 6. Kompagnie ausgeführte Erkundung gegen die Simbach stieß auf keinen Feind.*)

Nachmittags 3 Uhr meldeten die Ulanen den Anmarsch einer größeren Infanterie-Abtheilung vom Grenzhause her auf der Chaussee, einer anderen durch den Wald auf die deutsche Mühle. Alles wurde sofort alarmirt; die nach erfolgter Ablösung der 7. Kompagnie zur Zeit im Haupt-Zollamt untergebrachte 5. Kompagnie eilte mit ihren drei Zügen auf verschiedenen Wegen nach dem Exerzirplatz, schon während dieses Vorgehens mit Granaten begrüßt. Noch rechtzeitig wurde der Platz erreicht und gegen den bereits bis auf etwa 300 Meter im Vorgehen angelangten Gegner eine starke Schützenlinie entwickelt. Obwohl von dem Waldsaum auf der Spicherer Höhe und vom Stiringer Werke je zwei Geschütze das Feuer noch weiter unterhielten, setzten die feindlichen Schützen nur noch eine kurze Strecke ihr Vorgehen fort, machten dann Kehrt und zogen nach dem Zollhause ab, wohin Patrouillen folgten und sich noch einige Zeit mit ihnen herumschossen.

Die gegen die deutsche Mühle in Anmarsch gemeldete feindliche Abtheilung hatte sich bereits früher zurückgezogen, und fand eine um 6 Uhr von der 5. Kompagnie auf Schöneck unternommene Aufklärung die dortige Gegend vom Feinde frei.

Dasselbe meldete eine um 9 Uhr Abends von der Eisenbahnbrücke dorthin entsandte Offiziers-Patrouille der 7. Kompagnie.

Trotz des feindlichen Artilleriefeuers waren Verluste bei der Infanterie an diesem Tage nicht entstanden, dagegen war ein Ulan bei einem Patrouillenritt durch einen Gewehrschuß getödtet worden.

Am 29. Juli früh 5 Uhr schickten die Franzosen zwei Abtheilungen von Stiring und dem Spicherer Berge vor, um unter deren Deckung Kartoffeln zu suchen, zwei Offiziers-Patrouillen vertrieben dieselben.

---

*) Wie weit diese Erkundung vorging, ist nicht ersichtlich. Vermuthlich war sie gegen die am Tage vorher beim Forsthause von St. Arnual gemeldete Feldwache gerichtet, welche nicht mehr vorgefunden wurde.

In der Nacht zum 30. gingen Nachrichten ein, welche die Absicht eines feindlichen Vorgehens auf dem rechten Ufer von Saargemünd aus vermuthen ließen.

Die infolge dessen am 30. um 1½ Uhr früh vorgeschickte 6. Kompagnie besetzte den Bahnhof von Brebach und richtete sich in der dortigen Gegend zur Vertheidigung ein, während die wieder nach dem Hotel Hagen verlegte 5. Kompagnie zur Unterstützung an die Mainzer Straße in St. Johann rückte; Ulanen-Patrouillen stellten indessen fest, daß der Feind in dieser Richtung nicht vorgegangen war, und nahmen daher die Truppen gegen Abend wieder die alten Plätze ein.

Auf dem linken Saar-Ufer hatte inzwischen ein kleines Gefecht stattgefunden. Vom Stiftswalde bei St. Arnual her war eine Ulanen-Patrouille beschossen worden; die 8. Kompagnie ging infolge dessen über St. Arnual vor. Ein paar Hundert Meter vor dem Waldsaume angelangt, wurde sie von einer weiter oberhalb des Berges befindlichen Waldblöße her mit Salven empfangen, drängte jedoch den Gegner zurück und verfolgte ihn im dichten Walde bis auf die Höhe. Nachdem Hauptmann Neydecker seine Kompagnie hier gesammelt hatte, unternahm er persönlich mit 32 Mann eine weitere Erkundung gegen Spicheren. Etwa 1800 Meter von dem Orte noch entfernt, stieß die Spitze auf einen französischen Posten, der niedergeschossen wurde. Sofort ertönten aber weiter vorwärts wie in der linken Flanke in ziemlicher Nähe Alarmsignale, infolge deren die Patrouille ihren Rückmarsch antrat. Der Verlust bestand in 1 Füsilier und 1 Ulanen todt, außerdem 1 Pferd todt, 2 verwundet.

Ein aus Ars sur Moselle nach Malstatt geflüchteter Deutscher theilte mit, daß er in Forbach das Ausschiffen starker Truppen aller Waffen gesehen habe und in Roßbrücken ein Kürassier-Regiment stände; überhaupt sei die Eisenbahn in den letzten Tagen stark in Anspruch genommen worden.

Auch bei Saargemünd wurde es lebhafter. Der Feind stellte die zerstörte Eisenbahnbrücke wieder her und schlug gleichzeitig noch eine Schiffbrücke über die Saar.

Am Nachmittage ging der bereits früher angeführte Befehl (S. 26) aus dem großen Hauptquartier ein, nach welchem nur die Kavallerie am Feinde verbleiben, die Infanterie dagegen zurückgeschickt werden sollte. Wie bekannt, wurde dieser Befehl am folgenden Tage wieder zurückgenommen, da für denselben (31. Juli) das Eintreffen des Generalmajors Graf Gneisenau mit den beiden anderen Bataillonen des Regiments Nr. 40 in der Nähe von Saarbrücken in Aussicht stand. Dem genannten General war gleichzeitig der Befehl über sämmtliche hier an der Saar befindlichen Abtheilungen übertragen worden.

In der Nacht vom 30. zum 31. Juli wurde unweit des Forsthauses im Stiftswalde von 51 Mann der 6. Kompagnie ein Versteck gelegt, doch erschien der Feind nicht. Der Offizier ging mit einer Patrouille bis zum südlichen Rande des Waldes gegen Spicheren und Alstingen vor und stellte ein Lager von anscheinend vier französischen Regimentern auf den dortigen Höhen fest.

Auf Ansuchen des Detachementsführers traf eine Kompagnie der in Völklingen befindlichen Füsiliere des Regiments Nr. 69 in Malstatt ein. Die verbarrikadirte Eisenbahnbrücke wurde von ihr mit 1 Offizier und 60 Mann besetzt und der dort befindliche Zug des Regiments Nr. 40 zu seiner Kompagnie herangezogen.

In Rücksicht auf die sich wiederholenden Gerüchte von einem beabsichtigten Vorgehen des Feindes von Saargemünd her wurde die 8. Kompagnie jetzt dauernd nach Brebach gelegt, mit Patrouillengang auf Klein-Blittersdorf; von der 5. Kompagnie wurde nur ein halber Zug im Hotel Hagen belassen, die übrigen $2\frac{1}{2}$ Züge aber in einem Hause des oberen Theils von St. Johann untergebracht; sie bildeten dort die allgemeine Reserve, sowohl für die Truppen auf dem linken Saar-Ufer, als auch für die Kompagnie in Brebach. Der Rückzug wurde anstatt in der bisherigen Richtung nach Dudweiler, auf Lebach angewiesen.

Von Saargemünd her erfuhr man, daß sich in dortiger Gegend nach ungefährer Schätzung eine französische Division befände. Schützengräben, Schanzen und Kolonnenwege wurden daselbst angelegt. Züge mit Truppen trafen ein, unter diesen ein reich beflaggter, was auf das Eintreffen eines höheren Offiziers gedeutet wurde. Weitere Meldungen besagten, daß sämmtliche bei St. Avold versammelten Truppen des Gegners den Vormarsch auf Forbach angetreten hätten; auch fanden erneut Ausschiffungen bei Stiring statt. Oberstlieutenant v. Pestel gewann hierbei den Eindruck einer Rechtsschiebung der vor ihm befindlichen feindlichen Kräfte.

Auf den Höhen von Spicheren wurde weitergeschanzt; im Uebrigen fanden nur kleine Patrouillen-Zusammenstöße statt.

Generalmajor Graf Gneisenau war an diesem Tage mit dem Brigadestabe von Merzig nach Dillingen gerückt und hatte von dort aus mit dem vereinten 1. und 3. Bataillon Regiments Nr. 40 den Marsch über Saarlouis, Völllingen nach Guichenbach und Hilschbach fortgesetzt und in diesen Ortschaften Alarmquartiere beziehen lassen.*) Hierauf hatte sich der General noch persönlich nach Lebach begeben, wo er das 2. Bataillon Regiments Nr. 29, 2 Eskadrons der 9. Husaren, sowie die 6. leichte und 6. schwere Batterie des Artillerie-Regiments Nr. 8 antraf. Er ertheilte diesen Abtheilungen die Weisung, am anderen Morgen nach Heusweiler**) abzumarschiren und dort weitere Befehle zu erwarten. Nach Hilschbach zurückgekehrt, benachrichtigte der General den Oberstlieutenant v. Pestel, daß für ihn daselbst eine Aufnahmestellung bezogen sei, und trug ihm auf, auch dem Füsilier-Bataillon Regiments Nr. 69, wenn sein Rückzug nothwendig würde, Kenntniß hiervon zu geben.

Der erneute Versuch, bei Saarbrücken am Morgen des 1. August dem Feinde einen Hinterhalt zu legen, verlief wie der erste ohne Ergebniß. Im Laufe des Tages besichtigte General v. Goeben die Stellung.

Bei den Franzosen war viel Bewegung bemerkbar; starke Eisenbahnzüge gingen über Forbach bis gegen den Drahtzug vor, Chasseurs à cheval zeigten sich bei Geislautern in der Stärke von etwa 50 Mann, gingen jedoch, von einer Patrouille von vier Ulanen beobachtet, zurück. Weiter wurde festgestellt, daß der Stiftswald in seiner ganzen Ausdehnung wieder vom Feinde besetzt worden sei.

General Graf Gneisenau erhielt vom kommandirenden General v. Goeben die schriftliche Anweisung, die Aufnahmestellung näher an St. Johann heranzunehmen.

Infolge dessen rückte er am Nachmittage mit dem Brigadestabe, dem 1. und 3. Bataillon Regiments Nr. 40, einem Zuge der Husaren Nr. 9 und der 6. leichten Batterie in ein Biwak bei Raschpfuhl;***) das noch an diesem Tage erfolgte Bereiten der Vorposten durch den Brigade-Kommandeur erfolgte unter lebhaftem Feuer der feindlichen Posten.

*) Guichenbach und Hilschbach liegen an der Straße St. Johann—Lebach; 11 bezw. 13 km von St. Johann.
**) Heusweiler: 2½ km nördlich Hilschbach.
***) Raschpfuhl: 2400 m nordwestlich St. Johann an der Straße nach Lebach.

Dies war der Verlauf der Ereignisse beim Saarbrücker-Detachement bis zum 2. August. Wir unterbrechen hier die Darstellung und werden uns dem Gefecht, welches an diesem Tage die gewaltsame Erkundung der Franzosen herbeiführte, in einem besonderen Abschnitte zuwenden.

Bemerkungen zu der Durchführung der Aufgabe des Detachements Saarbrücken.

Der Abmarsch des Bataillons 69. Regiments aus Saarbrücken, sowie sein Ersatz durch das demnächst dort eintreffende Bataillon des Füsilier-Regiments kann als eine für die Verhältnisse günstige Maßregel wohl nicht betrachtet werden. Gewiß war es wünschenswerth, das ganze Regiment Nr. 70 in Saarlouis zu vereinigen, indem, wenn dies nicht geschah, dorthin ein Bataillon 40er hätte geschickt werden müssen, um die Besatzung auf eine angemessene Stärke zu bringen. Alsdann wäre aber bei zwei Regimentern die Abzweigung je eines Bataillons eingetreten. In Anbetracht der wichtigen und schwierigen Aufgaben, welche den Truppen in Saarbrücken erwuchsen, würde es jedoch zweckmäßiger gewesen sein, daselbst die bereits mit der Gegend und den Verhältnissen schon vertraute Infanterie zu belassen. Die genaue Kenntniß des Geländes, der Oertlichkeiten, wie die Bekanntschaft mit einzelnen Beamten und der Civilbevölkerung*) ist für die Offiziere wie für die Mannschaften von allergrößtem Werth, um so mehr, da beide bei den Forderungen des kleinen Krieges in vielen Einzelhandlungen selbstständig auftreten. Eine solche Kenntniß besitzen aber von Anfang an nur die Truppen der Garnison. Auch ist die Bekanntschaft von Truppen verschiedener Waffen untereinander, wie solche bei gemeinschaftlicher Friedensgarnison sich entwickelt, keineswegs zu unterschätzen. Es empfiehlt sich daher, bereits bei der Unterbringung im Frieden und den Vorbereitungen für die erste Verwendung bei der Mobilmachung darauf zu achten, daß soweit als möglich die an der Grenze liegenden Truppen, deren Garnisonen gehalten werden sollen, im Kriegsfalle daselbst anfangs nicht abgelöst und daher auch nicht für andere Zwecke in Aussicht genommen werden.

---

*) Gendarme, Post-, Steuer- und Telegraphen-Beamte, Förster und Wege-Aufseher, Ortsschulzen, Besitzer von Wirthschaften u. s. w.; für die Führer auch Bekanntschaft mit den Regierungsorganen.

Ein weiterer Grund hierfür liegt in den Rücksichten auf die Mobilmachung der betreffenden Truppentheile. Die Schwierigkeiten bei einer solchen werden nur erhöht, wenn sie nicht in der Garnison selbst erfolgt. Bei dem 2. Bataillon des Füsilier-Regiments trafen infolge eines Mißverständnisses, welches eben durch den Wechsel der Garnison entstand, die ersten Reserven (58 Mann) am 23. Juli ein, ein großer Theil derselben, etwa 400 Mann, erst am 28. — Ueberdies greift der durch Besetzung der Feldstellen hervorgerufene Wechsel erschwerend in die Verhältnisse ein; das Kommando des genannten Bataillons ging in dem vorliegenden Zeitraume von einer Hand in die andere, und der für seine Führung während des mobilen Zustandes bestimmte Stabsoffizier konnte dasselbe erst am 2. August kurz vor Beginn des Gefechtes übernehmen.*) Derartige Veränderungen in den Personen haben meist auch Veränderungen in den getroffenen Anordnungen zur Folge. Da nun ein Wechsel in den Führerstellen nicht immer zu vermeiden sein wird, so ist es um so wichtiger, daß das Bataillon in der Gegend zur Verwendung gelangt, in welcher wenigstens der bei demselben verbleibende Theil der Offiziere bereits vollständig sich eingelebt hat und genau mit allen einschlagenden Verhältnissen bekannt ist.

Andererseits weist dies aber auch darauf hin, die durch einen Mobilmachung hervorgerufenen Personalveränderungen so schleunig als möglich bekannt zu geben und die Stellenveränderungen, so weit dies irgend angängig, innerhalb desselben Verbandes — wie in der Division oder im Armee-Korps — vorzunehmen, da nur dann auf ein rechtzeitiges Eintreffen der betreffenden Offiziere auf ihren neuen Posten gerechnet werden kann.

Welche Aufregung übrigens das Fortziehen von Truppen aus einer Garnison an der Grenze bei drohender Kriegsgefahr zur Folge hat, ergiebt sich deutlich aus den S. 115 mitgetheilten Telegrammen.

Die thatsächlich getroffenen Anordnungen bei Saarbrücken erwecken die Vermuthung, daß man zunächst beabsichtigt hatte, die

---

*) Anfangs Major v. Henning, welcher demnächst als Kommandeur des Füsilier-Regiments Nr. 33 abgeht, am 23. Juli führt es der älteste Hauptmann, am 24. übernimmt es der vom Regiment ernannte Major v. Wulffen, nach dessen Bestimmung als Kommandeur des Ersatz-Bataillons am 29. Juli wieder der älteste Hauptmann, bis am 2. August früh der zum Kommandeur ernannte Major v. Horn eintraf.

Ulanen bei Saarbrücken allein zur Beobachtung zu belassen; es ruft dies die Frage hervor, ob die Wiederbesetzung der Stadt durch Infanterie überhaupt erforderlich gewesen ist.

Sicherlich kann auch Kavallerie die Rolle zugetheilt erhalten, allein die Zwecke einer Grenzbesetzung zu erfüllen, aber man wird ihr diese Aufgabe doch nur da stellen, wo es nicht darauf ankommt, wenn sie zeitweise durch den Feind zurückgedrückt wird. Handelt es sich um eine möglichst lange Behauptung auf der von ihr zunächst gezogenen Sicherheitslinie wegen anderweitiger wichtiger Gründe, so wird man meist gut thun, dieser Waffe einen festeren Halt durch Beigabe von Infanterie zu gewähren. Unter diesem Gesichtspunkt erscheint auch die Wiederbesetzung von Saarbrücken durch Infanterie gerechtfertigt; die Sicherung der für die Operationen erforderlichen Uebergänge über die Saar, wie die der Eisenbahnverbindungen forderten dazu auf, ganz abgesehen davon, daß man eine wichtige Stadt nicht preisgiebt, so lange man überhaupt Mittel besitzt, sie zu schützen.

Dadurch, daß die Ulanen die Garnison verlassen haben und die Füsiliere von auswärts her eintreffen, treten beide nach einzelnen Richtungen hin in das Verhältniß von Truppen, die in eine bis dahin noch nicht geschützte Gegend der Grenze von rückwärts her vorgeschickt, oder von solchen, die zur Verstärkung von Punkten, wo eine bereits vorhandene Sicherheit nicht ausreichend erscheint, beordert werden.

Die Ulanen wählen für ihre erste Aufstellung eine Dreitheilung, eine Eskadron übernimmt die Vorposten, eine zweite bleibt in Bereitschaft, die dritte, noch weiter zurück, genießt der Ruhe. Eine derartige Eintheilung beruht auf einem früher ziemlich allgemein gültigen Grundsatz, dessen Anwendung meist dort erfolgte, wo ein anstrengender Dienst auf längere Dauer in Aussicht stand. Indeß wird man doch gut thun — namentlich aber bei einer Verwendung von Kavallerie — sich an eine solche Dreitheilung nicht zu sehr zu binden.

Bei der Infanterie liegen die Dinge etwas anders als bei der Kavallerie; ihre Feldwachen sind bereits befähigt, einigen Widerstand zu leisten, die Vorposten-Kompagnien erhöhen denselben, und gestattet dies, den weiter zurück befindlichen Abtheilungen, rechtzeitig dort zu erscheinen, wo man beabsichtigt, das Gefecht mit den gesammten Kräften anzunehmen; es läßt sich alsdann auch ein abtheilungsweises Eingreifen ohne Schaden für das Ganze rechtfertigen; feindliche Kavallerie wird auf diese Weise, wenigstens in der Front, sehr bald zum Stehen gebracht, und feindliche Infanterie kann sich nicht schneller bewegen, als die eigene Infanterie. Es kommt mithin hierbei nur darauf an, daß das Vorgelände weit genug übersehen und der Abstand zwischen den einzelnen Theilen der Aufstellung den Verhältnissen entsprechend bemessen wird.

Ist jedoch nur Kavallerie verfügbar, so bedarf es der sofortigen Verwendung ihrer gesammten Kräfte, wenn ihre Vorposten oder ein Theil derselben durch Vorbrechen überlegener feindlicher Reiterei bedroht werden, und es empfiehlt sich daher nicht, eine Vertheilung eintreten zu lassen, durch welche eine abtheilungsweise, mithin vereinzelte Verstärkung der vordersten Linie oder eine abtheilungsweise Aufnahme derselben hervorgerufen werden kann.

Für das zum Dienst an der Grenze vorgeschickte Kavallerie-Regiment, welches auf seine eigenen Kräfte angewiesen ist, erscheint es mithin in den meisten Fällen angemessener, hinter den Vorposten mit seiner ganzen übrigen Stärke zu biwakiren oder Ortsunterkunft zu nehmen, soweit nicht besondere Abzweigungen erforderlich werden. Ob die Vorpostenaufstellung dabei in mehrere Abschnitte getheilt wird oder ob man mit einem Abschnitt auskommt, und in welchem Umfange und welcher Stärke man über dieselbe hinaus Beobachtungs-Abtheilungen vorschiebt, hängt von den örtlichen Verhältnissen, wie von der Entfernung, in der sich der Gegner befindet, und von der eigenen Stärke ab.

Beim Eintreffen der Kavallerie an der ihr überwiesenen Grenzstrecke wird das Erste sein, Erkundungen bis an die Grenze oder, wenn diese bereits überschritten werden darf, weit darüber hinaus auf den Hauptstraßen vorzutreiben. Das Gros wird an geeigneter Stelle, und zwar meist außerhalb einer Ortschaft, — auch wenn die Feindseligkeiten noch nicht begonnen haben — in der Regel an dem Wege, welcher für den Rückzug angewiesen ist, unter örtlicher Sicherung verbleiben, bis der Führer sich mit der Beschaffenheit des Geländes vertraut gemacht hat und mit den Behörden behufs Einziehen von Nachrichten in Verbindung getreten ist.

Von großer Wichtigkeit ist hierbei ein sorgfältiges Erwägen aller einschlagenden Verhältnisse und daher um so nothwendiger, daß der Führer einer solchen Abtheilung nicht erst im letzten Augenblick beim Abrücken aus der Garnison Kenntniß von seiner Aufgabe erhält.

Unter den Verhältnissen, welche beim Wiedereintreffen der Ulanen bei Saarbrücken obwalteten, war es angezeigt, eine Eskadron über die Saar vorzuschieben, mit den anderen beiden dagegen auf dem rechten Ufer außerhalb St. Johann zu verbleiben und von diesen die erforderlichen Sicherungen sowohl gegen Saargemünd zu geben und auch Saar-abwärts eine Beobachtung eintreten zu lassen. Ob nun das Belassen einer Eskadron noch weiter rückwärts bei Dud= weiler durch anderweitige Gründe, Schutz der Bahn oder Rücksichten auf die Unterkunft, bedingt wurde, ist uns nicht bekannt. Waren diese Gründe nicht überwiegender Natur, so wäre ein Zusammen= ziehen beider Eskadrons auf dem rechten Ufer, unweit St. Johann, zweckmäßiger gewesen.

Weitere Erwägungen führen zu der Forderung eines Fest= haltens der Uebergänge in der Stadt durch abgesessene Mann= schaften; es genügt hierbei, wenn es sich um die Aufnahme vorgeschobener Kavallerie handelt, welche durch feindliche Reiterei von den Brücken abgeschnitten werden könnte, eine Besetzung durch eine kleine Abtheilung.

Das Vorschieben von Truppen über eine Wegeengung hinaus erfordert überhaupt fast immer eine besondere Besetzung derselben, namentlich aber, wenn mehrere Wege aus dem Vorgelände nach der= selben führen oder sich unmittelbar vor dem Uebergangspunkt ein wenig übersichtliches Gelände befindet, wie dies hier durch die Lage von Saarbrücken der Fall war. Die nothwendige Ausdehnung der Vorposten=Eskadron in die Breite und die verhältnißmäßig geringe Uebersicht in der Front bis zur Grenze setzen die Truppe der Ge= fahr aus, daß überlegene feindliche Kavallerie durchstößt und, an der Enge frühzeitig anlangend, einem Theil der Vortruppen den Rückzug abschneidet. Allerdings wird die Kavallerie sich dann eher noch als die Infanterie einer solchen schwierigen Lage zu ent= ziehen vermögen, sei es durch weiteres Ausgreifen an eine andere Uebergangsstelle oder Durchschwimmen des Flusses, immerhin bietet aber eine Besetzung eine größere Sicherheit für ihr Zurück= kommen, namentlich aber gestattet dies auch ein schnelles Sammeln der Eskadron und deren unmittelbare weitere Verwendung als ein geschlossenes Ganzes.

Eine ständige Beobachtung gegen Saargemünd erscheint bei der Möglichkeit eines Vorstoßes der Franzosen von dort aus auf dem rechten Flußufer wohl empfehlenswerth: man darf sich eben nie auf rechtzeitige Benachrichtigung durch die Civilbehörden und die Be= völkerung allein verlassen, wenn man überhaupt noch über eigene Mittel zur Beobachtung verfügt. Der Verbindungsposten mit den

Bayern bei St. Jugbert — an und für sich sehr richtig — lag zu weit seitwärts, um für den Zweck einer Beobachtung von Saar- gemünd auszureichen.

Flußabwärts auf dem rechten Ufer genügte anfangs eine ent- sprechende Beobachtung durch Patrouillen, da ein Ueberschreiten der Saar durch stärkere Kräfte des Gegners unterhalb der Stadt immer- hin einige Zeit in Anspruch nehmen mußte und die Abzugsrichtung längs der Bahn auf Dudweiler nicht so schnell gefährdet werden konnte.

Man wird aber in solchen Fällen gut thun, „selbstständige Posten"*) überhaupt da zu verwenden, wo von den Vorposten, oder aus den Biwaks ꝛc. heraus sonst sehr weite Wege für die einzelnen Patrouillen zurückzulegen wären. Dies um so mehr, als ein Patrouillen- gang nur dann ausreichende Sicherheit bietet, wenn, während die erste Patrouille noch vorn ist, bereits eine zweite sich unterwegs befindet. Sonst kann es unter Umständen sich ereignen, daß der Anmarsch des Gegners von der vorgegangenen Patrouille wegen zu großer Entfernung oder aus Unübersichtlichkeit des Geländes nicht bemerkt wird und derselbe nach ihrer Rückkehr überraschend in der Nähe der Vorposten oder vor den Biwaks und belegten Ortschaften er- scheint. Immerhin müssen aber die „selbstständigen Posten" in Fällen, wo sie zur Beobachtung einer längeren Linie dienen, stark genug sein, um auch ihrerseits kleine Entsendungen vornehmen zu können.

Der Kommandeur einer **Infanterie-Abtheilung**, welche von rückwärts her im Grenzbezirk eintrifft, wird, wenn nicht be- reits Kavallerie anwesend ist, ebenso zunächst vorläufige örtliche Sicherheitsmaßregeln anordnen müssen und kann ebenfalls erst dann umfassende Anordnungen treffen, wenn er sich auf das Gründ- lichste über das Gelände und alle sonst einschlagenden Verhältnisse unterrichtet hat; befindet sich Kavallerie jedoch zur gemeinschaftlichen Lösung der Aufgabe bereits an der Stelle, so kann es nützlich sein, zunächst die Aufstellung derselben durch Vorschieben einer Abtheilung zu stützen. Unter Beobachtung dieser Vorsichtsmaßregeln erscheint es dann auch angängig, die übrige Infanterie sofort in Alarm- Quartieren unterzubringen, oder überhaupt Ortsunterkunft beziehen zu lassen, wobei die Bestimmungen über einen oder mehrere Alarm-

---

*) Die Felddienst-Ordnung hat die Bezeichnung: „selbstständige Unter- offizier-Posten", bemerkt jedoch ausdrücklich, daß auch Offiziere oder Gefreite mit Führung derselben betraut werden können. (S. 50 d. F.-D.-O.)

plätze oder anderweitige Verwendung des Ganzen wie einzelner
Abtheilungen nicht übersehen werden dürfen.

Bei dieser Gelegenheit sei darauf aufmerksam gemacht, daß,
wenn Truppen verschiedener Waffen zu einem Grenzdetachement zu=
sammenstoßen, der Befehl, wie in allen Fällen einer gemeinschaft=
lichen Thätigkeit, in einer Hand liegen, aber auch ausgeübt
werden muß. Diese Bemerkung ist so selbstverständlich, daß sie über=
flüssig erscheinen dürfte. Es liegen jedoch an anderer Stelle einzelne
Erfahrungen auf diesem Gebiet vor, welche einen Hinweis darauf
rechtfertigen. Namentlich ist eine Regelung der gemeinschaftlichen
Vorpostenaufstellung und Thätigkei tvon Wichtigkeit; war ein Truppen=
theil früher zur Stelle, wie der andere, so trifft jede Abtheilung
in den ersten Tagen ihrer gemeinschaftlichen Thätigkeit leicht selbst=
ständig ihre Anordnungen, während gerade bei derartigen Aufstel=
lungen ein inniger Zusammenhang auch in Bezug aller Einzelheiten
ganz genau durch einheitlichen Befehl vom ersten Augenblick an her=
gestellt werden muß.

Es reicht dabei die Bestimmung: Die Kavallerie übernimmt
bei Tage, die Infanterie bei Nacht die Vorposten, keineswegs aus.

Die Vertheilung der Truppen war auch hier einem öfteren
Wechsel unterworfen. Zunächst übernahm eine Kompagnie bezw.
eine Eskadron die Vorposten, vom 19. an wurden zwei Kompagnien
nach Saarbrücken hineingelegt, am 21. fand die Seite 120 angeführte
Vertheilung der Infanterie in besondere Abschnitte statt, am 23.
fügten sich die Ulanen in diese Abschnittsvertheilung ein, wobei, durch
die Infanterie gesichert, zwei Eskadrons wieder die Kaserne bezogen, an
demselben Tage wurde die an der unteren Brücke befindliche Kompagnie
mit dem größten Theile an die Eisenbahnbrücke gezogen, am
26. aber wieder in ihr früheres Alarmquartier gelegt, am 31. Juli
übernahm eine Kompagnie 69er den Schutz der Eisenbahnbrücke,
und wurde dadurch eine Kompagnie der Füsiliere noch zur Besetzung
von Brebach verfügbar.

Vor einer weiteren Besprechung dieser Verhältnisse ist es er=
forderlich, näher auf die Art und Weise einzugehen, in welcher die
Lösung der dem Detachement zugefallenen Aufgabe erstrebt wurde.

Die Aufgabe verlangte zunächst: Beobachtung des Feindes und
Sicherung von Saarbrücken, so lange dies, ohne sich Verlusten aus=
zusetzen, angängig war. Selbstverständlich konnte man Saarbrücken
nur dadurch sichern, daß man sich einem Vorgehen des Feindes vor

der Stadt entgegenstellte. Das Eintreffen des Gegners mit starken
Kräften bei Forbach und St. Avold wurde sehr schnell erkannt; eine
etwaige Vertheidigung mußte mithin zunächst auf dem linken Ufer
der Saar geführt werden. Hier legt sich unmittelbar vor der Stadt
ein Höhenzug mit dem kleinen Plateau des Exerzirplatzes und den
Erhebungen des Reppert-, Nuß- und Winter-Berges vor, ein natür-
licher Brückenkopf. Die Vertheidigungsstellung war dadurch hier von
selbst gegeben, während man sich auf dem rechten Ufer der Saar bei
der anfänglichen Lage mit einer Beobachtung begnügen konnte. Allerdings ist an dieser Stellung, trotz ihrer örtlichen Stärke, mancherlei
auszusetzen. Abgesehen von der Nähe der Saar-Brücken, über welche
ein Rückzug gehen mußte, ist das Gesichtsfeld durch die zum Theil
bewaldeten Höhen, welche sich von Gersweiler und Ottenhausen her
bis südlich von St. Arnual im engen Bogen vorlagern, beschränkt;
dabei erstreckt sich dieses unübersichtliche Gelände bis in die rechte
Flanke, sowie dicht an den linken Flügel der Stellung. Fiel der
am weitesten aus der Stellung vorspringende Winterberg — die höchste
Erhebung in der Vertheidigungslinie — in die Hände des Gegners,
so war dieselbe kaum noch zu halten. Gerade diesem Berge gegenüber
aber gestatteten die vom Stiftswalde bedeckten Höhen den Vorposten keine
ausreichende Uebersicht, dem Gegner aber eine gedeckte Annäherung.

Aber man hatte keine andere Wahl, und somit blieb nichts übrig,
als die Höhen unmittelbar vor Saarbrücken zu besetzen.

Inwieweit die Stellung durch fortifikatorische Arbeiten verstärkt worden ist, läßt sich im Einzelnen nicht nachweisen. Bekannt
sind nur: Die Anlage eines Schützengrabens auf dem rechten Saar-
Ufer, Gersweiler gegenüber, die Verbarrikadirung der drei Brücken
und Vertheidigungseinrichtungen, welche am letzten Tage in Brebach
vorgenommen wurden. Dort setzte man drei an der Straße nach
Saargemünd am südlichen Ausgange des Dorfes befindliche Gehöfte
in Vertheidigungszustand und verstärkte die Umfassungen, auch wurde
der Wald hinter dem Kirchhof verhauen, die Bahn gesperrt und zur
Bestreichung der betreffenden Stelle, sowie der auf dem anderen
Saar-Ufer führenden Chaussee eine kleine Schanze quer über den
Bahndamm angelegt.

Nun beträgt aber die Ausdehnung der gesammten Linie von
St. Arnual bis zur „deutschen Mühle" ungefähr 4 Kilometer, mithin
waren die vorhandenen Kräfte des einen, anfangs sogar noch sehr
schwachen Bataillons und der drei Eskadrons schon unzureichend, um die

Vorposten in derselben, sowie die auf dem rechten Ufer nöthigen Beob=
achtungen zu geben, die Brücken zu besetzen und noch irgend eine ge=
schlossene Abtheilung als Gros zu erübrigen. Um wieviel weniger konnte
daher einem selbst nur etwas überlegenen Gegner überhaupt mit Aus=
sicht auf Erfolg ein ernsthafter Widerstand entgegengesetzt werden!
Nach dem angenommenen Grundsatze, so viel wie irgend möglich nur
die in den Grenzbezirken selbst liegenden Truppentheile während der
Mobilmachung zu verwenden, hatte man allerdings weitere Kräfte
nicht verfügbar, sonst wäre es angezeigt gewesen, schon in Rücksicht
auf die Oertlichkeit, das Detachement von Saarbrücken von Anfang
an wenigstens noch durch zwei Bataillone zu verstärken.

Die Besprechung des Gefechts von Saarbrücken wird Veran=
lassung geben, auf das Stärkeverhältniß der Truppe zu dem zu
sichernden Gelände näher einzugehen.

Von dem Augenblick an, als französische Truppen auch bei
Saargemünd erschienen, mußten die Maßregeln auch auf dem rechten
Ufer der Saar erweitert werden. Man konnte unmöglich sich südlich
Saarbrücken auf dem linken Ufer in ein Gefecht einlassen, wenn der
Feind durch einen Vorstoß auf dem anderen Ufer gegen St. Johann
den Abzug bedrohte.

Um einer solchen Gefahr zu begegnen, entschloß man sich am
30. Juli zur zeitweisen Entsendung einer Kompagnie nach Brebach,
am 31. Juli zur dauernden Besetzung dieses Dorfes. Es wäre wohl
angezeigt gewesen, diese dauernde Besetzung schon an dem Tage ein=
treten zu lassen, als das Eintreffen stärkerer feindlicher Abtheilungen
bei Saargemünd bekannt wurde. Allerdings schwächte sich dadurch
das Bataillon für die Vorpostenaufstellung und die Durchführung
eines etwa erforderlichen Gefechtes auf dem linken Ufer südlich Saar=
brücken um den vierten Theil seiner Kräfte, denn die Ein=
wirkung einer Kompagnie vom rechten Ufer aus konnte nur eine
geringe sein, aber der Satz: „alle Kräfte auf einem Gefechtsfelde zu
vereinigen", findet seine Einschränkung darin, „soweit sie an anderer
Stelle nicht unbedingt erforderlich sind."

Tritt man auf Grundlage dieser Erwägungen der Truppen=
vertheilung näher, so würde sich vom 24. Juli an etwa folgende
Anordnung empfohlen haben:

Linkes Saar=Ufer:

1. Abschnitt: Höhenzug von der Eisenbahnbrücke bis zu dem Wege,
welcher von Saarbrücken beim rothen Hause vorbei nach Spicheren führt:

1 Kompagnie, 1 Eskadron; Feldwachen auf dem Exerzirplatz und dem Meppertsberg, Unteroffiziers-Posten an der deutschen Mühle; Patrouillengang auf Gersweiler, über Schöneck, längs der Eisenbahn, wie der Chaussee und nach dem rothen Berge. Alarmquartier im Zollhause in der Stadt.

2. Abschnitt: Vom Wege Saarbrücken—Spicheren bis St. Arnual einschließlich; Höhenzug des Winterberges:

1 Kompagnie, 1 Zug Ulanen; davon Feldwachen auf dem Winterberge und bei St. Arnual, Patrouillengang gegen die Spicherer Höhen und den Stiftswald. Alarmquartier in der gegen St. Arnual sich erstreckenden Vorstadt.

Rechtes Saar-Ufer.

Abschnitt von Brebach:

1 Kompagnie, 3 Züge Ulanen; Infanterie-Feldwache gegen Güdingen, Unteroffiziers-Posten weiter östlich. Kavallerie-Verbindungsposten bei St. Ingbert; vorgeschobener Ulanen-Posten gegen Saargemünd und auf der Straße über Bläsransbach.*)

Alarmquartier in Brebach.

Reserve:

1 Kompagnie, 1 Eskadron in St. Johann, im Alarmhause nahe der unteren Brücke; ½ Zug Infanterie an der verbarrikadirten Eisenbahnbrücke von Malstatt, je eine Sektion an den beiden zur Sperrung vorbereiteten Brücken innerhalb der Stadt. Ulanen-Posten zur Verbindung mit Völklingen.

Dem 2. Abschnitt ist hierbei nur ein Zug Ulanen zugetheilt worden, da die vom Feinde besetzten Höhen bis nahe an die Vorpostenaufstellung sich erstrecken, wogegen im 1. und 3. Abschnitt sich bei der größeren Entfernung des Gegners auch ein weiteres Feld für die Patrouillen-Thätigkeit der Kavallerie eröffnet.

Die Nähe des Feindes und der Umstand, daß die Vorposten fast durchgängig nur da aufgestellt werden konnten, wo gleichzeitig die Vertheidigungslinie lag, würde nach heutiger Anschauung meist „gemischte Vorposten" bedingt haben. Der Grundsatz: Kavallerie bei Tage, Infanterie bei Nacht, ist meist da nicht durchzuführen, wo der Feind sich in großer Nähe gegenüber befindet und die Linie der Vorposten (oder Feldwachen ꝛc.) selbst durch Gefecht gehalten werden soll.

---

*) Siehe Karte 1; Bläsransbach an der weiter östlich St. Johann mit Saargemünd verbindenden Straße.

An fortifikatorischen Arbeiten dürften, abgesehen von den bei Brebach bereits erwähnten, erforderlich gewesen sein:

in erster Linie: Vertheidigungseinrichtung der deutschen Mühle, Schützengräben auf dem Exerzirplatz, dem Repperts- und Winterberge, Vertheidigungseinrichtung der gegen St. Arnual gelegenen Gehöfte von Saarbrücken und Sperrungen der Straßen.

in zweiter Linie: Schützengräben auf dem Nußberge, Vertheidigungseinrichtungen einiger Häuser an den Süd-Ausgängen von Saarbrücken, wie am Ostausgange von St. Johann, Verbarrikabirung der Brücken, einschließlich Eisenbahnbrücke; Anlage von Schützengräben bei letzterer auf dem rechten Ufer.

Außerdem war für eine ausreichende Wegeverbindung zu sorgen. —

In Bezug auf die von dem Grenzdetachement gemachten Wahrnehmungen und eingesammelten Nachrichten ist es von Werth, die hauptsächlichsten derselben mit den später bekannt gewordenen thatsächlichen Verhältnissen zu vergleichen.*)

Der Transport des Korps Frossard aus dem Lager von Châlons nach St. Avold war am 18. Juli vollendet.

Bereits an diesem Tage brach die Division Bataille von Sankt Avold nach Forbach auf und zwar die Brigade Pouget mit dem 5. Regiment Chasseurs à cheval um 11 Uhr Vormittags. Bei Merlenbach wurde ein längerer Halt gemacht, während die Kavallerie gegen Forbach aufklärte; um 4 Uhr erreichte die Brigade diesen Ort und bezog, durch Vorposten gegen Stiring gedeckt, westlich der Bahn Biwaks.

Die Brigade Bastoul, deren Ausschiffung erst um 2 Uhr Nachmittags beendet war, folgte demnächst und biwakirte östlich der Straße Forbach—Saarbrücken.

Die Division Bergé verblieb bei St. Avold mit der Dragoner-Brigade, die Division Laveaucoupet kam zwischen den beiden Divisionen bei Merlenbach und Beningen zu liegen.

General Frossard nahm sein Quartier in St. Avold.

---

*) Wir entnehmen die auf die französischen Truppen bezüglichen Angaben dem Werke von Dick de Lonlay. Irrthümer in Bezug auf das Datum verschiedener Einzelangaben sind dabei nicht ausgeschlossen, da sich sowohl Differenzen zwischen den französischen wie preußischen Angaben, als auch innerhalb der letzteren vorfinden.

Preußischer Seits erfuhr man an diesem Tage, namentlich durch das umsichtige Verhalten des Oberförsters Solff, also zu einer Zeit, in welcher die Kriegserklärung noch nicht erfolgt war und Patrouillen daher die Grenze noch nicht überschreiten durften:

den Vormarsch französischer Truppen von St. Avold („sie können um 3 Uhr in Forbach sein");

um 6 Uhr Abends, daß diese Kolonne, aus allen Waffen bestehend, ungefähr 6000 Mann stark sein sollte, an ihrer Spitze die 5. Chasseurs à cheval*);

ferner durch Mittheilungen, welche bei den Vorposten eingegangen waren: daß um 7 Uhr Nachmittags die Regimenter Nr. 66 und 67 (Brigade Bastoul) und eine halbe Stunde später fünf Eskadrons Chasseurs bei Forbach eingetroffen seien und daselbst Biwaks bezogen hätten.

Außerdem empfing man von rückwärts her — aus Homburg — eine Mittheilung, welche die Stärke der bei St. Avold sich sammelnden Truppen auf 22 000 Mann angab.

Man war daher bereits am ersten Tage über den zunächst befindlichen Gegner in einer Weise unterrichtet, die nichts zu wünschen übrig ließ.

Eine weitere Nachricht besagte, daß die Garnison von Metz aus dem 44., 80. und 85. Linien-Regiment, 11. Jäger-Bataillon, 1. Genie-Regiment und dem 1. und 7. Artillerie-Regiment bestände. Diese Angabe bezog sich auf die Friedensgarnison und war im Allgemeinen richtig, sie mußte indeß auch schon dem Kommando in Saarbrücken früher bekannt gewesen sein.**)

---

*) Diese Telegramme sind nach Trier gerichtet. Möglicherweise war dem Oberförster Solff die Wiederbesetzung von Saarbrücken durch preußische Truppen noch nicht bekannt, oder es war ihm aufgegeben, das Divisions-Kommando unmittelbar zu benachrichtigen. Jedenfalls ist es nothwendig, daß den Beamten oder sonstigen Personen, welche bei Ueberwachung des Gegners thätig sind, die nächsten Truppen, an welche sie ihre Mittheilungen zu richten haben, genau bezeichnet werden.

**) Nach dem Annuaire militaire pour l'année 1870 stimmt diese Angabe nur in Bezug auf das 7. Artillerie-Regiment nicht; statt dessen wird eine abgezweigte Batterie des 15. Regiments (Douay) angeführt. Die Linien-Regimenter Nr. 44, 80 und 85, sowie das 11. Jäger-Bataillon bildeten in der Kriegsformation mit dem Regiment Nr. 60 (Nancy) zusammen die 4. Division (Decaen) des 3. Armee-Korps.

Ueber die Verhältnisse bei Saargemünd lauteten die Angaben verschieden. Nach Mittheilungen aus Blieskastel sollte die Stadt stark besetzt sein; eine anderweitige — und zur Zeit wohl die richtige — besagte, daß sich daselbst keine feindlichen Truppen befänden. Letztere Meldung wurde vom Major v. Pestel in der Nacht vom 18. zum 19. Juli weitergegeben.

Am 19. Juli erkundete das 5. Regiment Chasseurs à cheval von Forbach aus gegen Saarbrücken, es stieß hierbei, wie bereits mitgetheilt, auf die 7. Ulanen.

Ferner gingen zwei Eskadrons 4. Chasseur-Regiments in Richtung auf Kreuzburg vor (Straße St. Avold—Saarlouis); sie trafen auf keinen Gegner, auch erhielt man preußischer Seits von diesem Vorgehen keine Kenntniß.

Gegen Abend wurde das 1. Bataillon des Regiments Nr. 67 (Brigade Bastoul) mit einem Zuge Chasseurs à cheval von Forbach auf das Plateau von Spicheren verlegt. Meldung vom Vorschieben von Abtheilungen in Richtung auf St. Arnual und Brebach ging schon am 20. Juli in Saarbrücken ein, von der Aufstellung französischer Vorposten auf den Spicherer Höhen am 21.

Weiterhin erhielt man Kenntniß, daß die französischen Biwats sich von Merlenbach bis Forbach erstreckten, und daß die Truppen aus dem Lager von Châlons herangeführt wären. (Vom Oberförster Solff.) Beide Angaben waren richtig.

Dagegen erfuhr man zunächst nicht, daß das 2. französische Linien-Regiment (Division Laveaucoupet) nach Saargemünd mittelst Bahn am 19. Juli übergeführt wurde und mit einigen Geschützen auf den dortigen Höhen Aufstellung nahm. Erst am 24. Juli erhielt man Kenntniß von der Besetzung der Stadt durch die Meldung einer Ulanen-Patrouille.

Am 20. Juli zog General Frossard die Dragoner-Brigade bis Roßbrücken vor, während die 4. Chasseurs sich bei Forbach mit den 5. Chasseurs vereinigten. Die Erkundung des Rittmeisters Jouanne (Eskadron des Ulanen-Regiments Nr. 7), welche zur Besatzung von Saarlouis gehörte, stellte das Vorhandensein großer Biwats zwischen Roßbrücken und Forbach fest; die Stärke der dort befindlichen Truppen wurde überschätzt.

Von der Brigade Pouget wurde das 1. Bataillon des 8. Linien-Regiments nach Stiring vorgeschoben, woselbst es die Vorposten übernahm. Das preußische Detachement erhielt an diesem Tage

Kenntniß, daß Truppen überhaupt nach Stiring vorgeschoben worden waren (allerdings hieß es: Jäger und Dragoner, was nicht zutraf), ferner, daß Vorposten=Kompagnien in Richtung auf Gersweiler und die goldene Bremme, Abtheilungen auf den Wegen nach St. Arnual und gegen Brebach ständen.

Weiterhin wurden die Linien=Regimenter Nr. 7, 4 und 29 bei Forbach genannt. Diese Nachricht war jedenfalls insoweit falsch, als sich das 7. und 29. Regiment beim 3. Korps befanden, das 4. aber zum 6. Korps gehörte.

Von diesem Tage an begannen die ununterbrochenen Zusammen= stöße von Patrouillen und kleineren Abtheilungen, deren Einzelheiten sich jedoch zum großen Theil einer ausreichenden Kenntniß entziehen.

In der Nacht vom 20. zum 21. Juli ging das 1. Bataillon des 67. französischen Linien=Regiments infolge falscher Nachrichten, welche einen stärkeren Vorstoß preußischer Truppen gegen Spicheren vermuthen ließen, nach Forbach zurück, von wo es General Bataille jedoch sogleich wieder vorschickte. Um 5 Uhr früh erreichte es seine alte Stellung (ein Verlust von zwei Mann wird hierbei angegeben). — Infolge dessen wurde die Brigade Pouget, ausschließlich des 1. Ba= taillons des 8. Regiments, welches bei Spicheren die Vorposten be= hielt, am 21. Juli auf das Plateau verlegt.

Die preußischen Berichte besagen: „Abends 8 Uhr veranlaßte starkes Schießen, unter dem der Feind seine Vorposten zurückzog, eine Alarmirung".

Ueberhaupt fanden bei den französischen Vorposten in dieser Nacht mehrfache Alarmirungen statt; eine Patrouille des 8. Linien= Regiments beschoß sich mit einem Posten des 23. Regiments; ein Zug der 5. Chasseurs soll auf preußische Ulanen gestoßen sein und dabei 1 Mann und 1 Pferd verloren haben.

Im Laufe des 21. Juli unternahmen die Franzosen mehrfache Erkundungen.

Bei Tagesanbruch gingen das 2. und 3. Bataillon des 8. Regi= ments im Walde („2 bis 3 km an Saarbrücken heran") vor, ferner General Bastoul mit dem 1. Bataillon des 66. Linien=Regiments nebst einer Batterie auf der großen Straße, das 1. Bataillon des 76. Linien=Regiments auf Carlingen (Straße St. Avold—Saarlouis) die 2. Eskadron der 4. Chasseurs nach Gersweiler und das 67.

Linien-Regiment (oder Theile desselben mit zwei Eskadrons im Walde gegen St. Arnual, wobei ein Chasseur getödtet wurde).*)

Preußischer Seits erfuhr man, daß sich auf den Spicherer Höhen starke Vorposten festgesetzt hätten. Die Rekognoszirungen der Franzosen auf Gersweiler und nach der goldenen Bremme wurden gemeldet, ohne daß jedoch die Stärke der Abtheilungen zur Kenntniß gelangte.

22. Juli. Französische Angaben: Bei der Division Bataille löst die Brigade Bastoul die Brigade Pouget auf den Spicherer Höhen ab; letztere schiebt das 2. und 3. Bataillon des 8. Regiments näher an Stiring heran, die 4. und 5. Chasseurs à cheval verlegen ihr Biwak etwas vorwärts Forbach.

Die preußischen Erkundungen ergaben, daß die Spicherer Höhen stark mit Vorposten besetzt waren.

Das 7. Dragoner-Regiment rekognoszirte auf Ludweiler und Roßeln, das 2. Bataillon Regiments Nr. 76 auf Carlingen. Ersteres Vorgehen veranlaßte wohl die Meldung des Vorstehers von Krughütte an die 6. Kompagnie, daß die Franzosen bei Völklingen einen Uebergang über die Saar zu beabsichtigen schienen, worauf von Saarlouis aus die Entsendung von drei Kompagnien des Regiments Nr. 69 und von Ulanen dorthin erfolgte.

Am 23. Juli unternahm fast die ganze Division Bataille starke Erkundungen:

Zwei Bataillone des 23. Regiments, 1 Eskadron 4. Chasseurs gingen durch den Wald von Forbach über Schöneck auf Gersweiler, woselbst einige Kugeln mit den preußischen Posten bei Gersweiler gewechselt wurden.**)

Die Brigade Bastoul rückte ebenfalls am frühen Morgen mit einem Zuge Kavallerie und einer Batterie aus, scheint aber im Walde gangbare Wege nicht gefunden zu haben und nicht weit gekommen zu sein.

---

*) In der Geschichte des Hohenzollernschen Füsilier-Regiments heißt es, daß bereits am 20. der erste französische Chasseur erschossen und ein zweiter verwundet worden sei; am 21. wird hiervon nichts gemeldet. Es kann aber auch ein Irrthum auf der einen oder anderen Seite in Bezug auf das Datum vorliegen.

**) Wir kommen auf die Angabe, daß die Franzosen hierbei einen Verlust von 1 Offizier, 13 Mann gehabt hätten, späterhin bei den Bemerkungen zum Gefecht von Saarbrücken am 2. August zurück.

Eine Feldwache der Chasseurs à cheval wurde an der golbe=
nen Bremme aufgestellt: des Nachts wurde dieselbe von der Infan=
terie gegeben.

Vom preußischen Posten, Gersweiler gegenüber, war der Gegner
auf ein Bataillon geschätzt worden; auch von Völklingen aus war
ein an der Saar vorgegangener Zug bei Ottenhausen auf feindliche
Infanterie mit etwa 15 Kavalleristen gestoßen — vermuthlich eine
Seitendeckung vom 23. Linien=Regiment.

Diese größeren Streifereien wurden französischer Seits am 24. Juli
fortgesetzt.

An diesem Tage gingen 2½ Eskadrons der 4. Chasseurs
auf Klein=Rosseln vor, woselbst sie mit Ulanen zusammengestoßen sein
sollen.

Ferner bewegten sich: 2 Bataillone 66er (Brigade Bastoul) mit
Chasseurs à cheval gegen St. Arnual und die Brigade Jolivet
der Division Bergé über Carlingen nach Forbach und von da zurück
in ihr Biwak.

In den preußischen Angaben findet sich über einen Zusammen=
stoß von Ulanen und Chasseurs nichts vor. Dagegen ging nunmehr
durch eine Ulanen=Patrouille die Meldung von der Besetzung von
Saargemünd (Abends 11 Uhr) ein, die Meldung überschätzte etwas
die Stärke der dortigen Truppen, indem sie dieselbe auf 4000 Mann
mit 28 Geschützen angab.

Am 25. Juli traf General Failly mit zwei Divisionen des
5. Korps in Saargemünd ein, infolge dessen das 2. Linien=Regiment
wieder in die Gegend von Beningen zurückkehrte; in Saarbrücken
erfuhr man hiervon zunächst nichts.

Das 2. Bataillon 23. Regiments und 1 Eskadron der 5. Chas=
seurs rückten auf Geislautern (Richtung Wehrden—Völklingen) vor,
kehrten über Ludweiler und Groß=Rosseln zurück. Weder beim De=
tachement Pestel noch in Völklingen scheint dies bekannt geworden zu
sein. Dagegen veranlaßte die falsche Nachricht von der erneuten Be=
setzung Gersweilers eine stärkere Entsendung dorthin; es ist jedoch
möglich, daß auch an diesem Tage französische Patrouillen bis in
das Dorf vorgedrungen sind.

Die Angaben, welche Dick de Lonlay über den 26. Juli
macht, finden in den preußischen Berichten nach keiner Richtung hin
einen Anhalt; wir übergehen dieselben daher.

Die preußischer Seits richtig gewonnene Ansicht von einer starken Besetzung der Spicherer Höhen wurde auch am 27. Juli durch verschiedene Meldungen und Nachrichten bestätigt. Man bemerkte daselbst Geschütze (angeblich 26), erhielt Kenntniß von Zeltlagern hinter dem Stiftswalde von St. Arnual und in der Nähe von Groß-Blittersdorf, sowie von dem Marsche stärkerer Kolonnen auf der Straße von Klein-Rosseln—Ludweiler. (Hier bewegte sich, wie bereits erwähnt, General Micheler mit 2 Bataillonen 24er, 1 Abtheilung Genie und 1 Zuge Dragoner, sowie 2 Eskadrons der 4. Chasseurs vor.)

Von Saargemünd her ging Nachricht von dort vorgenommenen Eisenbahnstörungen ein.

Am 28. Juli bestätigte das Feuer der Batterien auf den Spicherer Höhen die Meldung über die Anwesenheit französischer Artillerie auf dem dortigen Plateau.

Die zahlreichen Zusammenstöße in diesen Tagen, welche bereits bei Darstellung der Ereignisse erwähnt worden sind, trugen auch ferner dazu bei, die bereits empfangenen Eindrücke über Aufstellung und Stärke der französischen Truppen zu bestärken, auch die Schanzarbeiten auf den Höhen von Spicheren wurden bemerkt.

Von Saargemünd her erfuhr man die Herstellung eines Ueberganges und erhielt am 31. Juli Angaben, nach denen die Stärke der dortigen Truppen ungefähr auf eine Division geschätzt wurde. Thatsächlich war General de Failly mit zwei Divisionen des 5. Korps schon seit dem 25. Juli daselbst eingetroffen und das 2. Linien-Regiment von dort wieder an das Korps Frossard herangezogen worden.

Ebenfalls am 31. Juli ging die Meldung ein, daß sämmtliche französischen Truppen von St. Avold auf Forbach vorgeschoben würden. Thatsächlich hatte sich bereits am 29. oder 30. Juli das Korpsquartier des Generals Frossard dorthin begeben, die Division Laveaucoupet war auf das Plateau vorwärts Oetingen verlegt worden, während die Division Bergé von St. Avold her den Platz derselben bei Merlenbach und Beningen einnahm.

Von den in vorderster Linie befindlichen französischen Truppen hatte man ebenfalls genaue Kenntniß, indem bereits seit deren Erscheinen die Regimenter Nr. 66 und 67, sowie die 5. Chasseurs à cheval bekannt waren und während der weiteren Ereignisse ein paar Gefangene von den Linien-Regimentern Nr. 8 und 23 gemacht wurden, nur über die 4. Chasseurs à cheval findet man in den Berichten nichts.

Diese Zusammenstellung ergiebt, daß Nachrichten und Meldungen in großer Zahl und meist in zutreffender Weise eingegangen sind und daß dadurch vom ersten Augenblick an eine ausreichend richtige Kenntniß der feindlichen Maß= regeln, sowie eine dauernde Ueberwachung derselben erzielt worden ist.

Irrthümliche Nachrichten sind meist nur durch Aussagen ver= schiedener Personen, die außerhalb des Truppenverbandes standen, verbreitet worden, so die falsche Benennung von Regimentern bei Forbach am 20., wie die Meldung von dem Eintreffen eines Küraffier=Regiments; außerdem auch durch Gerüchte, von denen einige in der Darstellung Erwähnung gefunden haben und durch welche verschiedentlich Alarmirungen hervorgerufen worden sind, namentlich war dies der Fall durch Nachrichten über ein Vorgehen der Fran= zosen von Saargemünd her. Immerhin ist nicht zu verkennen, daß die Nachrichten von Beamten, Landesbewohnern und aus dem Aus= lande zurückkommenden Personen dazu beigetragen haben, Klarheit in die Sachlage zu bringen, oder die Aufmerksamkeit der Truppe zur eigenen Feststellung auf Wichtiges hinzulenken. Von hervor= ragendem Werthe waren die Nachrichten des Oberförsters Solff. Man wird hierdurch aufs Neue auf die Wichtigkeit eines gut vor= bereiteten Nachrichtenwesens hingeführt, aber man ersieht gleichzeitig — auch im Rückblick auf die beim Detachement Trier hervorgetretenen Erscheinungen —, daß gute Nachrichten im Allgemeinen nur durch völlig der Aufgabe gewachsene Leute erwartet werden können. Die Auswahl dieser Persönlichkeiten muß daher mit besonderer Vorsicht getroffen werden; nicht ein Jeder, der den guten Willen hat, eignet sich für eine derartige Verwendung.

Sehr zuverlässig erwiesen sich die Meldungen der Patrouillen, sowie die Beobachtungen aus der Vorposten= linie. Man stößt fast auf keine einzige Meldung, welche nicht den thatsächlichen Verhältnissen entsprochen hätte, nur ist darauf hinzu= weisen, daß in einzelnen Fällen die Stärke des Gegners überschätzt worden ist, wozu das unübersichtliche Gelände jedenfalls beigetragen hat. Die Erklärung der günstigen Ergebnisse dürfte hier in den räum= lichen Verhältnissen, sowie in der vierzehntägigen Dauer der Beob= achtung aus unmittelbarer Nähe zu suchen sein. Das sofortige Erscheinen des Feindes auf geringe Entfernung vor der Aufstellung und seine bedeutende Stärke beschränkten den Wirkungskreis der

Patrouillen, dafür aber konnte Manches aus der Vorposten-Stellung heraus unmittelbar gesehen werden, auch stießen die Beobachtungen, welche vorgesandt wurden, bereits in verhältnißmäßig kurzer Entfernung auf den Gegner. So war es möglich, daß die größte Zahl der Meldungen dasjenige berichtete, was die Betreffenden selbst vor Augen gehabt hatten, und nicht, wie dies bei Detachement Trier in vielen Fällen stattfinden mußte, auf Einsammeln von oft unzuverlässigen Nachrichten von der Bevölkerung beruhte. So bemerken wir auch hier nur das Hervortreten von Ungewißheiten und eine verspätete Kenntniß von Thatsachen in Bezug auf die Verhältnisse um Saargemünd, welche bei der weiten Entfernung nicht einer unmittelbaren und steten Beobachtung durch die Truppe unterworfen bleiben. Die stehende Offiziers-Patrouille bei St. Ingbert hat ihr Möglichstes gethan; im Uebrigen war man jedoch nach dieser Richtung hin vorzugsweise auf anderweitige Nachrichten angewiesen. Daher mag es auch gekommen sein, daß man in den letzten Tagen die irrige Ansicht eines Rechtsabmarsches des vor der Front befindlichen Gegners gewann, indem das dagegen sprechende Heranziehen zweier Divisionen von Bitsch nach Saargemünd nicht bemerkt wurde. Die weiter oben vorgeschlagene ständige Kavallerie-Beobachtung von Saargemünd hätte vielleicht diesem Irrthum vorgebeugt.

Immerhin können derartige gute Ergebnisse nur da erwartet werden, wo eine besondere Zuverlässigkeit in der Truppe besteht und die Führung unausgesetzte Thätigkeit in zweckmäßigen Anordnungen entfaltet. Hier reichten die wenigen Truppen aus, nicht nur selbst einen Einblick über die hinter der feindlichen Vorposten-Linie befindlichen nächsten Biwaks und deren Stärke zu gewinnen, sondern auch einen Schleier zu ziehen, welcher die französische Oberleitung in Ungewißheit ließ, was unmittelbar hinter demselben sich befand. Diese machte von den von Anfang an ihr zu Gebote stehenden Mitteln, sich darüber Klarheit zu verschaffen, erst nach fast 14 Tagen Gebrauch.

Die von dem Detachement des Oberstlieutenants v. Pestel getroffenen Anordnungen sind im Allgemeinen im höchsten Grade mustergültig und verdienen, daß man sich ihrer immer als beherzigenswerthes Beispiel erinnert:

Auf die erste Nachricht, daß der Feind bei Forbach eingetroffen sei, eilt die Kavallerie vor zur Aufklärung; wo im weiteren Verlauf irgend eine Kunde anlangt über die

Anwesenheit des Gegners in erreichbarer Nähe, gehen Offiziers-Patrouillen, oft beider Waffen, vor, um die Richtigkeit festzustellen; scheint es, als ob der Gegner sich an einer
für das Detachement unbequemen Stelle festsetzen wollte,
so werden sofort so viel Kräfte als irgend möglich verfügbar gemacht, um ihn wieder zu vertreiben. Dabei wird die
vom Gegner genommene Aufstellung fast überall sehr bald
entdeckt und, einmal erkundet, einer fortwährenden Beaufsichtigung unterworfen; stets gehen erneut Patrouillen vor,
um sich zu vergewissern, ob die Vorposten des Feindes und
seine Biwaks sich noch an derselben Stelle befinden; auch
fehlt es nicht an Versuchen, durch das Herangehen stärkerer
Erkundungen ihn zur Entwickelung seiner, durch Berg und
Wald verdeckten Kräfte zu verleiten, und überall werden
diese Versuche mit solcher Umsicht durchgeführt, daß fast
kein Verlust zu verzeichnen ist. Ebensowenig wird es
unterlassen, auch die Theile des Geländes ununterbrochen
zu durchstreifen, in welchen sich bis dahin noch nichts
vom Feinde gezeigt hatte, und dies so lange fortgesetzt,
als es die allmälige Ausdehnung der übermächtigen
Massen gestattet.*)

Dabei darf bei der Beurtheilung nicht unberücksichtigt bleiben,
daß vom Beginn der Feindseligkeiten an, ein jeder Einzelne im
Detachement die Ueberzeugung von der bedeutenden Ueberlegenheit des
Gegners gewann. Die unausgesetzte erfolgreiche Thätigkeit aber trug
dazu bei, das Selbstvertrauen zu stärken und die Lust an der Gefahr
zu heben.

Auch auf französischer Seite ist im Aufklärungsdienst, wie die
gemachten Angaben darlegen, viel gethan worden. Allerdings stößt

---

*) Verschiedentlich wurden auch Versuche gemacht, den Feind über die vor-
handenen Kräfte zu täuschen. Ulanen legten weiße Papierkragen an, um
andere Uniformen zu zeigen; andere Abtheilungen ritten ohne Lanze mit
Infanteriehelmen und aufgenommenem Säbel, auch mit weißen Helmen der Feuer-
wehr und in Drillichjacken vor, um den Glauben zu erwecken, daß Dragoner
und Kürassiere zur Stelle wären.

Am 2. August wurde ein Zug Husaren Nr. 9, welcher mit den anderen Bataillonen des Regiments Nr. 40 eingetroffen war, vorgezogen und als Feldwache
auf dem Exerzirplatz verwendet, um auch diese Waffengattung dem Gegner zu
zeigen.

man dabei auf ein eigenthümliches Verfahren: das Vorgehen und Umherziehen starker Abtheilungen, von ganzen Bataillonen an bis fast zu einer Division, oft nur auf eine geringe Entfernung und ohne irgend welche besonderen Ergebnisse, da dasjenige, was in Erfahrung gebracht wurde, meist auch durch eine kleine Abtheilung hätte erreicht werden können.

Hatte man hierbei den Zweck, mit den Truppen kriegsgemäße Marschübungen auszuführen, so läßt sich allerdings dagegen nicht viel sagen. Für eine Erkennung des Gegners aber reichen Patrouillen aus, die leichter unbemerkt vorkommen, sowie das Heranprallen kleinerer Abtheilungen, um den Feind, wenn er seine äußerste Postenlinie behaupten will, zur Entfaltung weiterer Kräfte zu veranlassen, oder anderweitige Unternehmungen des kleinen Krieges, wie Verstecke, Ueberfälle u. dergl.

Andererseits läßt sich aber nicht verkennen, daß die ganze Lage des zweiten französischen Korps zu besonderer Sicherung der linken Flanke aufforderte. Zunächst als Avantgarde vorgeworfen und anfangs in seinen einzelnen Theilen an einer einzigen Straße zwischen Forbach und St. Avold hintereinander lagernd, bedurfte es um so mehr einer weit reichenden Sicherung in nördlicher Richtung, als das Gelände dort im hohen Grade unübersichtlich ist. Man mußte sich daher nach links hin ebenso schützen, wie man es gegen Saarbrücken und durch die Besetzung von Saargemünd nach vorn und nach rechts that. Dann wäre es aber vorzuziehen gewesen, auf den beiden in die Flanke der Biwaks von Völklingen und Saarlouis her führenden Wege — also etwa bei Groß-Rosseln und bei Kreuzwald — beständige und starke Sicherungen aufzustellen, deren Vorposten und Patrouillen das vorliegende Gelände ununterbrochen unter Beobachtung halten konnten.

In Bezug auf das Weitergeben von Nachrichten bieten die Verhältnisse bei Saarbrücken ebenfalls einen Beleg für die bereits beim Detachement Trier hervorgehobene Erfahrung, daß im Drange der Ereignisse die nothwendige Meldung an die oberen Behörden vielfach unterlassen wird.

So sah sich schon am 17. Juli der Kommandirende General des VIII. Armeekorps veranlaßt, folgende telegraphische Anfrage an die 16. Division zu richten:

„Es gehen die widersprechendsten Nachrichten über die Verhältnisse in Saarbrücken ein; keine Militärbehörde meldet irgend etwas. Ist der Feind in Saarbrücken oder nicht? Trotz mehrstündigen

Telegraphirens weiß ich nicht, ob der Feind in Saarbrücken einge=
rückt ist oder nicht."

Thatsächlich waren französische Truppen noch nirgends in Sicht
gekommen, aber die Räumung von Saarbrücken am 16. Juli hat,
wie wir gesehen haben, Veranlassung zur Verbreitung mannigfacher
aufregender Gerüchte gegeben, die auf verschiedenen Wegen und bei der
Weitergabe in sich steigernder Vergrößerung bis Coblenz gelangten. —
Man kann mit ziemlicher Bestimmtheit darauf rechnen, daß derartige
Beunruhigungen stets mit dem Räumen einer Garnison an der Grenze
verbunden sein werden.

Dem Kommando des Ulanen=Regiments ging infolge obiger
Anfrage des Generalkommandos nach Ottweiler ein Telegramm der
Division zu, dahin lautend: „Warum nicht, wie befohlen, Meldung
über Ihren jetzigen Aufenthalt? Auch wenn nichts vorfällt, ist
von Zeit zu Zeit zu melden. Wichtige Dinge werden gleich=
zeitig dem Generalkommando gemeldet."

Als General v. Goeben kurze Zeit darauf das Kommando
des Armeekorps übernahm, ordnete er an, daß, abgesehen von be=
sonderen Vorfällen, im Laufe des Tages regelmäßig Morgens,
Mittags und Abends Meldung über den Stand der Verhältnisse zu
erstatten sei.

Auch die Angaben, welche man über die Nummern der
feindlichen Regimenter erlangte, scheinen anfangs nicht weiter=
gegeben worden zu sein, jedenfalls gingen sie nicht der Heeresleitung
zu. Bereits am 18. Juli war in Saarbrücken die Anwesenheit der
französischen Linien=Regimenter Nr. 66 und 67 bei Forbach bekannt,
aber erst am 25. wurde dies nach Berlin mitgetheilt, nachdem der Befehl
des Generals v. Moltke an diesem Tage eingegangen war, ihm
sämmtliche Regimentsnummern von Todten, Verwundeten, Gefangenen
und Deserteuren telegraphisch zu melden. Es bietet dies einen Beleg
für die bereits betonte Nützlichkeit, in den Instruktionen für die kleinen
Detachements darauf hinzuweisen, daß derartige Ermittelungen anzu=
stellen und unverzüglich weiterzugeben sind.   .

Die dem Saarbrücker Detachement zufallende Aufgabe schließt
auch die Sicherung der Bahnen in sich ein und giebt Veran=
lassung, auch diesem Gebiete näherzutreten.

Schon bei dem Detachement Trier wissen wir, daß eine zeit=
weise Sperrung der nach Luxemburg führenden Bahn stattgefunden
hatte.

Eine weitere Sperrung scheint bei Saarlouis erfolgt zu sein. Wenigstens findet sich am 17. eine Anfrage des Generalkommandos an die 16. Division vor: „Nach hier eingegangenen Nachrichten sind die Geleise von Saarbrücken nach Saarlouis und Forbach unterbrochen. Welche Gründe veranlassen die Unterbrechung der Bahn zwischen Saarbrücken und Saarlouis, deren Benutzung uns so wichtig ist?"

Die Antwort der 16. Division lautet:

„Bahnunterbrechung Saarlouis — Ensdorf von Kommandantur Saarlouis angeordnet. Kommandantur ist aufgefordert, Gründe Generalkommando direkt zu melden."

Am 24. fragt Oberstlieutenant v. Pestel beim großen Hauptquartier an:

„Befehl vom Prinzen Friedrich Karl, Nichts zu zerstören. Bitte um Verhaltungsbefehle."

Antwort am 24. Juli:

„Im eigenen Lande sollen größere Bauwerke nicht zerstört werden. Würde Ihr Rückzug nöthig, so sind kleinere, aber wiederholte Unterbrechungen an beiden Bahnen zu bewirken."

Weiterhin haben wir gesehen, daß am 21. Juli von Saarbrücken, auf Weisung aus Berlin, ein Kommando zur Ausführung von Zerstörungen auf der Strecke Saargemünd—Hagenau abging.

Was nun die Sperrungen überhaupt anbetrifft, so war die bei Wasserbillig durch das Detachement Trier wohl gerechtfertigt; es handelte sich darum, vor Ueberraschung gesichert zu sein, als Gerüchte von einer Durchfahrt französischer Truppen durch Luxemburg auftauchten, Gerüchte, welche von mehreren Stellen aus entsprangen und namentlich durch Bahnbeamte weitergetragen wurden. Im Uebrigen hat diese Unterbrechung nur kurze Zeit gewährt. Am 26. Juli telegraphirt General v. Moltke an die 16. Division:

„Luxemburger Regierung bittet um Wiederauflassung der Bahn Luxemburg—Conz—Trier. Wenn nicht begründete Bedenken dort bestehen, in Anbetracht der gesicherten Neutralität dem Wunsche zu entsprechen; Meldung vom Verfügten."

Die Division antwortete:

„Bereits am 25. der Bahndirektion eröffnet, daß Betrieb auf Bahn Luxemburg—Trier diesseits unbeanstandet."

Man ersieht hieraus, daß das große Hauptquartier in Bezug auf die Anordnungen, welche die örtliche Sicherung betreffen, dem Detachement innerhalb gewisser Grenzen völlig freie Hand beließ.

Ebenso wenig hätte sich gegen kleine Unterbrechungen auf den Linien Saarbrücken—Forbach und St. Johann—Saargemünd etwas einwenden lassen. Ob in dieser Beziehung etwas geschehen, ist nicht festzustellen, nur einmal spricht eine Meldung davon, daß eine von Saarbrücken vorgegangene Patrouille auf dem linken Saar-Ufer eine „Signal-Lokomotive" zerstört habe.

Die Sperrung, welche die Franzosen bei Saargemünd ausführten, dürfte auch unter dem Gesichtspunkt einer Sicherung gegen Ueber-raschung stattgefunden haben. So lange diese Sperrung dort er-halten wurde, lag allerdings preußischer Seits kaum Veranlassung vor, eine solche selbst auf der betreffenden Linie auszuführen. Mit solchen Sperrungen hat es aber eine eigenthümliche Bewandtniß, denn sobald man eine nach dem Feinde zu führende Linie unterbricht, begiebt man sich selbst des Mittels einer Ueberraschung durch Bahn-transport und weist den Gegner darauf hin, daß man an dieser Stelle zunächst Angriffsbewegungen überhaupt nicht beabsichtigt. Andererseits aber macht die Wiederherstellung einer unterbrochenen Stelle erst recht darauf aufmerksam, daß der Augenblick naht, in welchem von dort aus eine Vorbewegung erwartet werden kann, wie dies sich auch aus den französischer Seits bei Saargemünd getroffe-nen Maßnahmen ergeben hat. Unter diesen Gesichtspunkten vermag die Ausführung von Sperrungen und die Wiederherstellung der Fahr-barkeit auch als ein Mittel für Täuschungen zu dienen.

Was dagegen die Unterbrechung bei Ensdorf, dicht südlich Saarlouis betrifft, so ist diese ebenfalls wahrscheinlich nach Kenntniß der Räumung von Saarbrücken am 16. Juli ausgeführt worden; jedenfalls hat sie nur ganz kurze Zeit bestanden. Allerdings ist es für Festungen, die auf sich selbst angewiesen sind, von Werth, bei drohender Ein-schließung den Verkehr des Gegners auf den Bahnen in ihrer Nähe zu verhindern, dann aber genügen leicht wiederherzustellende Sperrun-gen nicht, sondern es muß zu gründlichen Zerstörungen geschritten werden, namentlich um das Heranbringen von Belagerungsmaterial bis in die unmittelbare Nähe der Festung zu verhindern. So lange man aber noch in Verbindung mit den eigenen Truppen steht und den Bahnverkehr noch für den eigenen Bedarf der Festung noth-wendig hat, muß man sich begnügen, diese Zerstörungen vorzubereiten, wobei es weiter erforderlich werden kann, zur Sicherstellung der Ausführung eine Abtheilung an die betreffende Stelle zu entsenden.

Die Kommandanten der Festungen müssen hierüber im Klaren sein, sonst kommt es leicht zu einem Durchkreuzen der Absichten der obersten Heeresleitung, welche den Bahnbetrieb aller für die Mobil= machung und den Aufmarsch wichtigen Linien nicht aus der Hand lassen darf. Es sind also für die Festungs=Kommandanten besondere Weisungen in dieser Hinsicht erforderlich. Bei ihnen können gar leicht Anschauungen hervortreten, welche nur von dem Interesse der ihnen anvertrauten Festung ausgehen und dabei Ansprüche, welche die allgemeinen Verhältnisse erheben, in den Hintergrund drängen. Wir werden bei der Beleuchtung der Ereignisse im Großherzogthum Baden in der Nähe von Rastatt ebenfalls auf derartige Störungen des Bahnbetriebes stoßen.

Wenn die Anordnung von Sperrungen ꝛc. vom großen Haupt= quartier einer anderen Kommandostelle überlassen wird, ist es nothwendig, alle betreffenden Abtheilungen zu benachrichtigen, daß in zweifelhaft gebliebenen Fällen sie sich an diese zu wenden haben; sonst treten Bedenken hervor, wie solche sich in der eben erwähnten Anfrage des Oberstlieutenants v. Pestel (Seite 150) zeigen.

Welcher Werth auf vollständige Klarlegung der bezüglichen Sperrungen ꝛc. seitens der Armee=Oberleitung gelegt worden ist, dürfte daraus hervorgehen, daß der General von Moltke am 16. Juli ein eigenhändiges Schreiben an den Chef des Generalstabes VIII. Armeekorps richtete, welches lautet:

„Mit Bezug auf das Telegramm wegen eventueller Zerstörung der Eisenbahnen, welches Euer Hochwohlgeboren heute Nacht zuge= gangen sein wird, bemerke ich erläuternd, daß es vor wie nach die Absicht ist, die Armee an der französischen Grenze zu konzentriren und von dort die Offensive zu ergreifen, und dafür bedürfen wir der Eisenbahnen selbst.

„Nur wenn die Franzosen, ohne mobil zu machen, vorgehen, werden sie uns zuvorkommen. Es wird behauptet, daß dies ihre Absicht sei, wenngleich ein Rückschlag dieser Maßregel kaum aus= bleiben wird.

„Im Falle eines solchen strategischen Ueberfalles kommt es darauf an, das Vordringen des Feindes von der Grenze aus gegen den Rhein zu verlangsamen, bis wir so viel Streitkräfte versammelt haben, daß wir selbst vorgehen können.

„Hiernach werden keine Zerstörungen vorzunehmen sein, welche wir nicht wiederherzustellen vermögen, sondern mehrfach wiederholte Unterbrechungen und zwar erst dann, wenn überlegene Kräfte zur Räumung von Saarbrücken zwingen, zunächst auf der Strecke von dort nach Neunkirchen, wenn angänglich auch hinter Saargemünd . . . ."

Im Uebrigen kann nur auf die Bestimmungen verwiesen werden, welche auf Grund gemachter Erfahrungen die „Feldbienst=Ordnung"*) aufstellt. In derselben heißt es unter Anderem:

„345. Die Zerstörung einer Eisenbahn auf Wochen oder Monate behufs dauernder Unterbrechung des Betriebs darf nur nach Bestimmung der obersten Heeresleitung, des Oberbefehlshabers einer Armee oder eines selbstständig kommandirenden Generals erfolgen.

„346. Gelegentliche Sperrung einer Bahn auf Stunden und Tage ist eine Maßnahme, welche auch von unteren Befehlshabern je nach den Umständen selbstständig zu veranlassen ist. Diese tragen für Unterlassung wie für Ausführung die Verantwortung und haben danach die Truppen mit ausdrücklicher Weisung zu versehen."

„Solche gelegentlichen Unterbrechungen sind im eigenen Operationsbereich zu vermeiden beim Vormarsch, gestattet beim Stillstand, geboten beim Rückzug."

Anzurathen ist ferner die Maßregel, welche aus dem Schreiben des Generals v. Moltke an das Dragoner=Regiment Nr. 5 hervorgeht, einen Generalstabsoffizier nebst einem Pionier=Detachement für jede wichtige Linie zu bestimmen, der die beabsichtigten Transportverhältnisse wie die sonstigen Absichten der oberen Heeresleitung ꝛc. kennt.

In die Hand dieses Offiziers ist bei nothwendig werdendem Rückzuge eines Grenz=Detachements die Entscheidung und Ausführung von Sperrungen und Zerstörungen zu legen, und an ihn haben sich die einzelnen Detachements in zweifelhaften Fällen zu wenden.

Was im Uebrigen die Sicherung von Bahnstrecken betrifft, so wird es von ihrer Lage und den sonstigen Verhältnissen abhängen, ob für diesen Zweck vorgeschobene Abtheilungen genügen oder außerdem noch ein unmittelbarer Schutz eintreten muß.

Laufen Bahnen nahe an einem Flusse, welcher aus irgend einer Rücksicht von den Deckungstruppen noch nicht überschritten werden

---

*) Feldbienst=Ordnung vom Jahre 1887 Seite 150 u. ff.

kann, so ist ein plötzliches Beschießen der Züge vom jenseitigen Ufer, wie dies in der Gegend von Malstatt erfolgte, nicht zu verhindern. Das Bereitstellen kleiner Infanterie-Abtheilungen den Stellen gegenüber, welche derartigen Versuchen des Feindes Vorschub leisten, bietet zwar ein Mittel, unter Umständen sein Auftreten überhaupt zu verhindern oder wenigstens sein Feuer zu dämpfen, doch wird man sich dieses Mittels nicht immer bedienen können. Im Uebrigen wird ein Beschießen von Eisenbahnzügen durch Infanterie überall da nur von geringer Wirkung sein, wo es nicht auf sehr nahe Entfernung erfolgt; schwerer kann Artilleriefeuer ins Gewicht fallen; jedenfalls empfiehlt es sich, alle solchen Ueberraschungen ausgesetzte Strecken in beschleunigter Fahrt zurückzulegen.

Handelt es sich um den Schutz einer Bahn durch vorgeschobene Deckungstruppen, so haben diese ihre Aufstellung derartig zu wählen, daß sie größeren Vorstößen des Feindes entgegenzutreten vermögen, auch muß ihr Patrouillennetz, wo dies überhaupt zu erreichen ist, so ausgebreitet werden, daß das Vorgehen kleinerer feindlicher Abtheilungen entdeckt und den die Bahn unmittelbar sichernden Posten rechtzeitig gemeldet werden kann. Die unmittelbare Sicherung der Bahn richtet sich in erster Linie auf solche Stellen, deren Zerstörung eine längere Unterbrechung des Betriebes zur Folge haben würde, wie Bahnhöfe, gemauerte Uebergänge, Brücken von einiger Bedeutung und dergleichen. Alle solche Stellen bedürfen bei Bahnen in der Nähe des Feindes einer beständigen und ausreichenden Bewachung oder wenigstens der Bereitstellung von Mannschaften und Beförderungsmitteln in nicht zu weiter Entfernung. Zwischen derartig besetzten Punkten sind zum Verhindern geringerer Sperrungen kleinere Unteroffiziersposten an geeigneten Stellen aufzustellen. Wo das Gelände unübersichtlich, werden diese Posten zahlreicher gegeben werden müssen als da, wo es einen weiten Ueberblick gestattet. Reichen die vorhandenen Kräfte nicht zur Durchführung eines solchen Systems aus, so wird man sich begnügen müssen, dauernde Sicherung nur an den wichtigsten Punkten anzuordnen, die übrigen Strecken aber durch beständiges Abpatrouilliren zu decken.

In allen Fällen bleibt das Zurückhalten einer kleinen Reserve wünschenswerth, welche, an geeigneten Stationen verlegt, durch bereitgestellte Beförderungsmittel in der Lage ist, bedrohten Punkten schnell Unterstützung zu gewähren. Außerdem empfiehlt es sich, auf größeren Stationen Material und Personal zu sammeln, um etwa vom Feinde bewirkte Störungen möglichst rasch wieder herstellen zu können.

Was die Unterbrechung von Bahnen auf feindlichem Gebiet betrifft, so ergeben sich hierfür aus der von den Ulanen ausgeführten Unternehmung gegen die Linie Saargemünd—Hagenau einige Anhaltspunkte. Der Führer des Detachements (Premierlieutenant v. Voigt) erhielt diesen Auftrag in der Nacht vom 20. zum 21. Juli überraschend; er mußte mit seinen Mannschaften sofort abfahren und sollte demnächst in einem ihm völlig unbekannten Gelände eine schwierige Aufgabe lösen, ohne ausreichende Karten zu besitzen und ohne irgend welche Kenntnisse über die bauliche Beschaffenheit der Bahn. In Bezug auf die technischen Arbeiten bei der Zerstörung war er auf die Bahnverwaltung angewiesen worden: ein Ingenieur und Bahnarbeiter schlossen sich dem Detachement in Saarbrücken an. Die Arbeiter erwiesen sich jedoch sehr bald als unverwendbar und mußten bereits am zweiten Tage zurückgeschickt werden. Es gelang, sich wenigstens in Besitz von etwas Dynamit und Pulver zu setzen, welches man in den Futterbeuteln mitführte; auch wurden Stangen und Brecheisen unter die Mannschaften vertheilt, die dafür Säbel, Pistolen und Gepäck zurückließen und nur die Lanze (ohne Flagge) behielten. Die Unternehmung wurde zum Theil zu Fuß ausgeführt; zwei Nächte irrte die Abtheilung im schwierigen Gelände, zwischen Bächen und Schluchten umher. Erst in der dritten Nacht, in den Morgenstunden des 24., entdeckte man die Bahn in einem tiefen Einschnitt, über welchen ein Viadukt führte. Unter Leitung des Ingenieurs (Zimmer) wurden in sehr schwieriger Arbeit Quadersteine von diesem Viadukt abgebrochen und eine Sperre auf dem Bahndamm errichtet; außerdem wurden Schienen an verschiedenen Stellen aufgenommen. Erst als es heller Tag geworden, kehrte die kleine Schaar nach Zweibrücken zurück.

Premierlieutenant v. Voigt begnügte sich mit diesem Ergebniß nicht — bereits am 25. Juli brach er von Zweibrücken, verstärkt durch 20 preußische Pioniere und 20 bayerische Jäger, wieder auf in der Absicht, das bedeutendste Bauwerk auf dieser Linie, die Brücke vor Saargemünd, zu zerstören; diesmal auch mit Karten und Werkzeugen versehen, die Ulanen zu Pferde. In der Nacht wurde man jedoch bereits bei Annäherung an das Dorf Bliesbrücken*) durch Schüsse

*) Bliesbrücken: 8 km östlich Saargemünd.

empfangen und erhielt nach dem Durchschreiten des Ortes am jenseitigen Ausgange eine Salve.

Da man es anscheinend mit stärkeren Kräften zu thun hatte, auch den Eindruck gewann, daß der Gegner frühzeitig Kenntniß von der Annäherung erhalten hatte, wurde der Rückmarsch angetreten. Zwei Pioniere waren bei diesem Zusammenstoß verwundet worden.

Inzwischen hatte Oberstlieutenant v. Pestel bereits am 24. Juli Meldung von der in der vorhergehenden Nacht erfolgten Unterbrechung der Bahn nach Berlin geschickt. „Viadukt zwischen Saargemünd und Bliesbrücken demolirt, Schienen auf verschiedenen Stellen aufgerissen, Versuche werden fortgesetzt."

Am 26. ging hierauf die Weisung des Generals v. Moltke ein: „Der von hier aus ertheilte Auftrag wird als erfüllt angesehen." Das Detachement kehrte, nachdem Mannschaften und Pferde in Zweibrücken einige Ruhe genossen hatten, zum Regiment zurück.

Die recht schwierigen Verhältnisse, unter welchen das Detachement die Durchführung seiner Aufgabe erstrebte, weisen darauf hin, daß, wo es sich um gründliche Zerstörung handelt — und auf eine solche lautete der Auftrag — es sich empfiehlt, den Führer des Detachements auch über die einschlagenden Verhältnisse ausführlich zu unterrichten und mit allen nöthigen Hülfsmitteln zu versehen. Hierzu gehört, daß man ihm mittheilt, was über die Beschaffenheit der Bahn überhaupt bekannt ist, insbesondere aber auch eine Bezeichnung derjenigen Stellen, deren Zerstörung von besonderer Wichtigkeit erscheint.

Ferner ist die Zutheilung von Pionieren oder überhaupt Technikern und sonstigem geeigneten Personal nebst den erforderlichen Zerstörungsmitteln erforderlich. Der einzelne Kavallerie=Offizier kann sich, wenn er seinen Auftrag erst kurz vor dem Aufbruch empfängt, meist nicht ausreichend mit allem Nothwendigen versehen. Auch eine Ausstattung mit den betreffenden Karten ist angezeigt, denn, soll sich der Führer überall erst nach den Wegen erkundigen, so wird das Geheimniß, welches ein solches Unternehmen stets umgeben muß, leicht gefährdet. In der Ausführung handelt es sich um Schnelligkeit und verborgenen Anmarsch, sowie um Sicherung während der Arbeit. Waldiges Gelände, Benutzen der Nacht zur Annäherung ist vortheilhaft, ebenso aber auch in vielen Fällen eine Ausführung der Arbeit erst am frühen Morgen, da manche Zerstörungsarbeiten sich technisch leichter bei Tage bewirken lassen, als in der Dunkelheit.

Die im vorliegenden Falle ausgeführte Störung scheint übrigens für die weitere Fortsetzung des Bahnbetriebes keine größere Hemmung hervorgerufen zu haben.

———

Wir können die Betrachtungen über das Saarbrücker Detachement in dem betreffenden Zeiträume nicht verlassen, ohne schließlich noch das Gebiet seiner eigentlichen Gefechtsthätigkeit zu berühren, wie dieselbe in zahlreichen Zusammenstößen von Patrouillen und kleineren Abtheilungen hervorgetreten ist.

Hierbei handelt es sich vor Allem um die Frage: Welchen Einfluß wird die seit dem Kriege von 1870/71 stattgefundene Entwickelung der Feuerwaffen auf die zukünftige Gestaltung der hier berührten Verhältnisse haben?

Diese Entwickelung hat die Einführung von kleinkalibrigen Repetir-Gewehren und die fast durchweg erfolgte Bewaffnung der Kavallerie mit entsprechenden Schußwaffen bei den meisten europäischen Armeen hervorgerufen, sowie die Verwendung von rauchschwachem Pulver.

Durch die neuen Gewehre ist die Zahl der in einer bestimmten Zeit abzugebenden Schüsse vermehrt worden, die Schußweite hat sich auf Entfernungen von 3000 bis 4000 Meter ausgedehnt, Rasanz und Durchschlagskraft der Geschosse haben sich bedeutend vergrößert. Das rauchschwache Pulver erleichtert das Zielen, während es dem Gegner das Erkennen der Stelle, von welcher auf ihn gefeuert wird, wie der Ausdehnung der feindlichen Schützenlinie bei größeren Entfernungen unter Umständen erschwert.

Die Ereignisse in dem zur Darstellung gelangten Zeitraum weisen nur Zusammenstöße von Patrouillen und kleineren Abtheilungen auf; wir müssen uns daher auch in unseren Betrachtungen zunächst auf diese Grundlage beschränken.

Was nun das Verhalten der Patrouillen betrifft, so wird man davon ausgehen müssen, daß als erste Forderung an ihre Thätigkeit stets bestehen bleibt: selbst zu sehen. Für die Patrouillen ist es also nothwendig, unter allen Umständen so nahe an den Feind heranzugehen, daß ein deutliches Erkennen desselben auch vollständig erreicht wird.

Je nach der besonderen Lage wird hierbei die Entfernung, aus welcher die Beobachtungen gemacht werden, eine verschiedene sein: starke Kolonnen können von guten Aussichtspunkten bereits außerhalb günstiger Schußweite ausreichend erkannt werden, in einem weniger

überſichtlichen Gelände dagegen bleibt man auf ein näheres Heran=
gehen angewieſen, auch kann in demſelben ein überraſchender Zuſammen=
ſtoß zwiſchen kleineren Abtheilungen und Patrouillen ſtets ſtattfinden.

Nun kann nichts von dem Grundſatze: deutlich zu ſehen und
dazu nahe genug an den Gegner heran zu gehen, fallen gelaſſen
werden; es erübrigt daher nur: ſorgfältige Ausnutzung des Geländes
behufs eines gedeckten Vorgehens und gründliche Umſchau in demſelben,
wozu eine ausreichende Ausſtattung der Truppe mit Fernrohren ſich
empfiehlt. Etwas ſchwieriger dürfte auch unter Umſtänden das
Erkennen der Stärke einer feuernden feindlichen Abtheilung werden,
und zwar inſofern als früher die einzeln aufſteigenden Rauchwölkchen
wenigſtens einigen Anhalt für die Ausdehnung einer Schützenlinie
boten und man überhaupt näher an dieſelbe herangelangen konnte,
bevor man beſchoſſen wurde.

Immerhin fallen ſolche Momente mehr für geſchloſſene Ab=
theilungen ins Gewicht, als für die kleinen Patrouillen; überdies
darf man ſich auch keine übertriebene Vorſtellung von den Verluſten
der Patrouillen machen, deren wenigen Leute auf weitere Entfernungen
ein ſchlechtes Ziel bieten und deren Beweglichkeit die Ausſicht, ſie zu
treffen, noch vermindert.

Ein Beleg hierfür geben die Verluſte des Saarbrücker Detache=
ments in dem vorliegenden faſt vierzehntägigen Zeitraume. Der Muni=
tionsverbrauch in demſelben läßt ſich nicht feſtſtellen; die Berichte be=
ſagen, daß derſelbe in den zahlreichen kleinen Zuſammenſtößen
franzöſiſcher Seits ein recht bedeutender geweſen ſein ſoll; namentlich
wird in den preußiſchen Berichten faſt durchgängig angeführt, daß die
dieſſeitigen Patrouillen und Abtheilungen oft auf übergroße Ent=
fernung beſchoſſen wurden, ſowie auch, daß mehrfach Salvenfeuer auf
kleine Patrouillen abgegeben worden iſt. Deſſen ungeachtet betrug
der Geſammtverluſt der preußiſchen Truppen in dieſem Zeitraum
nur 8 Mann, 4 Pferde. *)

*) Dieſer Verluſt vertheilt ſich im Einzelnen auf:
2. Bat. Rgts. Nr. 40, todt: 1 Mann, verwundet: 2 Mann,
Füſ.=Bat. Rgts. Nr. 69, : -- : : 1 :
Ulanen=Rgt. Nr. 7, : 2 : : 2 :
außerdem:
2 Pferde todt,
2 : verwundet.

Für den Vormarsch kleinerer geschlossener Abtheilungen (stärkere Patrouillen u. dergl.) wird es erforderlich, die zur Aufklärung bestimmten Mannschaften möglichst weit vorzuschieben, und empfiehlt es sich in den meisten Fällen, wenn derartige Aufträge Infanterie-Abtheilungen übertragen werden, ihnen für diesen Zweck einige Reiter beizugeben.

Was weiterhin die Gefechte kleinerer Abtheilungen betrifft — und zwar nur in dem Umfange, wie die Darstellung der hier erwähnten Ereignisse sie vorgeführt hat — so erwachsen der Vertheidigung allerdings in Zukunft durch die Veränderung der Feuerwaffen einige Vortheile. Bei der großen Tragweite des Gewehrs und der Möglichkeit, in einem gegebenen Augenblick den Gegner mit einer größeren Anzahl von Kugeln als früher zu überschütten, wird dem Feinde bei ausreichendem Schußfelde auf weitere Entfernung ein Halt geboten und er genöthigt sein, eine größere Strecke des Geländes unter wirksamerem Feuer zu überschreiten, wobei sich in einzelnen Augenblicken seine Verluste erhöhen können. Auch dürfte man bei einzelnen Gefechtslagen, wie z. B. bei der Vertheidigung von Wege-Engen, unter Umständen mit weniger Mannschaft auskommen und dadurch den Vortheil gewinnen, an anderen wichtigen Stellen eine Verstärkung eintreten zu lassen. Ein besonderes Augenmerk wird dagegen die Vertheidigung auf die Verstärkung der Deckungsmittel wegen der größeren Durchschlagskraft der Geschosse zu richten haben. Dies führt nicht allein zu einer Vergrößerung der Profile bei allen Erdarbeiten, sondern auch zu einer Verstärkung und anderweitiger Auswahl sonstiger Deckungsmittel. Viele derselben, welche bisher ausreichend erschienen, wie dünne Mauern, Bohlen, Matratzen u. s. w., werden in Zukunft als Schutzmittel, wie zum Versetzen von Oeffnungen u. s. w., nicht mehr ihrem Zwecke entsprechen und einer Verstärkung bedürfen.

Für den Angreifer erscheint es gerathen, wenngleich auch sein Feuer dem Gegner bereits auf größere Entfernungen Verluste bereiten kann, doch an dem Grundsatz festzuhalten, mit dem Feuer erst auf so nahe Entfernung zu beginnen, als dies überhaupt erreichbar ist, sonst kommt auch die beste Schießausbildung im Felde nicht zu entsprechenden Ergebnissen. Eine bestimmte Meterzahl kann dabei nicht festgesetzt werden; die besonderen obwaltenden Verhältnisse werden in jedem Falle über den Beginn des Feuers entscheiden.

Die Verluste, welche man im Vorgehen durch die feindlichen Kugeln erleidet, der innere Werth der Mannschaften und die Herrschaft der Führer über dieselben, die mehr oder mindere Begünstigung, welche das Gelände bietet, Alles dies sind Momente, welche hierbei einen bestimmenden Einfluß ausüben. Aber, es sei nochmals gesagt — es ist Alles daran zu setzen, daß das Feuer erst auf möglichst nahe Entfernung vom Feinde eröffnet wird, wenn auch zugegeben werden muß, daß die Wirkung der heutigen Gewehre bei günstigem Schußfelde den Vorgehenden früher zum Niederwerfen und Eröffnen des Feuers zwingen dürfte, als dies bisher der Fall gewesen ist.

Ist man bis zum Feuergefecht gelangt, so vermag der Angreifer den Vertheidiger ebenso mit Kugeln zu überschütten, wie dieser ihn, dem Vertheidiger kommt jedoch der Vortheil einer Kenntniß der Entfernung, sowie bessere Deckung zu gute. Der Werth der Truppe, ihre Ausbildung, namentlich die Feuerleitung und Feuerdisziplin, fallen dabei ins Gewicht. Immerhin wird es für den Angreifer in den meisten Fällen nothwendig werden, seinem Gegner, den er doch verdrängen will, allmälig näher auf den Leib zu gehen. Ist das Vorgehen der ganzen ausgeschwärmten Abtheilung dann der vollen Feuerwirkung eines während dieser Zeit nicht beschossenen Gegners ausgesetzt, so kann dasselbe bei näheren Entfernungen sehr leicht nach wenigen Schritten bereits zum Stillstand gelangen. In dieser Beziehung verändert sich nichts gegen früher. Um so wünschenswerther bleibt es, gerade für diese Augenblicke, den Feind durch eine andere Abtheilung mit lebhafterem Feuer zu überschütten. Dazu wird sich aber bei den hier zur Sprache kommenden Gefechten mehr Gelegenheit bieten als bei entwickelten Schützenlinien in einem größeren Truppenverbande, da die Bewegungsfreiheit hier weniger gehindert ist. Es wird sich daher in den meisten Fällen wohl ermöglichen lassen, daß der Angreifer durch eine seitwärts herausgeworfene Gruppe ein den Gegner flankirendes oder wenigstens den Theil seiner Front noch treffendes Feuer unterhält, gegen welchen das Vorgehen er folgen soll.

Ein stehendes Feuergefecht auf wirksame Entfernungen wird die Verluste häufen und auch hier der Theil im Vortheil bleiben, dessen innerer Werth größer und dessen Schießausbildung und Feuerdisziplin die bessere ist, namentlich auch, wenn günstige Verhältnisse im Gelände ihn unterstützen, auch kann die Entscheidung unter

Umständen schneller fallen. Immerhin hat man damit zu rechnen, daß die „wirksamen Entfernungen" sich etwas vergrößert haben, doch fällt dies vorzugsweise auf ebenem Gelände ins Gewicht. Massenfeuer, wie lebhaftes Feuer aber muß stets, wie bisher, auf besonders günstige oder entscheidende Momente aufgespart werden; als günstige sind z. B. solche zu bezeichnen, in denen geschlossene Trupps des Gegners in unvorsichtiger Weise auftreten oder die feindliche Schützenlinie sich vorbewegt, ohne die diesseitige unter Feuer halten zu können. Entscheidende Momente treten ein, wenn die Entfernung beider Schützenlinien eine sehr nahe geworden ist, oder der Anlauf einer derselben erfolgt bezw. erfolgen soll. Auch über die Entfernung, auf welcher ein Anlauf auszuführen ist, lassen sich keine bestimmten Zahlen geben. Erkennt man beim Gegner eine Unsicherheit, zeigt sich das Abströmen von Mannschaften bei ihm nach rückwärts, so kann schon auf weitere Entfernung ein Marsch! Marsch! erfolgen, das bloß eine Drohung enthält, um ihn zum eiligen Verlassen seiner Stellung zu bewegen; im Allgemeinen aber wird die Feuerwirkung auf nähere Distanzen vielfach schon den Ausschlag geben. Jedenfalls aber hüte man sich, den Ansturm mit einer geschlossenen Abtheilung zu unternehmen, wenn nicht eine gründliche Erschütterung durch überwältigendes Feuer stattgefunden hat. In der Regel werden diese Zusammenstöße kleinerer Abtheilungen nur die Form von Schützengefechten annehmen.

Wiederholt ist darauf hinzuweisen, daß die bei dem Grenzdetachement Saarbrücken stattgefundenen Zusammenstöße bis zum 2. August keinen ernsteren Verlauf genommen haben, da wenigstens auf Preußischer Seite niemals in Betracht kommende Verluste zu verzeichnen sind, selbst da nicht, wo man ausnahmsweise zur Entwickelung einer verhältnißmäßig stärkeren Schützenlinie schreiten mußte. In den Fällen, in welchen es sich um Vertreiben einer vorgegangenen feindlichen Abtheilung handelte, wich dieselbe infolge des vorgeschriebenen Verhaltens meist sehr bald zurück, und im Uebrigen lag in der Regel nur die Absicht vor, sich über das Vorhandensein des Gegners an bestimmten Stellen zu unterrichten, was stets erreicht werden konnte, ohne daß es bei der Durchführung eines ernsten Gefechts bedurfte.

Man würde aber fehlschießen, wenn man stets auf ähnliche Erscheinungen rechnen wollte. Hier war dieses eigenthümliche Ergebniß durch die allgemeine Absicht der Franzosen, überhaupt nichts Ernstliches zu unternehmen, sowie durch die Schwäche der preußischen

Truppen hervorgerufen worden. Unter anderen Bedingungen können die Zusammenstöße auch einen wesentlich anderen Charakter annehmen, und man wird gut thun, dabei an dem bewährten Grundsatz fest= zuhalten, daß, wo ein Zusammenstoß möglich ist, der über kleine Patrouillengefechte hinausgeht, auch alle Kräfte zur Durchführung bereitzustellen sind, welche man für den Zweck verfügbar machen kann.*)

Die dargestellten Ereignisse bieten keine ausreichende Veranlassung, hier bereits auf größere Gefechte einzugehen; dasselbe ist bezüglich Besprechung der Artillerie der Fall, da das Auftreten der franzö= sischen Geschütze, welches an zwei Tagen erfolgte, bei den Truppen keine Verluste hervorrief.

Im Allgemeinen ergiebt sich daher aus diesen Betrachtungen, daß durch die Einführung der jetzigen Feuerwaffen und des rauch= schwachen Pulvers wesentliche Veränderungen in den Grundzügen über das Verhalten von Patrouillen und kleineren Abtheilungen nicht zu erwarten sind. Wohl aber weist diese Bewaffnung auf die sorgfältigste Ausbildung in der Benutzung des Geländes, sowohl für Patrouillen und kleine Abtheilungen, als auch bei Auf= stellung der Posten hin, wie auf eine Verstärkung der Deckungs= mittel, die in den Verhältnissen des kleinen Krieges zur Anwendung gelangen. Man wird jedoch stets die Trefffähigkeit der Waffe auf größere Entfernungen in Betracht zu ziehen haben, sowie die Möglichkeit einer Steigerung der Verluste in einzelnen Gefechtsmomenten, ferner kann auch unter Umständen ein nicht sofortiges Erkennen des Gegners, von dem man beschossen wird, sowie der Stärke seiner Schützen eintreten.

---

d. Die Detachements in der bayerischen Pfalz.
(Hierzu Karte 1 und 2.)

Die Aufstellung der Grenzdetachements, welche aus den zunächst verfügbaren zwei Bataillonen und vier Eskadrons gebildet wurden, vollzog sich in der Zeit vom 16. bis 18. Juli.

---

*) Als Beleg, daß man nicht immer alle vorhandenen Kräfte für der= artige Zwecke verwenden kann, sei angeführt, daß, wenn es sich bei Saar= brücken z. B. um Vertreibung des Feindes aus Gersweiler handelte, doch die Vor= posten=Abtheilungen auf der ganzen Linie belassen werden mußten.

Der Kommandeur des 5. Chevaurlegers = Regimentes, Oberst v. Weinrich, übernahm das Kommando der Vorposten und behielt dasselbe bis Anfang August; er nahm sein Quartier in Bergzabern. Den Oberbefehl führte bis zum Eintreffen des Kommandeurs der 4. Division (Generallieutenant Graf Bothmer) der Kommandeur der Truppen in der Pfalz, Generalmajor v. Maillinger; letzterem lagen auch die Vorbereitungen für die nach und nach einrückenden Truppen in der ersten Zeit ob.

Die Detachements in der Haardt.

Den rechten Flügel im Haardt=Gebirge übernahmen das 5. Jäger=Bataillon und zwei Eskadrons der 5. Chevaurlegers, von denen die 1. Kompagnie und eine Eskadron in Zweibrücken verblieben, die 3. Kompagnie mit der 2. Eskadron Pirmasens, die 2. und 4. Kompagnie nebst 23 Reitern der 2. Eskadron Vorder=Weidenthal und Gegend besetzten.[*)]

Bis zum Eintreffen des preußischen Dragoner=Regiments Nr. 5 in Einöd, Lautzkirchen und Zweibrücken[**)] wurde diese Aufstellung im Wesentlichen beibehalten, nur trat die Verlegung einer halben Eskadron von Zweibrücken nach Homburg ein, von wo aus sie die Verbindung mit der stehenden Patrouille des Ulanen=Regiments Nr. 7. bei St. Ingbert unterhielt.

Die kleinen Detachements trafen entsprechende Maßregeln zur Sicherung gegen die Grenze, insbesondere durch Aufstellung von Jäger=Pikets, über welche hinaus auf den größerer Verbindungen Kavallerie vorgeschoben wurde; Patrouillen beider Waffen überwachten weiter vorwärts die Gegend bis zur Grenze. Die Truppen selbst biwakirten oder bezogen Ortsunterkunft, je nachdem Nachrichten über die Annäherung französischer Abtheilungen oder deren Absichten eingingen; wo erforderlich, richtete man Relais ein.

Bei der Ausdehnung der zu überwachenden Grenze und der geringen eigenen Stärke war der Dienst in diesem Zeitraum, wie auch noch späterhin, ein sehr anstrengender, auch vermehrte die Vereinzelung der Kompagnien und Eskadrons die Schwierigkeiten der Mobilmachung.

---

*) Vorder=Weidenthal im östlichen Theile der Haardt, 8 km nordwestlich von Bergzabern. (Letzteres am östlichen Fuße der Haardt. Karte 2.)

**) Siehe Skizze 1.

Bereits am 20. Juli ging durch einen Gendarmen die Meldung ein, daß sich bei Bitsch 25,000 Franzosen befänden, deren Vormarsch in der Nacht zum 21. auf Zweibrücken erwartet wurde; ebenso verbreitete sich am 25. das Gerücht von einem Vorstoß des Feindes auf Pirmasens.

Andererseits meldete an letzterem Tage aus Hornbach*) der Gendarmerieposten (Brigadier Weiß) nach Landau:

„Arbeiter, welche aus der Gegend Bitsch und Saargemünd kommen, erzählen mit aller Bestimmtheit, daß die französischen Truppen von Bitsch weg und nach Saarbrücken hingezogen worden seien."

Ebenfalls am 25. Juli traf das preußische Dragoner-Regiment Nr. 5 in Homburg ein und marschirte am folgenden Tage nach Einöd; zwei Eskadrons verblieben daselbst, je eine ging nach Lautzkirchen und Zweibrücken, wo sie die Vorposten von der Chevaux-legers-Eskadron übernahmen, welche noch am 26. in die Gegend von Pirmasens abrückte; ein Zug Dragoner (Lieutenant Graf v. d. Schulenburg) löste den Ulanenposten bei St. Ingbert ab.

Bis zum 2. August erfolgte auf diesem äußersten rechten Flügel der Aufstellung in der Pfalz mehrfacher Wechsel zwischen den vorgeschobenen und zurückbehaltenen Eskadrons. Die Vorposten setzten Feldwachen auf den Hauptverbindungen nach der französischen Grenze aus: vorwärts Lautzkirchen je eine bei Biesingen und Breitfurth, vor Zweibrücken bei Mittelbach und Rimschweiler; Unteroffiziers-Posten sicherten nach beiden Flanken, auch wurden zwei derselben nach Süden hin vorgeschoben.

Bereits am 26. war gleich nach den Einrücken der Dragoner in die Beobachtungslinie eine Offiziers-Patrouille vorgeschickt worden; sie überschritt die Grenze und gelangte bis Schweyen,**) wo das Feuer von Douaniers ihr Halt gebot und die Ermattung der Pferde ein weiteres Ausgreifen verhinderte. In der Nacht ging von dem Zuge bei St. Ingbert genaue Mittheilung über die Aufstellung des preußischen Detachements in Saarbrücken ein, unter dem Hinzufügen: „Forbach, Stiring stark vom Feinde besetzt, desgleichen Saargemünd; rechtes Saar-Ufer frei."

---

*) Hornbach: 6 km südlich Zweibrücken.
**) Schweyen: 4 km südöstlich Hornbach. (Karte 2.)

Am folgenden Tage telegraphirte der Bezirksfeldwebel aus Homburg: „Französische Vorposten bis Breitfurth vorgerückt, deshalb die 2. Landwehrkompagnie nach Homburg zurückgezogen."*)

Die Depesche war als zuverlässig übergeben, ihr Inhalt wurde jedoch durch sogleich ausgeschickte Patrouillen nicht bestätigt.

In der Nacht zum 28. entsandte die 4. Eskadron von Zweibrücken zwei Schleichpatrouillen von je 1 Unteroffizier und 2 Mann, welche um 10 bezw. 11 Vormittags wieder zurückkamen. Die eine derselben war bald nach dem Ueberschreiten der Grenze in südlicher Richtung wiederum von Douaniers beschossen worden, die andere hatte bei Bliesbrücken (8 km östlich Saargemünd) Gewehrfeuer erhalten.

Am 29. brachte eine um 4 Uhr früh ebenfalls von der 4. Eskadron entsandte Patrouille Abends 8 Uhr die Nachricht zurück, daß jenseits der Grenze, und zwar in unmittelbarer Nähe derselben, zwei Kavallerie-Regimenter in den Ortschaften lägen. Da sich das Gerücht von einem Vorgehen der Franzosen gegen Hornbach verbreitet hatte, war ferner an diesem Tage eine Erkundung von zwei Zügen der bayerischen Jäger-Kompagnie mit 24 Dragonern angeordnet worden, welche bei Schwengen wiederum auf Douaniers stieß, von denen einer erschossen wurde. Während des Vorgehens liefen von Hornbach fortwährend telegraphische Nachrichten über einen „massenhaften Vorstoß" der Franzosen auf Zweibrücken ein. Inzwischen waren die beiden Eskadrons in Einöd infolge Meldung über das Vorrücken des Feindes alarmirt worden, doch unterblieb das Ausrücken, da sich noch rechtzeitig das Irrthümliche der Nachricht herausstellte.

Den 30. Juli früh 3 Uhr meldete der Zug bei St. Ingbert: „Der Feind hat sich zwischen Groß-Blittersdorf und Saargemünd stark zusammengezogen. Es biwakiren in jener Gegend ungefähr ein Regiment Infanterie und vier Eskadrons Chasseurs. Die Brücke zwischen Saargemünd und Hannweiler**) ist vom Feinde wiederhergestellt worden."

Ferner ging am Abend folgendes Telegramm vom Bürgermeisteramt Brenschelbach***) ein:

„Heute früh sieben Uhr ungefähr 20 französische Reiter und 40 bis 50 Mann Infanterie durch den Ort gezogen von Ormers-

---

*) Breitfurth liegt 15 km südw. Homburg auf dem Wege nach Saargemünd.
**) Dicht unterhalb Saargemünd (Karte 1).
***) Brenschelbach, 4 km südwestlich Hornbach (Karte 2).

weiler kommend und wieder dahin zurück. Man glaubt, daß in Ormers=
weiler Viele sind."*)

Am 31. Juli meldete Graf v. d. Schulenburg aus St. Ing=
bert, daß die Franzosen bei Saargemünd eine neue Brücke geschlagen
und bereits eine Feldwache auf das rechte Saar=Ufer vorgeschoben
hätten.

Am 1. August wurde durch zwei Offiziere des Husaren=Regi=
ments Nr. 12, von dem eine Eskadron in Homburg eingetroffen
war, die Verbindung mit diesem Regiment hergestellt. Am folgenden
Tage ging der Befehl ein, daß das Dragoner=Regiment, welches bis=
her als Divisions=Kavallerie für die 21. Infanterie=Division bestimmt
war, zur 4. Kavallerie = Division stoßen und nach erfolgter Ab=
lösung zur Vereinigung mit derselben über Pirmasens nach Landau
abmarschiren sollte.

Ueber die in diesen Zeitraum fallende Unterstützung des Pre=
mierlieutenants v. Voigt zur Zerstörung der Bahn Saargemünd—
Hagenau, sowie über das Ansuchen, die Jäger=Kompagnie von Zwei=
brücken fortzuziehen, ist bereits S. 155 Mittheilung erfolgt.

Weiter östlich im Gebirge wurde die Sicherung von den übrigen
drei Jäger=Kompagnien des 5. Bataillons und einer, in den letzten
Tagen von zwei Eskadrons der 5. Chevauxlegers übernommen, während
eine inzwischen eingetroffene Eskadron des 2. Chevauxlegers=Regiments
in Birkenhördt**) die Verbindung mit den östlich der Haardt befind=
lichen Truppen unterhielt. Auch hier waren die Anstrengungen be=
trächtlich; der Patrouillengang erstreckte sich ebenfalls bis zur Grenze,
welche während des größten Theils dieses Zeitraums unbesetzt ge=
funden wurde. Mehrfache Nachrichten, am 25. bezw. 29. Juli, sowie
am 1. und 2. August von einem Vorstoß des Feindes, bald auf Zwei=
brücken, bald auf Pirmasens oder Dahn,***) führten stellenweise zu Bi=
waks und sonst entsprechenden Maßregeln und brachten verschiedentlich
Beunruhigungen bis in die Truppen der III. Armee, welche zwischen
der Haardt und dem Rhein in der Versammlung begriffen waren.

Nach dem Eintreffen von Verstärkungen in der Pfalz wurden
durch den Generallieutenant Graf Bothmer für den 25. Juli einige

---

*) Ormersweiler, 2 km südlich Brenschelbach.
**) Birkenhördt, 4 km nordwestlich Bergzabern (Karte 2).
***) Dahn, 16 km nordwestlich Bergzabern (Karte 2).

Aenderungen für diesen Theil des Grenzbezirks angeordnet und zwar erhielten:

Pirmasens: 1 Kompagnie Jäger, 3 Züge Chevauxlegers.

Dahn: 1 Kompagnie Jäger, ½ Zug Chevauxlegers, Detachement in Bundenthal*) und starker Beobachtungs=Posten am Sulzweg.

Vorder=Weidenthal: 1 Kompagnie Jäger, ½ Zug Chevauxlegers, mit Detachements in Erlenbach und Nieder=Schlettenbach.**)

Birkenhördt: 1 Eskadron des 2. Chevauxlegers=Regiments, Beob= achtungsposten 3 km westlich in Böllenborn.

Weiter links schlossen sich die nächsten Truppen um Bergzabern und Schweigen (6 km südlich davon) an.

Ueber die Thätigkeit dieser Truppen liegen im Kriegsarchiv nur wenig Einzelheiten vor, so daß meist nur aus anderweitigen Mel= dungen Notizen gegeben werden können.

So meldet am 28. Juli Premierlieutenant v. Uslar, welcher von Annweiler (11 km nördlich Bergzabern) mit einer preußischen Husarenpatrouille nach Pirmasens vorgegangen war:

„Nach heut geschehener Rekognoszirung des Herrn Majors v. Egloffstein (Bayr. Chevauxlegers) von Pirmasens gegen Bitsch stieß derselbe bei Haspelscheidt jenseits der Grenze auf ein französisches Infanterie=Piket, hinter dem nach ziemlich zuverlässigen Nachrichten von Landleuten ein Korps von ungefähr 5000 Mann gemischter Truppen vermuthet wird, zum Zweck der Deckung der Eisenbahn von Saargemünd nach Bitsch, auf welcher von 20 zu 20 Minuten Truppen befördert werden . . . . .“

Ueber einzelne kleinere Verschiebungen in der Aufstellung kann hinweggegangen werden, nur ist noch zu bemerken, daß, um derselben einen Rückhalt zu geben, auf Antrag des Grafen Bothmer das Jäger=Bataillon Nr. 5 und eine Eskadron des V. Armeekorps am 1. August im Annweiler=Thal nach Wilgartswiesen und Hinter= Weidenthal***) marschirten, infolge der inzwischen jedoch befohlenen Versammlung der III. Armee an demselben Abend wieder zurückbeordert wurden.

---

*) Bundenthal, 6 km südöstlich Dahn.

**) Erlenbach 2½ km nordöstlich, Nieder=Schlettenbach 2½ km südöstlich von Bundenthal (Karte 2).

***) Hinter=Weidenthal in der Luftlinie 24 km westlich Annweiler; Wil= gartswiesen noch ein paar Kilometer weiter (Karte 2).

Ferner ist noch zu erwähnen, daß das Dragoner-Regiment
Nr. 13 am 1. August in Pirmasens einrückte.

Dort war bereits die 2. Eskadron des Thüringischen Husaren-
Regiments Nr. 12 unter Major v. Parry eingetroffen mit dem Auftrage: das Gelände aufzuklären und Nachrichten vom Feinde einzuziehen. Nach Vereinbarung mit dem in Pirmasens kommandirenden
bayerischen Major Frhrn. v. Egloffstein wurde die Erkundung am
1. August gegen die Straße Bitsch—Weißenburg gerichtet und zu
ihrer Ausführung 24 Chevauxlegers, 24 preußische Husaren und
15 Jäger bestimmt; beide Stabsoffiziere begleiteten das Detachement.
Dasselbe stieß in Eppenbronn — 9 km südwestlich Pirmasens —
zusammen und trat von hier aus den Marsch durch das wild
zerklüftete und sehr unwegsame Waldgebirge an. Eine Jäger-
Patrouille meldete unterwegs die Anwesenheit einer französischen
Patrouille am Erlenkopf; ferner theilte ein Förster mit, er habe
französische Soldaten in der Nähe von Stürzelbronn*) gesehen
und erfahren, daß der Ort selbst von einigen Hundert Mann besetzt
sei. Man entschloß sich daher, die Erkundung gegen Stürzelbronn zu richten. Die Grenze wurde um 11 Uhr überschritten; in
einer engen Schlucht, welche auf das Knie der Chaussee nordwestlich
Stürzelbronn hinabführt, gelangte man an den Fuß des Erlenkopfes.
Hier erblickte man einen Doppelposten auf der Straße, hinter demselben mehrere französische Soldaten, welche einen Wagen umstanden.
Spitze und Vortrupp stürzten sich in stärkster Gangart aus dem
Walde hervor. Der überraschte Posten gab keinen Schuß ab, sondern
kletterte nebst den übrigen Leuten den steilen Felshang eiligst empor.
Die Husaren gaben ihrerseits Feuer, wie es schien nicht ohne Erfolg,
und setzten mit den Chevauxlegers im Galopp den Weg auf Stürzelbronn fort unter dem lebhaften Feuer von Infanterie-Abtheilungen,
die jetzt auf beiden Thalrändern erschienen. Sobald sich weiter westlich eine aus den Bergen hinab führende Schlucht zeigte, ließ Major
v. Egloffstein von der Chaussee dorthin abbiegen, wobei ein Wiesen-
grund und ein Bach mit sumpfigen Ufern zu überschreiten waren,
und entzog so das Detachement den Augen des Gegners. Nach
Uebersteigung eines steilen Rückens wurde die Abtheilung noch auf
französischem Gebiet wieder gesammelt und der Abmarsch über Ludwigswinkel und Eppenbronn nach Pirmasens angetreten. Zwei

*) 10 km östlich Bitsch (Karte 2).

Pferde waren verwundet; ein Husar, welcher an der Mühle von Ludwigswinkel beim Nachsatteln zurückgeblieben war, wurde vermißt. Die der Kavallerie beigegebenen Jäger fanden keine Verwendung; entweder haben sie den Reitern nicht zu folgen vermocht oder deren Spur in dem schwierigen Gelände überhaupt verloren.

Bemerkungen zur Durchführung der Aufgaben auf dem rechten Flügel der Aufstellung in der bayerischen Pfalz.

Die im Gebirge verfügbaren schwachen Posten konnten nur die wichtigsten Straßen nach der Grenze zu beobachten, aber sie deckten dadurch immerhin mittelbar die Bahn Ludwigshafen—Homburg gegen den Vorstoß kleinerer Abtheilungen.

Wird ein Festhalten eines ganzen Wegenetzes im Gebirge beabsichtigt, so kommt eine auf Sperrung der Hauptstraßen berechnete Vertheilung kleinerer Posten nur dann zu einem gewissen Abschluß, wenn weiter rückwärts an einem Knotenpunkte, von welchem aus die vorderste Linie schnell zu erreichen ist, eine geschlossene Abtheilung in Bereitschaft gehalten wird. Zunächst hatte man für eine derartige Unterstützung keine Truppe verfügbar; am 26. wurde von dem linken Flügel der Gesammtaufstellung zwar das 1. Bataillon 9. Regiments mit etwas Kavallerie zur Unterstützung infolge eingegangener Nachrichten über einen vom Feinde beabsichtigten Vorstoß in das Gebirge geschickt, kehrte aber an demselben Tage wieder zurück, und erst am 1. August erfolgte die Absendung eines preußischen Jäger-Bataillons und einer Eskadron des V. Korps nach Wilgartswiesen und Hinter-Weidenthal in der Absicht, einen Rückhalt zu bieten. Veränderte Verhältnisse führten aber auch hier den Rückmarsch des Bataillons in der folgenden Nacht herbei.

Für den äußersten rechten Flügel bei Zweibrücken und Pirmasens stand jedoch eine derartige Infanterie-Unterstützung nicht zur Verfügung; hier blieben die beiden Jägerkompagnien, anfangs mit zwei, später mit sechs Eskadrons, während des größten Theils der Zeit sich selbst überlassen; nur in den allerletzten Tagen vermehrte sich die Kavallerie durch Eintreffen der den Korps voraneilenden Eskadrons um fünf Schwadronen. Unter diesen Umständen war es sehr richtig, daß die 5. Dragoner sich in die Tiefe gliederten, indem sie in der ersten Linie nur zwei Eskadrons verwandten, die beiden anderen Eskadrons aber weiter rückwärts zur Verfügung behielten.

Außerdem, daß im Gebirge alle nach dem Feinde zu führen=
den Straßen unter Beobachtung zu halten sind und an wichtigeren
Sperrpunkten eine Besetzung durch Abtheilungen, welche der Stärke
des Ganzen entsprechen, erfolgen muß, tritt aber auch als recht
wünschenswerth hervor, für mehrere Abschnitte über eine
gemeinschaftliche Reserve weiter rückwärts verfügen zu können.
Selbstverständlich muß der Abstand so bemessen werden, daß ein
rechtzeitiges Eingreifen dieser Reserve gesichert bleibt. Wenn jedoch
für größere Strecken die verfügbaren Truppen nicht ausreichen, allen
Anforderungen zu genügen, so muß man allerdings auf das Auf=
stellen dieser Reserve verzichten.

Auch im Berglande liegt die äußere Grenze der Beobachtung
und Sicherung der Kavallerie ob, wenn ausreichender Raum für ihre
Bewegung sich zwischen ihr und der Infanterie des Gegners vorfindet,
oder eine geringe Breitenausdehnung des Letzteren seine Umfassung
begünstigt. Kleinere Infanterie=Posten bieten der Kavallerie alsbann
an geeigneten Punkten Aufnahme, und können diese Posten von den zur
Sperrung der Wege aufgestellten Kompagnien vorgeschoben werden.
Daß ein solcher Rückhalt der Kavallerie sehr erwünscht ist, dürfte aus den
Mittheilungen über das beabsichtigte Fortziehen der Jäger=Kompagnie
aus Zweibrücken sich ergeben, ebenso aber, daß auch ohne eine solche
Infanterie=Unterstützung die Kavallerie an den für ihre Zwecke ge=
eigneten Punkten auszuharren hat. (S. 32.)

Für etwaige Angriffsbewegungen gemischter Detachements im
Gebirge ist daran zu erinnern, daß der Besitz der Höhen über das
Festhalten der in den Einschnitten einherlaufenden größeren Straßen
entscheidet, aber auch, daß in den meisten Gebirgen Mittel=Europas das
Wegenetz vielfach ein sehr verzweigtes und ausgedehntes ist, welches
das Vermeiden eines frontalen Angriffs erleichtert und gestattet, die
Bewegungen gegen Flanke und Rücken des Vertheidigers zu richten.
Letzterer darf bei großer Gangbarkeit des Gebirges nicht in den
Fehler verfallen, alle Wege und Stege vertheidigen zu wollen, sondern
muß seine Abtheilungen an den wichtigsten Punkten zusammenhalten und
die selbige beherrschenden Höhen nach verschiedenen Richtungen hin
zur Vertheidigung einrichten; alle sonst in Betracht kommenden Wege
sind in der Regel nur durch entsprechenden Patrouillengang zu be=
obachten und nicht unmittelbar in die Vertheidigung hineinzuziehen.

In Bezug auf die Thätigkeit der im Gebirgslande der bayerischen
Pfalz verwandten Abtheilungen fällt auf, daß, mit wenigen Ausnahmen,

die Patrouillen nie so weit ausgriffen, bis sie auf feindliche Truppen stießen. Die Anwesenheit der kleinen Douaniers-Posten in der Nähe der Grenze, welche auf Patrouillen und aufklärende Abtheilungen mehrfach Feuer gaben, können dieses Verfahren nicht erklären; denn so gering auch die Zahl der hier verfügbaren deutschen Truppen war, so hätte ihre Stärke doch ausgereicht, an dieser oder jener Stelle einen Douaniers-Posten zu beseitigen und über ihn hinaus in Feindes Land einzudringen, um sich — namentlich durch die Kavallerie — über die dortigen Verhältnisse Kenntniß zu verschaffen.

Die Erklärung für das hier eingeschlagene Verfahren dürfte vielleicht in den Befehlen zu finden sein, welche sowohl den bayerischen Truppen, wie den 5. Dragonern zugingen. Für die Bayern bildete die Grundlage: „daß ein nur defensives Verhalten durch militärische Rücksichten (Truppenstärke in der Pfalz) bedingt sei," für die Dragoner der Satz: „Die Beobachtung der bayerisch-französischen Grenze zu übernehmen." Von weitergehender Aufklärung jenseits der Grenze im Interesse der oberen Heeresleitung ist in beiden Erlassen nicht die Rede. Erst das Eintreffen der Husaren in Pirmasens mit dem ihnen geworbenen bestimmten Auftrage: Nachrichten vom Feinde einzuziehen, scheint den Anstoß gegeben zu haben, nun auch den Gegner selbst aufzusuchen.

Allerdings können Fälle eintreten, in welchen es vortheilhaft ist, daß sich die Truppe offensiv so wenig wie möglich zeigt und sich mit einem begrenzten Beobachtungsbezirk, wie mit den eigenen Sicherheitsmaßregeln begnügt, um nicht . den Gegner herauszufordern. Namentlich wird ein derartiges Verfahren dort nahe liegen, wo der Gegner eine bedeutende Ueberlegenheit besitzt. Dieser Gesichtspunkt ist nicht bloß hier hervorgetreten, sondern wir finden ihn auch bei Saarbrücken; wenigstens heißt es in der Geschichte des Ulanen-Regiments Nr. 7, Seite 70:

„Es mußte auch bei allen ferneren Unternehmungen der Grundsatz festgehalten werden, den Feind nicht zur Offensive gegen Saarbrücken zu reizen, denn durch den Besitz der Stadt allein war die Benutzung der Eisenbahn und das Material gesichert; ein ernsthafter Zusammenstoß aber konnte nur mit der Vernichtung des kleinen Detachements endigen."

Ob sich nun Vorstöße der Franzosen, wenn sie durch fortwährendes Antasten kleinerer deutscher Abtheilungen gereizt wurden, bis an die Bahn nach Homburg erstreckt hätten, erscheint zweifelhaft, ließ sich aber von vornherein nicht übersehen. Erfolgte ein solcher Vorstoß, so hätte er allerdings unter Umständen für die Operationen empfindlich werden können. Immerhin muß man sich aber sagen, daß bei einem derartig eingeschränkten Verfahren die Patrouillen u. s. w. oft recht wenig oder gar nichts zuverlässig werden fest= stellen können. Die Verhältnisse liegen bei weiterer Entfernung vom Gegner anders, als wenn man ihn — wie dies bei Saarbrücken der Fall war — unmittelbar vor Augen hat; da muß jedenfalls ein Mittelweg zwischen dem „zu viel" und dem „zu wenig" innegehalten werden; es handelt sich dann eben nicht um Gefechte, sondern nur um eine Beobachtung, und da giebt es keine Rücksicht, welche es aus= schlösse, daß man so weit vorgeht, bis man den Feind auch zu Gesicht bekommt. Hier ist die wichtige Bewegung der zwei Divisionen des 5. französischen Armeekorps von Bitsch nach Saargemünd durch die von einem Gendarmen übermittelte Nachricht frühzeitig nach Billig= heim gelangt.*) Sehr wahrscheinlich wird sie auch in dem Hornbach so naheliegenden Zweibrücken bekannt geworden sein, wenngleich man in dieser Beziehung manchmal eigenthümliche Erfahrungen macht. Immerhin liegen keine Belege vor, daß weitergreifende Kavallerie= Aufklärungen angeordnet wurden, um die Richtigkeit dieser so äußerst wichtigen Meldung festzustellen. Auch scheint der Ersatz der beiden von Bitsch abmarschirten Divisionen des 5. Korps durch die von Hagenau herangezogene dritte Division des Korps unbemerkt geblieben zu sein. Selbst für den Fall, daß die Patrouillen nicht weit genug an die Marschlinie der feindlichen Kolonnen hätten her= ankommen können, um deren Bewegungen zu beobachten, so würde eine Fühlung mit den für diesen Marsch erforderlichen Deckungen der Franzosen voraussichtlich einigen Anhalt zum Erkennen der Be= wegung geboten haben. Schließlich hätten sich doch auch diese Sicher= heitstruppen, wenigstens theilweise und so weit sie nicht zum Schutz der Bahn länger erforderlich blieben, dem Abmarsche des 5. Korps anschließen müssen. Kam man aber nicht frühzeitig genug, um den Marsch selbst noch erkennen zu können, so würde es sich doch viel= leicht haben feststellen lassen, ob sich noch größere Massen in der Gegend von Bitsch befanden, oder ob nur einzelne Kommandos zum Schutz der Eisenbahn zurückgeblieben waren.

---

*) Billigheim, wo sich der Divisions=Stab befand, liegt 7 km nordöstlich Bergzabern.

Man wird daher in jedem einzelnen Falle sorgfältig abwägen müssen, ob man einem Grenzdetachement Beschränkungen im Ausgreifen seiner Patrouillen ganz ausnahmsweise auferlegen soll; als Regel muß aber festgehalten bleiben: die Beobachtung bis an den Gegner heranzutreiben.

Hätten hier besondere Bestimmungen nicht vorgelegen, so wäre das Dragoner-Regiment wohl in der Lage gewesen, aus eigenen Kräften oder mit Unterstützung der Jäger die nächsten Douaniers-Posten unschädlich zu machen und seine Fühler so weit vorzusenden, bis diese auf feindliche Truppen stießen, worauf alsdann die erlangte Fühlung auch dauernd zu erhalten war.

Sicherlich würde dies zu Gegenmaßregeln des Feindes geführt haben, und höchstwahrscheinlich wären die vordersten Beobachtungen der Dragoner sehr bald von ihren Plätzen durch Infanterie vertrieben worden, aber das hätte nicht gehindert, auch fernerhin in Berührung mit den äußersten Sicherungs-Abtheilungen des Gegners zu bleiben, um so mehr, als bei der großen Breitenausdehnung des in Betracht kommenden Geländes die Franzosen nicht überall Abtheilungen vorzuschieben vermochten. Der kühne Ritt der Chevaux-legers und Husaren von Pirmasens aus auf Stürzelbronn giebt überdies den Beleg, daß sich selbst in einem recht zerklüfteten Berglande noch ein Feld der Thätigkeit für den Aufklärungsdienst der Kavallerie findet. Man darf sich eben nie durch die Schwierigkeiten des Geländes abschrecken lassen; Schwierigkeiten werden durch den auf ein bestimmtes Ziel gerichteten Willen und die Thatkraft überwunden, und Außergewöhnliches wird dann geleistet. Allerdings hätte man bei der gleichzeitigen Aufgabe, die Bahn zu sichern und auch nach Saargemünd hin zu beobachten, die Gegend von Lautzkirchen, Blieskastel und Zweibrücken nicht völlig von Truppen entblößen können, immerhin aber war man stark genug, um ein bis zwei Eskadrons weiter vorzuschieben, von welchen dann die zur Aufklärung erforderlichen Entsendungen auf einem oder mehreren Wegen oder von wechselnden Ausgangspunkten her stattfinden konnten. Auch würde es sich ermöglicht haben, sobald die Jäger-Kompagnie ausreichende Reserven empfangen hatte, durch ein paar vorgeschickte Halbzüge Stützpunkte für die Kavallerie zu besetzen und deren Aufklärung anderweitig zu unterstützen oder zu ergänzen.

Diese Betrachtungen weisen darauf hin, daß auch im Gebirge die Aufklärung der Kavallerie, wenn nicht feindliche Infanterie-

Poften in unmittelbarer Nähe gegenüberstehen und die Ausdehnung der feindlichen Poftirungen ein Umgehen der Flügel nicht geftattet, nicht ruhen darf, vielmehr auch hier eine solche von ihr gefordert werden muß.

Was die Douaniers-Poften betrifft, so fühlt man durch, daß diese der Aufklärung hinderlich gewesen find. Das wird aber überall der Fall sein, wo die Zollbeamten, Grenzwachen oder das Forft-perfonal eine militärische Organifation bereits im Frieden haben und man sie im Kriege den militärischen Befehlshabern unterftellt, welche eine einheitliche und zielbewußte Verwendung derselben herbei-führen. Eine derartige Verwendung kann sich als recht nutzbar erweisen, und dieser Nutzen wird sich vergrößern mit der Zahl und Stärke der betreffenden Abtheilungen.

Das Beftreben des Gegners muß darauf gerichtet sein, einen derartigen Schleier so bald als möglich zu zerreißen, um mit seinen Aufklärungen weit genug in das feindliche Gebiet hineingreifen zu können. Es empfiehlt sich daher für ihn, an solchen Stellen gleich bei der erften Berührung mit Unternehmungen des kleinen Krieges vorzugehen und diese ihn beläftigenden Poften zu vertreiben.

Schließlich sei noch hervorgehoben, daß sich die Kenntniß über den Feind — abgesehen von wenigen, thatsächlichen Berührungen mit demselben — nur auf eingegangene Nachrichten ftützte. Von denselben waren richtig oder wenigftens annähernd richtig:

die von einem Gendarmen übermittelte Nachricht, daß sich (am 20.) bei Bitsch 25,000 Franzosen befänden. Thatsächlich fand um diese Zeit die Verfammlung von zwei Divifionen des 5. Korps daselbft ftatt.

Ebenso die weitere Mittheilung eines Gendarmen vom 25. Juli vom Abmarsch der Truppen bei Bitsch in Richtung auf Saarbrücken (Saargemünd).

Beide Angaben hat man durch einen zweckmäßigen Verkehr der Gendarmerie-Poften mit der Landbevölkerung erhalten; es scheint aber daß sie dem Saarbrücker Detachement nicht zugegangen find, was nicht übersehen werden durfte.

Ferner waren richtig die Angabe des Förfters von der Be-fetzung von Stürzelbronn, sowie sämmtliche Mittheilungen, welche von dem Verbindungspoften bei St. Ingbert eingingen, ebenso die Meldung des Bürgermeifters von Ormersweiler vom Marsche einer französischen Abtheilung durch den Ort.

Zweifelhaft bleibt, ob sich am 29. unmittelbar an der Grenze zwei französische Kavallerie-Regimenter befanden; etwas Kavallerie wird jedenfalls dort gewesen sein.

Falsche Meldungen sind mehrfach eingegangen, die sich aber meist in ihren Einzelheiten unserer Kenntniß entziehen; jedenfalls bieten verschiedentliche Alarmirungen auf Grund irrthümlicher Meldungen Belege hierfür.

Auch die hier dargelegten Verhältnisse bestätigen den Satz, daß, um über die vorderste Linie des Gegners dauernd unterrichtet zu bleiben, die Nachrichten der Landesbewohner und Kundschafter von großem Werthe sein können, aber daß man sich nicht mit ihnen begnügen darf, sondern die Fühlung mit dem Gegner selbst suchen und erhalten muß. Hierbei genügt es nicht, über die Anwesenheit feindlicher Truppen an bestimmten Stellen Kenntniß zu erlangen, es muß danach gestrebt werden, zu erfahren, welchem Truppentheile sie angehören.

Hier wurde der erste Gefangene am 2. August eingebracht, das Regiment, welchem er angehörte, ist nicht angegeben.

Schließlich muß bei der Erkundung gegen Stürzelbronn noch des Umstandes gedacht werden, daß die Verbindung zwischen den vorgegangenen Reitern und den mit ihnen ausgesandten Jägern verloren gegangen ist. Es weist dies darauf hin, daß der Direktion von Infanterie-Abtheilungen, welche der Kavallerie folgen sollen, stets besondere Aufmerksamkeit zu widmen ist, gleichviel, ob es sich dabei um größere oder kleinere Abtheilungen handelt.

Oberst v. Katzler unterließ es 1813 nie, wenn er mit der Avantgarden-Kavallerie vorauseilte, seiner Infanterie die Stelle zu bestimmen, bis an welche sie vorgehen sollte, und ließ dann aber auch ihr an der betreffenden Stelle rechtzeitig Weisung über ihr weiteres Verhalten zugehen, ob sie dort halten bleiben oder den Marsch fortsetzen, bezw. zurückgehen oder eine andere Richtung einschlagen sollte.

Im Aufmarschgebiet der III. Armee zwischen Haardtgebirge und Rhein.

Auf dem linken Flügel der gesammten Aufstellung in der Bayerischen Pfalz, in dem Abschnitt zwischen dem Gebirge und dem Rhein, war ebenfalls bis zum 18. Juli die Beobachtungslinie von dem aus Speyer entsandten 1. Bataillon 7. bayerischen Regiments und der aus Zweibrücken herangezogenen 3. und 4. Eskadron der 5. Chevaurlegers gebildet worden. Nur unmittelbar am Rhein, am Uebergange von Maxau, betheiligten sich badische Truppen in wechselnder Stärke durch Besetzung der Brücke, wie des Dorfes Hagenbach und Aushülfe an Kavallerie (½ bis 2 Eskadrons)*) an der Beobachtung.

Da das Bataillon 7. Regiments beim Ausrücken nur 214 Mann zählte, wurde dasselbe in zwei Kompagnien eingetheilt, von welchen anfänglich die eine nach Bergzabern, die andere mit einem Zuge der 3. Chevaurlegers-Eskadron Winden besetzte, während der Rest der 3. und die 4. Eskadron nach Langenkandel**) zu liegen kam. Bayerisch-Maxau wurde vorläufig durch eine schwache Kompagnie des 4. bayerischen Regiments gedeckt.

Durch die erste Aufstellung erzielte man zunächst, soweit die geringen Kräfte es erlaubten, wenigstens eine Beobachtung einiger der aus französischem Gebiet über die Lauter hereinführenden hauptsächlichsten Wege. Auch hier machte der Aufklärungsdienst große Ansprüche an die Truppe.

Wie wir wissen, wurden bei der Wichtigkeit des Grenzgebietes für den Aufmarsch der III. Armee zur Sicherung desselben Verstärkungen aus zum Theil nicht völlig mobilen Truppen aus Bayern herangezogen.

Am 22. Juli trafen bereits das 3. Bataillon 5. Regiments in Klingen, das 10. Jäger-Bataillon in Barbelroth***), sowie zwei Eskadrons des 2. Chevaurlegers-Regiments in Bergzabern und Birkenhördt ein.

Infolge der Belegung von Barbelroth rückte die Kompagnie des 7. Regiments aus Winden nach Schweigen (südlich Bergzabern); das Jäger-Bataillon setzte sich durch eine Offiziers-Patrouille mit dieser Kompagnie in Verbindung und sandte die eingesammelten Nachrichten am 23. Nachmittags weiter. Diese lauteten:

„Drei französische Ulanen sollen in Weißenburg gewesen sein, drei Regimenter dort erwartet werden; in den Magazinen herrscht lebhafte Thätigkeit."

---

*) Näheres hierüber bei Darstellung der Thätigkeit der badischen Feld-Division. Hagenbach liegt 4 km südwestlich des Uebergangs von Maxau.

**) Winden 9 km östlich Bergzabern an der Bahn, Langenkandel etwa 5 km südöstlich von Winden.

***) Barbelroth 4½ km östlich Bergzabern.

„Ein aus Straßburg ausgewiesener Arbeiter theilt mit, daß dort 80,000 Mann zusammengezogen und am 22. früh Truppen=bewegungen gegen Weißenburg stattgefunden hätten. In Oberbrunn*) befände sich das 78. Regiment, westlich Hagenau an der Moder biwakiren ca. 6000 Mann Infanterie nebst Kavallerie; 50 Lanciers wären durch Sulz marschirt; auf dem Wege von Surburg nach Sulz zeigten sich fortwährend Patrouillen."

Ferner wurde durch Leute, die am südlichen Saum des Bien=waldes zu thun gehabt, mitgetheilt:

„Bei Sulz (halbwegs Weißenburg—Hagenau) die ersten feind=lichen Truppen; zwischen diesem Ort und Hagenau befinden sich ebenfalls ziemlich viele Truppen, in Straßburg sehr viele.

Bei Trimbach, Siegen**) u. s. w. ständen 36,000 Mann nach dem Rhein zu."

An die nacheinander eintreffenden Abtheilungen der 4. bayerischen Division schloß sich unmittelbar der Transport der mobilen V. und XI. preußischen, sowie der beiden bayerischen Armee=Korps an.

Die zunächst anlangenden bayerischen Truppen verstärkten theils die vorderste Sicherungslinie, theils wurden sie als Reserven hinter dieselbe verlegt und so gruppirt, daß auf den beiden hauptsächlichsten Straßen von Weißenburg über Bergzabern und Billigheim einem Vor=bringen des Feindes auch ein entsprechender Widerstand entgegengesetzt werden konnte. Hierdurch entstanden nicht nur einzelne Verschiebungen in der Belegung der Ortschaften und der Vertheilung der Kavallerie in der vordersten Linie, sondern durch das allmälige Eintreffen größerer Massen auch in der Gruppirung und Belegung bei den hinter dieser Linie sich sammelnden Reserven. Wir verzichten darauf, den Wechsel in diesen ersten Tagen im Einzelnen zu verfolgen, da derselbe für unsere Zwecke nicht von Bedeutung ist, und erwähnen nur, daß die für das Bataillon des 7. Regiments einrückenden Reserven gestatteten, am 24. dasselbe wieder in vier Kompagnien aufzustellen, welche an diesem Tage nach Schweigen und östlich davon nach Schaidt, Langen=kandel und Wörth verlegt wurden; von den beiden Eskadrons der 5. Chevauxlegers kam je eine halbe nach Bergzabern und Winden, eine ganze nach Langenkandel. Die vorgeschobene Infanterie erhielt kleine Kavallerie=Abtheilungen überwiesen.

---

*) Die Meldung fügt hinzu: „wahrscheinlich Brumath." (Brumath süd=westlich Hagenau Skizze 1).

**) Trimbach, Siegen 13 bezw. 12 km südöstlich Weißenburg.

Die am 24. Juli bei der bayerischen 4. Division zusammen=
gestellten Nachrichten besagten, daß bei Straßburg 15 Infanterie=Regi=
menter ständen mit Feldartillerie; ferner:

„Freitag den 22. früh 7 Uhr begann der Abmarsch gegen
Hagenau. In Brumath liegen drei Regimenter Infanterie mit drei
Bataillonen Zouaven, in Hagenau vier Regimenter Infanterie."

„Die Eisenbahn von Hagenau bis Straßburg geht täglich
ein Mal. In Sulz liegen französische Ulanen (nur ein Zug)."

„Truppen aus Algier eingetroffen. 10. Jäger=Bataillon und
Kürassiere in Straßburg."

Ein bayerischer Genie=Soldat, aus Straßburg kommend, meldete,
daß der Abmarsch der Truppen aus Straßburg gegen Bitsch am
22. begonnen habe und die Truppen bei Bitsch auf 40,000 Mann
gebracht werden sollten.

Ein Ueberläufer sagte ferner aus, daß die nach Bitsch bestimm=
ten Truppen über eine Stunde bei seinem Versteck (wo?) defilirt
seien, darunter das 78. Linien=Regiment, 1 bis 2 Turkos=Regimenter,
1 Lancier=Regiment.

Artillerie befände sich in Hagenau noch nicht.

Am 25. Juli war die Vertheilung der bis dahin verfügbaren
bayerischen Truppen folgende:

Divisions=Kommando:
> Generallieutenant Graf Bothmer in Billigheim.

Rechter Flügel:
> Generalmajor v. Thiereck, Kommandeur der 7. Brigade,
> in Bergzabern.

In der rechten Flanke:
> In Birkenhördt: 1. Eskadron 2. Chevauxlegers=Regi=
> ments zur Sicherung im Gebirge und Verbindung mit den
> Jägern in Vorder=Weidenthal.

Vorposten: Schweigen: 1 Kompagnie I/7. und 1 Zug 3. Eska=
> dron 5. Chevauxlegers.

Dahinter: Nieder=Otterbach: II/5. und 4. Eskadron 2. Che=
> vauxlegers.

Gros: Ober=Otterbach: I/5. und 3. Eskadron 2. Chevauxlegers.
> Bergzabern: I/9. und II/9., 2. Eskadron 2. Chevaux=
> legers, ½ 3. Eskadron 5. Chevauxlegers. Pleisweiler
> (bei Bergzabern): 4pfündige Batterie Kirchhofer.

Nieder-Horbach (2 km nordöstlich Bergzabern): 6. Jäger-Bataillon.

Klingen (3 km nördlich Nieder-Horbach): III/6.

Im Ganzen: 6 Bataillone, 1 Kompagnie, 4³/₄ Eskadrons und 1 Batterie.

Im Falle eines Alarms hatten sich die um Bergzabern unter-gebrachten Truppen bei diesem Ort zu versammeln, bei einem An-griff des Feindes sollten sich die anderen Abtheilungen dorthin zurückziehen.

Linker Flügel: Generalmajor v. Maillinger, Kommandeur der 8. Brigade in Ingenheim.

Vorposten: Schaidt: 1 Kompagnie I/7., 1 Zug 3. Eskadron 5. Chevauxlegers.

Langenkandel: 1 Kompagnie I/7., 4. Eskadron 5. Chevauxlegers.

Gros: Barbelroth: 10. Jäger-Bataillon.

Winden (und Hergersweiler) III/9.

Appenhofen (dicht westlich Billigheim): 6pfündige Batterie.

Im Ganzen: 2¹/₂ Bataillone, 1¹/₂ Eskadrons, 1 Batterie.

Bei einem Angriff des Feindes sollten sich diese gesammten Abtheilungen bei Billigheim vereinigen.

Es war ferner der Befehl gegeben:

„Jede kantonnirende Abtheilung — gleichviel, ob sie andere Truppen vor sich weiß oder nicht — hat vorläufig Sicherheitsab-theilungen aufzustellen."

Linke Flankendeckung:

Wörth: 1 Kompagnie I/7. und einige Chevauxlegers, mit Rückzug in Richtung auf Germersheim.

Gesammtstärke: 9 Bataillone, 6 Eskadrons, 2 Batterien.

Dahinter waren bereits Abtheilungen des bis Landau und Germersheim im Transport begriffenen XI. Armee-Korps von Frank-furt a. M. und Kassel eingetroffen. Beim V. Korps begann der Eisenbahntransport aus Posen und Glogau nach Landau. Das General-Kommando erhielt vom Oberkommando der III. Armee aus Berlin folgendes Telegramm:

„Das V. Armee-Korps kantonnirt eine Meile um Landau bis (süd-lich) an den Klingbach. Nieder-Hochstedt und Herxheim sind zu belegen.*)

---

*) Nieder-Hochstedt 8 km nordöstlich, 8 km südöstlich von Landau.

Stellung hinter dem Klingbach im Verein mit XI. Korps zu halten. Im Rayon vorgefundene bayerische und badische Truppen sind zu belassen. Armee-Hauptquartier Landau, 30. in Speyer."

An diesem Tage (25. Juli) ging's Abends 10½ Uhr beim Festungs-Kommandanten von Landau, Oberst Graf Tattenbach, folgendes Schreiben ein:

„Eben eingelaufenen Kundschaftsnachrichten zufolge sollen die auf der Linie Niederbronn,*) Bitsch, Saargemünd stehenden Franzosen einen Vorstoß gegen Pirmasens und Zweibrücken ausführen. Behufs dessen sollen bei

$$\text{Steinbach} \quad 18{,}000 \text{ bis } 20{,}000 \text{ Mann,}$$
$$\text{Klimbach} \quad 6\,000 \quad = \quad 7\,000 \quad = \quad ,^{**})$$
$$\text{Bitsch} \quad 18{,}000 \quad \qquad = \quad \text{stehen.}$$

Oberst Graf Tattenbach wolle dem königl. preußischen Generallieutenant v. Gersdorff davon in Kenntniß setzen.

Jedoch scheinen die Stärkeverhältnisse sehr übertrieben."

gez. v. Bothmer,
Generallieutenant.

Am 26. Juli 3 Uhr Vormittags langte der Stab der 22. Infanterie-Division in Landau an. Der Kommandeur derselben, Generallieutenant v. Gersdorff, empfing hier die Meldung des Oberst v. Thile, Kommandeur der bereits eingetroffenen 42. Brigade, nach welcher 80,000 bis 90,000 Franzosen in der Linie Saargemünd—Bitsch—Niederbronn sich befänden und am 26. einen Offensivstoß gegen Pirmasens beabsichtigten.***) Durch die Kommandantur von

---

*) 17 km nordwestlich Hagenau.

**) Steinbach 15 km westlich, Klimbach 6 km südwestlich Weißenburg.

***) Dieser Meldung lag ein Bericht des Premierlieutenants Woltemar aus dem Kantonnirungsquartier Arzheim vom 25. Juli, ab Abends 10 Uhr, zu Grunde, welcher dahin lautete:

„Nachrichten"

„Durch den Unterzeichneten eingeholt bei dem kgl. bayerischen Vorposten-Kommandeur Oberst Weinrich in Bergzabern, bestätigt im Divisions-Stabsquartier Billigheim durch Generalstabsoffiziere Sr. Excellenz des Generallieutenants Grafen v. Bothmer."

„Für Morgen, den 26. Juli, beabsichtigen die Franzosen einen Offensivstoß auf Pirmasens; es stehen auf der Linie Saargemünd, Bitsch, Niederbronn 80,000 bis 90,000 Mann; in Steinbach 18,000 bis 20,000 Mann Infanterie und Kavallerie, in Klimbach 6000 bis 7000 Mann, das 24., 25. und 26. Regiment, in Kleeburg (3 km südöstlich Klimbach) 127 Mann, in Lauter-

13*

Landau erfolgte gleichfalls Mittheilung des bereits angeführten Schreibens des Generallieutenants Grafen v. Bothmer, welche diese Angaben bestätigte, die Stärke des Gegners jedoch nur auf 42,000 bis 45,000 Mann bezifferte.

Diese Nachrichten wurden sofort an das große Hauptquartier telegraphirt nebst der weiteren Mittheilung, daß in Bitsch 2400 Artilleristen sich befänden und auf der Straße nach Lauterburg am 25. vier Infanterie-Regimenter bemerkt worden wären. Der Schluß des Telegramms lautete:

„Ich beabsichtige, alle auf der Linie C und E eingetroffenen und noch eintreffenden Truppen nordwestlich von Landau zu konzentriren und jedenfalls die Station Schifferstadt und möglichst auch Neustadt zu decken. General v. Bose benachrichtige ich direkt, sonst Niemand." gez. v. Gersdorff.

Den bei Germersheim bereits befindlichen und noch eintreffenden Truppen ertheilte General v. Gersdorff sofort Befehl, über Nieder-Hochstadt nach Godramstein (2½ km westlich Landau) zu marschiren, wo sie weitere Weisungen erhalten sollten.

Oberst v. Thile wurde beauftragt, alle zur 21. Division gehörigen Truppentheile, sowie die bereits angelangten Eskadrons des Husaren-Regiments Nr. 14 bei Albersweiler (7 km westlich Landau im Annweiler Thal) zusammenzuziehen.

---

burg 400 Mann. Auf der Linie —?, Dambach (7 km südöstlich Stürzelbronn), Stürzelbronn stehen 18,000 Mann, in Bitsch selbst 2400 Mann Artillerie."

„Vier Regimenter Turkos sind nach Metz zurückgezogen. Weißenburg ist gar nicht besetzt; es zeigen sich dort nur Gendarmen und Ulanenpatrouillen. Die Eisenbahn ist bis Weißenburg noch zu befahren, jenseits jedoch zerstört. Auf der Straße nach Lauterburg sind heut Nachmittag vier Regimenter im Marsch bemerkt worden."

Folgen Angaben über die Vertheilung der bayerischen Truppen.

„Die Nachrichten sind durch zwei verschiedene zuverlässige Spione eingegangen und durch andere theils zufällige Mittheilungen bestätigt."

„Seitens des Generalstabsoffiziers in Billigheim hörte ich, daß man eventuell eine zweite Stellung (armirt) auf den Höhen von Landau nehmen und sich ebenfalls eventuell auf Germersheim weiter zurückziehen würde, da eine nachhaltige Vertheidigung mit den vorhandenen Kräften nicht möglich sein würde, falls wirklich der Angriff in der oben bezeichneten Stärke erfolgen sollte, was jedoch bezweifelt wurde."

„Der Divisionskommandeur sagte, daß Mittheilung an den Generalstabsoffizier v. Heineccius (vom XI. Korps) nach Landau gemacht sei."

Nach Erlaß dieser Befehle ritt der Divisions-Kommandeur nach Billigheim, um mit dem General Grafen Bothmer die zu ergreifenden Maßregeln zu vereinbaren.

Inzwischen antwortete General v. Moltke gegen Mittag, daß er die Anordnungen beim XI. Korps billige und Aufmerksamkeit gegen Annweiler empfehle.

Gleichzeitig lief aber auch ein Telegramm des Chefs des Generalstabes der III. Armee, General v. Blumenthal, ein, welches das XI. Armee-Korps anwies, hinter dem Klingbach bei Germersheim Stellung zu nehmen. Da das Telegramm vom 25. datirt war, mithin die Lage, wie sie am 26. sich zu gestalten schien, noch nicht berücksichtigen konnte, gelangte dieser Befehl vorläufig nicht zur Ausführung.

Mit dem General Grafen v. Bothmer wurde verabredet, daß derselbe mit seinen Truppen die Deckung der Linie Landau—Germersheim übernehmen sollte, während die vorhandenen Truppen des XI. Korps den Paß von Annweiler sichern würden.

Bis Mittag gingen jedoch keine weiteren Nachrichten über Vorbewegungen des Feindes ein; auch hiervon wurde dem großen Hauptquartier Meldung gemacht mit dem Hinzufügen, daß ein Vorgehen der Franzosen für jetzt unwahrscheinlich erscheine.

Bis zum Abend hatten die Truppen des XI. Korps in Ausführung der gegebenen Befehle folgende Plätze erreicht:

Von der 21. Division:

Oberst v. Thile mit seiner Brigade (6 Bataillone) dem Jäger-Bataillon Nr. 11, 3 Eskadrons 14. Husaren und 2 Fußbatterien in engen Kantonnements um Albersweiler und Siebeldingen, Sammelplatz bei Frankweiler.

Von der 22. Division:

Regiment Nr. 94 und das erst spät Abends eintreffende Füsilierbataillon Regiments Nr. 83 in und bei Godramstein, 2 Bataillone Regiments Nr. 83 in Frankenweiler, Husaren Nr. 13 ebendaselbst, sowie in den benachbarten Ortschaften.

Drei reitende Batterien, welche ihre Fouriere verfehlt hatten, biwakirten ebenfalls bei Godramstein, wohin der Stab der 22. Division sich legte.

Es standen somit an diesem Tage an Truppen bereit:

1. Rechter Flügel (Bayern) westlich der Bahn Landau—Weißenburg.

Vorposten	1¼ Bat.	1¼ Esk.	
Dahinter bis an den Klingbach	5 =	2½ =	1 Batt.
Zur Sicherung der rechten Flanke	— =	1 =	— =

Summa 6¼ Bat. 4¾ Esk. 1 Batt.

2. Linker Flügel östlich der Bahn.

Vorposten an der Lauter	½ Bat.	1¼ Esk.	
Dahinter ebenfalls bis an den Klingbach	2 =	— =	1 Batt.

Summa 2½ Bat. 1¼ Esk. 1 Batt.

Nach Wörth entsandt: · ¼ Bat.

Summa der Bayern 9 Bat. 6 Esk. 2 Batt.

3. Gegen das Annweiler Thal

vom XI. Korps 13 Bat. 7 Esk. 4 Batt.

Gesammtstärke 22 Bat. 13 Esk. 6 Batt.

(außer dem zur Kavallerie-Division der III. Armee gehörenden Ulanen-Regiment Nr. 6, welches bei Essingen nordöstlich Landau eingetroffen war, und der badischen Abtheilung bei Hagenbach.)

Die eingegangenen Nachrichten hatten auch bei den bayerischen Truppen eine Versammlung bei Bergzabern herbeigeführt. Das 1. Bataillon 9. Regiments nebst zehn Chevaurlegers wurde über Birkenhördt nach Vorder-Weidenthal vorgeschickt und entsandte von dort aus Kavalleriepatrouillen über Erlenbach nach Nieder-Schletten-bach. Nachdem diese gemeldet, daß nichts vom Feinde zu bemerken sei, kehrte das Bataillon nach Bergzabern zurück, woselbst es Abends 10 Uhr wieder eintraf.

Gleichzeitig waren drei Züge Chevaurlegers mit einem Zuge des 1. Bataillons 5. Regiments von Ober-Otterbach zur Aufklärung gegen Weißenburg vorgegangen; dort, wie schon in Altenstadt, wurde bei ihrer Annäherung Sturm geläutet, auch fielen in Altenstadt einige Schüsse (wahrscheinlich von Douaniers), im Uebrigen wurde auch hier nichts vom Feinde entdeckt.*)

---

*) Nach anderer Angabe wurde die Abtheilung bei Weißenburg von auf den Wällen befindlichen Pompiers mit Schüssen empfangen.

Am 27. Juli traf der Kommandirende des XI. Korps, General= lieutenant v. Bose, um 1 Uhr früh in Landau ein und ordnete an, daß das Armee=Korps die vom Oberkommando der III. Armee befohlene Stellung einnehmen solle.

Infolge dessen bezog die jetzt vollständig versammelte 22. Division enge Ortsunterkunft um Bellheim (6 km südwestlich Germers= heim), die bereits vorhandenen Abtheilungen der 21. Division um Knittelsheim (westlich Bellheim), die 42. Brigade mit drei Eska= drons Husaren Nr. 14 und einer leichten Batterie wurde über den Klingbach als Avantgarde nach Rheinzabern vorgeschoben. Im Falle eines Angriffs sollte die Linie des Klingbaches gehalten werden. Am Ausgang des Annweiler Thales verblieben das 2. Bataillon Regiments Nr. 88 und die 1. Eskadron 14. Husaren bis zur Ablösung durch das V. Korps.

Bei der bayerischen 4. Division wurde die 2. Kompagnie des 7. Regiments in Schweigen durch eine Kompagnie des 1. Bataillons 5. Regiments aus Ober=Otterbach abgelöst und an die 3. Kompagnie ihres Regiments nach Langenkandel herangezogen.

In Bezug auf die Anschauungen, welche man über die Absichten des Feindes gewonnen hatte, giebt das Tagebuch der 4. bayerischen Division an: „Das Zusammenhalten aller Nachrichten läßt vermuthen, daß ein Ansammeln größerer französischer Streitkräfte bei Weißenburg, Lauterburg oder in Richtung auf Pirmasens—Zweibrücken nicht zu erwarten steht, sondern alle Transporte sich gegen Metz ziehen, während kleinere Posten in der Nähe demonstriren und angegriffen zurückweichen, so am 25./26. Nachts bei Bliesbrücken gelegentlich des Zusammenstoßes mit preußischen Ulanen." (Es bezieht sich Letzteres auf die Unternehmung des Premierlieutenants v. Voigt mit Ulanen des Regiments Nr. 7, preußischen Pionieren und bayerischen Jägern zur Zerstörung der Eisenbahn.)

Die noch fehlenden Abtheilungen des XI. Korps trafen in den nächstfolgenden Tagen ein; ebenso begann in der Gegend um Landau das Einrücken des V. Korps, dessen Abtheilungen die von den Truppen des XI. Korps geräumten Quartiere zum Theil belegten.

Nachdem bisher die Verpflegung aus den Quartieren entnommen war, wurden jetzt die Truppen auf die Magazine angewiesen.*)

---

*) Das Tagebuch der 21. Division bemerkt: „Quartier=Verpflegung fängt an, etwas dünner zu werden; es wird daher der Korpsbefehl mit Freuden begrüßt, daß von morgen ab Magazinverpflegung für die Truppen eintritt. (Aus Landau.)"

Um Mittag des 28. nahm die Avantgarde des XI. Korps folgende Aufstellung ein:

Stab: Rheinzabern.

Auf Vorposten bei Langenkandel:

1 Bataillon 82 und zwei Eskadrons Husaren 14.

Gros: Rheinzabern: I./88, 2. leichte Fuß=Batterie.

<blockquote>
Neupfotz: F./88.

Hatzenbühl: ein Bataillon 82 und eine Eskadron Hu= saren 14.

Jockgrim: ein Bataillon 82.
</blockquote>

Nach vorwärts befanden sich noch die bayerischen Vorposten, deren Patrouillen durch den Bienwald bis Lauterburg und Weißenburg streiften; von ihnen erfuhr man, daß beide Orte vom Feinde nicht besetzt waren; weiterhin, am linken Flügel, stieß man auf badische Abtheilungen. In Voraussicht einer baldigen Abberufung der Bayern begleiteten die Husaren die Patrouillen der Chevauxlegers, um sich Kenntniß vom Gelände ꝛc. zu verschaffen.

Aus Langenkandel wurden die beiden Kompagnien des 7. bayerischen Regiments und die 4. Eskadron der 5. Chevauxlegers noch an diesem Tage nach Ingenheim (6½ km südwestlich Landau), bezw. nach Hagenbach (8 km südöstlich Langenkandel) verlegt.

In Langenkandel erhielt General v. Thiele durch den Prinzen Wilhelm von Baden Mittheilung über die Aufstellung der badi= schen Feld=Division zwischen Rastatt und Karlsruhe, der Besetzung von Maxau und Hagenbach, sowie über den Ausfall einer Rekognoszirung des württembergischen Hauptmanns im Generalstabe Grafen Zeppelin, welcher vor einigen Tagen*) die nordöstlichste Ecke des Elsaß von feindlichen Truppen entblößt gefunden, in der Gegend von Reichs= hofen aber von feindlicher Kavallerie überfallen worden war und seine Begleitung verloren hatte.

Am 29. Juli begann der Aufmarsch des V. Korps, westlich des XI. Korps, dasselbe breitete sich in dem Viereck Offenbach, Landau, Rohrbach, Herxheim aus; südlich des Klingbaches wurde vorgeschoben: nach Mühlhofen: 1 Eskadron Dragoner 14.

Steinweiler: F./50 und 2 Eskadrons Dragoner 14.

Hayna: F./46 und 1 Eskadron Dragoner 14.

---

*) Am 24. und 25. Juli.

Die 9. Division war auf dem rechten Flügel noch in der Ver=
sammlung begriffen; mit den vordersten Abtheilungen in der Linie
Göcklingen—Insheim.*)

Beim XI. Korps meldeten die Vorposten um 7¹/₂ Uhr Vormittags
über ihre Aufstellung:

„Drei Kompagnien Langenkandel, Feldwache auf der Straße
nach Lauterburg, stehende Kavallerie=Patrouille nach Büchelberg (im
Bienwalde); eine Kompagnie detachirt nach Wörth, welche ebenfalls
eine Feldwache vorgeschoben hat."

„Die gestern Abend und in der Nacht abgesandten Kavallerie=
patrouillen haben nach Osten Anschluß an die badischen Truppen;
nach Westen ist vom V. Armee=Korps noch nichts gefunden, dagegen
in Schaidt Fühlung mit den Bayern genommen."

„In Hagenbach ist gestern Abend die badische Eskadron durch
eine bayerische abgelöst worden, auch liegt in diesem Ort eine
Kompagnie vom 4. badischen Regiment."

„Eingegangene Meldungen besagen, daß in Seebach französische
Einquartierung sei, in Lauterbach solche angesagt wäre, bei Schleithal
sind französische Reiter gesehen worden."**)

„Die badische Eskadron, welche von Hagenbach abmarschirte,
ist nach Berg gerückt."

„Heute in der Frühe sind bereits wieder Patrouillen der Kavallerie
nach rechts und links, sowie durch den Bienwald nach der Bienmühle
abgesandt worden."

Langenkandel, 29. Juli 1870, 7¹/₂ Uhr Bm.

gez. v. Bernuth,

Oberst und Vorposten=Kommandeur.

Das in Annweiler zurückgelassene Detachement (II./88 und eine
Eskadron Husaren 14), dessen Kavalleriepatrouillen bis Pirmasens
ausgegriffen und über die dortigen Verhältnisse mehrfach berichtet
hatten, rückte nach erfolgter Ablösung durch das V. Armee=Korps
bei der Avantgarde des XI. Korps ein; „irrthümlicherweise belegten
sie Langenkandel statt des von der Division angewiesenen Holzheim.***)

Das bei der 22. Infanterie=Division noch befindliche Ulanen=
Regiment Nr. 6 trat zu der sich bildenden 4. Kavallerie=Division
der III. Armee über.

---

*) Insheim 4¹/₂ km südöstlich Landau, Göcklingen 7 km westlich Insheim.
**) Schleithal und Lauterbach südlich des Bienwaldes.
***) Soll wahrscheinlich Herxheim oder Hatzenbühl heißen.

Beim General Grafen Bothmer traf an diesem Tage der Ober-Quartiermeister der III. Armee, Oberst v. Gottberg, ein, welcher mittheilte, daß das XI. Korps voll, das V. nahezu aufmarschirt sei, und zwar das XI. zwischen Rhein, Lauter und Bahn Neustadt—Weißenburg, das V. im Raume zwischen dieser Bahn, der Linie Insheim—Göcklingen und dem Ostfuße des Gebirges; die 4. bayerische Division wurde auf den Bezirk zwischen der Bahn Rohrbach—Weißenburg, Lauter, Gebirge und der Linie Göcklingen—Insheim angewiesen; zu decken waren von der Division die Anmarschlinien von Weißenburg und das von Dahn herabführende Thal.

Von dem Kommando der Vorposten in Bergzabern gingen in dem Stabsquartier der Division in Billigheim folgende Telegramme ein:

„Im Jägerthal sollen unter Kommando eines Generals sich feindliche Truppen konzentriren. Nach Meldung des Stationskommandanten zu Schönau durch Major Egloffstein aus Pirmasens telegraphirt." *)

ferner:

„4 feindliche Eskadrons Husaren von Station Schweigen in Sicht. Stehen südlich von Altenstadt."

Weiter ist an diesem Tage bei der bayerischen Division zu bemerken:

Die drei Kompagnien I./5 in Ober-Otterbach, wie die dort befindliche 3. Eskadron 2. Chevauxlegers-Regiments und ein hierher verlegter Zug der Batterie Kirchhofer wurden, wohl infolge der eben erwähnten Nachrichten, alarmirt. Das Bataillon, welches schon eine Kompagnie in Schweigen auf Vorposten und, nach dem allgemeinen Befehl, eine zweite zur eigenen Sicherung vor Ober-Otterbach stehen hatte, deckte sich jetzt auch noch durch eine weitere Kompagnie bei Nechtenbach nach dem Gebirge zu und behielt die letzte Kompagnie in Ober-Otterbach in Reserve. In dieser Aufstellung verblieb das Bataillon auch noch am folgenden Tage.

Die 4. Kompagnie 7. Regiments in Schaidt wurde durch eine Kompagnie des 10. Jäger-Bataillons aus Barbelroth abgelöst und stieß zu den beiden bei Ingenheim bereits vereinigten Kompagnien ihres Bataillons.**)

---

*) Jägerthal und Schönau südlich Dahn.

**) Nach einem anderen Bericht erfolgte die Ablösung erst am 31.

Ferner traf an diesem Tage das 3. Bataillon 14. Regiments von Nürnberg her ein und wurde nach Winden (und Hergersweiler) verlegt; wohin auch nunmehr die 4. Eskabron der 5. Chevaurlegers von Hagenbach herangezogen wurde.

Am Abend (8¼ Uhr) gingen dem XI. Korps noch folgende Mittheilungen durch den Generallieutenant Grafen Bothmer zu:

„Eine von Schweigen abkommende Patrouille bemerkte zwischen dem Geisberg (südlich Weißenburg) und Altstadt feindliche Abtheilungen in der Stärke von zwei Regimentern Kavallerie und einem Regiment Infanterie mit einer Batterie; etwa 50 Reiter zogen Lauter aufwärts gegen den Bienwald. 2 Uhr 50 wahrgenommen."

„Eine zweite Patrouille bemerkte um 1 Uhr in Nähe des Geisberges starke feindliche Abtheilungen von Infanterie und Kavallerie."

„Unsere Vorposten sind auf der Hut. Gleiches wurde nach Knittelsheim soeben (7½ Uhr) mitgetheilt."

„1 bayer .... (?) mit 19 Mann sind beordert, die Schienen bei Kapsweyer aufzunehmen."

„Bewohner des Bienwaldes wollen gegen Mittag vom Rheine her Kanonendonner vernommen haben. Könnte möglicherweise von Maximiliansau kommen."

Am 30. Juli traf das Oberkommando der III. Armee in Speyer ein, der kommandirende General des V. Armee-Korps, General v. Kirchbach, in Landau, die Infanterie dieses Korps war vollständig, die Kavallerie und Artillerie mit 8 Eskadrons und 8 Batterien zur Stelle.

Gleich nach dem Eintreffen des Generals v. Kirchbach fand eine Besprechung zwischen ihm und dem General v. Bose statt, in der festgestellt wurde, daß bei einem feindlichen Angriffe die Bayern den rechten Flügel, das V. Korps von Billigheim bis Herxheim die Mitte und, daran anschließend, das XI. Korps den linken Flügel der Stellung nördlich des Klingbaches übernehmen sollten.

Eine weitere Besprechung erfolgte zu Billigheim zwischen den Generalen v. Bose und Graf Bothmer. Die bayerische Division beabsichtigte, sich demzufolge mit der 7. Infanterie-Brigade bei Bergzabern, mit der 8. bei Ingenheim zusammenzuziehen. Die vereinigte Division sollte demnächst auf dem Höhenrücken Klingenmünster—Heichelheim Stellung nehmen; ein nothwendig werdender Rückzug auf Gobramstein unter dem Schutze von Landau ausgeführt werden.

Bei der bayerischen Division rückte die 4. Eskadron
5. Chevaurlegers von Winden nach Capellen und Oberhausen; zwei
Kompagnien II./5. führten mit der 4. Eskadron 2. Chevaurlegers-
Regiments von Nieder-Otterbach eine Erkundung über Steinfeld-
Kapsweier, Schweighofen nach Windhof vor Weißenburg aus, ohne
etwas vom Feinde zu sehen, und kehrten über Schweigen zurück.

Bei der 10. Division fanden einige Verschiebungen statt. Die
19. Brigade belegte südlich des Klingbaches Steinweiler mit zwei Bataillonen, die 20. Brigade übernahm dafür Heyna (ein Bataillon, eine
Eskadron) und legte nach Herzheim drei Bataillone und eine Batterie.

Von der Avantgarde des XI. Korps war am Nachmittage,
„da so viele Gerüchte eingegangen sind, daß sich feindliche Truppen
an der Grenze sammeln", Rittmeister v. Pieres mit einem Zuge
Husaren entsandt worden. Derselbe ging bis Lauterburg und längs
eines großen Theils der Grenze, ohne jedoch vom Gegner etwas zu
entdecken.

Am 31. Juli ging beim General-Kommando des XI. Korps
ein Schreiben des Oberkommandos der III. Armee aus Berlin vom
25. d. M. ein, welches für gewisse Lagen die beabsichtigten Maßregeln
darlegte und die Befehlsverhältnisse ordnete.

Dasselbe lautete:

„Da der Feind nach den eingegangenen Nachrichten 30,000 Mann
bei Straßburg hat, die durch Einziehung der Reserven vielleicht schon
auf 40,000 gestiegen sind, so ist es möglich, daß er in den nächsten
Tagen zum Angriff schreitet. Thut er dies auf dem linken Rhein-
Ufer, so soll das V. und XI. Armee-Korps ihn am Klingbach erwarten
und denselben energisch vertheidigen. Für den Fall, daß ich noch
nicht eingetroffen bin, wird dann Generallieutenant v. Kirchbach
beide Armee-Korps kommandiren. Die bayerischen und badischen Vorposten bleiben bis auf weiteren Befehl an der französischen Grenze
stehen.

„Geht der Feind auf dem rechten Ufer des Rheins von Straßburg aus vor, so werden die badischen Truppen bei Oos eine
Flankenstellung nehmen und sich durch das Gebirge nach Ettlingen und
Karlsruhe zurückziehen, wo sie durch die Württemberger verstärkt
werden.

„Für diesen Fall ist der General v. Werder, der dieses Schreiben
mitnimmt, nach Karlsruhe gesandt worden. Er hat den Auftrag,
die Verhältnisse zu beobachten und nöthigenfalls das XI. Korps zur

Unterstützung der Württemberger auf das rechte Rhein=Ufer herüber=
zuziehen. Seiner Requisition ist Folge zu leisten." — — — —

gez. Friedrich Wilhelm, Kronprinz.

Von Speyer aus ging ein weiterer Befehl des Oberkommandos
ein, nach welchem die 4. bayerische Division vorläufig ebenfalls dem
Generallieutenant v. Kirchbach unterstellt wurde.*)

Eine an diesem Tage von Letzterem ausgeführte Besichtigung
des Geländes ergab, daß die Vertheidigungsstellung des V. Korps
nördlich des Klingbaches auf den Höhen südwestlich und östlich von
Insheim läge.

Demzufolge wurde befohlen, daß bei entstehendem Alarm die
vorgeschobene 19. Infanterie=Brigade mit einer Eskadron und einer
Batterie Stellung auf der Anhöhe nördlich des Klingbaches zwischen
Rohrbach—Billigheim nehmen, das Korps selbst sich bei Insheim
versammeln sollte, ausschließlich des Regiments Nr. 58, welches mit
einer Eskadron und einer Batterie bei Annweiler zur Sicherung des
dortigen Thales bestimmt blieb; den Trains wurde Edenkoben (an
der Bahn nördlich Landau) als Sammelplatz angewiesen.

Von den Vorposten des XI. Armee=Korps ging Meldung
ein, daß zwischen Lauterburg und Weißenburg größere feindliche
Truppenmassen sichtbar wären.

Bei der 4. bayerischen Division rückte das von Regensburg
kommende 3. Bataillon 11. Regiments ein und wurde nach Heichel=
heim (nordwestlich Ingenheim) gelegt.

1. August.

General Graf Bothmer ersuchte das V. Korps um Aufstellung
eines Soutiens in Wilgartswiesen und Hinter=Weidenthal als Rück=
halt für die weiter südlich im Gebirge vorgeschobenen Posten; das
in Eschbach (7 km südwestlich Landau) eingetroffene 5. Jäger=
Bataillon und ein Eskadron Dragoner=Regiments Nr. 4 wurden
dorthin bestimmt mit dem Auftrage, auf Pirmasens und Dahn zu
patrouilliren (siehe: 2. August).

Bei den Bayern fand eine Ablösung der bisher in vorderster
Linie gestandenen Truppen statt.

---

*) Es dürfte als selbstverständlich anzusehen sein, daß General v. Kirch=
bach Anweisung zur Uebernahme des Befehls über das XI. Korps und die
4. bayerische Division unmittelbar erhalten hat. Da jedoch der Wortlaut
derselben nicht vorlag, ist hier die Wiedergabe des an das XI. Korps gerichteten
Erlasses erfolgt.

Das 9. Infanterie=Regiment und 6. Jäger=Bataillon wurden aus Bergzabern und Gegend vorgezogen. Ersteres belegte mit dem 1. Bataillon Ober=Otterbach, Rechtenbach und Schweigen, mit dem 2. Bataillon Nieder=Otterbach und Kapsweiler, während das 3. Bataillon aus Winden und Hergersweiler nach Birkenhördt verlegt wurde. Die 6. Jäger bezogen die Vorposten bei Schaidt und Vollmersweiler mit je einer Kompagnie, die beiden anderen Kompagnien kamen nach Dierbach.

Von der Kavallerie rückte die Hälfte der 4. Eskadron der 5. Chevauxlegers nach Schaidt und Schweigen, die bis dahin dort gewesenen Abtheilungen der 3. Eskadron des Regiments vereinigten sich mit ihrer Schwadron in Bergzabern, wohin auch die aus der vordersten Linie abgelösten beiden Bataillone des 5. Regiments gelegt wurden, während die 1. Eskadron der 2. Chevauxlegers von Birkenhördt nach Klingenmünster rückte.

Beim XI. Armee=Korps fand auf Grund der gestrigen Vorpostenmeldung eine Erkundung von zwei Zügen Husaren unter Rittmeister v. Schönfeldt und 44 Infanteristen der 8. Kompagnie des Regiments Nr. 82 unter dem Kompagniechef, Hauptmann v. Roux, in Richtung auf Selz statt.

Die Infanterie fuhr früh 5½ Uhr auf zwei Wagen von Langenkandel ab, die Husaren schlossen sich unterwegs an. Der Marsch ging zunächst auf Lauterburg, wo ein Wagen zur Aushülfe requirirt wurde und man von Einwohnern erfuhr, daß zuletzt am 30. Juli elf französische Lanciers dort gewesen wären. Demnächst wurde, nördlich der Lauter vorrückend, Scheibenhardt erreicht und um 8¼ Uhr Vormittags von der Infanterie besetzt. Darüber hinaus ging alsdann der Rittmeister v. Schönfeldt mit 30 Husaren über Neeweiler in Richtung auf Selz vor. Jenseits Winzenbach zeigte sich eine feindliche Vedette, welche auf eine bei Schaffhausen stehende Feldwache zurückging. Diese, in der Stärke von 24 Pferden, veranlaßte die Avantgarde der Husaren sich ihrem Haupttrupp, der nördlich Winzenbach halten geblieben war, wieder zu nähern, wurde aber demnächst von letzterem auf Winzenbach zurückgedrängt. Als jedoch von der linken Seiten=Patrouille die Anwesenheit einer Eskadron Chasseurs à cheval auf der Straße Selz—Lauterburg gemeldet wurde und auch aus der rechten Flanke, von Weißenburg her, sich eine zehn Mann starke Infanterie=Patrouille zeigte, sahen sich die Husaren zum Abzuge genöthigt, wobei es zwischen Neeweiler und

Nieder-Lauterbach noch zu einem Flankeurgefecht kam. Der Gegner folgte nicht weiter, und marschirte die gesammte Abtheilung demnächst über Lauterburg auf der Chaussee nach Langenkandel zurück, woselbst sie um 3½ Uhr Nachmittags wieder eintraf. (Verlust: 1 Pferd.)

Durch Landleute hatte Rittmeister v. Schönfeldt erfahren, daß in Selz zwei Eskadrons Chasseurs à cheval ständen. Ihm gegenüber hatten sich nur eine Eskadron und 24 Pferde gezeigt. „Die feindliche Infanterie von zehn Mann will zwar ein Gefreiter genau gesehen haben, die in der Richtung vorgeschickte Patrouille brachte jedoch keine Bestätigung darüber."

Die badische Infanterie wurde aus Hagenbach zurückgezogen, statt ihrer rückte die Kompagnie des 1. Bataillons Regiments Nr. 82 von Wörth dorthin. Letztgenannten Ort belegte das Füsilier-Bataillon des Regiments von Jackrim aus mit einer Kompagnie.

Eines weiteren kleineren Vorfalles muß hier noch gedacht werden:

Am Abend zwischen 8 und 8¼ Uhr wurde das vom Regiment Nr. 95 belegte Kantonnement Hoerdt alarmirt, da nach verschiedenen Angaben weiter rückwärts (in nordöstlicher Richtung) Klein-Gewehrfeuer und Salven gehört wurden.

Der in dieser Richtung abgeschickte Adjutant kam mit der Meldung zurück: „daß ein im Kantonnement Sondernheim liegendes Bataillon in der vorerwähnten Zeit im Feuer exerzirt habe und nur von ihm die vernommenen Salven und das Klein-Gewehrfeuer herrühren konnten."

Die III. Armee war nunmehr bereits so weit versammelt, daß der Beginn ihrer Vorwärtsbewegung für die nächsten Tage in Aussicht genommen werden konnte, was in Betracht der allgemeinen Lage von der Oberleitung der gesammten Heere dringend gewünscht wurde. Im Laufe des 2. August ergingen daher die Befehle, welche zur Vorbereitung der Offensive eine Versammlung der einzelnen Korps in Biwaks anordnete.

Demzufolge vereinigte sich das XI. Korps in einem Biwak östlich Rohrbach (6 km südlich Landau), seine Avantgarde bezog Abends 10 Uhr Biwak bei Winden, die Vorposten sicherten die Linie Schaidt—Langenkandel.

Das V. Korps ging in Biwaks zwischen Billigheim und Impflingen, mit der 9. Division westlich, der 10. Division östlich der großen Straße, ein Bataillon verblieb im Annweiler Thale.

Die bayerische 4. Division vereinigte ihre Abtheilungen bei Bergzabern, ihre Vorposten verblieben bei Schweigen, Kapsweiler und Schaidt, mit Sicherung im Gebirge gegen Bobenthal.

Die Kavallerie=Division der III. Armee rückte östlich Landau in die Linie Queichheim—Offenbach, ihre Regimenter waren jedoch noch nicht vollständig zur Stelle.

Dem I. bayerischen Armee=Korps um Speyer fehlten noch 11 Bataillone, 8 Eskadrons und 13 Batterien. Der Befehl zur Versammlung der III. Armee wies das Korps in die Gegend von Germersheim.

Bei dem übrigen Theile des II. bayerischen Korps (um Neustadt) waren 1 Bataillon, 4 Eskadrons und 11 Batterien noch nicht eingetroffen; das Korps erhielt Befehl, Biwak bei Walsheim, nördlich Landau, zu beziehen.

Die badischen und württembergischen Truppen wurden in Marsch nach dem linken Rhein=Ufer gesetzt.

In der rechten Flanke war inzwischen das in Eschbach liegende 5. preußische Jäger=Bataillon um 5½ Uhr früh infolge des in der Nacht eingegangenen Befehls des General=Kommandos alarmirt worden und nach Wilgartswiesen abmarschirt, woselbst zwei Kompagnien verblieben. Die beiden anderen Kompagnien, welche einen Theil der Mannschaften auf Wagen beförderten, rückten noch zehn Kilometer weiter nach Hinter=Weidenthal und setzten dort zwei Feldwachen an den vorliegenden Defileen in Richtung auf Pirmasens aus; der Rest beider Kompagnien traf 6 Uhr Abends bei Unter=Weidenthal ein.

Um 9½ Uhr Abends erhielt das Bataillon jedoch Befehl, sofort wieder in ein Biwak des Korps bei Billigheim einzurücken. Die beiden zunächst liegenden Kompagnien trafen über Annweiler in demselben am 3. August um 8 Uhr früh ein, die aus Hinter=Weidenthal fuhren 12 Uhr Nachts auf requirirten Wagen bis Klingenmünster, von wo sie Billigheim mittelst Fußmarsch um 2 Uhr Nachmittags erreichten.

Von der Avantgarde des XI. Korps wurde erneut eine stärkere Erkundung unter Rittmeister v. Löwenstein, eine Eskadron und 60 Mann Infanterie des Regiments Nr. 82, auf Wagen gegen Selz entsandt.

Ueber das Ergebniß derselben meldet der Kommandeur der Vorposten, Oberst v. Bernuth, 10 Uhr 11 Min. Vormittags:

„Soeben kommt Strachwitz.*) Rekognoszirung auf Rückmarsch, kam ungehindert bis Wald vor Selz. Hier große Infanterie= Massen, die Angriff zu erwarten schienen und von Kavallerie keine Notiz nahmen, obwohl diese ganz nahe heran. Kein Schuß feind= licher Seits."

Im Tagebuche des Husaren=Regiments heißt es: „Die Rekognos= zirung ging vor bis an Selz, wo sie auf bedeutende feindliche Infanterie und Kavallerie stieß." Der Feind griff weder an noch folgte er; die Schwadron zog sich auf die zurückgelassene Infanterie zurück.

An ferneren Nachrichten und Meldungen gingen an diesem Tage ein durch General Graf Bothmer an das V. Korps:

„Nach eben eingetroffenem Telegramm, 8 Uhr Morgens, von Pirmasens dringt Feind mit starken Kräften auf Schweix**) vor, bitte schleunig über Wilgartswiesen auf Hinter=Weidenthal Verstärkung zur Aufnahme entsenden zu wollen. Ich werde zu gleichem Zweck von Bergzabern auf Dahn vorsenden."

Infolge dessen erhielt das bereits auf dem Wege begriffene 5. Jäger=Bataillon den Befehl nachgesandt, sich bei Hinter=Weiden= thal zu vereinigen; doch unterblieb die Ausführung, da, als das Bataillon dort eintraf, die Unrichtigkeit der bezüglichen Nachricht festgestellt worden war.

Zunächst ging auch noch aus Pirmasens und zwar über Annweiler und Albertsweiler vom Kommandeur des Dragoner=Regiments Nr. 13, Oberst v. Brauchitsch, die Meldung ein, „daß das Regiment in Pirmasens eingetroffen sei, die Franzosen im Anmarsch und die Bayern ihnen entgegengerückt sind."

Bereits um 11 Uhr Vormittags traf jedoch vom Oberst v. Brauchitsch in Annweiler ein zweites Telegramm an: „Nur feind= liche Kavallerie geht die Grenze entlang, Unterstützung nicht noth= wendig."

Ueber die Verhältnisse im Süden wurde im Laufe des Tages gemeldet, daß Premierlieutenant v. Schmidt vom Ulanen=Regiment

---

*) Die Tagebücher des Regiments Nr. 82 enthalten keine Angaben über eine Betheiligung des Majors v. Strachwitz an der Erkundung; auch lassen anderweitige Angaben nicht mit Bestimmtheit erkennen, ob derselbe dieser Erkundung beigewohnt hat. Das Tagebuch der Husaren erwähnt ihn bei der am Tage vorher stattgefundenen, bei der am 2. August nicht, wogegen die Meldung der Avantgarde ihn am 2. August anführt.

**) Südlich Pirmasens.

Nr. 6 am Morgen um 8½ Uhr von Altenstadt aus bis vor die geschlossenen Thore von Weißenburg gelangt sei und die Stadt vom Feinde nicht besetzt gefunden habe.

Weitere Nachrichten besagten: In Ober-Seebach*) sei ein französisches Lancier-Regiment eingetroffen; feindliche Patrouillen zeigten sich bei Nottweiler und Bobenthal, Offiziere rekognoszirten dort; die Straße Weißenburg—Bitsch sei durch mehrfache Posten besetzt. Außerdem hatte sich bereits seit dem vorigen Tage das Gerücht verbreitet, daß südlich Weißenburg geschanzt würde und Civilarbeiter daselbst Störungen an der Bahn vornähmen.

Betrachtungen über die Ereignisse im Aufmarschgebiet der III. Armee.

Die Betrachtung der Begebenheiten im östlichen Theile der Pfalz ist deshalb von besonderem Werth, weil es sich hier um den Aufmarsch einer Armee in einem Grenzbezirke handelt und das vorhandene Material uns einen Einblick wenigstens in einige dabei hervortretende Einzelheiten gestattet.

Die Sicherung läßt sich im ersten Augenblick nur im Sinne einer Beobachtung der aus Feindes Land hereinführenden Hauptstraßen gestalten, da man überhaupt nur 214 Mann Infanterie und zwei schwache Eskadrons zur Verfügung hat. Diese Straßen sind, abgesehen von den Gebirgswegen, welche in die rechte Flanke führen:

Von Weißenburg her die Chaussee über Bergzabern, der Weg auf Nieder-Otterbach und die Bahn Weißenburg—Landau.

Aus der Gegend von Nieder-Lauterbach: die in letztgenannte Wege (bei Schweighofen, Kapsweiler und Groß-Steinfeld) mündenden Verbindungen, sowie der unmittelbar von Nieder-Lauterbach auf Schaidt führende Weg.

Endlich von Lauterburg: die Straße auf Langenkandel mit ihrer Abzweigung auf Schaidt, Minfeld, und der Weg auf Jackgrim. (Die Bahn, von Straßburg über Lauterburg auf Rheinzabern u. s. w. bestand damals noch nicht.)

Die nächsten Ortschaften, bei welchen eine Sperrung dieser Wege erfolgen konnte, sind Schweigen, Kapsweiler (bezw. Nieder-

---

*) 7 km südöstlich Weißenburg.

Otterbach), Schaidt, Minfeld, Langenkandel und Hagenbach (bezw. Wörth und Jackgrim).

Die in den ersten Tagen vorhandenen schwachen Truppen=Abtheilungen sichern zunächst die Straße von Weißenburg über Berg=zabern bei letzterem Ort, die Eisenbahn auf Landau bei Winden und die Chaussee von Lauterburg auf Langenkandel, welche demnächst als Landweg auf Landau führt. Letztere Chaussee, als der voraussichtlich weniger wichtige Theil dieses Straßennetzes, wird nur von Kavallerie beobachtet, hier aber der größte Theil der vorhandenen Reiterei (1 Eskadron) nach Langenkandel gelegt, da die Beobachtung und Verbindung mit einer badischen Abtheilung und der in Maxau stehenden bayerischen Kompagnie bis zum Rhein ausgedehnt werden muß.

Die demnächst zuerst eintreffenden Truppen werden verwandt, um die Beobachtungs=Linie zu verstärken, gleichzeitig weiter zurück aber auch eine Reserve zu bilden, welche nach Erforderniß nicht nur zur Verstärkung oder Aufnahme der vordersten Linie, sondern auch zur Verwendung weiter westlich im Gebirge dienen konnte. So sehen wir die provisorische Kompagnie des 7. Regiments aus Winden nach Schweigen rücken, wodurch eine Verstärkung auf der Linie Weißen=burg—Bergzabern eintritt, das 10. Jäger=Bataillon in Barbelroth eintreffen und die östlich von Bergzabern laufenden Wege bis zur Bahn decken, während das 3. Bataillon des 5. Regiments als Reserve nach Klingen zu liegen kommt. Von den beiden zunächst eintreffenden Eskadrons der 2. Chevauxlegers wird die eine nach Birkenhördt in das Gebirge vorgeschoben, nicht zu weit vom Aus=tritt des Thales aus demselben in das ebenere Gelände, um sowohl die Beobachtung der Gebirgsstraßen zu unterstützen, als auch für eine Verwendung östlich des Fußes der Haardt bereit zu sein, die andere in Bergzabern vorzugsweise für eine Verwendung in letzterer Richtung. Im Allgemeinen findet durch die gesammte, den Anfor=derungen völlig entsprechende Aufstellung eine der Breite der Front angemessene Gliederung in die Tiefe somit statt.

Auffallend bleibt die Vertheilung am 24. Juli, nachdem durch das Eintreffen von Reserven das 1. Bataillon 7. Regiments seine normalmäßige Eintheilung in vier Kompagnien wieder angenommen hat, indem nunmehr bei diesem Bataillon durch Belegung von Schweigen, Schaidt, Langenkandel und Wörth eine weitergehende Zersplitterung stattfindet.

14*

Allerdings war es wünschenswerth, die genannten Orte mit Infanterie zu besetzen, doch erschien es dann günstiger, wenn das 1. Bataillon 7. Regiments bei Bergzabern zwei Kompagnien vereinigt behielt und Schweigen und Nieder-Otterbach mit je einer Kompagnie belegte, während das 10. Jäger-Bataillon Winden mit zwei Kompagnien besetzte, eine Kompagnie nach Minfeld und Langenkandel vorschob und die vierte nach Wörth entsandte. Weiter wäre dann die Zutheilung einzelner Chevauxlegers-Züge an die vordersten Infanterie-Abtheilungen in Schweigen und Nieder-Otterbach nöthig gewesen, bei Langenkandel und Mindorf von mindestens einer halben Eskadron, während der Rest der Kavallerie um Bergzabern vereint blieb, wo er zur Ablösung wie Verwendung auf den wichtigsten Straßen und zu weiter ausgreifenden Erkundungen bereit gestanden hätte. Wir enthalten uns jedoch jeder Beurtheilung des thatsächlich Angeordneten, da uns die für dasselbe maßgebenden Gründe nicht bekannt sind, und wollen wir nur darauf hinweisen, daß im Allgemeinen bei längeren Linien eine abschnittsweise Eintheilung der Vorposten erforderlich ist.

Hier hatte der Vorpostenkommandeur alle einzelnen Postirungen auf der großen Ausdehnung unmittelbar unter sich; er war dabei gar nicht in der Lage, persönlich die Richtigkeit der eingehenden Nachrichten festzustellen oder rechtzeitig Anordnungen zu deren näherer Aufklärung zu treffen. Selbstverständlich müssen schließlich alle Meldungen der Vorposten an einer Stelle zusammenlaufen, aber zwischen ihr und der äußersten Linie bedarf es bei großer Breitenausdehnung noch einer Zwischengliederung durch einzelne Abschnitts-Kommandanten. Wie aber die damaligen Verhältnisse es zeigen, kann man in Bezug auf diese Forderung auf kaum zu überwindende Schwierigkeiten stoßen, wenn die gesammte Aufstellung der dazu erforderlichen Tiefe entbehrt und das Aufmarschgebiet der Armee unmittelbar an die von den Vorposten besetzte Gegend anstößt.

Die am 25. und 26. Juli nach dem Eintreffen weiterer Verstärkungen eingetretene Truppenvertheilung zeigt uns in dem Gelände zwischen Haardt und Eisenbahn auf dem rechten Flügel das Ansammeln von 6¼ Bataillonen, 4¾ Eskadrons, 1 Batterie; auf dem linken Flügel, abgesehen von der Entsendung nach Wörth, 2½ Bataillone, 1¼ Eskadrons und 1 Batterie, von denen bei einem Vorgehen des Feindes der eine Theil sich um Bergzabern, der andere sich bei Billigheim zusammenziehen sollte. Auch hier sind uns

die Gründe, weshalb am Fuße des Gebirges der bei weitem stärkere
Theil der verfügbaren Kräfte verlegt und die Versammlung des
linken Flügels weiter zurück angeordnet ist, nicht bekannt. Es können
dabei verschiedene Rücksichten maßgebend gewesen sein. Zunächst
führte der kürzeste Vorstoß des Feindes von Weißenburg auf Bergzabern, hier erschien es daher auch geboten, die meisten Kräfte zu
vereinen. Dann darf aber auch nicht übersehen werden, daß ein
etwaiger Vorstoß des Gegners in das Haardtgebirge nur auf sehr
schwache Postirungen traf und ein solcher bei weiterem Vorschreiten
in die rechte Flanke und den Rücken der östlich des Gebirges befindlichen Truppen führte, so daß diese ohne Weiteres zur Räumung
des von ihnen besetzten Grenzbezirkes gezwungen worden wären. In
der gewählten Aufstellung waren die Truppen aber jedenfalls am
schnellsten bereit, den im Gebirge befindlichen Abtheilungen erforderlichen Falls Unterstützung zu bieten, während die bei Billigheim
versammelten in einer Stellung hinter dem Klingbach zur Sicherung
der in der Armirung begriffenen Festung Landau und des dortigen
Ausschiffungspunktes, oder auch zur Aufnahme der von Bergzabern
abziehenden Abtheilungen dienen konnten. Im Uebrigen wies auch
der Ausschiffungspunkt Neustadt, welcher für das II. bayerische Korps
bestimmt war, zu dem die Division Bothmer gehörte, auf ihren
Rückzug zwischen Gebirge und Landau hin. Außer Landau kam auch
Germersheim als Ausladepunkt in Betracht. Die Lage dieser Festung
als Brückenkopf und die Nähe des Rheins sicherten jedoch die Versammlung derjenigen Truppen, deren Transport dort enden sollte,
wie andererseits durch dieselben eine Verstärkung der Besatzung von Landau jeden Augenblick erfolgen konnte. Im Uebrigen finden wir in dieser
Zeit Schweigen, Nieder-Otterbach, Schaidt und Langenkandel, als
die wichtigsten Punkte des Straßennetzes, ausreichend mit Vortruppen
besetzt. (1³/₄ Bataillone, 2¹/₂ Eskadrons.)

Am 26. Juli sind bereits Abtheilungen des mobilen XI. Armee-
Korps um Landau eingetroffen, über welche der zunächst zur Stelle
gelangende Kommandeur der 22. Division den Befehl übernimmt,
und zwar auch über Truppen des Armee-Korps, welche seiner Division nicht angehören. Auf dem beschränkten Gefechtsfelde wird stets,
bei der Verwendung von Truppen verschiedener Korps, wenn der
Oberkommandirende nicht zur Stelle ist, der anwesende rangälteste
General den Befehl übernehmen. (Spicheren.) In dem räumlich
größeren Versammlungsgebiet gestaltet sich eine entsprechende

Regelung aber etwas schwieriger, und sehen wir hier daher eigenthümliche Verhältnisse entstehen. Das XI. Korps endet mit seinen Eisenbahntransporten um Landau und Germersheim; an demselben Tage aber, wo der Befehl des Oberkommandos der III. Armee eingeht, daß das Korps nach seinem linken Flügel hin am Klingbach südlich Germersheim sich versammeln und dort Aufstellung nehmen soll, werden die bereits eingetroffenen und noch im Eintreffen begriffenen Abtheilungen des Korps infolge von Nachrichten, die über den Feind eingehen, nach dem rechten Flügel westlich Landau zusammengezogen. Erst am folgenden Tage wird durch den inzwischen angelangten kommandirenden General des XI. Korps, nachdem sich die beunruhigenden Nachrichten als grundlos erwiesen hatten, der Befehl des Oberkommandos zur Ausführung gebracht, und werden die Truppen nunmehr von westlich Landau auf den für sie bestimmten Theil des Versammlungsgebietes der Armee übergeführt.

Für die am 26. noch bei Germersheim ausladenden Abtheilungen mußten somit anstrengende Märsche entstehen. Truppen, die sonst Ortsunterkunft gefunden hätten, mußten biwakiren, und wenn der Verbleib der Abtheilungen des XI. Korps westlich Landau noch ein paar Tage länger gedauert hätte, konnte die in jenem Raume beabsichtigte Unterbringung der demnächst eintreffenden Truppen des V. Korps leicht in Unordnung gerathen, überhaupt eine Vermischung beider Armee-Korps stattfinden, die in dem Augenblick, wo die Kriegsformationen erst in ihre Verbände zusammentraten, recht empfindlich gewesen wäre.

Derartige Verhältnisse können sich aber überall wiederholen, wo der Aufmarsch einer Armee nahe der Grenze erfolgt und die Einzelheiten desselben einer Beeinflussung durch die vom Feinde eingehenden Nachrichten unterliegen. Es zeigt sich ferner, daß in dieser Zeit alle Maßregeln und Absichten auf Vereinbarungen zwischen den Befehlshabern der einzelnen Armee-Korps wie der selbstständigen Division sich gegründet haben.

So finden in diesem Sinne verschiedentliche Besprechungen statt: am 26. zwischen den Generalen Graf v. Bothmer und v. Gersdorff, am 30. zu Landau zwischen den Generalen v. Bose und v. Kirchbach sowie zu Billigheim zwischen Ersterem und Graf Bothmer. Die Weisungen des Armee-Oberkommandos hatten bis dahin nur besagt, daß die Stellung hinter dem Klingbach zu halten sei; erst am 31. Juli geht der Befehl des Oberkommandos (vom 25.) beim XI. Korps

ein, welcher für gewisse Vorfälle die Befehlsverhältnisse regelt, so
lange sich dasselbe nicht zur Stelle befand, — also zu einer Zeit,
wo dies nicht mehr nöthig, da das Oberkommando inzwischen
bereits in Speyer eingetroffen war. Bis dahin fielen mithin
sehr wichtige Einzelheiten der Regelung durch die betref=
fenden Führer zu. Nicht immer wird man damit rechnen können,
daß, wie es hier geschehen, sofort volle Einigkeit in den Anschauungen
verschiedener selbstständiger Kommandeure eintritt; selbst bei der da=
maligen, so glücklichen Uebereinstimmung war bei der Durchführung
ein Abweichen von einzelnen Verabredungen nicht zu vermeiden. Auch
im vorliegenden Falle findet sich in den Akten an einer Stelle die
Klage, daß, entgegen der Verabredung, ein größerer Truppenkörper
sich in den einem anderen zugewiesenen Bereich eingeschoben habe.

Wo es zu ernsteren Kämpfen kommt, bedürfen, wie bereits ge=
sagt, die an denselben theilnehmenden Abtheilungen verschiedener
Korps einer gemeinschaftlichen Oberleitung, und nichts ist nachtheiliger,
als wenn dieser Oberbefehl durch das nacheinander erfolgende Ein=
treffen verschiedener höherer Generale auf dem Gefechtsfelde infolge
des Anciennetäts=Verhältnisses einem Wechsel unterliegt. Nicht
minder muß dies aber auch als nachtheilig bezeichnet werden, wenn
ein derartiger Wechsel bei störenden Vorfällen während der Ver=
sammlung erfolgt, zu einer Zeit, in welcher das Oberkommando noch
nicht zur Stelle ist. Den hieraus entspringenden Uebelständen ist
selbst dadurch nicht vorzubeugen, daß man sämmtliche oberen
Kommandos recht frühzeitig in das Aufmarschgebiet überführt.
Man muß überdies damit rechnen, daß theils einzelne der
höheren Stäbe, wie Kavallerie=Divisionen ꝛc., im Frieden nicht
bestehen, theils wesentliche Personalveränderungen im Augenblick
der Mobilmachung eintreten, wie es damals in der deutschen
Armee bei Besetzung der Feldstellen der kommandirenden Generale
und Divisions=Kommandeure mehrfach der Fall war. Eingehende
allgemeine Anweisungen in Bezug auf Lage und Absichten können, wenn
Alles noch erst im Entstehen ist, innerhalb einer Armee noch nicht
gegeben werden. Dabei kommen die räumlichen Verhältnisse in Be=
tracht. Werden doch die Truppen, welche sich in der Pfalz zu einer
Armee zusammenfinden sollen, aus einem weiten Umkreise herbei=
geholt, der Kassel, Posen, München u. s. f. umfaßt. Unter diesen
Verhältnissen erfolgen nur kurze telegraphische Befehle, wie ein solcher
bezüglich des V. Korps bei den Begebenheiten des 26. Juli mitge=

theilt ift. Das betreffende Generalkommando hat bis dahin nur
Kenntniß von der Transportordnung seiner Truppen erhalten und
weiß daher nur, wo dieselben ausgeschifft werden; es hat aber von
allem Uebrigen wahrscheinlich dienftlich nur sehr wenig erfahren.
Das jetzt eingehende Telegramm des Oberkommandos giebt den ungefähren Umkreis an, in welchem das Korps im Aufmarschgebiet untergebracht werden soll, und die Stellung, welche zu halten ift, dabei
erfährt man, daß auch noch das XI. Korps sowie die Bayern in
jener Gegend mitzuwirken haben. Alles, worüber sonst noch eine
genaue Bestimmung nothwendig erscheint, kann jetzt — so lange
nicht das Oberkommando zur Stelle ift, welches das Erforderliche durch Befehle anzuordnen vermag — nur durch persönliche
Besprechung zwischen den einzelnen Korpskommandos vereinbart
werden: die nähere Abgrenzung des Raumes zur Unterbringung,
die Verbindung zwischen den einzelnen Korps und Kenntniß der betreffenden Stabsquartiere, der Anschluß der Vorposten und die bei
einem etwaigen Vorgehen des Feindes nothwendige Uebereinstimmung
der zu ergreifenden Maßregeln.

Man darf sich nun nicht damit beruhigen, daß sich damals,
trotz des späten Eintreffens des Oberkommandos und der Generalkommandos, doch schließlich Alles in vollkommen ausreichender Weise
gelöst hat und Verwirrungen nicht eingetreten sind, auch Anstrengungen der Truppen, die schließlich sich als unnütz erwiesen, vielleicht
auch unter anderen Verhältnissen nicht zu vermeiden gewesen wären.
Alle Befürchtungen, die man in dieser Beziehung hegen kann, würden
voraussichtlich in ihrer ganzen Bedeutung hervorgetreten sein, wenn
der Gegner — was zu verhindern man doch nicht in der Lage war —
ebenfalls sein Aufmarschgebiet unmittelbar an die Grenze gelegt
hätte, oder wenn ein frühzeitiges Vorgehen desselben erfolgte.
Schon die Versammlung der Hauptkräfte des 5. französischen Korps
unweit der Grenze im Thale von Bitsch ruft mehrfach alarmirende
Nachrichten und infolge derselben in dem doch noch entfernt liegenden
Versammlungsgebiet der III. Armee Maßregeln hervor.

Es ift diesen Umständen eine eingehendere Betrachtung gewidmet
worden, da die Lage einer Armee, welche sich an der Grenze versammelt, eine andere ift, als die von Armeen, welche in größerer
Entfernung von der Grenze ihre Versammlung bewerkstelligen
(II. Armee) oder solche erst durch eine Vorwärtsbewegung allmälig
erstreben (I. Armee). In beiden letzteren Fällen genügt die Vorsen-

dung des Ober=Quartiermeisters, um die örtlichen Grenzen für die Unterkunft oder für die Benutzung der nebeneinander liegenden Marschlinien verschiedener Armee=Korps festzustellen; sonst ist dies aber nicht ausreichend. Können das Oberkommando und die betref= fenden höheren Stäbe aus Mobilmachungsrücksichten oder ander= weitigen Gründen nicht frühzeitig im Aufmarschgebiet eintreffen, so erscheint es angezeigt, einen älteren General dorthin zu entsenden, mit Machtvollkommenheit über alle allmälig anlangenden Truppen. Ist durch die örtlichen Verhältnisse seine vorherige Berufung an den Mobilmachungsort des Oberkommandos ꝛc. behufs seiner Orientirung mit großem Zeitaufwande verbunden, so ist ihm ein mit den Absichten des oberen Kommandos vertrauter Generalstabsoffizier zuzuweisen.

Diesen Gesichtspunkten ist durch das Oberkommando der III. Armee Rechnung getragen worden. Der Ober=Quartiermeister wurde vorgeschickt, die Befehlsverhältnisse wurden dahin geregelt, daß im Falle eines feindlichen Vorstoßes auf dem linken Rhein=Ufer der General v. Kirchbach, auf dem rechten Ufer der General v. Werder den Befehl über die Truppen übernehmen sollten. Aber diese Anord= nungen gingen sehr spät ein. Oberst v. Gottberg langte erst am 29. Juli im Aufmarschgebiet an, und das XI. Korps wie die bayerische Division wurden erst am 31. mit Weisungen versehen.

Woran lag dies?

Abgesehen davon, daß ein Fehler in der Expedition des Befehls vorgefallen zu sein scheint, da der Inhalt des Schreibens vom 25. nicht sofort telegraphisch dem XI. Korps zugefertigt wurde, dürfte der wesentlichste Grund erst in der späten Aus= gabe der Stellenbesetzung für die mobile Armee zu suchen sein. Allerdings lagen damals vielleicht Verhältnisse vor, welche eine frühere Ausgabe derselben nicht ermöglichten, aber derartige Verhältnisse können sich wiederholen. So viel als irgend angängig ist danach zu streben, daß unmittelbar mit dem Mobil= machungsbefehl auch die Ausgabe der Stellenbesetzung erfolgt und dort, wo durch die Nähe der Grenze einem Aufmarsch Gefahren drohen, ein älterer, über die Absichten unterrichteter General in diesem Gebiete mit den ersten Truppen eintrifft, um den Befehl bis zum Eintreffen des Oberkommandos zu übernehmen.

Die ersten zur Stelle befindlichen Truppen werden stets das Aufmarschgebiet in seiner ganzen Breitenaus=

dehnung zu sichern haben. Aus dieser Forderung kann anfangs vielleicht, wie es hier der Fall war, eine nur sehr dünne Beobachtungs- linie entstehen, die möglichst schnell verstärkt werden muß, selbst wenn Truppen alsdann herangezogen werden, deren Mobilmachung noch nicht abgeschlossen ist. Wenn nun aber der Massentransport zur Ver- sammlung einer Armee beginnt, fragt es sich, ob man die vordersten, bereits zur Stelle befindlichen Abtheilungen in ihrer bis dahin ein- genommenen Aufstellung belassen und nur deren Verstärkung anordnen oder eine andere Gruppirung der vorderen Linie vornehmen soll.

Hierbei wird festzuhalten sein, daß die betreffenden Verhältnisse bei einer Armee meist anders liegen, als wie bei einem einzelnen Korps oder kleineren Truppenabtheilungen. Ein sich an der Grenze versammelndes Armee-Korps wird für seine Unterbringung bis zum Beginn der Operationen in der Regel nur eine Breitenausdehnung beanspruchen, welche vollständig durch eine im richtigen Verhältniß zur Stärke des Korps stehende Avantgarde einheitlich gedeckt werden kann, ohne daß eine Zersplitterung der Kräfte einzutreten braucht. Hat das Korps sich nach zwei ver- schiedenen Richtungen zu decken, so schiebt es nach jeder derselben eine Avantgarde vor; es kann dabei manchmal auch mit einer geringeren Stärke, als dies sonst der Fall ist, nach jeder Richtung hin auskommen, es kann aber auch nach jeder derselben eine ganze Infanterie-Brigade verwenden. Eine aus mehreren Korps sich zusammensetzende Armee bedarf aber jedenfalls zu ihrer Versammlung einer größeren Breitenausdehnung, wenn man die Truppen nicht gleich von ihrem Eintreffen an auf Biwaks verweisen und sie so lange in denselben belassen will, bis die Versammlung der gesammten Armee erfolgt ist, was doch auch seine Nachtheile hat. Hier umfaßte der Raum in der Breite den Bezirk zwischen dem Ostfuße der Haardt bis zum Rhein, in der Tiefe von unweit der Lauter bis zur Linie Neu- stadt—Speyer, und zwar zunächst nur für vier Korps; zwei starke Divisionen verbleiben außerdem vorläufig noch auf dem rechten Rhein-Ufer. Die 4. bayerische Division, auch wenn sie gleich anfangs in ihrer ganzen Stärke zur Stelle gewesen wäre, hätte auf die Dauer zum Schutze dieses Gebietes schwerlich ausgereicht, da sie unter Umständen auch zur Verwendung stärkerer Kräfte im Ge- birge zur Sicherung der rechten Flanke genöthigt sein konnte. Denkt man sich aber statt ihrer zum Schutze des Aufmarsches ein ganzes Armee-Korps verwandt, so mußte bei einem Vorgehen des

Feindes sich dann der Uebelstand bemerkbar machen, daß eine einheitliche Führung desselben bei der Größe der Breitenausdehnung und der geringen Tiefe kaum durchführbar war, und daß die einzelnen Theile des Korps in Bezug auf Unterstützung oder Aufnahme auf Truppen anderer Armee-Korps angewiesen blieben.

Anders liegen dagegen die Verhältnisse, wenn der Aufmarsch der Armee mit ihrem Gros nicht unmittelbar an der Grenze, sondern weiter rückwärts, — etwa auf einen Tagemarsch von derselben — erfolgt. Alsdann kann die Deckung der Armee ohne Bedenken unter dem Schutze eines als Avantgarde bis an die Grenze vorgeschobenen Armee-Korps erfolgen, da dieses sich dann auch in ausreichender Tiefe zu gruppiren vermag.

Für die Verhältnisse, wie sie hier 1870 lagen, dürfte das von der III. Armee beobachtete Verfahren, die bereits vorn befindlichen Abtheilungen nach einer Richtung hin zusammenzuziehen und für die dadurch frei gewordenen Strecken Avantgarden von denjenigen Korps vorzunehmen, welche daneben zur Verwendung gelangen sollten, das Zweckmäßigste gewesen sein. Eine mehrere Korps starke Armee bedarf für die Offensiv-Operationen auch mehrerer Straßen, und man thut jedenfalls gut daran, ein jedes derselben sobald als möglich an die Straße zu legen, welche demnächst ihrer Vorbewegung dienen soll; in gleicher Weise werden bei beabsichtigter Defensive und für Besetzung einer für die Entscheidung gewählten Stellung die einzelnen Korps sich nur soweit in die Breite ausdehnen, daß sie zum rechtzeitigen Besetzen der ihnen angewiesenen Theile der Stellung bereit stehen; eine Gliederung in größerer Tiefe ist dabei ebenfalls vorzuziehen.

Im Uebrigen sind die Nachtheile nicht zu verkennen, welche eine Ablösung in der vordersten Linie immer in sich schließt, nämlich: daß der Gegner durch diese neuen Abtheilungen Kenntniß von der Anwesenheit weiterer Truppenkörper zu erhalten vermag und daß auf einzelnen Strecken die mit den dortigen Verhältnissen bekannten Truppen durch andere abgelöst werden müssen, welche sich erst neu einzuleben haben. Bei einem solchen Einschieben neuer Avantgarden in einem Zeitraume, wo Vieles noch im Werden ist, wird der neu einrückenden Abtheilung nicht immer dasjenige, was ihr zu wissen erforderlich, von vornherein so eingehend und sicher bezeichnet werden können, wie dies für das sofortige Ergreifen richtiger Anordnungen wünschenswerth erscheint, sobald eine einheitliche Leitung nicht vorhanden ist. Die nächsthöhere Kommandostelle kennt diese Einzelheiten selbst nicht; so weiß hier z. B. die Avantgarde des XI. Korps nur: in der vordersten Linie stehen die Bayern, links badische Truppen, während rechts das V. Armee-Korps einrücken soll. Welche Punkte aber und wie stark die Bayern dieselben belegt haben, was in der Ausführung der Verabredung von den anderen Abtheilungen im Einzelnen angeordnet worden und zu welchem Zeitpunkt dies ausgeführt sein wird, das Alles kann in der Regel bei den mündlichen Vorverhandlungen nicht ausreichend zur Sprache kommen und wird auch oft nicht rechtzeitig den einrückenden Truppentheilen mitgetheilt werden können. Es ist daher Sache der neu einrückenden Avantgarde, sich schleunigst an Ort und Stelle umfassendere Kenntniß darüber selbst zu verschaffen. Dabei kann es vorkommen, daß die Verbindung nicht sofort hergestellt wird, wie wir dies bei den Bemühungen der Avantgarde des XI. Korps in Bezug auf das V. Korps gesehen haben, auch können Maßregeln ergriffen werden, welche nach ausreichender Kenntniß Veränderungen in der Aufstellung, im Patrouillengange, in den Relais u. s. w. zur Folge haben.*)

Zur Kenntniß derartiger Verhältnisse mögen hier noch folgende Meldungen angeführt werden: die erste ist vom Kommandeur des Husaren-Regiments Nr. 14 aus Hatzenbühl vom 27. Juli an den Kommandeur der Avantgarde: „Um 4 Uhr sind die 3. und 4. Eskadron des Regiments in Hatzenbühl eingerückt; sofort vorgeschickte Patrouillen bringen soeben (5 Uhr) die Meldung, daß Langenkandel von preußischer Infanterie besetzt sei. Die ebenfalls dorthin dirigirte 2. Eskadron des Regiments hat aus diesem Grunde daselbst Quartier bezogen, jedoch den vorgeschriebenen Patrouillengang sofort in Angriff genommen. Die zuerst eingegangene Meldung dieser Patrouillen bringt die Nachricht, daß die Grenze von bayerischen Truppen besetzt sei."

Die Ernennung des Obersten v. Bernuth zum Vorposten-Kommandeur erfolgte erst am 28. Juli; derselbe meldete am 2. August aus Langenkandel Mittags 1 Uhr 30 Min.:

„So eben 12½ Uhr kehrt Lieutenant v. Chappuis von Patrouille zurück, berichtet über die Belegung der nord- und nordwestlich von Langenkandel vom V. Armeekorps bequartierten Ortschaften. Danach ist ein direkter Anschluß westlich der diesseitigen Aufstellung nicht er-

---

*) Wir verweisen in Bezug hierauf auch auf die bereits mitgetheilte Meldung des Obersten v. Bernuth vom 29. Juli aus Langenkandel, wonach bis dahin eine Verbindung mit dem V. Korps überhaupt noch nicht gefunden war.

folgt; es würde erwünscht sein, wenn Minderslachen, Hössen und Minfeld vom V. Korps mit belegt würden."

Es geht hieraus auch hervor, daß die immerhin nicht unwichtige Straße über Minfeld infolge der Verschiebung in der vordersten Linie unbesetzt geblieben ist; die Bayern waren mit ihrem linken Flügel weiter westlich gerückt, die vordersten Abtheilungen des V. Korps nicht bis an diesen Punkt vorgeschoben worden.

In richtiger Voraussetzung, daß nach dem Vornehmen einer Avantgarde seitens des XI. Korps die Bayern die Gegend von Langenkandel räumen würden, ist das Begleiten der Chevauxlegers=Patrouillen durch preußische Husaren angeordnet worden, damit letztere mit der Gegend und dem sonst Erforderlichen sich vertraut machten. Bereits bei Besprechung der Ereignisse bei dem Detache=ment Trier ist auf die Nothwendigkeit hingewiesen worden, ein der=artiges Verfahren, insbesondere bei Ablösung der Vorposten, eintreten zu lassen. So sehr dies auf der Hand liegt, so wird es doch manch=mal im Drange der Verhältnisse übersehen oder nicht in ausreichen=der Weise durchgeführt. Allerdings kann es keinem Eskadronchef angenehm sein, wenn er, mit seiner Schwadron von den Vorposten abberufen, einzelne Leute zurücklassen muß, namentlich, wenn er selbst noch nicht weiß, wo das Endziel seines an diesem Tage noch aus=zuführenden Marsches liegen wird. Um das Wiederaufsuchen der Eskadron durch die zurückgebliebenen Mannschaften zu erleichtern und das manchmal tagelange Umherirren vereinzelter Mannschaften zu vermeiden, empfiehlt es sich, bei der neu eingetroffenen Truppe einen Offizier oder besonders gewandten Unteroffizier zurückzulassen, welcher die Leute sammelt und sie wenigstens geschlossen nachführt.

Aus unseren Betrachtungen der Verhältnisse bei einer Armee, deren Aufmarschgebiet unmittelbar an die Grenze stößt, und die zu der Forderung geführt haben, sofort einen höheren General in dieses Gebiet zu entsenden, um vorläufig den Befehl über die Truppen daselbst zu übernehmen, geht aber auch die Nothwendigkeit hervor, daß auch die zur ersten Sicherung der Grenze entwickelten Abtheilungen bei seinem Eintreffen unverzüglich unter seinen Befehl gestellt werden müssen.

Dies macht darauf aufmerksam, daß das Ergebniß der früheren Betrachtungen über das Befehlsverhältniß der Grenzdetachements — ihre unmittelbare Unterstellung unter die oberste Heeres=leitung — auch weitere Einschränkungen erleiden kann. Eine solche ist bereits angeführt worden: die Nothwendigkeit der Unterstellung eines derartigen Detachements unter ein Korpskommando, sobald sich das Korps mit dem Beginn der Operationen der Grenzsicherung nähert.

Hier lernen wir eine fernere Einschränkung kennen. Die erste Aufstellung von Sicherungen, die im Aufmarschgebiet einer Armee nahe der Grenze erforderlich werden, muß ebenfalls noch von der obersten Heeresleitung angeordnet werden, aber mit dem Eintreffen der ersten Truppen der Armee muß der Befehl über diese Detachements auf den betreffenden Oberbefehlshaber oder den General übergehen, der nach unserer Anschauung bis zu seinem Eintreffen zu seiner Vertretung zu entsenden ist.

Von den sonstigen, in Bezug auf die allgemeine Lage getroffenen Anordnungen geben noch die Entsendungen in das Gebirge behufs Unterstützung der in demselben aufgestellten kleineren Abtheilungen zu Bemerkungen Veranlassung.

Die eigenen Anordnungen des Generals Grafen Bothmer, sowie sein zweimaliger Antrag beim V. Korps weisen darauf hin, daß sich das Bedürfniß, jenen Abtheilungen einen Rückhalt zu gewähren, recht fühlbar gemacht hat. So lange zu einer derartigen Unterstützung ausreichende Kräfte nicht vorhanden waren, mußte man sich allerdings begnügen, sobald eine Bedrohung einzutreten schien, nur zeitweise Entsendungen vorzunehmen, wie dies mit dem 1. Bataillon 9. bayerischen Regiments am 26. geschah. Die Entsendung des 5. preußischen Jäger-Bataillons am 2. August dagegen war im Sinne einer Unterstützung erfolgt, welche so lange bei Wilgartswiesen und Hinter-Weidenthal bereit sein sollte, als die allgemeinen Verhältnisse dieselben blieben. Diese veränderten sich aber an demselben Tage durch die vom Ober-kommando der III. Armee behufs des beabsichtigten Vormarsches getroffenen Anordnungen. Da das V. Korps nunmehr noch ein Bataillon im Annweiler Thal belassen mußte, wäre es vielleicht zweckmäßiger gewesen, das bereits dort befindliche Jäger-Bataillon dazu zu bestimmen, statt eines Infanterie-Bataillons. Als Grund für die Zurückberufung der Jäger kann man annehmen, daß man es in Aussicht der bevorstehenden Kämpfe des Armee-Korps bei den Entscheidungen nicht entbehren wollte, andererseits muß man sagen, daß die Verwendung im Gebirge unter Verhältnissen des Detachementskrieges gerade für ein Jäger-Bataillon eine sehr ent-sprechende gewesen wäre. Dem Bataillon wurde dabei eine nicht unbeträchtliche Marschleistung auferlegt, die um so schwerer ins Gewicht fiel, als es in seiner Gesammtheit noch nicht einmarschirt sein konnte; es war daher nützlich, Abtheilungen auf einzelnen Strecken des Weges auf Wagen zu befördern. Die hier erwähnten Entsendungen geben, da sie aus einem Bedürfniß entsprangen, den thatsächlichen Beleg für die Nothwendigkeit einer Reserve oder eines Rückhalts für die vordersten Grenzsicherungen im Gebirge, wie diese Forderung sich bereits bei Betrachtung der Ereignisse in dem westlichen Theile des Haardtgebirges entwickelt hat.

Daß die Zeit der Versammlung nicht genugsam ausgenutzt werden kann zum Exerziren und Felddienstübungen ist selbstverständlich. Aber die Alarmirung von Hoerdt weist darauf hin, daß im Versammlungsgebiet an der Grenze ein Exerziren im Feuer nicht stattfinden darf; dazu muß man die Zeit verwenden, welche in der Garnison vor dem Ausmarsch etwa noch zu erübrigen ist. Unter Verhältnissen, in denen man jeden Augenblick auf den Feind stoßen kann, besteht so wie so die Neigung, in jedem Geräusch Kanonenschüsse oder Kleingewehrfeuer zu vernehmen. Es sei daran erinnert, daß 1866 beim Einmarsch der II. Armee in Böhmen der gesammte Train eines Armee-Korps in fluchtähnlicher Weise auf einen Tagemarsch weit und darüber zurückjagte, als er in seiner nächsten Nähe plötzlich Kleingewehrfeuer zu vernehmen glaubte. Thatsächlich rührte das Geräusch davon her, daß hinter der nächsten Bodenerhebung ein preußisches Husaren-Regiment seine Woylachs ausklopfte.

Andererseits darf man aber auch derartiges Geräusch durchaus nicht unbeachtet lassen. Das General-Kommando des I. Armee-Korps gab am Morgen der Schlacht von Königgrätz den Befehl zum Aufbruch viel zu spät aus, da es den Kanonendonner bei der I. Armee längere Zeit hindurch nur für ein fernes Gewitter hielt, während bei seiner Avantgarde Niemand im Zweifel war, daß es sich bereits um einen ernsten Kampf handelte.

Wenden wir uns dem Aufklärungsdienst und Nachrichtenwesen zu, so sind wir über die zur eingehenden Betrachtung der Verhältnisse erforderlichen Einzelheiten in der Aufstellung und den Bewegungen der Franzosen nicht ausreichend unterrichtet, um uns für jeden Tag ein zutreffendes Bild machen zu können; wir müssen uns daher mit den Angaben begnügen, welche das Generalstabswerk aufzustellen vermochte.

Nach diesem wurden französischer Seits gegen die Grenze vor=
geschoben:

    Nach **Hatten**: 2. Ulanen=Regiment

        Sulz: 3. Husaren=Regiment

        Niederbronn: 12. Chasseur=Regiment;

anfangs vielleicht auch das Husaren=Regiment 5 (dieses wie das
Chasseur=Regiment bildeten die Brigade Bernis der Kavallerie=Division
des 5. Korps), dahinter befand sich bei Hagenau in der ersten Zeit die
Division Guyot de Lespart des 5. Korps, welche bei ihrem Abmarsche
nach Bitsch durch die Division Raoult des 1. Korps ersetzt wurde,
mit dem Chasseur=Regiment Nr. 11.

Um den 1. August rückte die Division Ducrot aus der Gegend
von Straßburg nach Reichshofen; dieselbe schob das 96. Regiment
nach Klimbach vor; die 3. Husaren wurden der Division zugetheilt.

Was an Infanterie Ende Juli und Anfang August sich bei
Selz befunden hat, ist nicht mit Sicherheit anzugeben. Möglicher=
weise war es ein Detachement der Division Raoult.

Ebenso ist nicht ausreichend zu übersehen, welche Thatsachen der
am 29. Juli erfolgten Meldung von der Anwesenheit starker feind=
licher Infanterie daselbst zu Grunde gelegen haben.*)

Sieht man ab von der auf Veranlassung der badischen Division
ausgeführten Erkundung mehrerer Offiziere, so scheint beider=
seitig — wenigstens soweit die noch vorhandenen Meldungen dar=
über Aufklärung geben — bis zu den letzten Tagen des Juli nirgends
eine unmittelbare Fühlung mit dem Gegner gewonnen zu sein. Man
darf wohl annehmen, daß das Ergebniß jener Erkundung irgend
einer Kommandostelle der auf dem linken Rhein=Ufer befindlichen
Truppen mitgetheilt worden ist. Der Kommandeur der Vorposten
des XI. Korps erhielt am 28. Juli durch die zufällige Anwesenheit des
Prinzen Wilhelm von Baden in Langenkandel von demselben Kennt=
niß. Jedenfalls muß festgehalten werden, daß alle Nachrichten über
den Feind, welche bei oberen Kommandos auf anderweitigen Wegen,
als durch die Wahrnehmung der eigenen Truppen eingehen, auch

---

*) Am Morgen des 4. August befanden sich daselbst, außer an Kavallerie,
ein Jäger=Bataillon und ein Bataillon des 50. Regiments der Division Douay,
welche am 2. oder 3. August bis Weißenburg vorgerückt war, während die
Division Raoult von Hagenau nach Reichshofen, die Division Ducrot von
dort nach Lembach marschirten.

möglichst schnell der vordersten Linie bekannt gegeben werden, sobald sie irgend etwas enthalten, was für diese von Werth sein könnte.

Forscht man nach dem Grunde, wodurch es kam, daß in der erwähnten Zeit, den einen Fall ausgenommen, die beiderseitigen Aufklärungen gar nicht oder jedenfalls nur mit seltenen Ausnahmen, welche sich unserer Kenntniß entziehen, bis an den Gegner heranführten, so dürfte ein solcher unter Anderem — wenigstens anfangs — in der geringen Stärke der vorhandenen Kavallerie gefunden werden können. Die beiden zunächst zur Verfügung stehenden schwachen Chevauxlegers-Eskadrons reichten bei der ausgedehnten Strecke nicht einmal aus, um die nothdürftigsten Aufklärungen und Sicherungen im engsten Umkreise zu geben und die Verbindung unter den einzelnen Postirungen zu erhalten. Günstiger gestaltete sich das Verhältniß, als demnächst die 2. Chevauxlegers einrückten, und wäre es dann wohl angängig gewesen, mit den Aufklärungen weiter auszugreifen. Von Ober-Otterbach bis Hatten sind es hin und zurück nur einige 40, bis Sulz sogar nur einige 30 km Entfernung, also noch bei Weitem nicht eine Tagesleistung für Kavallerie-Patrouillen. Es mag auch hier die schon an anderer Stelle erwähnte Weisung, daß ein angriffsweises Verfahren durch die Schwäche der eigenen Truppen bedingt wäre, eingewirkt haben; ebenso auch der Gesichtspunkt, daß man den Gegner zunächst nicht herausfordern wollte. Von dem Augenblick an, als die 2. französischen Ulanen und 3. Husaren an den genannten beiden Ortschaften eingetroffen waren, wären die Patrouillen der deutschen Reiterei wahrscheinlich ebenso wenig weiter vorgedrungen, als die paar Eskadrons, welche man vielleicht zu einer stärkeren Erkundung verwenden konnte. Ein Durchstoßen des Schleiers und damit ein Einblick in die Verhältnisse bis gegen Hagenau zu wäre voraussichtlich nicht geglückt; immerhin bot aber eine bis gegen Hatten und Sulz vorgetriebene ständige Beobachtung eine größere Sicherheit; ein Ueberschreiten der vordersten französischen Linie durch von hinten vorkommende Kolonnen konnte dann frühzeitig bemerkt werden und die erforderlichen Gegenmaßregeln ließen sich in Ruhe treffen, namentlich wäre auch dadurch unnützen Alarmirungen mehr vorgebeugt worden.

Eine weitergehende Aufklärung war nur zu erwarten, wenn auf deutscher Seite sich frühzeitig eine starke Kavallerie zur Stelle befunden hätte. In Bezug auf das Verhalten einer solchen, wie auf eine etwaige Thätigkeit der französischen Kavallerie ist bereits Seite 59 und 60 hingewiesen worden.

Man wird auch hier darauf hingeführt, daß es vortheilhaft sein dürfte, an gewissen Stellen der Grenze frühzeitig eine starke Kavallerie zur Hand zu haben.

Bei dem thatsächlichen Verlauf der Ereignisse in der Bayerischen Pfalz bis Ende Juli war man, wie wir gesehen haben, auf das Einsammeln von Nachrichten angewiesen, welche außerhalb der unmittelbaren Wahrnehmung der eigenen Truppe lagen; in der Masse solcher Nachrichten ist Richtiges und Falsches fast stets enthalten. Ohne daß man Beides zunächst zu unterscheiden vermag, muß die Führung dennoch alle eingehenden Einzelheiten unausgesetzt im Auge behalten. Wo aber irgend die Möglichkeit vorliegt, das Zutreffende oder Unzutreffende durch die Truppen festzustellen, darf dies niemals unterlassen werden. In diesem Sinne sehen wir auch von den Vorposten des XI. Armee-Korps aus sofort Aufklärungen vorgehen, als über die Anwesenheit des Feindes in der Gegend von Selz unverbürgte Nachrichten sich verbreiten; diese Erkundungen führen nunmehr auch bis an den Feind. Die schwachen bayerischen Kräfte hatten nur gestattet, in geringer Ausdehnung die Beobachtung durch die Truppen ausführen zu lassen; innerhalb derselben hat eine solche aber in regster Thätigkeit stattgefunden, und ist die Gegend um Weißenburg, wie durch den Bienwald bis an die Lauter unausgesetzt durch Patrouillen und Entsendungen bis zur Stärke eines Bataillons unter Augen behalten worden.

Ohne unmittelbare Berührung mit dem Feinde kann aber eine ausreichende Kontrolle über die Richtigkeit der über seine vordersten Abtheilungen eingelaufenen sonstigen Nachrichten in den meisten Fällen nicht ausgeübt werden. Vielfach wird diese Berührung über die vorderste Linie des Gegners nicht hinausreichen und man bleibt somit über Vieles, was hinter derselben sich zuträgt, doch auf anderweitige Nachrichten angewiesen. Aber man hüte sich, diese Nachrichten immer als auch „nur wahrscheinliche" anzunehmen, sie bieten in der Regel nur „Möglichkeiten", welche man in den Kreis seiner Erwägungen ziehen und deren weitere Klärung man abwarten muß. Hat sich zu früh die Idee gebildet: Der Gegner habe diese oder jene Bewegung angetreten, oder verfolge eine oder die andere Absicht, so erblickt man in manchen weiteren Meldungen eine Bestätigung für seine Meinung, während man bei genauer Kenntniß

der dieser Meldung zu Grunde liegenden Thatsache schwerlich eine
solche gefunden haben würde.

Sehr bemerkbar tritt dies in den Ansichten, welche man bei
Saarbrücken, wie in der Pfalz gegen Ende des Juli über die Bewe=
gungen der Franzosen sich bildete, hervor. Dort nahm man eine
Rechtsschiebung derselben, also nach dem Elsaß zu, an, hier ein
Herüberführen sämmtlicher Truppen aus dem Elsaß nach Metz, beides
war falsch (abgesehen von der Bewegung des V. französischen Korps).
Kleine Zusammenstöße, wie der bei dem Versuche der Ulanen, die
Eisenbahn zu zerstören, welcher überhaupt mit den Operationen, die
man den Franzosen unterschob, nichts zu thun hatte, wurden aber
als Belege für die vorgefaßte Meinung angesehen.

Namentlich beunruhigend haben die falschen Nachrichten gewirkt,
welche aus dem Gebirge über das Vordringen des Feindes einliefen.
Das Gefühl, daß die dort befindlichen sehr schwachen Abtheilungen
nicht im Stande waren, einen wünschenswerthen Widerstand zu leisten,
sowie der Umstand, daß ein derartiges Vorgehen in die Flanke der
Versammlung führte und die vordersten Truppen zur Räumung des
von ihnen besetzten Gebietes zwingen konnte, mögen zur Vermehrung
der Beunruhigung beigetragen haben. Ueberdies wird man immer
empfindlicher für solche Nachrichten sein, wenn eine Bedrohung
schwacher Stellen eintritt und die Länge der besetzten Linie, wie
andere Verhältnisse, nicht gestatten, schnell Aufklärung über die Richtig=
keit der Mittheilung zu erlangen oder unmittelbar ausreichende Unter=
stützung zu bieten.

Ueberall tritt es immer von Neuem hervor, wie noth=
wendig es ist, daß bereits diejenige Stelle, bei welcher zuerst Nach=
richt oder Meldung eingeht, wenn irgend möglich suchen muß, eine
weitere Feststellung ihrer Zuverlässigkeit eintreten zu lassen. Dazu
gehört, daß Mittheilungen, welche aus anderer Quelle als durch den
Aufklärungsdienst der Truppe eingehen, so weit als angängig durch
Erkundungen, sei es durch kleine Patrouillen oder stärkere Abthei=
lungen, je nach den vorliegenden Umständen, geprüft werden. In
vielen Fällen wird sich dies nicht ermöglichen lassen, weil die
Angaben sich auf Verhältnisse beziehen, deren Aufklärung nicht erreich=
bar ist; in anderen können die Angaben für das Ganze von so
großer Wichtigkeit sein, daß eine sofortige Mittheilung, ohne das
Ergebniß der Prüfung, welche man selbst auszuführen in der Lage
ist, abzuwarten, nothwendig erscheint. Nun aber sind sehr viele

15*

Belege vorhanden, daß in der Weitergabe der Meldungen ꝛc. sehr oft gefehlt wird, und zwar nicht nur in den eben erwähnten Richtungen hin, sondern namentlich auch durch den Wortlaut der Weitergabe. Eine der hauptsächlichsten Bedingungen ist dabei, daß die oberen Kommandos nicht im Zweifel bleiben, ob man es bei der Meldung mit Thatsachen zu thun hat, welche durch die Truppe selbst gesehen worden sind, oder ob sie nur Angaben und Gerüchte enthält, welche auf anderen Wegen in Erfahrung gebracht wurden.

„Stärkere feindliche Kräfte dringen gegen X. vor", so und ähnlich lauteten verschiedene Meldungen. Das eine ganze Strecke vom Ausgangspunkt derselben entfernte obere Kommando findet dabei keinen Anhalt zur Beurtheilung der Zuverlässigkeit dieser Angabe, es nimmt daher den Inhalt als feststehende Thatsache an und trifft Anordnungen, welche die Truppen unnütz ermüden und weithin Unruhe verbreiten, während die Quelle der Nachricht vielleicht nur in der aufgeregten Phantasie irgend eines Landbewohners oder Beamten zu suchen ist, von dem die Mittheilung ausging.

Viel richtiger wird sich die Beurtheilung gestalten, wenn die Meldung etwa lautet: „die von X. ausgegangenen Patrouillen sind heute — Uhr Vm. bei Y. auf feindliche Husaren in der ungefähren Stärke zweier Züge gestoßen u. s. w." oder: „die heute Vormittag — Uhr von X. nach Y. vorgegangene Patrouille des n. Husaren-Regiments meldet, daß nach Aussage des Schullehrers in Y. zehn feindliche Ulanen auf dem Wege von B. her, gestern um 6 Nm. eingetroffen und nach einem viertelstündigen Aufenthalt in Richtung auf W. weiter geritten wären. Nach ihren Mittheilungen soll in B. sich ein ganzes Ulanen-Regiment befinden."

Aus solchen Meldungen kann alsdann mit ziemlicher Bestimmtheit geschlossen werden, daß in der Gegend von Y. und B. sich jetzt feindliche Kavallerie befindet. Ob dies aber nur eine kleine Abtheilung, eine Eskadron, ein Regiment oder mehr ist, darüber ist noch weitere Aufklärung nöthig. Vielfach kommt eine derartige Nachricht aber mit den einfachen Worten an: „Ein feindliches Kavallerie-Regiment bei Y. und B." Woher man vorn diese Kenntniß erlangt hat, und inwieweit sie zutreffend ist, kann man daraus nicht ersehen, und ist daher an der höheren Stelle leicht geneigt, diese Mittheilung als eine ganz zuverlässige anzunehmen und dem entsprechend weitere Anordnungen zu treffen.

Wiederholt kann nur darauf hingewiesen werden daß bei der Weiter=
gabe die Fassung der Meldung stets erkennen lassen muß, ob sie aus
eigener Wahrnehmung der Truppe hervorgeht oder ob Mittheilungen
von anderer Seite, bezw. eingesammelte Nachrichten ihr zu Grunde
liegen, wobei alsdann auch Angaben hinzuzufügen sind, welche auf
die Zuverlässigkeit der Quelle schließen lassen. Mit der Bezeichnung
aber „aus zuverlässiger Quelle" möge man auf das Aeußerste sparsam
und sorgfältig verfahren.

Die Mittheilungen, welche der Kommandeur der 22. Division·
bei seinem Eintreffen in Landau am 26. Juli früh empfing, gab
Veranlassung zur Versammlung aller vom XI. Korps zu erreichenden
Truppen zwischen dieser Festung und dem Ausgange des Annweiler
Thales. Derartige Angaben, welche sich auf ausgedehnte Operationen
des Gegners beziehen, sind meist sehr zweifelhafter Natur und
müssen mit größter Vorsicht aufgenommen werden. So erwies
sich diese Angabe auch als falsch, und die Versammlung, welche
die anderweitige Anordnung des Oberkommandos durchkreuzte, war
demgemäß überflüssig. Bei der Mittheilung mußte es allerdings
auffällig erscheinen, daß die Absicht der Franzosen, einen Vorstoß von
der Linie Saargemünd—Niederbronn mit 80,000 bis 90,000 Mann
(bezw. 40,000 bis 50,000 Mann) am 26. auf Pirmasens auszuführen,
so bestimmt ausgesprochen war. Welche Anzeichen lagen vor, die eine
Wahrscheinlichkeit boten für Angaben, welche das Gebiet der Operationen
einer ganzen Armee berührten? Welches war die eigentliche Quelle,
aus der die Kundschafter geschöpft hatten? Etwa Erzählungen von
einzelnen Soldaten des Gegners an die Landesbewohner, oder hatten
die Kundschafter Gelegenheit gefunden, bis in die Stäbe des fran=
zösischen Korps = Kommandos einzudringen? Wir glauben Letzteres
nicht und können nur sagen, daß die Bezeichnung der Betreffenden
„als zuverlässige Spione" sich nicht gerechtfertigt hat.

So lange ein höheres Kommando hierüber nicht bei der Meldung
ganz bestimmte Mittheilungen erhält, aus welchen es sich selbst über
den Werth einer derartigen Nachricht seine Ansicht zu bilden vermag,
thut es gut, ihr nicht allzugroße Berücksichtigung zu schenken, nament=
lich nicht sofort größere Truppenmassen in Bewegung zu setzen. Man
ordne vielmehr weitere Aufklärungen an oder, wenn solche bereits
durch die Meldung in Aussicht gestellt sind, warte man das Ergebniß
derselben erst ruhig ab.

Man vergegenwärtige sich aber auch bei diesem Vorfalle die
Lage eines höheren Truppenführers, welcher mit der Eisenbahn von weither eben ankommt und der dann derartige Mittheilungen erhält. Seine Kenntniß aller Verhältnisse kann bis dahin,
wie bereits früher dargelegt, nur eine äußerst geringe sein.

Die Einzelheiten, welche weitere Anordnungen seinerseits erfordern könnten, gehen ihm erst bei seinem Eintreffen in dem Aufmarschgebiet zu; vor Allem hört er auch dort erst Genaues von dem,
was inzwischen in diesem Gebiet von dem gegenüber befindlichen
Feinde in Erfahrung gebracht worden ist. Dadurch entgeht ihm ein
allmäliges Hineinwachsen in die Lage, mit welchem eine eigene Beurtheilung und Scheidung des Wahrscheinlichen und Unwahrscheinlichen leichter verbunden gewesen wäre. Was ihm jetzt plötzlich an Nachrichten über den Feind mitgetheilt wird, muß für ihn die Grundlage
weiterer Entschlüsse bieten, wenn solche sofort durch die erhaltenen
Mittheilungen erforderlich erscheinen.

General v. Gersdorff sah sich daher veranlaßt, nach Empfang
der Nachricht alle bereits eingetroffenen Truppen zwischen Landau
und dem Gebirge zusammenzuziehen, wenn sich auch diese Maßregel
hinterdrein als überflüssig erwies. Jedenfalls standen nunmehr alle
verfügbaren Kräfte bereit, um im Gebirge in Richtung auf Pirmasens
vorgeführt werden zu können oder, wie es die Absicht des Generals
gewesen ist, das Heraustreten des Gegners aus der Haardt zu verhindern und im weiteren Verlauf die wichtigen Ausschiffungspunkte
Neustadt und Schifferstadt zu decken. Immerhin würde es sich aber
doch empfohlen haben, die Ertheilung der Befehle zur Versammlung
so lange zurückzuhalten, bis das Ergebniß der von Pirmasens vorgegangenen Aufklärungen eintraf.

In Bezug auf die aus anderweitigen Quellen eingegangenen
Nachrichten findet sich auch hier die bei den vorher besprochenen
Detachements gemachte Erfahrung bestätigt, daß von den aus Feindes-
Land zurückkommenden Personen oft ganz brauchbare Notizen eingehen.
Aber auch hier muß man unterscheiden, was diese selbst gesehen, von
dem, was sie von Anderen erfahren haben; nach beiden Richtungen
wird man aber in Bezug auf Zahlenangaben in den meisten Fällen
auf Uebertreibungen rechnen können.

Aus der Entwickelung der Verhältnisse in der Bayerischen Pfalz
dürfte man im Uebrigen den Eindruck gewinnen, daß der Aufmarsch
einer Armee unmittelbar an der Grenze unter Umständen, namentlich

wenn der Gegner sich ebenfalls in nächster Nähe derselben versammelt und einen Vorsprung dabei gewinnt, doch nach mancher Richtung hin Gefahren in sich birgt. Diese liegen anfangs in der Möglichkeit eines Vorstoßes feindlicher Abtheilungen in das Aufmarschgebiet, wenn nicht rechtzeitig für ausreichende Sicherung desselben gesorgt ist, wie in der, daß die unmittelbare Berührung stärkerer Abtheilungen bei einer verhältnißmäßig großen Ausdehnung der Grenze ernste Gefechte hervorrufen kann, die leicht eine unerwünschte Ausdehnung annehmen. Allerdings besteht die Gefahr für beide Seiten, aber sie wächst für den, der in der Versammlung zurückgeblieben ist.

Unter diesen Umständen empfiehlt es sich, bei dem Aufmarsch einer Armee, deren Korps aus weiten Entfernungen in die Grenz= bezirke übergeführt werden, dafür zu sorgen, daß durch eine ausrei= chende Besetzung der Grenze mit zum Gefecht ausgerüsteten größeren Truppenkörpern eine hinreichende Sicherheit geboten wird, selbst ohne die Durchführung der Mobilmachung dieser Truppen abzuwarten, und tritt die Forderung, für eine einheitliche Verwendung der nach und nach eintreffenden Abtheilungen von Anfang an Sorge zu tragen, bis das Oberkommando zur Stelle ist, immer wieder erneut hervor.

---

e. Im Großherzogthum Baden.
(Hierzu Karte 2 und Skizze 1.)

Auf Grund der allgemeinen Operationen erwuchs den Groß= herzoglich badischen Truppen die bereits Seite 36 u. ff. näher besprochene Aufgabe: Vertheidigung des Landes aus einer zwischen Rastatt und Karlsruhe mit sämmtlichen Streitkräften genommenen Bereitschaftsstellung, aus welcher gleichzeitig die Vereinigung mit den übrigen Korps der III. Armee auf dem linken Rhein=Ufer bewirkt werden konnte. Als erste Unterstützung sollte die württembergische Division (15 Bataillone, 10 Eskadrons, 54 Geschütze, 2 Pionier= Kompagnien) nördlich der badischen übergeführt werden.

Vor Ausbruch der politischen Verwickelungen befanden sich die badischen Truppen in folgenden Garnisonen vertheilt:

Leib (1. Grenadier=) =Regiment: Karlsruhe.

2. Grenadier=Regiment: Mannheim und Durlach (2 Bataillone).

3. Infanterie=Regiment: Rastatt.

4. Infanterie=Regiment: Rastatt.

5. Infanterie=Regiment: Freiburg i. B.

6. Infanterie-Regiment: 1. und 3. Bataillon Konstanz, 2. Bataillon: Rastatt.

1. Leib-Dragoner-Regiment: Mannheim (eine Eskadron Schwetzingen).

2. Dragoner-Regiment: Karlsruhe (eine Eskadron Durlach).

3. Dragoner-Regiment: Bruchsal (eine Eskadron Rastatt).

Feld-Artillerie: 4 Batterien Karlsruhe, 1 Batterie Scheibenhard, 2 Batterien Durlach, 1 Batterie Rastatt.

Festungs-Artillerie-Bataillon: Rastatt.

Pioniere: Rastatt.

Train-Abtheilung: Karlsruhe.

Als Kriegsformation der badischen Truppen war die Eintheilung in eine Feld-Division, sowie in Ersatz-, Besatzungs- und Etappentruppen in Aussicht genommen.

Für die Feld-Division waren bestimmt:

die 1. Infanterie-Brigade:

(1.) Leib-Grenadier-Regiment	3	Bataillone.
2. Grenadier-Regiment	3	=
Füsilier-Bataillon 4. Infanterie-Regiments	1	=
	Summa 7	Bataillone.

die 3. Infanterie-Brigade:

3. Infanterie-Regiment	3	Bataillone.
5. Infanterie-Regiment	3	=
	Summa 6	Bataillone.

die Kavallerie-Brigade:

1. (Leib-) Dragoner-Regiment	4	Eskadrons.
2. Dragoner-Regiment	4	=
3. Dragoner-Regiment	4	=
	Summa 12	Eskadrons.

die Artillerie: 8 Fuß-, 1 reitende Batterie = 54 Geschütze,

eine Pionier-Kompagnie mit leichtem Feldbrücken-Train und Schanzzeugkolonne,

die Ponton-Kolonne,

das Sanitäts-Detachement,

die Train-Abtheilung.

Summa: 13 Bataillone, 12 Eskadrons, 54 Geschütze, 1 Pionier-Kompagnie.

Zur Besatzung der Festung Rastatt:

die 2. Infanterie-Brigade:

    1. und 2. Bataillon 4. Infanterie-Regiments.

    das 6. Infanterie-Regiment (3 Bataillone).

    das 6. Landwehr-Bataillon.

    das Besatzungs-Regiment (3., 4. und 5. Landwehr-Bataillon).

    Ersatz-Detachement des 4. Infanterie-Regiments.

    1 Besatzungs-Eskadron.

    1 Festungs-Artillerie-Bataillon.

Außerdem waren an preußischen Truppen nach Rastatt zu verlegen:

    das Füsilier-Regiment Nr. 34 (3 Bataillone).

    1 Pionier-Kompagnie.

    1 Mineur-Kompagnie.

Summa 8 Infanterie-, 4 Landwehr-Bataillone, Ersatz-Detachement, 1 Eskadron, 1 Artillerie-Bataillon und 2 Pionier-Kompagnien.

Als Etappen-Truppen blieben zur Verfügung: 1. und 2. Landwehr-Bataillon.

An französischen Truppen befanden sich nach dem „Annuaire de l'Empire Français pour l'année 1870" im Elsaß diesen Streitkräften gegenüber:

In Hagenau: 2. Lanciers-Regiment.

    Straßburg: Linien-Regimenter Nr. 18 und 96, 5. Artillerie-Regiment monté (ausschließlich 1 Batterie) 20. Regiment Artillerie à cheval, Regiment der Pontonniere (ausschließlich 3 Kompagnien).

    Schlettstadt: 2 Eskadrons 6. Lanciers-Regiments.

    Kolmar: Linien-Regiment Nr. 78, 4. Chasseur-Regiment.

    Neu-Breisach: Linien-Regiment Nr. 79, Rest des 6. Lanciers-Regiments.

    Hüningen: Depot des 45. Regiments.

    Belfort: Linien-Regiment Nr. 45, 9. Kürassier-Regiment, 1 Batterie 5. Artillerie-Regiments monté.

Außerdem in Pfalzburg:

    Linien-Regiment Nr. 84,

    (Depot in Lons le Saulnier).

Infolge der wachsenden politischen Spannung erhielten bereits am 15. Juli das 5. und 6. badische Regiment Befehl, nach Rastatt abzurücken, und die Kommandantur von Kehl Weisung, die Mine im Landpfeiler der Brücke nach Straßburg zu laden.

Als darauf in der Nacht zum 16. der Mobilmachungsbefehl erfolgte, gingen sofort eine Kompagnie des 3. Regiments (Hauptmann Weinzierl), sowie 30 Dragoner nach Oberkirch ab,*) um für eine etwa erforderlich werdende Zerstörung der über den Schwarzwald in das württembergische Gebiet führenden Kniebis-Straßen zur Hand zu sein. Ferner entsandte man von Rastatt aus ein Detachement Pioniere und Artillerie nach Kehl, woselbst am folgenden Tage auch die Drehbrücke über den Rhein abgestellt wurde. Weiter wurde am 16. Juli ein Detachement des Leib-Grenadier- (1.) Regiments und eine Eskadron Dragoner vom 3. Regiment zur Bewachung der Maxauer Brücke abgeschickt und angeordnet, daß die Brücke bei Alt-Breisach noch bis auf Weiteres erhalten werden sollte. Von Rastatt aus übernahm die dort liegende Eskadron die Beobachtung des Rheins.

Am 17. Juli fand die Vereinigung der drei Kavallerie-Regimenter zwischen Rastatt und Karlsruhe statt; das 2. Dragoner-Regiment hatte von Kuppenheim aus (am linken Murg-Ufer) den Rhein bis Kehl zu überwachen; das 1. (Leib-) Dragoner-Regiment kam nach Mühlburg, Knielingen und Daxlanden, westlich Karlsruhe, zu liegen und hatte gleichzeitig Patrouillen in die bayerische Pfalz zu entsenden; das 3. Regiment blieb zur Verfügung nach beiden Richtungen in Rüppur, südlich Karlsruhe.

Das 2. Bataillon des 2. Grenadier-Regiments in Durlach mußte sich bereit halten, um erforderlichenfalls nach Maxau zu rücken. In Bayerisch-Maxau befand sich eine schwache Kompagnie (61 Mann) des 4. bayerischen Infanterie-Regiments, eine Eskadron Chevauxlegers in Langenkandel.

Im Laufe des Vormittags traf das preußische Füsilier-Regiment Nr. 34 (noch immobil) und am Nachmittag eine preußische Mineur-Kompagnie (3 Offiziere, 100 Mann) in Rastatt ein.

Von den Franzosen wurde die Brücke bei Hüningen abgefahren, sowie die fliegende Brücke bei Au (Lauterburg gegenüber) eingezogen. Bayerischer Seits ward beabsichtigt, durch eine am folgenden Tage von Germersheim eintreffende Genie-Kompagnie die Eisenbahn-Schiff-brücke bei Maxau abfahren zu lassen, indeß wurde vereinbart, daß

---

*) Siehe Skizze 1

dies erst erfolgen sollte, wenn die Franzosen die Grenze bei Lauterburg überschritten. Bei Plittersdorf (Rastatt) wurden behufs Anlage einer Sperre 17 große Steinschiffe und 70 Dreiborde an der Fährstelle mit Steinen gefüllt.

Am 18. Juli erhielt das Bataillon in Durlach (II./2.) Nachmittags Befehl, Hagenbach auf dem linken Rhein-Ufer zu besetzen; es legte eine Kompagnie an die Maxauer Brücke und schob im Uebrigen Vorposten gegen die Lauter vor, rechts Verbindung mit den bayerischen Vorposten in Winden nehmend. Die bisher in Maxau befindliche Eskadron der 3. Dragoner wurde zur Hälfte dem badischen Bataillon, zur Hälfte den Bayern in Winden zugetheilt.

Das 2. Dragoner-Regiment schickte 1 Offizier, 30 Mann zum Patrouillendienst nach Kehl, wohin die Kompagnie des 3. Regiments von Oberkirch, unter Zurücklassung von 50 Mann, rückte; die bisher der Kompagnie zugetheilten Dragoner kehrten zum Regiment zurück. Ferner schob das Dragoner-Regiment je eine Eskadron nach Lichtenau an den Rhein und nach Bühl an der Bergstraße vor, um von diesen Punkten aus das Rheinthal bis Kehl besser abpatrouilliren zu können.*)

Auf die Nachricht, daß nach Straßburg Kanonenboote von Toulon geschafft worden seien, wurde der Verkehr auf sämmtlichen Fähren eingestellt und die Anlage von Stromsperren vorbereitet.

Am 19. Juli löste je eine Eskadron des 1. (Leib-) Dragoner-Regiments die beiden halben Eskadrons des 3. Dragoner-Regiments in Winden und Hagenbach ab; 30 Pioniere aus Rastatt trafen in Maxau ein.

Die Kompagnie des 3. Regiments in Kehl wurde wieder nach Oberkirch zurückverlegt, das außerdem bisher in Kehl befindliche gemischte Wacht-Kommando durch eine andere geschlossene Abtheilung des 3. Regiments in der Stärke von 100 Mann abgelöst.

Mit den Arbeiten zur Herstellung einer Stromsperre oberhalb Maximiliansau bei Maxau wurde begonnen, eine schwere Batterie (4 gez. 12 Pfünder) aus den Beständen der Kehler Demolitions-Batterien dorthin gezogen. Die Absicht, die Gitter der Kehler Brücke zu zerstören, ließ man fallen, da man überzeugt war, daß das Sprengen der Mine im Landpfeiler für den beabsichtigten Zweck ausreichen würde.

In Rastatt rückte die neugebildete Besatzungs-Eskadron ein.

---

*) Lichtenau 20 km südwestlich, Bühl 18 km südlich von Rastatt.

Die Nachricht von der französischer Seits in Berlin erfolgten
Kriegserklärung gelangte im Laufe des Nachmittags nach Karls=
ruhe. Die bis zu diesem Tage eingelaufenen Nachrichten besagten,
daß das Pontonnier=Regiment aus Straßburg bereits am 15. nach
Metz abgegangen, Straßburg selbst nur schwach besetzt sei, weiter
südlich befände sich Kavallerie, nördlich ständen nur wenige Truppen.
Bei Lauterburg und Weißenburg wurde am 17. das Eintreffen von
Kavallerie erwartet; bei letzterer Stadt sollten Schienen aufgenommen
worden sein. Gerüchte über Ansammlung von Truppen bei Mül=
hausen verbreiteten sich, fanden jedoch keinen Glauben; größere Be=
achtung dagegen fanden die Nachrichten vom Eintreffen Algierischer
Truppen; schon am 17. Juli hieß es, daß Zouaven auf dem Polygon
von Straßburg lagerten, am 19. sollten Truppen aus Algier durch
Mülhausen gefahren sein, während andererseits Mittheilungen des
großen Generalstabes den 20. als den Tag bezeichneten, an welchem
die ersten Transporte derselben in Marseille eintreffen würden.
Vor dem 26. Juli glaubte man nicht, daß ernsthafte Feindseligkeiten
zu erwarten wären.

Ein Schreiben des Generals v. Moltke wies darauf hin, daß
die Sperrungen im Rhein an verschiedenen Punkten unter Feuer
zu nehmen seien, sowie, daß es möglichst lange vermieden werden
müßte, die wichtige Verbindung bei Maxau zu unterbrechen. Ferner
wurde die Kommandirung eines Marine=Offiziers zum Divisions=
Stabsquartier mitgetheilt.

Von Mannheim verlangte große Steinschiffe zum Versenken
bei Rastatt konnten aus Mangel an Remorqueurs nicht herangeschafft
werden, überdies war der Stand des Fahrwassers für die Schifffahrt
zur Zeit ungünstig.

20. Juli. Die Kriegsformation der badischen Truppen wurde
an diesem Tage ausgegeben. Die kombinirte (3.) Brigade unter
Generalmajor Keller, verstärkt durch eine Eskadron und eine
Batterie, belegte Mörsch (9 km südwestlich Karlsruhe) und die Ort=
schaften am Rhein von Daxlanden bis Au; sie erhielt den Auftrag,
einem Uebergange des Feindes bei Neuburgweier oder Au entgegen=
zutreten.

Bei Maxau wurde die Ufer=Batterie gegen Abend fertig. Das
auf dem linken Rhein=Ufer bei Hagenbach befindliche Bataillon er=
hielt Befehl, sobald der Feind die Grenze überschritte, auf Badisch=
Maxau zurückzugehen und die Brücke abzufahren, die bei ihr befind=

liche Vorposten=Kavallerie sollte sich dagegen auf Germersheim zu= rückziehen.

Für die noch in Mannheim befindlichen beiden Bataillone des (2.) Grenadier = Regiments wurden Eisenbahnzüge bereit gehalten, um sie, wenn erforderlich, nach Karlsruhe oder Rastatt überzuführen; das Füsilier=Bataillon 4. Regiments wurde für den folgenden Morgen nach Mühlburg beordert.

Der Kommandant von Kehl erhielt Anweisung, die noch daselbst befindlichen 4—12 Pfünder nach Rastatt zu senden. General v. Moltke bezeichnet eine Vereinigung der badischen Division bei Rastatt für wünschenswerth.

21. Juli. Zur Verstärkung der Vertheidigung wurde bei Daxlanden eine schwere Batterie in Stellung gebracht und eine zweite schwere Batterie nach Mörsch entsandt.

Bei Hagenbach löste das 2. Bataillon des Leib=Regiments das Bataillon des Grenadier=Regiments ab, welches zur Vollendung der Mobilmachung nach seiner Garnison Durlach zurückging.

Das in Donaueschingen formirte 6. Landwehr=Bataillon stieß zum Besatzungs=Regiment in Rastatt.

Gegenüber Steinmauern (bei Rastatt) machten sich auf dem linken Rhein=Ufer Truppenbewegungen bemerkbar.

Bei Maxau wurde die Anlage eines provisorischen Brückenkopfes angeordnet; die noch in Rastatt verfügbaren Feld=Pioniere, sowie eine bayerische Genie=Kompagnie aus Germersheim wurden dorthin gezogen.

Die Mobilmachung war mit diesem Tage so weit vorgeschritten, daß dem Oberkommandirenden der III. Armee gemeldet werden konnte: „Die badische Feld=Division ist zwischen Au und Karlsruhe gefechtsbereit."

22. Juli. Die Nachrichten über den Gegner bei Straßburg besagten, daß seit gestern 15,000 Mann algerischer Truppen daselbst auf dem Polygon lagerten; weitere Streitkräfte in derselben Stärke seien von Belfort aufgebrochen. Spätere Mittheilungen nannten die Regimenter Nr. 37 und 67 als auf dem Polygon befindlich.

Von den Vorposten wurde weder an der Lauter noch am Rhein etwas vom Feinde bemerkt.

Das bei Hagenbach stehende Bataillon des Leib=Regiments wurde nach Karlsruhe zurückbeordert, dafür nach Maxau das Füsilier= Bataillon 4. Regiments gelegt, welches eine Kompagnie bis Hagenbach vorschob. In Karlsruhe übernahm das 1. Landwehr=Bataillon den Wachtdienst. Bei Maxau wurde die Stromsperre vollendet, die Arbeiten am Brückenkopf schritten wegen mangelnder Arbeits= kräfte jedoch nur langsam vor.

Nach Süden zu erfolgte das Vorschieben einer Avantgarde an die Murg. Das (2.) Grenadier=Regiment ward dorthin mittelst der Eisenbahn von Mannheim und Durlach transportirt und trat mit dem in Kuppenheim befindlichen 2. Dragoner=Regiment und zwei Batterien unter den Befehl des Generallieutenants v. La Roche. Die Aufstellung dieser Avantgarde erfolgte zwischen Oos und Kuppenheim.

Auf Befehl des großen Hauptquartiers war der Transport von zehn württembergischen Eskadrons nach Durlach angeordnet worden, deren erste Abtheilungen heute eintrafen. Der Brigade wurde Unterkunft an der Bergstraße zwischen Ettlingen und Grötzingen angewiesen.*)

Am Nachmittage erfolgte seitens Badens die Erklärung des Kriegszustandes und des Abbruches der diplomatischen Beziehungen mit Frankreich.

Infolge dessen wurde die Sprengung der Kehler Brücke aus= geführt; dieselbe erfüllte ihren Zweck vollständig; weniger günstig wirkte die Sprengung an der Kinzigbrücke, doch wurde das hier noch Fehlende am folgenden Tage nachgeholt.

23. Juli: Die Nachrichten besagten, daß Straßburg, Colmar und Mülhausen von Reserven aller Regimenter angefüllt seien. Bei den Vorposten wurde auch heute nichts vom Feinde bemerkt, dessenungeachtet entstand durch unrichtige Meldung ein falscher Alarm, infolge dessen die in und bei Karlsruhe befindlichen Truppen auf Maxau in Bewegung gesetzt wurden, jedoch sehr bald in ihre Quartiere zurückgeschickt werden konnten; nur das Füsilier=Bataillon (1.) Leib=Grenadier=Regiments verblieb in Knielingen, eine Batterie in dem Brückenkopf von Maxau.

Die Berechtigung zum Abführen der Maxauer Brücke durch die bayerische Genie-Kompagnie wurde vom Gouvernement Germers= heim endgültig an das Kommando der badischen Division abgegeben.

Auf dem Bahnhofe zu Karlsruhe stellte man ständig drei Infanteriezüge und einen Artilleriezug zur sofortigen Abfahrt bereit.

---

*) Grötzingen östlich Karlsruhe.

Die Vorposten der Avantgarde an der Murg nahmen Aufstellung in der Linie Kartung—Hügelsheim,*) wo sich die Vorposten der Besatzung von Rastatt anschlossen; Patrouillen gingen bis Bühl und Lichtenau.

Die Versenkung der Steinschiffe bei Steinmauern ward ausgeführt.

In Appenweier, wo die Kavallerie des Detachements von Oberkirch sich befand, sowie in Renchen,**) waren Zerstörungen an den Bahnhofseinrichtungen vorgenommen; auch waren verschiedene Wege im Gebirge unfahrbar gemacht worden.

Das Divisions-Kommando verbot jedoch die Ausführung weiterer Zerstörungen.

Alle Regimenter u. s. w. befanden sich in marschmäßigem Zustande.

24. Juli. Die bis zum Abend eingegangenen Kundschafternachrichten stellten fest, daß nunmehr bei Straßburg ziemlich bedeutende Massen versammelt wären, und legten die Möglichkeit eines Rheinüberganges stärkerer Kräfte bei der Festung nahe. Unter diesen Umständen wurde eine Verstärkung der gegen Süden vorgeschobenen Truppen angeordnet und befohlen, daß am 25. die württembergische Reiter-Brigade nach Rauenthal (3 km östlich Rastatt) rücken und daselbst des Morgens 9 Uhr zur Verfügung des Generals v. La Roche stehen sollte.

Gleichzeitig hatte die Korps-Artillerie mit fünf Batterien Biwak bei Durmersheim zu beziehen und ebendahin das von der 3. (kombinirten) Brigade in Daxlanden befindliche Bataillon, sowie die schwere Batterie aus Maxau abzumarschiren.

Die Befestigungsarbeiten bei Maxau wurden am heutigen Tage vollendet; nur im Vorgelände blieb noch Einiges aufzuräumen.

Der württembergische Generalstabshauptmann Graf Zeppelin nebst drei badischen Dragoneroffizieren und fünf Dragonern brachen an diesem Tage zu einer Rekognoszirung über die Lauter gegen Sulz und Wörth auf; von ihm kam Meldung zurück, daß in der Linie Selz — Sulz nur schwache Kavallerie (vom 2. Lanciers-Regiment) sich befände.

---

*) 10 km südlich bezw. südwestlich von Rastatt.
**) Eisenbahn-Stationen, Appenweier Straßburg gegenüber, Renchen nördlich davon.

Mit einem aus Stuttgart eintreffenden Generalstabsoffizier, Hauptmann Pfaff, wurden Vereinbarungen wegen der bereits in Angriff genommenen Zerstörungen der Kniebisstraße getroffen, infolge deren eine weitere Zerstörung der Wege im Renschthal und über die Pässe unterblieb.

Seitens des Generalstabes aus Berlin traf die Uebersicht der Formation und Aufstellung der französischen Armee nach den bis zum 23. Juli eingegangenen Nachrichten ein.

25. Juli. Nach Kundschafterberichten sollten die bei Straßburg versammelten Truppen an diesem Tage in der Richtung auf Weißenburg aufgebrochen sein; zwischen Straßburg bis in die Gegend von Colmar befänden sich keine Truppen, bei Colmar selbst etwa 14,000 Mann. Die Division Lespart mit den Regimentern Nr. 17, 27, 30 und 70, dem 19. Jäger=Bataillon und 6. Lanciers=Regiment wurde als am 23. bei Hagenau biwakirend angegeben; ferner die Division Ducrot mit den Regimentern Nr. 18 und 96 — die anderen waren nicht bekannt — bei Brumath.

In Maxau wurden zwei Dampfschiffe zum Uebersetzen von Truppen wie zum Abfahren der Eisenbahn=Schiffbrücke bereit gestellt.

Den Sicherungsdienst bei der Avantgarde übernahm die württembergische Reiter = Brigade, welche Muggensturm, Kuppenheim und Rauenthal zur Unterkunft überwiesen erhielt, das 2. badische Dragoner = Regiment ging dagegen nach Bischweier und Niederweier zurück.

Aus Rastatt wurde ein Bataillon 6. Regiments nach Steinmauern verlegt, da nach Vorpostenmeldungen die Bewohner von Münchhausen auf dem linken Rhein=Ufer das Dorf räumten und daher ein Uebergangsversuch der Franzosen hier in Aussicht genommen sein konnte.

Gleichzeitig wurde dem Festungs=Gouvernement ein Abtragen der Eisenbahnbrücke über die Murg, sowie Zerstörungsarbeiten an der Bahn nach Appenweier untersagt.

Im Schwarzwalde verblieb die Kompagnie Weinzierl in Oppenau, welche ihre Kavallerie nach Oberkirch vorschob; kleinere Detachements befanden sich in Lauterbach und Baiersbronn zum Schließen der angelegten Verhaue; Patrouillen gingen bis Kehl vor.

26. Juli. Nachrichten: Bestätigung der Meldung, daß von Straßburg rheinaufwärts nur wenige Truppen ständen. Bei Fröschwiller — zwischen Wörth und Reichshofen — sollten seit dem

23. zwei Kavallerie-Regimenter lagern. Von den Vorposten gingen keine Meldungen über den Feind ein.

Die in und bei Durmersheim befindlichen Batterien wurden auf die nächsten Ortschaften vertheilt. Die Eskadron, welche den Bayern zugetheilt und inzwischen nach Langenkandel gerückt war, kehrte zum Regiment nach Mühlburg zurück, nachdem sie durch bayerische Chevauxlegers abgelöst worden war.

Da bis jetzt keine Nachricht von der über die Lauter am 24. vorgegangenen Patrouille der vier Offiziere, welche am 26. früh zurück sein sollte, eingetroffen war, wurde der Kommandeur der Vorposten bei Hagenbach, Major Bauer, mit einem gemischten Detachement gegen Lauterburg vorgeschickt, um die Patrouille aufzunehmen oder deren weitere Bewegungen durch sein Erscheinen zu erleichtern.

Der Major besetzte Lauterburg um 9½ Uhr Vormittags, ohne auf Widerstand zu stoßen; mäßige Requisitionen wurden ausgeführt, der Telegraph zerstört, die Post untersucht und Patrouillen nach verschiedenen Richtungen entsandt. Das Ergebniß war: Bei Hatten befand sich ein Lanciers-Piket; in Hagenau sollte nur wenig Kavallerie sein, welche bis an den Rhein und den Selzbach streifte; Mac Mahon befände sich in Straßburg, die Truppenbewegungen von Straßburg und Hagenau gingen nach Bitsch und Gegend. Die Spur der Patrouille des Hauptmanns Grafen Zeppelin konnte nur bis Ober-Lauterbach verfolgt werden.

Am Abend traf die Meldung ein, daß die Patrouille des Grafen Zeppelin bis eine halbe Meile südlich von Wörth geritten und dabei in Erfahrung gebracht habe, daß Hagenau nur schwach besetzt sei und in Niederbronn ein Husaren-Regiment stehe. Beim Rückmarsche sei die Patrouille bei einer Rast im Schirlenhofe überrascht und mit Ausnahme des Führers gefangen worden.*)

---

*) Die Nachricht, daß französische Husaren bei Niederbronn ständen, dürfte auf Erkundigungen beruhen und darauf hinweisen, daß auch das Husaren-Regiment der Brigade Bernis wohl einige Tage lang daselbst sich aufgehalten hat. Thatsächlich ist der Ueberfall der Patrouille durch eine Abtheilung des in Niederbronn untergebrachten 12. Chasseur-Regiments erfolgt. Dasselbe hatte durch einen Eilboten des Maires von Wörth von dem Vorgehen der Patrouille Kenntniß erhalten und die 5. Eskadron vorgeschickt. Diese vertheilte ihre vier Züge, um das Gelände besser absuchen zu können, in breiter Front. Durch Landleute von der Anwesenheit der deutschen Patrouille beim Weiler Schirlenhof benachrichtigt, eilten die Chasseurs dorthin. Der auf Posten stehende

Zur Vereinbarung der Aufstellung mit den bayerischen Vor=
posten ging ein Generalstabsoffizier, Hauptmann v. Friedeburg,
nach Winden. Derselbe meldete, daß das Kommando dieser Vor=
posten sich in Bergzabern befände, ihre Linie von Wörth über
Langenkandel und Schweigen bis Zweibrücken ginge; die Division
10 Bataillone, 8 Eskadrons und 2 Batterien zur Stelle habe.

Um Mittag traf ein Schreiben des Generals v. Moltke ein,
welches es als nicht unwahrscheinlich hielt, daß aus Bitsch, Straß=
burg, Colmar und Belfort 60,000 Mann über Weißenburg
vorgingen. „Marschiren größere Abtheilungen gegen die Lauter,
ohne daß gleichzeitig oder früher ein Rheinübergang bewirkt würde,
so wird die badische Division nebst der württembergischen sich sofort
über Maxau oder Germersheim der III. Armee anschließen. Die
Maxauer Brücke wäre sodann in Sicherheit zu bringen. Das
XI. Korps debarkirt am 25. in Germersheim, das V. am 27. in Landau,
die Bayern sollen am 3. August bei Speyer und Germersheim
stehen.

„Gingen die Franzosen am rechten Ufer vor, so wird die
badische und württembergische Division bei Ettlingen rechtzeitig
unterstützt werden."

Infolge dessen erließ das Divisions=Kommando für die Avant=
garde bei Kuppenheim und die kombinirte Brigade bei Mörsch be=
zügliche Befehle. Im ersteren hieß es:

„Ginge der Feind über den Rhein vor, so konzentrirt sich die
Avantgarde bei Kuppenheim und vertheidigt den dortigen Murg=
Uebergang; ein Bataillon geht nach Rothenfels mit Rückzug über
Michelbach auf Freiolsheim und Völkersbach; dasselbe darf nur von
Uebermacht gedrängt und stets am Feinde bleibend zurückgehen.

„Geht der Feind zwischen Rastatt und Karlsruhe über den
Strom, so konzentrirt sich die Avantgarde auf dem rechten Murg=
Ufer und marschirt zur Unterstützung der (3.) kombinirten Brigade,
wenn südlich Rastatt keine Truppenbewegungen zu bemerken sind.

„Geht der Feind auf dem linken Rhein=Ufer vor — was
das Wahrscheinlichste ist —, so geht die Division ebenfalls auf das
linke Rhein=Ufer, um sich mit der III. Armee zu vereinigen."

Dragoner gab Feuer, und tödtete der Schuß den an der Spitze befindlichen
Wachtmeister. Von der Patrouille blieb ein Offizier todt, zwei Offiziere und
drei Dragoner wurden gefangen, und nur dem Hauptmann Grafen Zeppelin
gelang es, zu entkommen.

Seitens des württembergischen Kommandos wurde mitgetheilt, daß am 27. eine Brigade bei Linkenheim, eine zweite bei Graben und am 28. die 3. Brigade bei Bruchsal eintreffen würden.

Um über die Verhältnisse bei der III. Armee in der Pfalz laufend unterrichtet zu bleiben, wurde ein Generalstabsoffizier, Hauptmann Oberhoffer, nach Germersheim entsandt, wo die Ueberführung des XI. Korps enden sollte. Als derselbe dort anlangte, fand er das General-Kommando noch nicht vor, dagegen waren infolge alarmirender Meldung der bayerischen Vorposten sämmtliche bereits eingetroffenen preußischen Truppen nach Landau in Marsch gesetzt worden. Diese sollten Aufstellung hinter der Queich zwischen Landau und Albertsweiler mit einem Seiten-detachement bei Annweiler nehmen. In der Nacht vom 26. zum 27. Juli traf der Kommandirende des XI. Korps General v. Bose in Landau ein, und konnten nunmehr die Einzelheiten be-züglich eines Eingreifens der badischen Division in die Verhältnisse auf dem linken Ufer besprochen werden.

Im Allgemeinen erschien das Heranziehen der Division über die Brücke von Maxau für diesen Fall nicht rathsam, da zwischen Maxau und Landau zur Zeit eine noch zu geringe Truppenstärke stand, ein Eingreifen in ein Gefecht über Germersheim aber wäre voraussichtlich zu spät erfolgt. Für das XI. Korps lag die Absicht eines Uferwechsels zunächst nicht vor; es wollte vorläufig die Linie des Klingbaches halten, doch wurde es der Gesammtlage entsprechend erachtet, wenn zur Deckung der Straße Lauterburg—Germersheim ein-tretenden Falles eine badische Brigade auf das linke Ufer des Rheins rückte.

Im Laufe des 27. Juli wurde der Brückenkopf bei Maxau durch die vier gezogenen 12Pfünder, welche von Kehl nach Rastatt gebracht worden waren, verstärkt; weitere Stromsperren wurden bei Altrippe und Germersheim vorbereitet.

28. Juli. Den Nachrichten zufolge befand sich Marschall Mac Mahon mit zwei Divisionen um Straßburg, zwei weitere Divisionen standen an der Bahn von dort bis Brumath; Abtheilungen der Garde wollte man in Straßburg gesehen haben, jedoch wurde diese Nachricht angezweifelt. General Douay sollte am heutigen Tage in Mülhausen eintreffen, um das Kommando des 7. Korps zu übernehmen.

Die württembergische Division beendete an diesem Tage ihre Ueberführung in das badische Gebiet. Der Divisionsstab und 1. Brigade befanden sich in und um Bruchsal, die 2. Brigade um Graben, die 3. Brigade um Linkenheim, die Reiter-Brigade, welche noch im Süden auf Vorposten stand, erhielt Befehl, am 29. zur Division zu stoßen; für dieselbe hatte die badische Kavallerie wieder die Vorposten zu übernehmen.

Die bis jetzt in Maxau befindliche bayerische Kompagnie kehrte zu ihrem Regiment zurück.

29. Juli. Mehrfache Nachrichten deuteten auf Uebergangs-versuche hin, so bei Hüningen und Rastatt gegenüber; an letzterem Punkte zeigten sich stärkere Patrouillen, auch auf der Straße nach Lauterburg wurden Bewegungen von Süden her gemeldet.

Die gegen Kehl vorgeschobenen Kavallerie-Abtheilungen erhielten Weisung, im Falle eines Rhein-Ueberganges des Feindes nicht mit sämmtlichen Reitern auf Rastatt zurückzugehen, sondern auch mit einem Theile derselben in die Seitenthäler auszuweichen, um von dort die Fühlung mit dem Gegner zu erhalten.

Die badische Kavallerie-Brigade, mit Ausnahme von je einer in Hagenbach und Mörsch verbleibenden Eskadron, wurde nach Kuppenheim und Gegend verlegt und dem Kommandeur der Avantgarde zur Verfügung gestellt; das 2. Dragoner-Regiment übernahm wieder die Vorposten.

Aus der Pfalz traf die Mittheilung ein, daß das XI. Armee-Korps seinen Aufmarsch vollendet habe.

Von diesem Korps lief am 30. Juli die Nachricht ein, daß der Gegner sich von Bitsch aus vorbewege, Stürzelbronn und Rohrbach von ihm besetzt wären. Rastatt gegenüber schiene die Bewegung lebhafter zu werden; bei Lauterburg zeigten sich starke Patrouillen von Chassours à cheval; bei Weißenburg sollte am 29. ein Zusammen-stoß zwischen französischen und bayerischen Abtheilungen stattgefunden haben.

Gerüchte von Truppenmärschen aus Straßburg nach Mül-hausen verlauteten und verstärkten die Ansicht, daß vielleicht doch das Korps des Generals Douay bei Hüningen über den Rhein vor-stoßen könnte. Der württembergische Kriegsminister, General v. Suckow, theilte mit, daß infolge der am oberen Rhein gemeldeten Zu-sammenziehung französischer Truppen noch an diesem Abend von Ulm aus 6 Kompagnien, 1 Batterie und 100 Reiter mittelst Bahn nach Donaueschingen befördert würden, ferner 2 Kompagnien und 20 Reiter auf den Kniebis rücken sollten.

Um 4 Uhr Nachmittags traf vom Oberkommando der III. Armee aus Speyer der Befehl ein:

„Die badischen Truppen sogleich in die Gegend von Karlsruhe zurückzuziehen."

Demgemäß erfolgte an alle Abtheilungen Weisung, sich zwischen Karlsruhe und Mühlburg in einem Biwak zu versammeln; zwei Bataillone der Avantgarde wurden von Oos und Rastatt aus mittelst Bahn befördert. Die bei Petersthal befindliche Kompagnie des 3. Regiments rückte bei ihrem Regiment ein. Die Beobachtung des Rheins setzte die Kavallerie fort; bei Kuppenheim hatten zwei Eskadrons des 2. Dragoner-Regiments, welches im Sammeln begriffen war, noch zu verbleiben; das zur Garnison von Rastatt gehörende Füsilier-Bataillon 6. Regiments sollte die Beobachtung bei Steinmauern fortsetzen und bis Au patrouilliren.

Ein großer Theil der Truppen konnte erst in der Nacht die Biwaks erreichen.

31. Juli. Bei Neuweiler südlich Lauterburg, sowie bei Nieder-Lauterbach gemeldete Chasseurs à cheval waren wieder abgezogen; dagegen zeigte sich bei Mothern eine feindliche Eskadron; bei Lauterburg fanden die Patrouillen die Thore geschlossen, die Wälle mit Nationalgardeu und Pompiers besetzt.

Am Nachmittage bezog die Division auf Anweisung aus Speyer enge Ortsunterkunft:

die 1. Brigade in Karlsruhe, Mühlburg und Knielingen,

die (3.) kombinirte Brigade in Daxlanden, Neuburgweier und nächstliegenden Dörfern,

die Kavallerie-Brigade in Bulach*) und Baiertheim,*)

die Artillerie und Pioniere in Karlsruhe und Gottesaue,*)

die württembergische Division lag in diesen Tagen mit dem Stabsquartier in Graben,

die 1. Brigade: Spöck,

die 2. Brigade: Graben,

die 3. Brigade: Linkenheim,

die Reiter-Brigade: Bruchsal und Linkenheim,

die Artillerie: Graben,

die Pioniere: Hambrücken.

*) Ortschaften dicht südlich Karlsruhe.

1. August. Die vorgegangenen Patrouillen meldeten, daß sie eine Meile südlich Lauterburg auf stärkere französische Kavallerie-Abtheilungen gestoßen wären; auch sollten am Nachmittage sich feindliche Patrouillen nördlich der Lauter gezeigt haben, Selz wäre vom Feinde besetzt.

Die bei Hagenbach stehende Kompagnie wurde durch eine Abtheilung des preußischen Infanterie-Regiments Nr. 82 abgelöst, die auf Yburg, dem „Alten Schloß" bei Baden, sowie auf Winderk aufgestellten Beobachtungsposten wurden eingezogen.

Am 2. August ging aus Speyer der Befehl zum Ueberschreiten des Rheins und Beziehen eines Biwaks bei Pforz ein und gelangte in den Nachmittags- und Abendstunden desselben Tages zur Aus-führung; die württembergische Division versammelte sich gleichzeitig zwischen Knielingen und Maxau.

Betrachtungen über die Ereignisse im Großherzogthum Baden.

Obgleich auf diesem Theil der Grenzlande, rechts des Rheins, kein Zusammenstoß mit dem Feinde stattfand, so erscheinen doch die Anordnungen bei der badischen Feld-Division einer besonderen Auf-merksamkeit werth.

Ueberall dort, wo sich bereits starke Truppenabtheilungen in den Grenzbezirken befinden, können die Verhältnisse dazu führen, daß diese zur Sicherung derselben in größere Verbände zusammengezogen werden, wie es hier geschah. Die eigenthümliche geographische Lage, die Rücksicht auf den Zusammenhang mit der eigenen Armee, deren Aufmarschgebiet jenseits des Rheins lag, haben dabei allerdings zur Aufgabe eines Theiles des Landes geführt und bedingt, daß sowohl eine Beobachtung nach zwei Seiten — nach Süden und Westen — erforderlich wurde, als auch eine Verwendung nach verschiedenen Richtungen ins Auge gefaßt werden mußte. Nun wird die allgemeine Lage nicht immer gerade das Aufgeben eines Theiles des betreffenden Gebietes erfordern, aber wenn man überhaupt die größeren, in einem Grenzlande liegenden Truppenkörper bei politischen Verwickelungen zusammenzieht, werden sich leicht ähnliche Verhältnisse ergeben, wie solche im Großherzogthum vorwalteten, gleichviel ob dabei Beobachtung und Verwendung nur nach einer oder nach mehreren Richtungen in Betracht kommt.

Ein Eingehen auf das Verfahren der badischen Felddivision erscheint aber um so werthvoller, als die thatsächlich bei derselben getroffenen Anordnungen als mustergültige bezeichnet werden müssen.

Schon das Ergebniß, daß die gesammten Kräfte der badischen Truppen, einschließlich der sechs Landwehr=Bataillone, am sechsten Tage nach ergangenem Mobilmachungsbefehl in der in Aussicht ge= nommenen Stärke aufgestellt und vollständig gefechtsfähig waren, spricht für eine ebenso gründliche, wie geschickte Vorbereitung der Mobilmachung. Dabei verblieben die Truppen so lange als irgend möglich in ihren Standorten, so in Karlsruhe, Mannheim, Durlach, um ihre Mobilmachung in Ruhe vollenden zu können, aber gleich= zeitig wurde auch durch Bereitstellung von Eisenbahnzügen ihr recht= zeitiges Erscheinen an den Punkten, wo sie nothwendig werden konnten, sichergestellt.

Ueberall sehen wir die Verbindung mit den Streitkräften der benachbarten Staaten durch persönlichen Verkehr hergestellt. Schon am 14. Juli war der Chef des Generalstabes der badischen Truppen, Oberstlieutenant v. Lesczynski, nachdem er vorher bereits in Berlin gewesen war, in Ems, woselbst sich damals noch König Wilhelm befand; demnächst erfolgten in Karlsruhe zwischen ihm und dem Chef des württembergischen Generalstabs, Oberst Triebig, münd= liche Verhandlungen, ebensolche zu Maxau mit dem Kommandirenden in der Bayerischen Pfalz, General v. Maillinger, am 21. Juli. Besprechungen durch abgesandte Generalstabsoffiziere klärten die Einzelheiten auf und regelten dieselben, so mit dem württembergischen Generalstabs=Hauptmann Pfaff am 24. Juli wegen der Sperrung auf den Kniebisstraßen, am 26. durch Hauptmann v. Friedeburg in Winden zur Vereinbarung der Vorpostenverbindung mit den Bayern, an demselben Tage durch den Hauptmann Oberhoffer in Germersheim zur Verständigung in Bezug der Operationen mit dem XI. Korps. Diesem unmittelbaren mündlichen Benehmen muß, wo dies irgend angängig, allen schriftlichen Vereinbarungen gegenüber unbedingt der Vorzug eingeräumt werden; es führte dieses Verfahren auch hier stets zur vollen Uebereinstimmung, wie zur Kenntniß der bestehenden Sachlage und der beiderseitigen Ansichten, die dadurch nur geklärt werden konnten.

Ebenso stoßen wir hier auf ein sehr gründlich vorbereitetes und weit ausgedehntes Kundschaftswesen, welches seine Fäden bis Lyon und Marseille erstreckte, namentlich in der sich demnächst auch er=

füllenden Vermuthung, daß die Truppen aus Algier vorzugsweise
auf dem Kriegsschauplatz am oberen Rhein zur Verwendung gelangen
würden. Bei Angabe der Thatsachen haben wir die auf die Formation der großen Heereskörper in Frankreich eingegangenen Nachrichten, sowie die auf die Einberufung der Mobilgarden, der Verpflegung und inneren Verhältnisse u. s. w. Bezug nehmenden, als an dieser
Stelle zu weit führend, nicht aufgenommen, sondern nur die für das
Verhalten der badischen Division von Wichtigkeit gewesenen berührt.

Wir können in Bezug auf erstere Nachrichten nur bemerken,
daß die bezüglichen Meldungen für die im Generalstabe des großen
Hauptquartiers erfolgende Zusammenstellung der Formation und
Vertheilung der französischen Armee wesentliche Beiträge lieferten.

Das selbstständige Verhältniß, in welchem sich das badische
Truppenkommando befand, begründete ein weites Ausgreifen des
Nachrichtenwesens, sonst wird eine an der Grenze befindliche Division
nur das Erlangen von Nachrichten in ihrer nächsten Nähe zu orga-
nisiren haben, darüber hinausgehende Mittheilungen werden bei ihr
mehr einen zufälligen Charakter tragen.

Nach Lage der örtlichen Verhältnisse konnten von den Patrouillen
über die Angelegenheiten im Elsaß keine zahlreichen Nachrichten eingehen; im Badenschen war man auf das angewiesen, was man am
jenseitigen Rhein-Ufer an Bewegungen sah, und dies beschränkte sich
auf das Erscheinen vereinzelter Patrouillen längs des Stromes, sowie auf einige Truppenbewegungen auf der Straße über Selz nach
Lauterburg. Auf dem rechten Ufer des Rheins lag der Aufklärungsdienst vorzugsweise den bayerischen Vorposten ob, und konnten die
wenigen dorthin gezogenen badischen Abtheilungen nur von Hagenbach
aus in geringem Umfange über Lauterburg und den der Mündung
zunächst liegenden Theil der Lauter eine Thätigkeit ausüben. Daß
man trotzdem versuchte, durch eine Patrouille am 24. und 25. Juli
Einsicht auf größerem Umkreise in feindlichem Gebiet zu erlangen,
muß um so mehr als gerechtfertigt betrachtet werden, als man bis
dahin noch keine sichere Kenntniß über das Vorhandensein feindlicher
Truppen jenseits der Lauter hatte, während bereits frühere Nachrichten das Eintreffen französischer Kavallerie bei Lauterburg und
Weißenburg am 17. erwarten ließen. Allerdings zeigt das Ergebniß
dieses Rittes, daß es unter derartigen Verhältnissen besser ist, mehrere
Patrouillen unter Offizieren nach verschiedenen Richtungen auszu-
streuen, als mehrere Offiziere zu einer Patrouille zu vereinigen.

Zum Fechten sind diese kleinen Patrouillen nicht bestimmt, und was zu sehen ist, kann auch ein Offizier erkennen, dem ein paar Ordonnanzen zu Meldungen beigegeben sind. Ueberdies bleibt es immer bedenklich, eine kleine Patrouille ohne Rückhalt mehrere Tage lang in Feindesland umherstreifen zu lassen, wenn der Gegner Kavallerie zur Hand hat, und man damit rechnen muß, daß diese von den Behörden und Landesbewohnern ununterbrochen mit Nachrichten versehen wird.

Bei der durch nicht ausreichende Vorsichtsmaßregeln erfolgten Ueberraschung gelang es nur dem Führer der Patrouille, zu entkommen; 1 Offizier wurde getödtet, die beiden übrigen Offiziere, sowie die Dragoner fielen in Gefangenschaft.

Im Uebrigen wurde durch den Ritt festgestellt, daß sich in der Linie Selz—Sulz nur kleine feindliche Kavallerie = Abtheilungen (2. Lanciers) befanden, auch in Erfahrung gebracht, daß bei Niederbronn ein Husaren=Regiment stände;*) Hagenau sollte schwach besetzt sein. Das zur Unterstützung am 26. Juli nach Lauterburg vorgeschickte gemischte Detachement konnte melden, daß die nächste feindliche Abtheilung, Lanciers, sich bei Hatten befände.

Am 30. Juli wurde ferner durch Patrouillen die Anwesenheit feindlicher Kavallerie südlich Lauterbach (Chasseurs à cheval bei Neuweiler und Nieder=Lauterbach) gemeldet, am folgenden Tage zeigte sich letztere bei den genannten Orten zwar nicht mehr, dagegen eine Eskadron bei Mothern, am 1. August bemerkte man stärkere Abtheilungen in dieser Gegend, auch sollten feindliche Patrouillen bereits nördlich der Lauter streifen; Selz sollte vom Feinde besetzt sein.

Das hier Angeführte ist das Ergebniß der Aufklärung, welche auf dem beschränkten Gelände des linken Rhein=Ufers von den dorthin entsandten badischen Abtheilungen stattgefunden hat. So weit es sich übersehen läßt, müssen die Nachrichten über die in vorderster Linie befindliche Kavallerie als zutreffend anerkannt werden.

Im Uebrigen war man infolge der örtlichen Verhältnisse in Bezug auf Truppenansammlungen im Elsaß auf Kundschafter= und anderweitige Nachrichten angewiesen. Auch hier gelangt viel Falsches und Unsicheres, wie dies immer der Fall ist, dabei an das Divisions=Kommando.

---

*) Insofern irrthümlich, als zur Zeit sich ein Chasseur=Regiment daselbst befand.

So wurde unter Anderem bereits am 15. Juli aus Kehl ge=
meldet, daß in Straßburg Nachricht über die erfolgte Kriegserklärung
eingegangen wäre; Gerüchte über Ansammlung von Truppen ver=
breiteten sich am 17., Zouaven sollten damals schon auf dem Polygon
bei Straßburg lagern, die Besatzung in Lauterburg Marschbereitschaft
erhalten haben, und die längs der Grenze stehenden französischen
Detachements die Weisung, nach Selz abzumarschiren. (Nach dem
Annuaire befanden sich dort keine Truppen, indessen kann diese Nach=
richt sich auf die Douaniers bezogen haben.)

Am 19. Juli hieß es, daß das Pontonnier=Regiment in Straß=
burg schon am 15. nach Metz abgegangen sei, worüber man jedoch
keine dies bestätigende Meldung erhielt. Ferner am 22. Juli Nach=
richt, daß die Regimenter Nr. 37 und Nr. 67 auf dem Polygon
lagern. (Das 37. Regiment aus Nizza gehörte zum 7. Korps, das
67. aus dem Lager von Chalons zum 2. Korps; beide Regimenter
konnten daher nicht bei Straßburg sein.)

Wenn man erwägt, daß die französischen Truppen im Elsaß erst
theilweise von weither zur Bildung von Korps sich zusammenfanden, so
muß es immerhin als ein sehr günstiges Ergebniß des Nachrichtenwesens
angesehen werden, wenn man bereits am 24. Juli Kenntniß von
der Ansammlung bedeutender Kräfte bei Straßburg besaß und
am 25. wußte, daß die Division Lespart schon seit dem 23. bei
Hagenau mit dem 6. Lanciers=Regiment biwakire; ihre sämmtlichen
Truppentheile waren mit Ausnahme des Regiments Nr. 70, (welches
statt des Regiments Nr. 68 genannt wurde) richtig angegeben, (die
Division gehörte dem 5. Korps an). Ebenfalls richtig waren die
Meldungen bezüglich der Division Ducrot mit dem 18. und 96. Linien=
Regiment bei Brumath, und am 28. die von der Anwesenheit
des Marschall Mac Mahon mit zwei Divisionen bei Straßburg.

Es sei aber darauf hingewiesen, daß das Erkennen, was von
den eingehenden Nachrichten richtig, was falsch, nicht so leicht
ist; es gehört hierzu sogar entschieden eine besondere Begabung.
Beispielsweise steht die Nachricht vom Abrücken des Pontonnier=Regi=
ments von Straßburg nach Metz in einem gewissen Widerspruch mit
den Angaben über einen Vorstoß bedeutender Kräfte von Straßburg
her auf das badische Gebiet. Beabsichtigten die Franzosen einen
derartigen Vorstoß, so würden sie die Pontonniere nicht fortgeschickt
haben. Aber man weiß nicht, ob die Meldung vom Abrücken der
Pontonniere eine richtige ist, und wenn dies der Fall, ob das ganze

Regiment oder nur ein Theil desselben nach Metz übergeführt worden
ist; auf diese Fragen hat man zunächst keine bestimmte Antwort.
Es bleibt mithin vor der Hand nichts übrig, als die Möglichkeit
eines Rhein=Ueberganges der Franzosen unausgesetzt im Auge zu be=
halten und alle Vorbereitungen zu treffen, den Folgen eines solchen
entgegentreten zu können.

Ferner: Man weiß am 28., daß der Marschall Mac
Mahon mit zwei Divisionen sich bei Straßburg befindet, zwei
andere von dort bis Brumath lagern; Letzteres ist in gewissem
Sinne eine Bestätigung der schon am 25. eingegangenen Meldung
von der Anwesenheit der Division Ducrot bei Brumath, dagegen
widerspricht die Nachricht einer ebenfalls am 25. eingegangenen
Mittheilung, nach welcher die bei Straßburg versammelten Truppen
in Richtung auf Weißenburg aufgebrochen sein sollen. Was ist nun
richtig? Ist die Masse des Gegners noch bei Straßburg, so empfiehlt
es sich, die eigenen Truppen auf dem rechten Ufer mehr nach Süden
vorzuschieben; ist sie dagegen auf dem linken Ufer im Vorgehen nach
Norden begriffen, so war es zweckmäßiger, die badische Division nahe
dem Uebergang von Maxau zu versammeln. Dazu kam, daß man
die Nachricht vom 25. über die Anwesenheit der Division Lespart
des 5. Korps bei Hagenau als eine ziemlich zuverlässige ansehen
mußte, da die Angabe ihrer Regimenter fast durchgehends sich in
Uebereinstimmung mit den Angaben befand, welche vom großen
Generalstabe übermittelt worden waren. Wie steht es nun am 28.
mit dieser Division? Ist sie durch den gemeldeten Zuzug von Straß=
burg her verstärkt worden, oder war diese Meldung falsch; oder hatte
sie eine anderweitige Verwendung erhalten? Letzteres war allerdings
der Fall. Am 28. war diese Division thatsächlich nicht mehr bei
Hagenau, vielmehr war sie zum Ersatz der beiden anderen Divisionen
des 5. Korps, welche von Bitsch nach Saargemünd beordert wurden,
nach Bitsch abgerückt. Aber von dieser Bewegung der Division hatte
man keine Kenntniß. Dagegen war die Nachricht vom Marsch
stärkerer Kräfte in Richtung auf Weißenburg von Straßburg aus
nicht so unbegründet, denn an Stelle der Division Lespart war
die Division Raoult des 1. Korps nach Hagenau gerückt.

Man sieht: es ist nicht immer leicht, manchmal sogar unmöglich,
die Fülle von Nachrichten richtig zu sondern und sich aus ihr ein
zutreffendes Bild der thatsächlichen Verhältnisse zu machen. Dazu
kommt, daß der Gegner auch nicht gerade immer dasjenige thut, was

man ihm zutraut, und daß die Schlüsse, welche man aus einzelnen Anhaltspunkten über seine Absichten an und für sich folgerichtig zieht, nicht zutreffend sind, sobald man sich bezüglich der Anhaltspunkte irrt oder nur Theile seiner Aufstellung und Bewegungen festzustellen vermochte.

Alle diese Erwägungen auf Grund von Nachrichten sind um so schwieriger und fallen um so mehr in's Gewicht, wenn man sich in der Defensive befindet, in der meist die eigenen Bewegungen von den Maßnahmen des Feindes abhängig bleiben. Der Angreifer kommt leichter darüber fort, da seine Absichten die maßgebenden sind; nur muß er in der Ausführung seine Kräfte so zusammenhalten, daß, wo er auf starken Widerstand stößt, auch der letzte Mann zur Ueberwindung desselben eingesetzt werden kann. Die Rücksicht auf das Gebiet der Unsicherheiten im Nachrichtenwesen kann nur zum Ergreifen der Offensive auffordern, wo die sonstigen Verhältnisse diese irgend gestatten.

Was die Verfügung über die Truppen der badischen Division betrifft, so fällt die Zweckmäßigkeit derselben sofort ins Auge, wenn man die ergangenen Befehle im Zusammenhange betrachtet.

Die ersten Maßregeln, zum Theil noch vor Eingang des Mobilmachungsbefehls, sind:

Die Heranziehung der Regimenter Nr. 5 und 6 aus dem Süden nach Rastatt.

Ferner wird eine kleine Abtheilung nach den Kniebispässen entsandt, um dort die beabsichtigten Zerstörungen erforderlichenfalls auszuführen, und zur Unterbrechung des Rhein-Ueberganges bei Kehl die Mine im Landpfeiler der Rheinbrücke geladen, die dazu nothwendigen Pioniere und Artilleristen treffen aus Rastatt daselbst ein. Außerdem erhält der wichtige Uebergang bei Maxau ein Bewachungskommando von Infanterie und Kavallerie.

Durch diese Anordnungen wird die Versammlung der Division zwischen Karlsruhe und Rastatt sichergestellt, ein strategischer Ueberfall seitens der Franzosen durch vorbereitete Sprengung der Rheinbrücke bei Kehl, sowie ihre weitere Ausbreitung in das Württembergische hinein durch die eingeleitete Zerstörung der Kniebisstraßen verlangsamt, die Festung Rastatt mit ausreichender Kriegsbesatzung versehen.

Vom Tage der Mobilmachung an werden demnächst geschlossene Truppentheile zur Sicherung einer rechtzeitigen Gefechtsbereitschaft der Division verwandt, wie zum Festhalten des für die allgemeinen Operationen so wichtigen Ueberganges bei Maxau.

Von den Kavallerie-Regimentern beobachtet je eins nach Süden und längs des Rheins, das dritte bleibt nach beiden Richtungen hin in Reserve.

Da die nach Süden vorgeschobenen Beobachtungen der Dragoner auf fast zwei Tagemärsche hin das Gelände überwachen, ist zunächst eine Unterstützung an Infanterie nach dieser Richtung hin nicht so dringend geboten; erst als am 22. Juli die Ansammlung stärkerer feindlicher Kräfte um Straßburg verlautet, erfolgt sofort die Bildung einer Avantgarde aller Waffen südlich der Murg in der Stärke von 3 Bataillonen, 4 Eskadrons und 2 Batterien. Mit dem rechten Flügel an Rastatt gelehnt, mit dem linken am Gebirge, ist dieselbe in der Lage, an diesem Flusse bereits ernsten Widerstand zu leisten.

Unterhalb Rastatt bot zwar der Rhein eine gewisse Sicherung vor Ueberraschung, trat aber eine solche ein, so war der Vorstoß wegen der geringen Entfernung vom Versammlungspunkt der badischen Truppen um so gefährlicher; man begnügte sich daher nicht mit einer bloßen Ueberwachung, sondern beabsichtigte einem Uebergangsversuche des Feindes am Strome selbst entgegenzutreten. Unter diesen Gesichtspunkten dürfte die Zusammenziehung der (3.) kombinirten Brigade um Mörsch bereits am 20. Juli erfolgt sein, wie deren Verstärkung durch zwei schwere Batterien.

Weiter nördlich wurde dem Uebergange bei Maxau die erforderliche Aufmerksamkeit gewidmet. Schon am 18. Juli erfolgte dorthin die Ueberführung eines Bataillons, welches nunmehr durch Vorschieben von Abtheilungen bis Hagenbach in Verbindung mit Kavallerie (eine, später zwei Eskadrons) den Sicherheitsdienst auf dem linken Rhein-Ufer übernahm; die bayerischen Vorposten erhielten im Anfange einen Theil dieser Kavallerie zur Aushülfe überwiesen. Die Errichtung einer Stromsperre wurde bereits am 19. Juli in Angriff genommen, eine Batterie bei derselben angelegt und nacheinander die aus Kehl verfügbar gewordenen schweren Geschütze in dieselbe gebracht, auch am 21. die Anlage eines Brückenkopfes angeordnet.

Eine weitere Stromsperre erfolgte an der Murg-Mündung, wobei die Schwierigkeiten, welche ein niedriger Wasserstand für die Herbeiführung des Materials mit sich bringen kann, beachtungswerth sind. Als am 24. Juli Nachrichten die Versammlung stärkerer Kräfte bei Straßburg bestätigten und die Möglichkeit eines Vorstoßes von

dort über den Rhein mehr hervortrat, wurde die inzwischen einge=
troffene württembergische Reiter=Brigade ebenfalls nach dem Süden
vorgeschoben und der Avantgarde unterstellt, die Masse der Artillerie
aber nach Durmersheim gezogen, wo sie sowohl zu einer Verwendung
an der Murg wie am Rhein schneller zur Verfügung stand.

Nach Beendigung der Ueberführung der württembergischen Divi=
sion an den Rhein trat am 29. die Reiter=Brigade zu ihr zurück
und wurde bei der Avantgarde jetzt durch fast die gesammte badische
Kavallerie ersetzt, ausschließlich je einer bei Mörsch und Hagenbach
verbleibenden Eskadron.

Als demnächst am 30. der Befehl des Oberkommandos erfolgt,
die Division in die Gegend von Karlsruhe zurückzuziehen, erwiesen
sich alle bis dahin getroffenen Anordnungen derartig zweckentsprechend,
daß es gelingt, obwohl der Befehl erst um 4 Uhr Nachmittags ein=
ging, die Truppen noch am Abend und während eines Theils der
Nacht so zu versammeln, daß die Division unter Belassung der erfor=
derlichen Sicherheitsmaßregeln zu jeder Verwendung bereit stand. —

Es ist dieser Darlegung der Begebenheiten im Großherzogthum
Baden nichts hinzuzufügen. Vom ersten Augenblick an tritt eine so
klare und ruhige Auffassung der Lage, eine so zielbewußte, sichere
Leitung hervor, daß das Verhalten des dortigen Kommandos nur als
ein mustergültiges Vorbild für ähnliche Verhältnisse auch für die
Zukunft hingestellt werden kann.

Die Betrachtung der Aufgaben, welche den Grenzdetachements
im Jahre 1870 zufielen, sowie die ihrer Durchführung haben reichen
Stoff zu Anregungen geboten.

Hierbei können wir auch am Schlusse nicht unterlassen, nochmals
darauf hinzuweisen, daß das Verhalten und die Thätigkeit der Deta=
chements in den einzelnen Bezirken auf ganz verschiedenen Grund=
lagen beruht.

Diese Verschiedenheit geht so weit, daß in einem jeden der
sieben Abschnitte, die zur Besprechung gelangten, oder wenigstens
berührt worden sind, eine von den der anderen abweichende besondere
Gestaltung der Kriegslage hervortritt.

Bei dem Detachement Trier handelt es sich um Festhaltung
einer Flußlinie zum Schutz der dahinterliegenden Bezirke in einer
gewissen Entfernung von der Grenze.

Bei Saarlouis bildet das Verhältniß einer nahe am feindlichen Gebiete liegenden Festung die Grundlage.

Dem Detachement Saarbrücken liegt die vorläufige Behauptung einer offenen Stadt in unmittelbarer Nähe des Feindes ob.

Im westlichen Theile der bayerischen Pfalz stoßen wir
auf eine Grenzsicherung im Gebirge.

Im östlichen Theile der Pfalz ist bestimmend, daß es sich
um die Sicherung des Aufmarschgebietes einer Armee handelt.

Auf dem rechten Rhein-Ufer im unteren Theile Badens
findet ein Zusammenziehen der Truppen zur gemeinschaftlichen opera-
tiven Verwendung aller verfügbaren Kräfte statt, unter vorläufiger
Entblößung eines großen Theiles des Landes.

Im oberen Theile des Großherzogthums wird schließlich dem
Bedürfniß eines Schutzes durch Bildung einer fliegenden Kolonne
Rechnung getragen.

Man erkennt somit, daß in jedem Bezirke die örtlichen Verhältnisse wie die Kriegslage eine besondere Gestaltung hervorgerufen
haben, so daß die Mannigfaltigkeit derselben deutlich hervortritt und
man wohl behaupten kann, daß die Betrachtung weiterer Kriegslagen
auch noch weiteren Anhalt bieten würde.

Bevor wir nun dazu schreiten, die Ergebnisse der Einzelbetrachtungen, die wir über die Aufgaben und Thätigkeit der Detachements
in den verschiedenen Abschnitten angestellt haben, zu einen Ganzen
zusammenzufassen, erübrigt es noch, den Gang der thatsächlichen
Begebenheiten durch Darstellung des Gefechts von Saarbrücken am
2. August zum Abschluß zu bringen.

Zwar ist dieses Gefecht nur unbedeutend in Rücksicht auf die
Stärke der an demselben betheiligten preußischen Truppen, auch ist
sein Werth nur ein geringer im Vergleich zu den in der Folge durch
die großen Operationen herbeigeführten Kämpfen, aber dennoch bietet
es einen Anhalt zu mannigfachen Erwägungen, nicht nur in Bezug
auf das Gefecht im Allgemeinen, sondern auch insbesondere in Bezug
auf das Gefecht eines Grenzdetachements, so daß ein sorgfältiges
Eingehen auf seine Einzelheiten von Nutzen erscheint.

Wir wenden uns daher zunächst diesem Gefechte zu.

Ordre de bataille der III. (deutschen) Armee.

Oberbefehlshaber: General der Infanterie Seine Königliche Hoheit der Kronprinz von Preußen.

Chef des Generalstabes: Gen.-Lt. v. Blumenthal.

Ober-Quartiermeister: Oberst v. Gottberg.

V. Armeekorps.

Gen.-Lt. v. Kirchbach.

9. Infanterie-Division.	10. Infanterie-Division.
Gen.-Maj. v. Sandrart.	Gen.-Lt. v. Schmidt.

9. Infanterie-Division. Gen.-Maj. v. Sandrart.

17. Inf.-Brigade. Oberst v. Bothmer.

	Bat.	Esk.	Gesch.
3. Pos. Inf.-Regt. Nr. 58	3	—	—
4. Pos. Inf.-Regt. Nr. 59	3	—	—

18. Inf.-Brigade. Gen.-Maj. v. Voigts-Rhetz.

	Bat.	Esk.	Gesch.
Königs-Gren.-Regt. Nr. 7	3	—	—
2. Niederschl. Inf.-Regt. Nr. 47	3	—	—
1. Schles. Jäg.-Bat. Nr. 5	1	—	—
1. Schles. Drag.-Regt. Nr. 4	—	4	—
1. Fuß-Abthlg. Niederschl. Feld-Art.-Regts. Nr. 5, 2 leichte, 2 schwere Battn.	—	—	24
1. Feld-Pion.-Komp.			
V. A.-R.			1 P.-R.

Summe: 13 Bat., 4 Esk., 24 Gesch., 1 P.-R.

10. Infanterie-Division. Gen.-Lt. v. Schmidt.

19. Inf.-Brigade. Oberst v. Henning auf Schönhoff.

	Bat.	Esk.	Gesch.
1. Westpr. Gr.-Regt. Nr. 6	3	—	—
1. Niederschl. Inf.-Regt. Nr. 46	3	—	—

20. Inf.-Brigade Gen.-Maj. Walther v. Monbary.

	Bat.	Esk.	Gesch.
3. Niederschl. Inf.-Regt. Nr. 50	3	—	—
Westf. Füs.-Regt. Nr. 37	3	—	—
Kurmärk. Drag.-Regt. Nr. 14	—	4	—
3. Fuß-Abthlg. Niederschl. Feld-Art.-Regts. Nr. 5, 2 leichte, 2 schwere Battn.	—	—	24
2. u. 3. Feld-Pion.-Komp.			
V. A.-R.			2 P.-R.

Summe: 12 Bat., 4 Esk., 24 Gesch., 2 P.-R.

Korps-Artillerie: Oberst-Lt. v. Köhler.

			Gesch.
Reitende Abthlg. Niederschl. Feld-Art.-Regts. Nr. 5, 2. u. 3. rtde. Batt.			12 Gesch.
2. Fuß-Abthlg. = = = = 2 leichte, 2 schw. Batt.			24 =

Summe: 36 Gesch.

Stärke des V. Armeekorps.

25 Bataillone,
8 Eskadrons,
84 Geschütze (einschließlich 12 reitende),
3 Kompagnien Pioniere.

XI. Armeekorps.

Gen.-Lt. v. Bose.

21. Infanterie-Division.
Gen.-Lt. v. Schachtmeyer.

41. Inf.-Brigade. Oberst v. Koblinski.	Bat.	Esk.	Gesch.
Hess. Füs.-Regt. Nr. 80 . .	3	—	—
1. Nass. Inf.-Regt. Nr. 87 .	3	—	—

42. Inf.-Brigade. Gen.-Maj. v. Thile.			
2. Hess. Inf.-Regt. Nr. 82 .	3	—	—
2. Hess. Inf.-Regt. Nr. 88 .	3	—	—
Hess. Jäg.-Bat. Nr. 11 . .	1	—	—
2. Hess. Hus.-Regt. Nr. 14	—	4	—
1. Fuß-Abthlg. Hess. Feld-Art.-Regts. Nr. 11, 2 leichte, 2 schwere Battn.	—	—	24
1. Feld-Pion.-Komp. XI. A.-K.			1 P.-K.

Summe: 13 Bat., 4 Esk., 24 Gesch., 1 P.-K.

22. Infanterie-Division.
Gen.-Lt. v. Gersdorf.

43. Inf.-Brigade. Oberst v. Kontsdy.	Bat.	Esk.	Gesch.
2. Thür. Inf.-Regt. Nr. 32	3	—	—
6. Thür. Inf.-Regt. Nr. 95	3	—	—

43. Inf.-Brigade. Gen.-Maj. v. Schlopp.			
3. Hess. Inf.-Regt. Nr. 83 .	3	—	—
5. Thür. Inf.-Regt. Nr. 94 . .	3	—	—
1. Hess. Hus.-Regt. Nr. 13	—	4	—
2. Fuß-Abth. Hess. Feld-Art.-Regt. Nr. 11 . .	—	—	24
2. u. 3. Feld-Pion.-Komp. XI. A.-K.			2 P.-K.

Summe: 12 Bat., 4 Esk., 24 Gesch., 2 P.-K.

Korps-Artillerie: Oberst v. Oppeln-Bronikowski.

Reitende Abthlg. Hess. Feld-Art.-Regts. (1. u. 3. rtb. Batt.) . . 12 Gesch.

3. Fuß-Abthlg. , , , (2 leichte, 2 schwere Batt. 24 ,

Summe: 36 Gesch.

Stärke des XI. Armeekorps.

25 Bataillone,
8 Eskadrons,
84 Geschütze (einschl. 12 rtbe.)
3 Kompagnien Pioniere.

I. Bayerisches Armeekorps.

Armee-Korps-Kommandant: Gen. d. Inf. Frhr. v. u. zu der Tann-Rathsamhausen.

1. Infanterie-Division.
Gen.-Lt. v. Stephan.

1. Inf.-Brigade: Gen.-Maj. Dietl.	Bat.	Esk.	Gesch.
Inf.-Leib-Regt.	3	—	—
1. Inf.-Regt. König . . .	2	—	—
2. Jäg.-Bat.	1	—	—

2. Infanterie-Division.
Gen.-Lt. Graf zu Pappenheim.*)

3. Inf.-Brigade. Gen.-Maj. Schumacher.	Bat.	Esk.	Gesch.
3. Inf.-Regt.	3	—	—
12. Inf.-Regt.	2	—	—
1. Jäg.-Bat.	1	—	—

*) Für den erkrankten Gen.-Lt. Grafen zu Pappenheim führte Gen.-Maj. Schumacher die Division.

2. Inf.-Brigade. Gen.-Maj. v. Orff.

	Bat.	Esl.	Gesch.
2. Inf.-Regt.	3	—	—
11. Inf.-Regt..	2	—	—
4. Jäg.-Bat.	1	—	—
9. Jäg.-Bat. . . .	1	—	—
3. Chevauxlegers-Regt.	—	4	—
Artillerie-Abthlg. (2 leichte, 2 schwere Batt.) 1. Art.-Regts.	—	—	24

Summe: 12 Bat., 4 Esl., 24 Gesch.

Kürassier-Brigade: Gen.-Maj. v. Tausch.

	Bat.	Esl.	Gesch.
1. Küraff.-Regt.	—	4	—
2. Küraff.-Regt.	—	4	—
6. Chevauxlegers-Regt. . .	—	4	—
1. reitb. Batt. 3. Art.-Regts.	—	—	6

Summe: 12 Esl., 6 Gesch.

4. Inf.-Brigade. Gen.-Maj. Frhr. v. d. Tann.

	Bat.	Esl.	Gesch.
10. Inf.-Regt.	3	—	—
13. Inf.-Regt.	2	—	—
7. Jäg.-Bat.	1	—	—
4. Chevauxlegers-Regt.	—	4	—
Artillerie-Abth. (2 leichte, 2 schwere Batt.)	—	—	24

Summe: 12 Bat., 4 Esl., 24 Gesch.

Artillerie-Reserve-Abtheilung.
Oberst Bronzetti (vom 3. Art.-Regt.)

1. Division, 1 rtb., 2 schwere Batt. 18 Gesch.
2. Division, 2 schwere Batt. . 12 :
3. Division, 2 schwere Batt. . 12 :

Summe: 42 Gesch.

1. Feld-Genie-Division . . 3 Komp.

Stärke des I. Bayerischen Armeekorps.

25 Bataillone,
20 Eskadrons,
96 Geschütze,
3 Kompagnien Pioniere.

II. Bayerisches Armeekorps.

Armee-Korps-Kommandant: Gen. d. Inf. Ritter v. Hartmann.

3. Infanterie-Division.
Gen.-Lt. v. Walther.

5. Inf.-Brigade, Gen.-Maj. v. Schleich.

	Bat.	Esl.	Gesch.
6. Inf.-Regt.	3	—	—
7. Inf.-Regt.	2	—	—
8. Jäg.-Bat.	1	—	—

6. Inf.-Brigade. Oberst Börries v. Wißell.

	Bat.	Esl.	Gesch.
14. Inf.-Regt.	2	—	—
15. Inf.-Regt.	3	—	—
3. Jäg.-Bat.	1	—	—
1. Chevauxlegers-Regt.	—	4	—
Art.-Abthlg. (v. 4. Art.-Regt., 2 leichte, 2 schwere Batt.)	—	—	24

Summe: 12 Bat., 4 Esl., 24 Gesch.

4. Infanterie-Division.
Gen.-Lt. Graf v. Bothmer.

7. Inf.-Brigade, Gen.-Maj. v. Thiered.

	Bat.	Esl.	Gesch.
5. Inf.-Regt.	2	—	—
9. Inf.-Regt.	3	—	—
6. Jäg.-Bat.	1	—	—

8. Inf.-Brigade. Gen.-Maj. v. Maillinger.

	Bat.	Esl.	Gesch.
3. Bat. 1. Inf.-Regts. . .	1	—	—
3. Bat. 5. Inf.-Regts	1	—	—
1. Bat. 7. Inf.-Regts. . .	1	—	—
3. Bat. 11. Inf.-Regts. . .	1	—	—
3. Bat. 14. Inf.-Regts. . .	1	—	—
5. Jäg.-Bat.	1	—	—
10. Jäg.-Bat.	1	—	—
2. Chevauxlegers-Regt. . .	—	4	—
Art.-Abthlg. (v. 4. Regt., 2 leichte, 2 schwere Batt.) .	—	—	24

Summe: 13 Bat., 4 Esl., 24 Gesch.

Ulanen-Brigade. Gen.-Maj. Frhr. v. Mulzer.			Artillerie-Reserve-Abtheilung. Oberst v. Pillement.	
	Esk.	Gesch.		
1. Ulanen-Regt.	4	—	1. Division (1 rtde., 2 schwere Batt.) 18 Ge	
2. Ulanen-Regiment	4	—	2. Division (2 schwere Batt.) . 12	
5. Chevaurlegers-Regt. . . .	4	—	3. Division (2 schwere Batt.) . 12	
2. rtb. Batt. 2. Art.-Regts. . .	—	6	Summe: 42 Ges	
Summe: 12 Esk., 6 Gesch.			2. Feld-Genie-Division . . . . . 3 Kom	

Stärke des II. Bayerischen Armeekorps.

25 Bataillone,
20 Eskadrons,
96 Geschütze,
3 Kompagnien Pioniere.

Württembergische Feld-Division.

Kommandeur: Gen.-Lt. v. Obernitz.

1. Feld-Brigade. Gen.-Maj. v. Reitzenstein.		3. Feld-Brigade. Gen.-Maj. Frhr. v. Hügel.	
1. Inf.-Regt.	2 Bat.	3. Inf.-Regt.	2 Bat.
7. Inf.-Regt.	2 =	8. Inf.-Regt.	2 =
2. Jäg.-Bat.	1 =	1. Jäg.-Bat.	1 =
2. Feld-Brigade. Gen.-Maj. v. Starkloff.		**Kavallerie-Brigade.** Gen.-Maj. Graf v. Scheler.	
2. Inf.-Regt.	2 Bat.	1. Reiter-Regt.	4 Esk.
5. Inf.-Regt.	2 =	3. Reiter-Regt.	2 =
8. Jäg.-Bat.	1 =	4. Reiter-Regt.	4 =

Artillerie.	Pionier-Korps	2 Kom
1. Feld-Art.-Abthlg. (1 schw., 2 leichte Batt.)		
2. Feld-Art.-Abthlg. (1 schw., 2 leichte Batt.)		
3. Feld-Art.-Abthlg. (1 schw., 2 leichte Batt.)		

Stärke der Württembergischen Feld-Division.

15 Bataillone,
10 Eskadrons,
54 Geschütze,
2 Kompagnien Pioniere.

Badische Feld=Division.

Divisions=Kommandeur: Gen.=Lt. v. Beyer.

1. Inf.=Brigade.	**Kavallerie=Brigade.**
Gen.=Lt. du Jarrys Frhr. v. La Roche.	Gen.=Maj. Frhr. v. La Roche=Starkenfels.

1. Inf.=Brigade.
Gen.=Lt. du Jarrys Frhr. v. La Roche.

	Bat.	Esk.	Gesch.
(1.) Leib=Gren.=Regt.	3	—	—
Füs.=Bat. 4. Inf.=Regts.	1	—	—
2. Gren.=Regt.	3	—	—

Kombinirte (3.) Inf.=Brigade.
Gen.=Maj. Keller.

	Bat.	Esk.	Gesch.
3. Inf.=Regt.	3	—	—
5. Inf.=Regt.	3	—	—
3. Drag.=Regt.	—	4	—
1. Fuß=Abthlg. des Feld= Art.=Regts. (2 schwere, 2 leichte Batt.)	—	—	24
Pontonnier=Kompagnie	1 K. P.		

Summe: 13 Bat., 4 Esk., 24 Gesch., 1 K. P.

Kavallerie=Brigade.
Gen.=Maj. Frhr. v. La Roche=Starkenfels.

	Esk.	Gesch.
(1.) Leib=Drag.=Regt.	4	—
2. Drag.=Regt.	4	—
Reit. Batt.	—	6

Summe: 8 Esk., 6 Gesch.

Korps=Artillerie:
Maj. Rochlitz.

	Gesch.
2. Fuß=Abthlg. des Feld=Art.=Regts. (2 schwere, 2 leichte Batt.)	24 Gesch.

Summe: 24 Gesch.

Stärke der Badischen Feld=Division.

13 Bataillone,
12 Eskadrons,
54 Geschütze,
1 Kompagnie Pioniere.

4. Kavallerie=Division.

Kommandeur: General der Kavallerie Prinz Albrecht von Preußen (Vater), Königliche Hoheit.

8. Kavallerie=Brigade.
Gen.=Maj. v. Hontheim.

	Esk.
Westpr. Kür.=Regt. Nr. 5	4 Esk.
Pos. Ulan.=Regt. Nr. 10	4 "

9. Kavallerie=Brigade.
Gen.=Maj. v. Bernhardi.

	Esk.
Westpr. Ulan.=Regt. Nr. 1	4 Esk.
Thür. Ulan.=Regt. Nr. 6	4 "

10. Kavallerie=Brigade.
Gen.=Maj. v. Krosigk.

	Esk.
2. Leib=Hus.=Regt. Nr. 2	4 Esk.
Rhein. Drag.=Regt. Nr. 5	4 "

Summe: 24 Esk.

Artillerie.

	Gesch.
1 rtd. Batt. Feld=Art.=Regts. Nr. 5	6 Gesch.
2 rtd. Batt. Feld=Art.=Regts. Nr. 11	6 "

Summe: 12 Gesch.

Stärke der 4. Kavallerie=Division.

24 Eskadrons,
12 Geschütze.

Stärke der III. Armee.

V. Armeecorps	25	Bat.,	8	Esk.,	84	Gesch.,	3	Komp. Pion.
XI. Armeecorps	25	:	8	:	84	:	3	: :
I. Bayerisches Armeecorps .	25	:	20	:	96	:	3	: :
II. Bayerisches Armeecorps .	25	:	20	:	96	:	3	: :
Württembergische Feld-Division	15	:	10	:	54	:	2	: :
Badische Feld-Division . .	13	:	12	:	54	:	1	: :
4. Kavallerie-Division	—	:	24	:	12	:	—	: :

Summe: 128 Bat., 102 Esk., 480 Gesch., 15 Komp. Pion.

Gedruckt in der Königlichen Hofbuchdruckerei von E. S. Mittler & Sohn,
Berlin, Kochstraße 69—70.

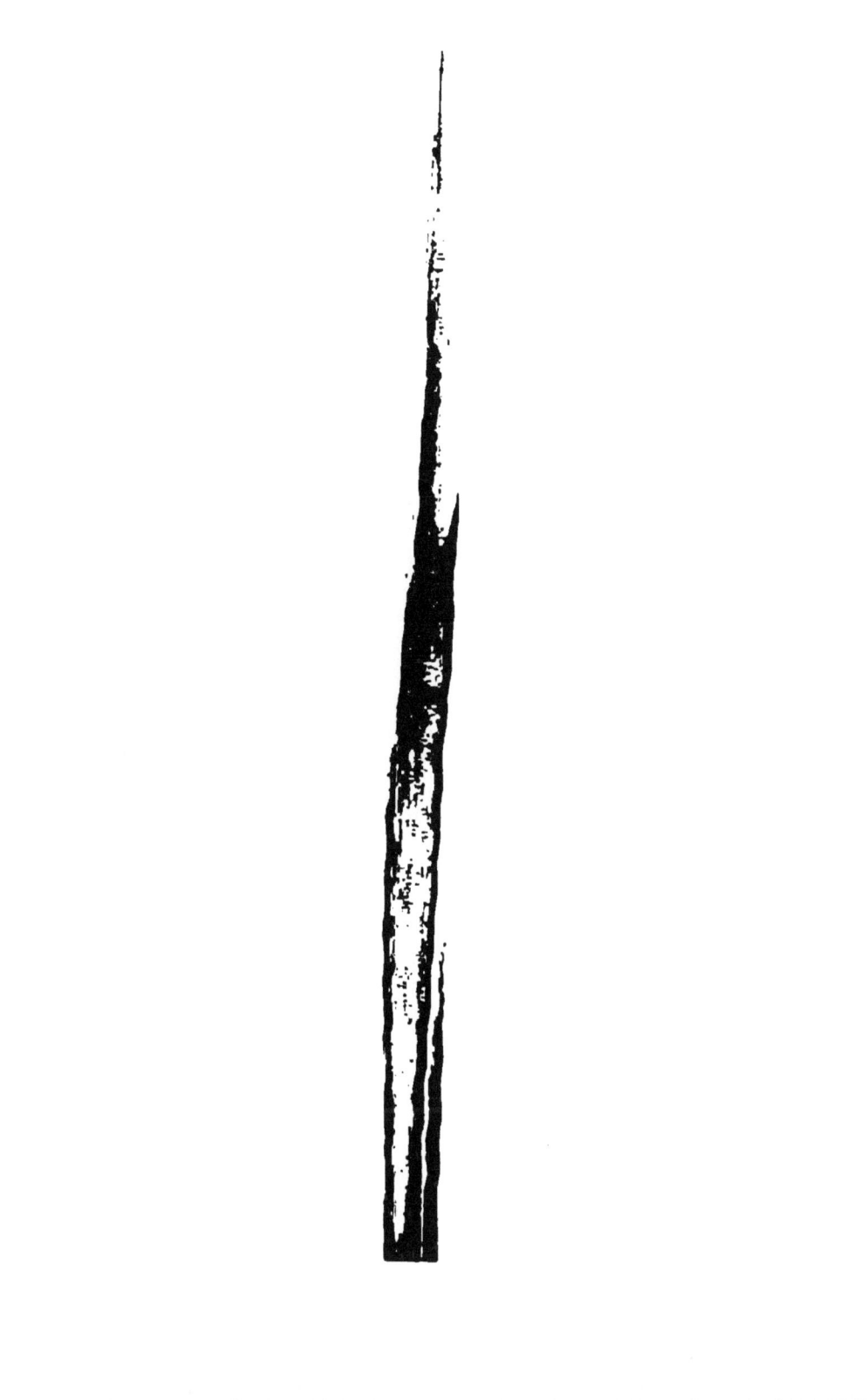

4. Gefecht von Saarbrücken am 2. August 1870.

(Siehe: Karte 1 und Plan der Umgebung von Saarbrücken.)

a. Allgemeine Lage an der Saar vor dem Gefecht.

Bereits am 29. Juli hatte die französische Heeresleitung sich entschlossen, ihre der Saar gegenüber befindlichen Streitkräfte zum größten Theile weiter an die Grenze heranzuschieben, wobei das auf dem linken Flügel befindliche IV. Korps sich gleichzeitig den übrigen Korps nähern sollte. Die geplanten Bewegungen gelangten am 31. Juli zur Ausführung.

Infolge dessen befanden sich am 1. August:

Das Kaiserliche Hauptquartier und die Garden zu Metz.

Auf dem linken Flügel: das IV. Korps um Bolchen; seine 3 Infanterie-Divisionen bei Bolchen, Busendorf, sowie bei Kuhmen und Teterchen.

In der Mitte: das III. Korps um St. Avold; die 4 Divisionen desselben bei St. Avold, Ober-Homburg, Ham-sur-Varsberg und Buschborn.

Vorgeschoben: das II. Korps mit dem Haupt-Quartier in Forbach; Division Vergé ebendaselbst, Division Laveaucoupet bei Oetingen, Division Bataille bei Spicheren und auf den dortigen Höhen.

Auf dem rechten Flügel: Das V. Korps mit dem Korps-Quartier und 2 Infanterie-Divisionen bei Saargemünd, die dritte Division bei Bitsch.

Während bis dahin auf deutscher Seite eine ausreichend richtige Uebersicht von der Vertheilung der französischen Streitkräfte gewonnen war, wissen wir nicht genau anzugeben, in welchem Umfange die französische Armeeleitung Kenntniß von der Lage ihres Gegners besaß. Nach den Angaben des Generals Froissard im „Rapport sur les opérations du deuxième corps" gewann diese in den letzten

Tagen des Juli die Ansicht, daß sich unmittelbar an der Saar zwischen Saarbrücken und Saarlouis nur schwache Kräfte befänden, das VIII. preußische Korps sich jedoch in geringer Entfernung von diesen bereits seit dem 27. Juli versammelt hätte und zwar mit dem Korps-Quartier und einer Division in St. Wendel, eine Brigade um Ottweiler und Lebach, die vierte bei Dudweiler, eine Kavallerie-Brigade zwischen Saarlouis und Saarbrücken. Man erwartete ferner in den nächsten Tagen den Vormarsch bedeutender Kräfte von Trier an die Saar. „Mit jedem Tage mußten diese Versammlungen an Bedeutung gewinnen." Nach derselben Quelle hatten am 31. Juli die allgemeinen Nachrichten über die vorbereitenden Bewegungen der deutschen Truppen schon eine bestimmtere Gestalt angenommen. Man wußte, daß das VII. und VIII. Korps im Begriff standen, sich als eine Armee unter dem Befehl des Generals v. Steinmetz jenseits der unteren Saar zusammenzuziehen und daß ihre Kolonnen sich bereits im Mosel- und Saar-Thal in Bewegung befanden, um sich zwischen Saarlouis und Saarbrücken zu massiren. Ferner hatte man erfahren, daß Regimenter des III. und IX. Armee-Korps, welche die Armee des Prinzen Friedrich Karl bilden sollten, von Mainz auf Kaiserslautern in Anmarsch wären. Außerdem verbreitete sich das Gerücht, daß die preußischen Truppen im Begriffe ständen, die Offensive zu ergreifen, „und bereits hatten Abtheilungen von einiger Stärke die Saar unterhalb Saarbrücken überschritten und sich bei Geislautern und Ludweiler gezeigt" (mithin von Völklingen her).

Um Klarheit über diese Angaben und die wirkliche Lage zu erhalten, entschloß sich Kaiser Napoleon zu einer gewaltsamen Erkundung gegen Saarbrücken. Als Ziel derselben wird angegeben: „die daselbst befindlichen preußischen Truppen über die Saar zurückzuwerfen und sich der Höhen des linken Ufers zu bemächtigen, welche die Stadt beherrschen, um dadurch den Gegner zu zwingen, seine Kräfte zu zeigen und seine Absichten zu entwickeln."

Diesen Angaben in dem „Rapport ꝛc." fügt General Frossard noch hinzu: „Obwohl die Preußen bis dahin bei Saarbrücken noch keine bedeutenden Kräfte gezeigt hatten, konnten sie doch in der Lage sein, einen ernsthafteren Widerstand dem Unternehmen entgegen zu setzen, indem sie die in der Nähe befindlichen Truppen an diesem Punkte zum Gefecht heranzogen. Wir waren überzeugt, daß sie dies thun würden, daß sie ihr Gebiet nicht verheeren und eine wichtige Stadt nicht besetzen lassen würden, ohne zu versuchen, ein derartiges Unternehmen durch Waffengewalt zurückzuweisen. Dementsprechend mußten daher auch die Anordnungen getroffen werden."

Am 31. Juli wurde infolge dessen festgesetzt, daß am 2. August das Korps Frossard gegen Saarbrücken vorgehen, diese Bewegung aber auch gleichzeitig auf dessen beiden Flanken durch Demonstrationen unterstützt werden sollte und zwar von Saargemünd aus durch Abtheilungen des V. Korps auf dem rechten Ufer der Saar, sowie links durch eine Division des III. Korps in Richtung auf Wehrden.

Ein Befehl des Generals Frossard für den Vormarsch seines Korps am 2. August ist uns im Wortlaut nicht bekannt; wir sind daher nur in der Lage, seinen Angaben, wie aus denen sie theilweise ergänzenden von Dick de Lonlay Folgendes zu entnehmen:

Die Bewegung sollte um 10 Uhr Vormittags beginnen und zwar mit der Division Bataille in erster Linie. Ihre 2. Brigade (General Fauvart Bastoul), auf dem rechten Flügel von den Höhen von Spicheren herabsteigend, hatte sich in den Besitz von St. Arnual und den östlichen Theil der vor Saarbrücken befindlichen Höhen zu setzen; zu ihrer etwaigen Unterstützung war die Brigade Micheler der Division Laveaucoupet bestimmt.

Auf dem linken Flügel erhielt die 1. Brigade der Division Bataille*) Befehl, längs der Eisenbahn und der großen Straße, sowie durch die vorliegenden Gehölze gegen den Exerzirplatz vorzugehen, wobei sie ihre Bewegungen nach denen der rechten Flügel-Brigade richten sollte. Zu ihrer Unterstützung diente die Brigade Valazé der Division Vergé.**)

Die 5. Chasseurs à cheval hatten den Marsch aufzuklären; auch wurden zwei 12 Pfdr. Batterien der Reserve der Division Bataille zur Verfügung gestellt, von denen jede Brigade eine nebst einer 4 Pfdr. Batterie der Divisions-Artillerie überwiesen erhielt, während die zu

---

*) Sie wurde an Stelle des in den letzten Tagen des Juli schwer erkrankten Generals Pouget vom Oberst Haca, Kommandeur des 8. Linien-Infanterie-Regiments, geführt.

**) Nach Dick de Lonlay wären 3 Brigaden der beiden anderen Divisionen vorläufig auf den Lagerplätzen verblieben und nur die Brigade Doëns der Division Bataille gefolgt. Wir haben hier jedoch die Angaben Frossards festgehalten, da sowohl die zu den Brigaden Valazé gehörenden Truppentheile, als auch das 40. Regiment von der Brigade Micheler in den Verlustlisten aufgeführt sind.

letzterer gehörende Mitrailleusen-Batterie vorläufig in Reserve
verblieb.

Auf der äußersten Linken sollte ein Detachement, bestehend aus
2 Bataillonen, 1 Eskadron und 1 Batterie*) (unter Oberst du Ferron,
Kommandeur der 4. Chasseurs à cheval), auf Gersweiler zu er=
kunden und die Verbindung mit der Division des 3. Korps unter=
halten, welche mit der Demonstration auf den Uebergang bei Wehrden
betraut wurde.

Die beiden anderen Brigaden der Divisionen Laveaucoupet und
Vergé verblieben vorläufig auf ihren Lagerplätzen, abgesehen von dem
zu ersterer gehörigen Jäger-Bataillon, welches weiter südlich auf der
Straße nach Saargemünd vorgeschoben wurde, und den dem Obersten
du Ferron überwiesenen Abtheilungen.**)

Die Dragoner-Brigade des Korps sowie die übrigen „Reserven
der Artillerie" scheinen bei Forbach belassen worden zu sein.

Ueber die Stärke der demonstrirenden Abtheilungen, welche vom
3. Korps in Richtung auf Wehrden, und vom 5. Korps von
Saargemünd aus vorgehen sollten, sind uns Einzelheiten nicht bekannt.

Auf preußischer Seite hatte am 1. August:

Das VII. Armee=Korps eine Avantgarde von 4 Bataillonen,
4 Eskadrons und 2 Batterien nach Conz und Saarburg vorgeschoben
und befand sich im Uebrigen mit der 7. Kavallerie-Brigade theils bei
Trier, theils noch weiter rückwärts bis Bittburg am linken Mosel-Ufer.

Das VIII. Korps hatte mit den nicht in erster Linie ver=
wandten Theilen der 16. Division die Gegend etwas südlich Neun=
kirchen, mit der 15. Division die von Wadern erreicht.

Von den unter Befehl des Generalmajors Grafen v. Gnei=
senau vorgeschobenen Truppen der 16. Division befanden sich
am Abend dieses Tages, abgesehen von den noch bei Wadern und
Rehlingen befindlichen beiden Eskadrons des Husaren-Regiments Nr. 9:
Bei Wehrden und Völllingen: 9., 11., 12. Kompagnie Füsilier=
Bataillons des Regiments Nr. 69, 50 Ulanen der 1. Eskadron
des Ulanen=Regiments 7.

----

*) Dieses Detachement ward zusammengesetzt aus dem 3. Bataillon Chasseurs
(Brigade Balazé), dem 1. Bataillon des 77. Regiments (Brigade Jolivet), der
12. 4 Pfdr. Batterie, sämmtlich der Division Vergé angehörend, und der
6. Eskadron vom 4. Chasseurs-Regiment. (Nach Angaben von Dick de Lonlay.)

**) Siehe: Ordre de bataille des II. Korps, Seite 108. Bei der
Division Bataille ist dort statt 3 — 2 fahrende Batterien zu setzen.

Bei Malstatt: 10. Kompagnie 69, mit einem Zuge auf der Eisen=
bahnbrücke und einem Unteroffiziersposten auf dem rechten
Saar=Ufer, Gersweiler gegenüber.

Bei und in Saarburg: auf dem linken Saar=Ufer: die 6. und
7. Kompagnie des Regiments Nr. 40, 1³/₄ Eskadron Ulanen=Re=
giments Nr. 7 mit vorgeschobenen Vorposten auf den Höhen.

In St. Johann: 5. Kompagnie Regiments Nr. 40.

Bei Brebach: 8. Kompagnie Regiments Nr. 40, 1 Zug Ulanen Nr. 7.

In zweiter Linie bei Raschpfuhl:

1. und 2. Bataillon Regiments Nr. 40, 1 Zug Husaren=Regiments
Nr. 9, 6. leichte Batterie Feld=Artillerie=Regiments Nr. 8;

bei Dudweiler:

1 Eskadron Ulanen=Regiments Nr. 7.

Weiter rückwärts (ebenfalls dem General Gneisenau unterstellt):
2. Bataillon Regiments Nr. 29 und 6. schwere Batterie in
Heusweiler*), 1³/₄ Eskadron Husaren Nr. 9 nebst Regiments=
stab in Etzenhofen, Ueberhofen, Herrchenbach, Guichenbach · und
Walpertshofen.**)

Am 2. August sollte beim VII. Armee=Korps die 13. Division
von Trier und Conz aus bis in die Gegend von Saarburg vor=
gehen, eine Avantgarde von letzterem Orte auf der Diedenhofer
Straße nach Traffem vorschieben und die Grenze diesseits Sierck
mit Kavallerie beobachten, während die 14. Division unter Zurück=
lassung einer Besatzung in Trier die Gegend von Zerf zu erreichen hatte.

Beim VIII. Armee=Korps war die 15. Division angewiesen,
bei Wadern aufzuschließen und durch 1 Bataillon und 3 Husaren=
Eskadrons unter Oberst Freiherrn v. Loë die beiden noch bei
Nehlingen und Dillingen befindlichen Eskadrons des Husaren=Regiments
Nr. 9 abzulösen, die 16. Division (abgesehen von ihren an der Saar
befindlichen Kräften) sollte von Neunkirchen nach Lebach zu aufrücken.

Vorgreifend sei in Bezug auf die Verhältnisse an der Saar
bemerkt, daß Generalmajor v. Gneisenau am Morgen des
2. August den bei Raschpfuhl befindlichen Husarenzug die Feldwache
auf dem Exerzirplatze übernehmen ließ und ebendorthin 2 Geschütze
der Batterie entsandte. Letztere wurden jedoch gleich nach ihrem Ein=
treffen nach Brebach geschickt und dem Führer des dortigen Detache=
ments unterstellt.

---

*) Halbwegs St. Johann-Lebach.
**) Südlich und südwestlich von Heusweiler.

Betrachtungen zur allgemeinen Lage vor dem Gefecht.

Obwohl es noch zu keinem ernsten Zusammenstoß gekommen, auch die geplante Versammlung der deutschen Armeen noch nicht durchgeführt war, befand sich die französische Heeresleitung bereits in den letzten Tagen des Juli in einer schwierigen Lage.

Ihren bisherigen Maßnahmen hatte die Absicht zu Grunde ge= legen, einer Offensive des Gegners zuvorzukommen und die einem derartigen Verfahren unter den damaligen Verhältnissen inne= wohnenden militärischen wie politischen Vortheile auszubeuten.

Aber es war nicht gelungen, die Armee für einen solchen Zweck rechtzeitig operationsbereit zu stellen; die Möglichkeit, den Gegner vereinzelt zu schlagen oder wenigstens gleich anfangs eine größere Strecke seines Gebietes in Besitz zu nehmen, war dadurch geschwunden, und es stand nun der Kampf mit den überlegenen Streitkräften der wider Erwarten geeinten deutschen Staaten bevor. Es wog dies um so schwerer, als sich inzwischen ergeben hatte, daß auch auf ein Ein= greifen fremder Mächte zu Gunsten Frankreichs zunächst nicht zu rechnen war.

Unter diesen Umständen fiel die geplante Offensive, für welche man alle Nachtheile einer übereilten Versammlung nicht mobiler Streitkräfte auf sich genommen hatte, in sich zusammen.

Das weitere Verhalten der französischen Armeeführung erweckt die Vermuthung, daß dieselbe weder in den letzten Tagen des Juli, noch in den ersten beiden des August zu einem Entschluß gelangte, welche Pläne sie nunmehr der Verwendung der gesammten Streit= kräfte zu Grunde legen sollte. Eine Eintheilung in Armeen war überhaupt noch nicht erfolgt; seit dem Eintreffen des Kaisers in Metz befanden sich die einzelnen Korps des ganzen französischen Heeres wieder unter unmittelbarer Leitung des Kaiserlichen Hauptquartiers. Die Aufmerksamkeit desselben wurde aber vorzugsweise von der Lage derjenigen Korps beeinflußt, welche der Saar gegenüber unter den Augen der obersten Führung in einer übergroßen Ausdehnung von Diedenhofen bis Saargemünd entwickelt worden waren.

Der Schleier, welchen die schwachen preußischen Detachements diesen gegenüber ausbreiteten, hatte bis jetzt jede Einsicht in die Ver= hältnisse hinter denselben verhindert, und vermochte man daher nicht zu erkennen, wie weit daselbst — also in nächster Nähe der vordersten französischen Armeetheile — Truppenversammlungen stattfanden. Es wäre erforderlich gewesen, diesen Schleier frühzeitig zu zerreißen; man hatte aber bisher versäumt, irgend eine dazu geeignete Maß= regel zu ergreifen.

In dieser Beziehung war eine werthvolle Zeit ungenützt ver= strichen, und rückte der Augenblick immer näher heran, in welchem das Vordringen starker deutscher Streitkräfte aus dem Saarthale zu erwarten stand. Auf anderen Wegen erlangte man zwar Nachrichten über den Anmarsch des VII. und VIII. Armee=Korps, sowie einzelner zur Armee des Prinzen Friedrich Karl gehörender Truppentheile, aber man hatte sich, wie gesagt, bisher nicht in die Lage gesetzt, weitergehende Aufklärung durch die eigenen Truppen zu erlangen. Will aber eine in der Defensive sich haltende Armee ihre vereinzelten Abtheilungen geschlossen dem Feinde entgegenwerfen oder ihm Wider= stand leisten oder rückwärtige Bewegungen antreten, so muß sie auch zeitig auf möglichst weite Entfernung mit den Massen des Gegners Fühlung gewinnen, oder mit vorgeschobenen Truppentheilen seine vordersten Kolonnen zur Entwickelung zwingen, um die Ver= hältnisse zu erkennen und die für die Vereinigung ihrer Kräfte oder die zu sonst nothwendigen Bewegungen erforderliche Zeit zu gewinnen.

Unterließ es die französische Heeresführung, indem sie die beab= sichtigte Offensive aufgab, nunmehr eine anderweitige Gruppirung ihrer gesammten Streitkräfte sofort eintreten zu lassen, so war es wenigstens an der Zeit, die vor der Saar entwickelten Streit= kräfte derartig einander zu nähern, daß eine gemeinschaftliche Ver= wendung derselben in einer oder der andern Weise erfolgen konnte, je nach dem Entschluß, welchen man für die weiteren Operationen faßte. Diesen Gesichtspunkten entsprachen die am 29. Juli getroffenen und am 31. Juli zur Ausführung gelangten Anordnungen wenigstens in so weit, als die engere Versammlung des Frossard'schen Korps, das Vorschieben des Korps Bazaine nach St. Avold und das Heranziehen des Korps l'Admirault von Diedenhofen nach Bolchen diese Streitkräfte in nähere Verbindung brachte, als dies bis dahin der Fall gewesen war; dagegen verblieb die Garde in Metz. Allerdings scheinen diese Veränderungen in der Aufstellung weniger durch die Erkenntniß der allgemeinen Lage hervorgerufen worden zu sein, als durch die einseitige Absicht, einen Vorstoß gegen Saarbrücken auszuführen und für ein ernsteres Gefecht daselbst aus= reichende Kräfte zur Verfügung zu haben. Man gewinnt überdies den Eindruck, daß auch jetzt in Bezug auf die nächste Verwendung der zwischen Mosel und Saar befindlichen Streitkräfte im Sinne der großen Operationen noch kein Entschluß feststand, sondern daß man Alles noch abhängig machen wollte von der Entwickelung der Absichten des Gegners.

Was den Vorstoß auf Saarbrücken anbetrifft, so haben wir bereits weiter oben bemerkt, wie eine der Bedingungen für die recht= zeitige Vereinigung und Verwerthung der gesammten Kräfte in der Defensive ist, zeitig auf möglichst weite Entfernung Fühlung mit den Massen des Gegners zu gewinnen. Bis jetzt hatte man eine solche nur in unmittelbarster Nähe mit schwachen Detachements desselben gehabt, es kann daher nur als gerechtfertigt bezeichnet werden, daß man das bisher Versäumte endlich nachzuholen suchte. Ebenso gerecht= fertigt erscheint, daß man in einer gewissen Unsicherheit darüber, wie stark der Gegner war, größere Kräfte für das Unternehmen bereit= stellte.

Das Vorgehen erfolgte in der Absicht einer gewaltsamen Er= kundung. Ueber derartige Unternehmungen stehen die Ansichten im Allgemeinen insoweit fest, daß man sie als eine fehlerhafte Maßregel betrachtet, wenn nicht ausreichende Kräfte verfügbar gemacht werden, um günstige Ergebnisse der Erkundung ausbeuten zu können oder die für eine solche bestimmten Truppen vor empfind= lichen Rückschlägen zu bewahren. In dieser Hinsicht hätten auch noch mehr Kräfte für das Unternehmen verfügbar gemacht werden können. Anderentheils aber muß dasselbe auch von dem Gesichtspunkt aus betrachtet werden, daß, wenn man in den Besitz der Höhen vor Saarbrücken gelangte, eine wesentliche Verbesserung in der Lage der in Betracht kommenden französischen Korps eintrat. Abgesehen davon, daß die Stadt selbst dann nicht mehr von den preußischen Truppen zu halten war, gewann man alsdann auch auf dieser Strecke eine Einsicht in das Saarthal, vor Allem aber eine Stellung, welche, wenn sie ausreichend besetzt wurde, der Gegner durch frontalen Angriff schwerlich zu nehmen vermochte.

Bei der zunächst ins Auge gefaßten Defensive war aber der Besitz einer solchen Stellung an der Saar immer von Werth, gleichviel ob man beabsichtigte, dem Gegner an diesem Flusse mit den gesammten Kräften entgegenzutreten, oder weiter rück= wärts seinem Vorgehen Widerstand zu leisten. Bezweckte man Letzteres, so bot sich hier für eine der Avantgarden, welche alsdann gegen die Saar vorzuschieben waren, die beste Gelegenheit, ihre

Aufgabe umfassend zu lösen: der Gegner konnte seine Streitkräfte, um den Flußübergang zu erzwingen, nicht mehr unbemerkt im Saarthale massiren; bei dem Versuche des Ueberganges war er ferner großen Verlusten ausgesetzt und da er hierbei im glücklichsten Falle zunächst nur an einzelnen Stellen kleinere Abtheilungen herüberzubringen vermocht hätte, konnte der Vertheidiger rechtzeitig den Kampf ab= brechen und ohne wesentliche Störung seinen Rückzug antreten. Ein derartiges Gefecht wäre aber dem Ganzen in Bezug auf das Er= kennen der Absichten des Gegners und als ein Zeitgewinn für Durch= führung der eigenen Pläne von Werth gewesen.

Inwieweit es sich nach Besitznahme der Höhen ermöglichen ließ, Fühlung mit den Massen des Gegners zu erlangen, konnte erst der Verlauf des Unternehmens, wie die Lage nach demselben übersehen lassen. Fanden sich solche Massen nicht bereits unmittelbar im Thale der Saar am jenseitigen Ufer vor, so mußten auf demselben Stütz= punkte für die weitere Aufklärung der Kavallerie gewonnen werden, was alsdann eine Besetzung von St. Johann und Malstatt durch Infanterie erfordert hätte. Um aber die Kavallerie für solche Zwecke bei der Hand zu haben, hätte es sich empfohlen, die gesammte Kavallerie= Division des II. Korps den zum Angriff bestimmten Truppen un= mittelbar folgen zu lassen.

In Bezug auf die großen Operationen würden wir hier von folgenden Gesichtspunkten ausgegangen sein:

Die französische Heeresleitung hätte schon vor dem 1. August einen Entschluß fassen müssen, wie sie ihrerseits die Operationen leiten wollte, nachdem eine weitgehende Offensive keine Aussicht auf Erfolg mehr bot und der Angriff der sehr überlegenen deutschen Streitkräfte bald zu erwarten war.

Für diesen Entschluß mußte in Betracht gezogen werden, ob die Theilung des gesammten Heeres in zwei Gruppen in Lothringen und im Elsaß in der bisherigen für eine Offensive bestimmten Stärke noch in ihrem ganzen Umfange erhalten werden sollte. Jetzt noch einen Anschluß des größten Theils der an der Saar befindlichen Korps an die im Elsaß stehenden erstreben zu wollen, erschien ausgeschlossen; eher ließ sich ein Heranziehen von einzelnen Divisionen aus dem Elsaß nach Lothringen ermöglichen.

Entschloß man sich, eine derartige Verstärkung der nördlichen Gruppe herbeizuführen, so blieb zu erwägen, ob diese Vereinigung noch an der Saar durchführbar war oder ob die Vorsicht gebot, sie weiter rückwärts — vielleicht hinter der Mosel — stattfinden zu lassen, wobei alsdann noch auf eine weitere Verstärkung durch das im Lager von Châlons in der Bildung begriffene VI. Korps oder wenigstens durch Theile desselben zu rechnen war.

Führten die Erwägungen dazu, von einem Heranziehen von Truppen aus dem Elsaß Abstand zu nehmen, so mußte ebenfalls fest= gestellt werden, wo die auf dem nördlichen Theile des Kriegstheaters verwendbaren fünf Armee=Korps (einschließlich des V. Korps) sich dem drohenden Angriff entgegenstellen sollten, ob an der Saar oder an der Mosel oder an einer geeignet befundenen Stellung zwischen beiden Flüssen.

Wir nehmen Abstand davon, die hier aufgestellten Gesichtspunkte an dieser Stelle einer eingehenderen Erörterung zu unterziehen, in der Absicht, diese in dem Theile unserer Studien, welcher den großen Ope= rationen gewidmet sein wird, in ihrem Zusammenhange mit denselben zu beleuchten.

In jedem Falle mußte das Endergebniß derartiger Ueberlegungen für die französische Heeresleitung die Grundlage bilden, auf welcher die in Lothringen befindlichen Streitkräfte zu gruppiren und die nächsten Aufgaben für die einzelnen Korps derselben festzustellen waren. An einer derartigen Grundlage scheint es aber damals gefehlt zu haben, wohl insbesondere, weil man sich scheute, den unserer Ansicht nach allein richtigen Entschluß eines Zurückgehens auf den Abschnitt der Mosel, unter Belassung von Arrieregarden und der Kavallerie vor derselben, zu ergreifen und zur Ausführung zu bringen.

Gewann man es aber nicht über sich, bereits jetzt diesen Weg einzuschlagen — was allerdings die Hauptsache gewesen wäre, — so können wir nur sagen, daß das beabsichtigte Unternehmen gegen Saar= brücken jedenfalls zu einer Verbesserung der augenblicklichen Lage zu führen vermochte, und daß es gerechtfertigt erschien, starke Kräfte für die Erreichung dieses Zweckes zu verwenden.

In Bezug auf die preußischen Truppen wollen wir hier zunächst eine Zusammenstellung der Befehle geben, welche General= major Graf Gneisenau erhalten hatte, und auf die bezüglichen Verhältnisse näher eingehen.

Am Nachmittage des 28. Juli hatte sich auf Anordnung der 16. Division der General nebst dem Brigadestabe von Trier nach Merzig mittelst Bahn begeben, um den Befehl über die in das

Dreieck: Merzig, Losheim, Beckingen beorderten Truppen der Division zu übernehmen. Er fand daselbst die 3. Eskadron des Husaren-Regiments Nr. 9 vor; am folgenden Vormittag stieß zu dieser die 3. Kompagnie des Regiments Nr. 40, welche ebenfalls mit der Eisenbahn eintraf, am 30. Juli das 2. Bataillon Regiments Nr. 29, von Wadern kommend. Um 11 Uhr Vormittags des letzteren Tages ging telegraphischer Befehl vom General-Kommando des VIII. Armee-Korps ein, daß das 1. und 3. Bataillon 40. Regiments (mit 7 Kompagnien und 3 Eskadrons Husaren Nr. 9 zur Zeit noch weiter nördlich an der Saar), 2. Bataillon 29. Regiments und 2 Eskadrons Husaren Nr. 9 sich am folgenden Tage in Lebach vereinigen, die Avantgarde des heranrückenden Korps unter dem Befehl des Generals bilden und für das Detachement des Oberstlieutenants v. Pestel eine Aufnahmestellung nehmen sollten.

Eine weitere Ergänzung dieses Befehls erfolgte durch ein bald darauf eingehendes Telegramm der 16. Division, wonach das 1. und 2. Bataillon 40. Regiments bereits im Laufe des Nachmittags bis Dillingen mittelst Bahn befördert werden und die 3. Kompagnie des Regiments in Merzig ebenfalls den Zug besteigen sollte.

Abends 10 Uhr wurde durch ein neues Telegramm der Division dieser Befehl dahin abgeändert: „Goeben befiehlt: 1. und 3. Bataillon 40. Regiments, wenn nicht morgen früh feindliches Vorgehen auf Rehlingen fesseln sollte, auf Saarbrücken statt auf Lebach. Aufgabe ist: Rückwärtige Stellung zur Sicherung und event. Aufnahme des Detachements Saarbrücken. Dieses bleibt unter Major v. Pestel, Graf Gneisenau Kommandeur aller Truppen vorn, auch der Füsiliere 69. Regiments, die in Völklingen stehen. Rückzug, wenn nöthig, auf Lebach, wohin morgen 2 Batterien beordert sind. Das 2. Bataillon Nr. 29 rückt morgen nach Lebach. Eskadrons bleiben an der Saar.“

Infolge dessen rückte der General am 31. Juli mit den beiden Bataillonen über Saarlouis nach Völklingen und, da er dort Alles ruhig fand, nach Guichenbach und Hilschbach.*) Der General begab sich dann noch persönlich nach Lebach, woselbst er das 2. Bataillon 29. Regiments, die beiden Batterien und 2 Eskadrons der Husaren Nr. 9 vorfand und ihnen Befehl ertheilte, am folgenden Morgen nach Heusweiler abzurücken und dort weitere Weisung abzuwarten, worauf

---

*) Straße St. Johann—Lebach; nördlich davon: Heusweiler.

er wieder nach Hilschbach zurückkehrte. Oberstlieutenant v. Pestel erhielt entsprechende Benachrichtigung.

Am Mittag des 1. August ging demnächst der Befehl des kommandirenden Generals ein, die Aufnahmestellung näher an Saar=brücken heranzunehmen, und wurde infolge dessen das Biwak bei Naschpfuhl mit dem 1. und 3. Bataillon 40. Regiments, einem Zug Husaren und der 6. leichten Batterie bezogen, während das Bataillon des Regiments Nr. 29, 1³/₄ Eskadron Husaren und die schwere Batterie in den Seite 253 bereits angeführten Ortschaften Unter=kunft fanden.

Aus dieser Zusammenstellung ist zunächst zu ersehen, daß die einzelnen Truppentheile zum Theil recht anstrengende Märsche und beträchtliche Umwege zurückzulegen hatten, bevor sie die Aufstellungen erreichten, an welchen wir sie am Abend des 1. August finden. So marschirten die beiden Bataillone des Regiments Nr. 40 von Dillingen über Völklingen in die Gegend von Hilschbach, von wo aus sie nach Naschpfuhl vorgezogen wurden, das 2. Bataillon 29. Regiments von Wadern über Merzig nach Lebach und von dort nach Heus=weiler. Man gewinnt hierdurch den Eindruck, — da sich die Lage in Bezug auf den Feind bei Saarbrücken und Völklingen in diesen Tagen nicht wesentlich veränderte —, als ob die obere Leitung in Bezug der Verwendung dieser Truppen schwankenden Ansichten unterworfen gewesen wäre. Zwar sind uns die Gründe des ein=geschlagenen Verfahrens unbekannt, so daß wir nur Vermuthungen aussprechen können, aber eine eingehende Untersuchung dürfte zur Ueber=zeugung führen, daß diese Bewegungen — zum größten Theil wenig=stens — aus ganz berechtigten Anschauungen vom General=Kommando angeordnet worden sind. Zunächst war es gerechtfertigt, Merzig stärker zu besetzen, um die Verbindung zwischen den Detachements Trier und Saarbrücken fester zu gestalten und auch gleichzeitig den Marsch des ersteren Detachements nach seiner Ablösung durch das VII. Armee=Korps zur Vereinigung mit seiner Division zu sichern. Hierzu war das allein marschirende 2. Bataillon 29. Regiments verfügbar, und wurde dieses daher am 30. Juli von Wadern nach Merzig vorgeschickt.

Als die Ablösung durch das VII. Korps thatsächlich erfolgte, mußten die nördlich von Saarlouis befindlichen Abtheilungen der 16. Division an diese herangezogen werden; dies führte zu dem Befehl, welcher am 30. Juli 11 Uhr Vormittags in Merzig einging und sie in das Verhältniß einer Avantgarde für den Vormarsch des Armeekorps auf der Straße Wadern—Saarbrücken nach Lebach verwies. Gleichzeitig enthielt dieser Befehl bereits die Weisung, dem Detachement v. Pestel zur Aufnahme zu dienen.

Soweit erscheint Alles leicht erklärlich. Nun wird aber noch an demselben Abend der Befehl dahin abgeändert, daß die beiden Bataillone 40. Regiments statt nach Lebach „auf" Saarbrücken rücken sollten, und für sie als Aufgabe bezeichnet, eine „rückwärtige Stellung zur Sicherung event. Aufnahme des Detachements Saarbrücken" zu nehmen. Dagegen verblieb es bei der Bestimmung, daß das 2. Bataillon 29. Regiments nach Lebach abzurücken hätte. Außerdem wurde dem General der Befehl über alle vorn befindlichen Truppen übertragen.

Zur Erklärung dieser Abänderung müssen wir aber daran erinnern, daß in den Tagen des 30. und 31. Juli die Anordnungen des Großen Hauptquartiers fielen, nach welchen zuerst das 2. Bataillon 40. Regiments von Saarbrücken zurückgeschickt, später aber daselbst belassen werden sollte. General v. Goeben war, als er am 30. Mittheilung vom ersten Befehl erhielt, ebenso wie Oberstlieutenant v. Pestel der Ansicht, daß das 2. Bataillon noch länger in Saarbrücken verbleiben könne, und wandte sich bekanntlich mit einem bezüglichen Antrag an General v. Moltke, ordnete aber vorläufig das Verbleiben des Bataillons an. Da jedoch aus dem Befehl eine Befürchtung für die Sicherheit desselben hervorging, trug er diesem Umstande Rechnung, indem er die beiden anderen Bataillone des Regiments zu dessen Aufnahme bei Saarbrücken bestimmte. Hierdurch wurde gleichzeitig eine Vereinigung des Füsilier-Regiments herbeigeführt, während andererseits das 2. Bataillon 29. Regiments, dessen Marsch auf Lebach nicht aufgehoben wurde, sich dort ebenfalls seinem anrückenden Regiment näherte.

Wir glauben nach diesem Vorgange erneut darauf hinweisen zu können, daß, wenn sich weitere Kräfte eines Armee-Korps einem Grenzdetachement nähern, die bis dahin nothwendige unmittelbare Leitung des letzteren durch das große Hauptquartier aufhören und an das betreffende General-Kommando übergehen muß. Der Tag, von dem an dies stattzufinden hat, muß vom Hauptquartier ganz bestimmt angegeben werden, und können hierbei auch noch besondere Direktive erfolgen, die Ausführung aber ist von da an dem Korpskommando zu überlassen.

Jedenfalls hat hier der Befehl aus dem Großen Haupt-Quartier: das 2. Bataillon 40 solle von Saarbrücken zurückgeschickt werden, und dann die gebilligte Abänderung dieser Weisung Veranlassung zur Veränderung in den Befehlen des Generals v. Goeben gegeben, durch welche während der Ereignisse die Truppe und nach denselben die Kritik fälschlicherweise den Eindruck einer Unsicherheit der Führung erhalten konnten.

Der General marschirte demnächst mit den beiden Bataillonen 40 „auf Saarbrücken", bog aber, als er bei Völklingen Alles ruhig fand, nach Hilschbach ab. Ob nun eine so weit zurückliegende Aufnahme nicht den Absichten des kommandirenden Generals entsprach und deshalb am folgenden Nachmittag (1. August) die beiden Bataillone wieder von ihm bis in die Nähe von Saarbrücken vorgeschickt wurden, oder ob derselbe dies erst anordnete, als er sich am Morgen des 1. August persönlich von der Sachlage bei Saarbrücken überzeugt hatte und dabei die Ansicht gewann, daß die zur Aufnahme bestimmten Truppen weiter vorwärts geeigneter ständen, muß dahingestellt bleiben. Letzteres dürfte in Anbetracht, daß der Befehl zum Vorgehen näher an Saarbrücken heran erst am 1. August um Mittag gegeben wurde, das Wahrscheinlichere sein.

Wie kam nun der General Graf Gneisenau darauf, am 31. Juli die Aufnahmestellung um Hilschbach zu wählen? Auch zur Beantwortung dieser Frage sind wir ebenfalls nur auf Vermuthungen angewiesen, doch können wir hierbei gleichzeitig unsere Untersuchungen weiter ausdehnen.

Die Aufstellung der gesammten Kräfte, wie sie sich in diesem Grenzbezirk infolge der verschiedenen Anordnungen und Bewegungen am Abend des 1. August gestaltete, giebt uns nämlich die erwünschte Anregung, an diesem Falle die Verhältnisse eines Grenz-Detachements näher zu untersuchen, welches auf einer verhältnißmäßig großen Ausdehnung dem Angriffe feindlicher Kräfte ausgesetzt ist.

Im vorliegenden Falle war ein Festhalten der Saar-Uebergänge bei Völklingen und in Saarbrücken, sowie der neben letzterem Ort befindlichen Eisenbahnbrücke geboten. Weitere Anordnungen erforderten die Beobachtung der zwischen diesen Endorten befindlichen Saarstrecke und die Aufklärung gegen Saargemünd, sowie die Unterhaltung der Verbindung mit der Besatzung von Saarlouis und mit dem Posten in Zweibrücken. Dabei trat hier eine besondere

Begünstigung der gesammten Aufstellung durch den Abschnitt, welchen die Saar bildete, ein. Aber trotzdem hätte voraussichtlich die ganze Aufstellung vor dem Eintreffen des Generals Grafen Gneisenau mit der Unterstützung aufgegeben werden müssen, wenn es dem Gegner gelang, sie an irgend einer Stelle mit 6 oder 8 Kompagnien zu durchbrechen, oder sich in den Besitz von Völklingen zu setzen. In letzterem Falle schon aus dem Grunde, daß die bei Saarbrücken befindliche Abtheilung nicht rechtzeitig genug zu übersehen vermochte, ob der Gegner nach Besitznahme von Völklingen nicht dort stärkere Kräfte überführen würde, deren weiteres Vordringen den von Saar= brücken auf Lebach angewiesenen Abzug überhaupt in Frage stellen konnte.

Es tritt mithin für eine derartige Aufstellung das Bedürfniß einer Reserve hervor, welche die Mittel bietet, den angegriffenen Posten zu verstärken, einen bereits übergegangenen Gegner wieder zurückzuwerfen oder durch rückwärtige Aufnahme das Zurückkommen der einzelnen Posten zu ermöglichen. Eine derartige Reserve erscheint aber jedenfalls auch überall dort erforderlich, wo die Grenzsicherung im Gelände sich nicht auf einen starken Abschnitt zu stützen vermag. Im vorliegenden Falle war nun die Möglichkeit gegeben, sich eine solche Reserve von dem Augenblick an zu bilden, als sich weitere Truppentheile — noch vor dem Eintreffen des Korps — den bereits vorne befindlichen Abtheilungen näherten. In diesem Sinne fand demgemäß auch eine Verwendung der zunächst heranrückenden Truppen statt. Hierdurch wird überall, wo größere Heereskörper sich im An= marsch befinden, die bisherige Beobachtung sich in eine Avantgarde für dieselbe verwandeln.

Es fragt sich nun, wie eine derartige Reserve, welche im vor= liegenden Falle in der Stärke von 3 Bataillonen, 2 Eskadrons und 2 Batterien zusammengefaßt werden konnte, zu verwenden war.

Am günstigsten liegt es, wenn dieselbe bei einer auf größere Ausdehnung entwickelten Abtheilung hinter deren Mitte Aufstellung finden kann; jede einzelne Lage aber wird besondere Rücksichten erfordern, welche ein so günstiges Verhältniß oft ausschließen. Hierbei fallen vorzugsweise in Betracht: das Wegenetz, die Beschaffenheit des Geländes, die eigene Rückzugsrichtung, der Werth, welchen die einzelnen besetzten Punkte sowohl in örtlicher wie in allgemeiner Beziehung haben, die Ausdehnung der ganzen Linie, insbesondere aber auch die Richtung, aus welcher ein Vorstoß des Gegners zu erwarten ist.

Zwischen Völklingen und Saarbrücken schloß die Enge des Saar=
thales, in welchem, sobald der Gegner sich in den Besitz des linken
Flußufers befand, jede Bewegung stärkerer Abtheilungen in Frage
gestellt war, eine Aufstellung der Reserve hinter der Mitte aus. Ver=
wies man sie aber hinter einen der Flügel, so war, ganz abgesehen
von der Entfernung, eine Unterstützung des anderen durch dieselbe
aus dem eben erwähnten Grunde kaum zu ermöglichen. Zu einer
ausgiebigen Verwendung von Reserven gehört immer eine gewisse
Freiheit für ihre Bewegungen, wobei namentlich auf größere Ent=
fernungen eine etwa vorhandene Bahn von besonderem Nutzen
sein kann.

Wird aber eine Aufstellung der Reserve in dieser Hinsicht durch
die örtlichen Verhältnisse nicht begünstigt, so bleibt nichts Anderes
übrig, als sie hinter demjenigen Posten aufzustellen, der nach der
allgemeinen Lage der wichtigste ist, und die anderen Posten, welche
auf sich selbst angewiesen sind, nach Kräften stark zu machen; unter
Umständen kann auch eine Abtheilung von der Reserve abgezweigt
werden, um für einen Unterabschnitt als Spezialreserve zu dienen.
Im vorliegenden Falle gehörte die Reserve hinter Saarbrücken—
Malstatt, wo wir sie auch am 1. August einrücken sehen und wo
sie am Mittag des 2. August in größerer Stärke hätte auftreten
können, wenn für den Morgen dieses Tages das Heranrücken des
2. Bataillons 29, der beiden Husaren=Eskadrons und der 6. schweren
Batterie angeordnet worden wäre. Eine Verstärkung des Postens
von Völklingen war durch den Rücktritt der bei Malstatt befindlichen
10. Kompagnie 69 zu ihrem Bataillon zu erlangen, auch konnte,
wenn dies nicht ausreichend erschien, eine solche durch das Bataillon 29
und selbst durch eine der Batterien erfolgen.

Ein derartiges Verfahren dürfte zunächst für ein Grenz=
Detachement angezeigt erscheinen, dessen Aufgabe im Festhalten
seiner Stellung besteht und bei welchem die Ausdehnung oder
andere Verhältnisse nicht eine centrale Stellung der Reserven gestatten.

Einseitiger aber gestaltet sich die Aufgabe der Reserve, wenn zu
erwarten steht, daß der Gegner seine Offensiv=Operationen beginnt
oder starke Massen in nächster Nähe zusammengezogen hat. In dieser
Lage befanden sich aber die dem General Graf Gneisenau unter=
stellten Truppen.

Unter solchen Umständen ist von einem Halten der Stellung
gegen einen sehr überlegenen Angriff nicht mehr die Rede, wohl aber

müssen auch dann die in erster Linie beobachtenden Abtheilungen
so lange in derselben verbleiben, bis dieser Angriff thatsächlich erfolgt,
um die Fühlung mit dem Feinde zu erhalten und das eigene Gebiet
so lange, als dies irgend geht, zu schützen. Wir sind schon im Laufe
der Studien verschiedentlich darauf hingeführt worden, daß alsdann
entweder die Infanterie zurückzunehmen oder für eine rechtzeitige Auf=
nahme zu sorgen ist. In letzterem Falle liegt mithin den
Reserven die Aufnahme der vorn befindlichen Abtheilungen ob.

Wir sehen nun, daß der Generalmajor Graf Gneisenau
diese Aufnahme durch Versammlung der ihm hierzu verfügbaren
3 Bataillone, 2 Eskadrons und 2 Batterien in der Gegend von
Heusweiler — Hilschbach eintreten lassen wollte. Er erscheint zur Wahl
dieser Gegend insofern berechtigt, als seine Truppen die Avant=
garde des Armee=Korps bilden sollten und ihm befohlen war, eine
rückwärtige Aufnahmestellung für das Detachement Saarbrücken
zu nehmen. Gleichzeitig war ihm aber auch das Kommando über
alle vorn befindlichen Truppen übertragen worden, mithin lag
es ihm auch ob, für die Aufnahme des Füsilier=Bataillons 69
in Völklingen zu sorgen.

Unsere eben angestellten Betrachtungen aber haben ergeben, daß
bei einer Aufstellung des Gros seiner Truppen unmittelbar hinter
Saarbrücken eine Einwirkung durch dieselben auf ein Gefecht bei
Völklingen nicht zu erwarten stand. Der General wählte daher zu
seiner Aufstellung denjenigen Punkt an der großen Straße Saar=
brücken—Lebach, an welchem der Abzugsweg von Völklingen über
Püttlingen mündet. Hier bot sich ihm der nächste Stützpunkt, an
welchem er beiden vor befindlichen Abtheilungen Aufnahme bieten
und die vereinzelten Abtheilungen als Avantgarde des Korps ver=
einigen konnte.

Unter diesem Gesichtspunkte betrachtet, läßt sich die Wahl einer
Aufnahmestellung südlich Heusweiler nicht verwerfen, da sie unter
Berücksichtigung der Gesammtlage aller dem General unterstellten
Truppen und des Anmarsches des Armee=Korps stattfand.

Andererseits kann man sich aber auch nicht des Eindruckes ver=
schließen, daß, wenn die 3 Kompagnien des 2. Bataillons 40 ge=
nöthigt wurden, ihre Stellung vorwärts Saarbrücken fechtend
aufzugeben, ihnen Truppen, welche sich etwa 15 km weiter rückwärts
bei Heusweiler befanden, nichts zu helfen vermochten. Wir ver=
muthen daher, daß General v. Goeben, nachdem er sich am Morgen

des 1. August persönlich von der Lage bei Saarbrücken überzeugt hatte, unter dem Gesichtspunkt, dem dortigen Detachement eine größere Sicherheit zu geben, das Vorziehen der Truppen zur unmittelbaren Aufnahme desselben angeordnet hat, um so mehr, als das Zurückkommen der über die Saar bei Saarbrücken vorgeschobenen Truppen in ganz anderer Weise gefährdet war, als der bei Völklingen diesseits der Saar durch den Fluß selbst gesicherten Abtheilung.

Die Aufgabe des Generals Graf Gneisenau war keine leichte: dabei fällt um so mehr in Betracht, daß unserer Ansicht nach die ihm zugegangenen Telegramme keine ausreichende Grundlage boten, um mit voller Sicherheit zweckmäßige Anordnungen zu treffen. Dazu fehlte zunächst die Kenntniß von der dem Oberstlieutenant v. Pestel überhaupt ertheilten Aufgabe, so wie die Einsicht in die Verhältnisse bei Saarbrücken und wie sich dieselben bis dahin entwickelt hatten. Allerdings konnte der General das hierauf Bezügliche erfahren, wenn er sich persönlich dorthin begab, inzwischen mußten aber die bei ihm befindlichen Truppen in Bewegung gesetzt werden, ohne daß man ihnen das Marschziel anzugeben vermochte. Dann ward ferner das Detachement Saarbrücken in einer gewissen Selbständigkeit belassen und dabei doch dem Brigadekommandeur unterstellt, dieser aber zu sehr dadurch gebunden, daß er dasselbe nur aufnehmen sollte. Es konnte sich ereignen, daß eine verhältnißmäßig schwache feindliche Erkundung die Abtheilung auf dem linken Saar-Ufer zurückdrückte, während die dortige Stellung durch Unterstützung von 1 oder 2 Kompagnien noch zu halten war. Der Befehl zur Aufnahme bezog sich wiederholt nur auf das Detachement bei Saarbrücken, erwähnte aber nie, was mit dem Posten bei Völklingen geschehen sollte. So blieb es zweifelhaft, ob auf ein Festhalten der Saarlinie noch ein Werth gelegt wurde, wenn auch das linke Ufer preisgegeben werden mußte.

Wir entnehmen hieraus, daß bei dem Heranrücken von Verstärkungen an ein Grenz-Detachement es sich empfiehlt, dem betreffenden Truppenführer, außer den kurzen telegraphischen Weisungen, auch noch eine ausführliche schriftliche Instruktion zu ertheilen, die ihm eine ausreichende Grundlage für sein Verhalten bietet.

Aus den angestellten Betrachtungen ergiebt sich ferner: Aufnahmestellungen sind nur dann weiter rückwärts zu wählen, wenn auf ein Zurückgehen der vordersten Truppen ohne Gefecht zu rechnen ist, oder diese selbst eine ausreichende Stärke besitzen, um ihre Vortruppen und einzelne Posten aufzunehmen. Zu den Bedingungen, unter welchen dies ausführbar ist, gehört, daß die Aufklärungen ausreichend weit ausgreifen können, oder daß besonders günstige Geländeverhält=nisse, wie sie sich z. B. im Gebirge öfter bieten werden, vorhanden sind. Ist der Abmarsch der vordersten Linie aber nur unter Gefecht zu erwarten, und gestattet ihre Stärke nicht, aus sich selbst heraus für Aufnahme zu sorgen, so gehört jede zur Aufnahme bestimmte anderweitige Truppe so nahe an diese Linie heran, daß sie in das Rückzugsgefecht einzugreifen vermag. Die Besprechung der Ereignisse des 2. August wird Gelegenheit bieten, hierauf noch näher einzugehen.

Schließlich sei noch darauf hingewiesen, daß, wenn die Aufgabe eines Grenzdetachements die Sicherung verschiedener Straßenzüge im rückwärts liegenden eigenen Gebiet in sich schließt und dadurch eine Vereinigung der vorn entwickelten Kräfte bei nothwendig werdendem Abzuge zunächst nicht erfolgen kann, Reserven oder Aufnahmetruppen ihre Verwendung an der wichtigsten Straße erhalten müssen. In diesem Falle ist aber auch für die auf einem anderen Wege zurück=gehenden Abtheilungen ebenfalls eine Aufnahme vorzubereiten oder denselben eine entsprechende Stärke zu geben, sobald ihre Infanterie in ein Gefecht verwickelt werden kann und ihren Abzug nicht günstige Geländeverhältnisse, die eine weite Uebersicht gestatten, Flußabschnitte, Gebirgsstraßen und dergleichen, unterstützen.

b. Die Einzelheiten des Gefechts.

Am frühen Morgen des 2. August erhielt die 6. Kompagnie von einem Ulanen Meldung, daß beim Forsthause von St. Arnual auf ihn geschossen worden sei. Der sofort mit 80 Mann dorthin entsandte Lieutenant Mitscher suchte den Wald in der Nähe der Försterei ab, fand aber Nichts vom Feinde vor und kehrte um 9 Uhr zurück. Um 10½ Uhr gingen jedoch weitere Nachrichten von den Vorposten der 6. und 7. Kompagnie ein, die über den Anmarsch des Feindes keinen Zweifel ließen.*)

Major v. Horn, der neuernannte Kommandeur des 2. Bataillons 40. Regiments, welcher erst an diesem Morgen eingetroffen war und sich sofort zu den Vorposten begeben hatte, befand sich gerade bei

---

*) In den preußischen Berichten wechseln die Angaben über das Ein-treffen der ersten Meldungen zwischen 9½ und 10½ Uhr. Wir sind bei An-nahme der letzteren Stunde der Mehrzahl der Berichte gefolgt.

der 6. Kompagnie, als das Erscheinen starker feindlicher Abtheilungen gleichzeitig vom Posten an der Löwenburg, wie von der Ulanen-Vedette bei St. Arnual derselben gemeldet wurde. Der Major begab sich sofort zu den Vorposten zurück, während Lieutenant Mitscher nach der Löwenburg hinaufeilte, um sich von der Richtigkeit der Meldungen zu überzeugen. Oben angelangt, erblickte dieser Offizier bereits größere Massen des Feindes am Fuße des Spicherer Berges, nach seiner Schätzung 5 Bataillone und mehrere Eskadrons. Im ersten Treffen befanden sich 2 Bataillone in Kompagnien entwickelt mit starken Schützenschwärmen vor der Front, weiter rückwärts die drei anderen Bataillone in geschlossenen Kolonnen, das Ganze war im schnellen Vorschreiten begriffen.

Die 6. Kompagnie hatte sich inzwischen ohne Verzug auf der Straße nach St. Arnual in Marsch gesetzt. An dem Punkte angekommen, wo die Schlucht ansteigt, welche sich zwischen Rußberg und Winterberg befindet, erhielt Premierlieutenant Garreits Befehl, den östlichen Theil des Winterberges mit seinem Zuge zu besetzen, während ein zweiter Zug unter Lieutenant v. Konarsky nach dem westlichen Theile desselben vorgeschickt wurde. Der Kompagniechef Hauptmann Grunder, verfolgte demnächst mit dem letzten Zuge (Feldwebel Boecker) die Chaussee nach St. Arnual, „weil der Feind fast immer von dort vorgedrungen war".*)

Ebenfalls etwa um 10½ Uhr erhielt die 7. Kompagnie (Hauptmann Frhr. v. Rosen) von ihrer auf dem Exerzirplatz unter Lieutenant v. d. Berswordt befindlichen Feldwache Meldung: „daß von den Spicherer Bergen herab, sowie vom Winterberge her französische Infanterie in der Stärke von mindestens einem Regiment in Gefechtsformation auf den Exerzirplatz zu marschire." Infolge dessen brach auch hier Hauptmann v. Rosen sofort mit der Kompagnie auf und wandte sich vom Alarm-Hause am Hauptzollamt dem Exerzirplatz zu.

---

*) Wir folgen bei Darstellung des Gefechts der 6. Kompagnie den Angaben in der Geschichte des Regiments von Gisevius, welche auf spätere sorgfältige Ermittelungen beruhen. Der Bericht der Kompagnie stellt die Entsendungen etwas anders dar. Nach ihm soll Lieutenant Mitscher mit 35 Mann nach der Löwenburg geschickt worden sein, Lieutenant v. Konarsky mit 30 Mann in das Thal zwischen Ruß- und Winterberg, während der Rest der Kompagnie — also einschließlich des Zuges des Premierlieutenants Garreits — auf St. Arnual vorgegangen wäre.

Die verschiedenen Meldungen vom Anrücken des Feindes trafen bald darauf auch bei dem Generalmajor Grafen Gneisenau ein der eben erst vom Bereiten der Vorposten nach seinem Quartier in St. Johann zurückgekehrt war, ferner gingen sie dem Oberstlieutenant v. Pestel zu. Beide begaben sich sofort zu den Vorposten, fanden jedoch ebenso wie die aus St. Johann zur Besetzung des „Rothen Hauses" durch den Major v. Horn inzwischen schnell vorbeorderte 5. Kompagnie, das Gefecht bereits im Gange.

Die beiden Ulanen-Eskadrons in Saarbrücken erhielten Anweisung zu dem Gros des Detachements bei Maschpfuhl zu stoßen.

Weiter ging etwa gegen 11 Uhr eine telegraphische Mittheilung bei dem Detachement in Brebach aus Klein-Blittersdorf*) ein, nach welcher das französische Lager bei Saargemünd abgebrochen wurde und Kolonnen die Saar in Richtung auf Hanweiler überschritten (1½ Kilometer nordwestlich von Saargemünd). Ulanen-Patrouillen wurden infolge dessen von dem Detachementsführer, Hauptmann Neybecker, in dieser Richtung zur Aufklärung vorgesandt. Mittheilung hiervon scheint dem Oberstlieutenant v. Pestel zugegangen zu sein, dürfte ihn aber möglicherweise erst im Laufe des Gefechts erreicht haben.**)

Im Biwak bei Maschpfuhl erhielt man etwa um 10³/₄ Uhr die Nachricht vom Vorgehen der Franzosen auf Saarbrücken. Der Kommandeur des Hohenzollernschen Füsilier-Regiments, Oberst Frhr. v. Eberstein, entwickelte infolge dessen die dort befindlichen Truppen in einer bereits am Nachmittag des vorigen Tages ausgesuchten Aufnahmestellung, aus welcher jedoch bald darauf das 3. Bataillon auf Befehl des Generals Grafen Gneisenau zur Unterstützung des 2. Bataillons vorgeholt wurde.

Die von den Spicherer Höhen herabgestiegenen und von den Vorposten beobachteten Kolonnen gehörten der Brigade Bastoul

---

*) Klein-Blittersdorf liegt auf dem rechten Ufer der Saar an der Straße St. Johann-Saargemünd.

**) Nach anderweitigen Angaben sollen in Brebach zwei Telegramme eingegangen sein; das erste aus Hanweiler gegen 9¼ Uhr, durch welches der Abbruch des Lagers und der Abmarsch der dortigen Truppen, wie es schien in Richtung auf Straßburg, mitgetheilt wurde, während das zweite, gleich darauf eingehende, die Wiederherstellung der Brücke bei Saargemünd, sowie das Ueberschreiten der Grenze in Richtung Brebach—St. Johann meldete. (s. Gisevius.) Der Gefechtsbericht der Kompagnie erwähnt nur das im Text angegebene Telegramm und verlegt dessen Eingehen auf „um 11 Uhr".

an; die derselben zugetheilte Artillerie verblieb zunächst noch auf den Höhen, um das Vorgehen der Infanterie, wenn erforderlich, durch ihr Feuer zu unterstützen.

Von dieser Brigade ging das 67. Linien-Regiment, dem ein Zug der 5. Chasseurs à cheval zugetheilt war, auf dem rechten Flügel mit dem 2. und 3. Bataillon gegen den Winterberg vor, während das 1. Bataillon noch weiter rechts sich gegen St. Arnual wandte. Das 66. Linien-Regiment, ebenfalls mit einem Zuge der 5. Chasseurs, entwickelte sich gegen den Repperts-Berg, die beiden noch übrigen Züge der 1. Eskadron der 5. Chasseurs verblieben bei dem Brigadekommandeur.*)

Gleichzeitig hatte sich die 1. Brigade (Pouget) der Division Bataille unter Oberst Hacxa auf der Forbacher Straße in Bewegung gesetzt. Nach dem Durchschreiten von Stiring marschirte sie — die Bataillone in geschlossener Zugkolonne — östlich des Stiringer Wald-stückes in der Höhe der „goldenen Bremme" auf; sie hatte den Auftrag, ihren Marsch möglichst der Einsicht der preußischen Vor-posten zu entziehen, bis das Gefecht bei dem rechten Flügel der Division beginnen würde; alsdann sollte sie gegen den Exerzirplatz vorbrechen; zur Aufklärung waren ihr die übrigen Eskadrons der 5. Chasseurs beigegeben.**)

General Frossard nahm seinen Standpunkt auf der über der „goldenen Bremme" sich erhebenden Kuppe, General Bataille weiter östlich auf einer in das Thal vorspringenden Höhe der Spicherer Berge.***)

Somit erfolgte der Angriff zunächst auf St. Arnual und den Winterberg, etwas später gegen den Repperts-Berg, während der linke Flügel Anfangs noch zurückgehalten blieb.

---

*) Die vorhandenen Angaben reichen nicht aus, um genau die Wege zu bezeichnen, welche die einzelnen Abtheilungen der Brigade Bastoul verfolgten. Ein Theil derselben scheint die Deckungen, welche der Saum des Stiftswaldes bot, benutzt zu haben. Jedenfalls hatte man von Brebach aus den Eindruck, daß stärkere Kolonnen unweit des Forsthauses von St. Arnual aus dem Walde heraustraten.

**) Einzelne Kavallerie-Regimenter scheinen mit 5 Eskadrons ausgerückt zu sein, so auch die 5. Chasseurs; es wäre danach die mitgetheilte Ordre de bataille der französischen Armee zu berichtigen (s. Heft 1).

***) Der betreffende Punkt kann nicht genau angegeben werden. Nach einer französischen Angabe sind mehrfach Granaten der bei Brebach befindlichen Geschütze in seiner Nähe eingeschlagen.

Im Einzelnen nahm das Gefecht folgenden Verlauf:

Auf dem linken Flügel der preußischen Aufstellung gelangte von der 6. Kompagnie Premierlieutenant Garrelts mit seinem Zuge noch rechtzeitig dazu, die östliche Kuppe des Winterberges und den dort befindlichen Steinbruch zu besetzen. Fast athemlos trafen die Mannschaften nach Ersteigung des steilen Hanges, auf welchem zwei starke Drahtleitungen theils durchhauen, theils überklettert werden mußten, unter äußerster Beschleunigung ihres Aufstieges oben ein. Dort angelangt, sahen sie die starken Schützenschwärme des Feindes das vorliegende Gelände durchschreiten, und bald darauf eröffneten diese das Feuer auf eine Entfernung, die man auf 700 bis 800 Meter schätzte; dasselbe wurde zunächst noch nicht erwidert.

Gleichzeitig war Lieutenant v. Konarski, unter Entsendung zweier Sectionen nach der Löwenburg, nach dem westlichen Theile des Winterberges geeilt, welchen er ebenfalls noch rechtzeitig erreichte. Auch die beiden Sectionen gelangten in dieser Richtung zur Verwendung, da sie der von der Löwenburg herabkommende Lieutenant Mitscher zur Besetzung des westlichen Ausganges der Schlucht zwischen Nuß- und Winterberg vorführte und hier Major v. Horn sie nach dem südlichen Abhange letztgenannter Höhe schickte, wo sie an einem Baumgange gegen die schon sehr nahe gerückte feindliche Schützenlinie ausschwärmten.

Bei der 8. Kompagnie bei Brebach hatte um diese Zeit das bereits erwähnte Telegramm aus Klein-Blittersdorf die Aufmerksamkeit auf Saargemünd geleitet, als plötzlich starkes Gewehrfeuer am anderen Saar-Ufer in der Richtung der Spicherer Berge vernehmbar wurde. Es rief dies die Vermuthung hervor, daß es sich um einen Angriff des Feindes auf beiden Ufern handele. Die Kompagnie machte sich daher gefechtsbereit, bemerkte aber auch in demselben Augenblick auf dem andern Ufer das Vorbrechen von schnell sich verstärkenden Schützenschwärmen aus dem Walde am Forsthause gegen St. Arnual und den Winterberg, von denen auch sofort ein lebhaftes Feuer gegen sie eröffnet wurde. Da 1½ Züge der Kompagnie bereits in drei in Vertheidigungszustand gesetzten Gehöften von Brebach am Ausgange nach Saargemünd Verwendung gefunden hatten, erhielt der 8. Zug Befehl, aus der Reservestellung am Hall-Berger Walde bis an den Chausseegraben vorzugehen und aus demselben das Feuer zu erwidern; auch die beiden Geschütze des Lieutenants Meyer protzten am Kirchhofe ab und griffen demnächst in das Gefecht ein. Inzwischen hatten die französischen Schützen, denen Kolonnen gefolgt waren, bereits St. Arnual erreicht, sich in der Umfassung des Dorfes festgesetzt und die Aufstellung auf dem rechten Ufer auch von dort aus unter Feuer genommen.

Bei diesem Vordringen scheint das 1. Bataillon des 67. franzö= sischen Linien=Regiments, welchem sich einige Jäger des 10. Bataillons und ein Zug der 7. Dragoner angeschlossen hatten, und dem — viel= leicht etwas später — das von der Brigade Micheler vorgeschobene 2. Bataillon des 40. Linien=Regiments und eine Genie=Kompagnie folgten, in St. Arnual auf den zur Besetzung des Dorfes vorge= gangenen Zug der 6. Kompagnie gestoßen zu sein und denselben auf Saarbrücken zurückgeworfen zu haben. Der Moment hat trotz später angestellter Ermittelungen keine ausreichende Aufklärung gefunden. Jedenfalls müssen die Verhältnisse sich hier, so schnell entwickelt haben, daß weder von dem bei diesem Zuge befindlichen Kompagniechef den auf dem Winterberge vorgegangenen Abtheilungen ein Befehl zu= geschickt werden konnte, noch diese überhaupt Kenntniß von dem Vor= gange erhielten. Nach französischen Angaben sollten hierbei 16 Fü= siliere in Gefangenschaft gerathen sein.*)

Inzwischen hatte Premierlieutenant Garrelts vom Winterberge aus die am südöstlichen Abhange desselben weiter vorgegangenen feind= lichen Schwärme auf etwas über 300 Meter mit Schnellfeuer em= pfangen. Der Gegner stutzte, verstärkte jedoch seine Schützenlinie und setzte dann seine Vorwärtsbewegung fort.

Auch Lieutenant v. Konarsky hatte auf dem westlichen Theile der Höhe das Feuer aufgenommen. Dasselbe ging über die Köpfe der unten am Berge eben eingetroffenen beiden Sektionen des Lieutenants Mitscher hinweg und gefährdete dieselben bei dem weiteren Vor= dringen der französischen Schützen derart, daß sich dieser Offizier bereits fünf Minuten nach seinem Eintreffen an dem Baumgange

---

*) Die 6. Kompagnie verlor in dem Gefecht am 2. August im Ganzen 29 Gefangene und zwar, nach Angabe der Regimentsgeschichte sämmtlich von der im Steinbruche postirten Abtheilung des Premierlieutenants Garrelts, die beim Rückzuge abgeschnitten wurde. Es muß dahin gestellt bleiben, ob oben erwähnte 16 Füsiliere — die jedenfalls in der Zahl der 29 einbegriffen sind — dem 1. Bataillon des 67. französischen Linien=Regiments gleich anfangs beim Zusammenstoß mit dem Zuge, bei welchem Hauptmann Grundner sich befand, in die Hände fielen oder erst später, als Premierlieutenant Garrelts gezwungen wurde, die Höhe zu räumen.

wieder zum Abzuge genöthigt sah. Er selbst gelangte mit einem Theile seiner Leute unter den feindlichen Kugeln den Abhang hinauf auf die Höhe, wo er sich mit Lieutenant v. Konarsky vereinigte, während der andere Theil, die Deckungen am Westabfall des Winterberges benutzend, sich um denselben nach der Löwenburg zurückzog.

Die Franzosen folgten sowohl um den Westabhang des Winterberges als auch die Höhe hinauf, so daß die Abtheilungen der Lieutenants Mitscher und v. Konarsky sehr bald zwischen zwei Feuer geriethen. Ihre Stellung, „irrthümlicherweise mehrfach auch von der Löwenburg beschossen", wurde unhaltbar. Doch erst nachdem der Feind in starken Abtheilungen auf der Höhe des Winterberges selbst erschien und, gleichzeitig in die Schlucht eindringend, die rechte Flanke umfaßte, trat Lieutenant Mitscher den Rückzug nach Saarbrücken an. Hierbei fiel der schwer verwundete Lieutenant v. Konarsky in die Hände des Feindes. Gegen 12 Uhr erreichte diese Abtheilung die alte Brücke, woselbst sie den Hauptmann Grundner bereits vorfand. Etwas später wurden die an derselben gesammelten beiden Züge der 6. Kompagnie durch den Bataillonskommandeur bis hinter den Eisenbahndamm an der Straße nach Dudweiler zurückgenommen.*)

„Von den Vorgängen in seiner rechten und linken Flanke ohne Nachricht, hatte sich Premierlieutenant Garrelts, trotz des überlegenen feindlichen Feuers, auf dem Südostabhange des Winterberges und in dem dortigen Steinbruche behauptet." Der Feind näherte sich allmälig in der Front bereits auf 80 Meter, während gleichzeitig von St. Arnual her heftiges Flankenfeuer erfolgte. Erst jetzt wurde bemerkt, daß der Kompagniechef mit dem einen Zuge, den man beim Besteigen der Höhe noch an der großen Straße hinter sich gehabt hatte und auf dessen Unterstützung man rechnete, sich nicht mehr in der Nähe befand. Schnell entschlossen gab der Offizier das Kommando: „Kehrt! Marsch! Langsam zurück!"

---

*) Die Umfassung ist wahrscheinlich vom 2. Bataillon des 67. Linien-Regiments ausgeführt worden.

Immerhin dürfte das links von demselben vorgehende 66. Linien-Regiment ebenfalls für die Räumung des westlichen Theiles des Winterberges nicht ohne Einfluß gewesen sein, wenn man sich aus der Karte vergegenwärtigt, daß der westliche Abfall des Winterberges über den Weg: Rothes Haus—Spicheren hinübergreift und sich somit dem Reppertsberge südlich vorlagert.

Trotz des Nachdrängens des heftig feuernden Feindes begann der Abzug im Schritt in größter Ordnung. „Aber bald von drei Seiten umringt, muß der Zug geradwegs jählings über Hecken und Mauern wegsetzend, die Chaussee Saarbrücken—St. Arnual erreichen. Bei diesem Rückzuge wurde die am Steinbruch befindliche Abtheilung des Zuges abgeschnitten und fiel in die Hände des Feindes.*) Hier wird Halt gemacht, um die ungestüm Nachdrängenden durch Feuer zurückzuscheuchen, dann wendet sich Premierlieutenant Garrelts gegen den südöstlichen Ausgang von Saarbrücken. Allein auch dieser ist schon vom Feinde besetzt, und es bleibt Nichts übrig, als über die freie Wiese hinweg, unter wiederholtem Hinlegen bei zweifachem heftigen Flankenfeuer, die Saar=Mauer (steinerne Einfassung der Saar) zu erreichen." — „Hier an der östlichen Ecke derselben macht Premier= lieutenant Garrelts Halt, sammelt seine Leute, läßt das Feuer auf den Feind, der jetzt auch vom Winterberge herab die Chaussee erreicht hat, wieder aufnehmen und eilt, als auch diese Stellung unhaltbar wird, im Laufschritt längs der Saarmauer nach der alten Brücke, die nicht nur vom Nuß= und Winterberg, sondern jetzt auch schon vom Reppertsberg beschossen wird."

Fast gleichzeitig mit ihm traf die inzwischen ebenfalls zum Verlassen ihrer vorwärts des „Rothen Hauses" genommenen Stellung genöthigte 5. Kompagnie an der alten Brücke ein, welche ver= barrikadirt und von den vier Zügen besetzt wurde.

Das Gefecht um St. Arnual und den Winterberg entschied sich, ohne daß es dem preußischen Detachement bei Brebach gelang einem wesentlichen Einfluß auf dasselbe auszuüben. Zwar erlitt dort der rechte Flügel der französischen Truppen einige Verluste, auch mußte St. Arnual von ihnen besetzt gehalten bleiben, aber ihr Aus= breiten auf dem Höhenrande des linken Ufers konnte aus der Stellung Hall=Berg—Brebach ebensowenig verhindert werden, wie das etwas später erfolgende Vorgehen von St. Arnual auf der Straße gegen Saarbrücken.

Der an der Chaussee ausgeschwärmte Zug der 8. Kompagnie des Füsilier=Regiments unterhielt ungefähr eine Stunde lang ein lebhaftes Feuer mit den feindlichen Schützen, welche die Hecken=

---

*) Vergleiche die Bemerkung Seite 272. Nach der Regimentsgeschichte gingen die 29 Mann, welche die Kompagnie an Gefangenen einbüßte, hierbei verloren.

umfassung von St. Arnual stark besetzt hatten; allmälig ließ jedoch das Gewehrfeuer hier nach und wurde meist nur noch, wenn sich auf preußischer Seite eine Bewegung zeigte, durch Salven aus dem Dorfe wieder aufgenommen.

Der Geschützzug des Lieutenants Meyer beschoß indeß geschlossene Abtheilungen — Infanterie und Kavallerie —, welche am Forsthause heraustraten und sich theils in St. Arnual festsetzten, theils den Winterberg erstiegen oder seitwärts die Deckungen aufsuchten. Infolge des aus der Umfassung von St. Arnual auch auf die Geschütze gerichteten Feuers, durch welches 2 Pferde verwundet wurden, ging Unteroffizier Sorkau mit dem 5. Geschütz bis in die Höhe der Chaussee vor und gab einen Kartätschschuß gegen eine stark besetzte Hecke ab, der anscheinend von guter Wirkung war. Eine französische Batterie, die auf den Höhen des linken Ufers erschien und den Zug mit etwa 20 Granaten beschoß, richtete bei dieser wie bei der Infanterie keinen Schaden an, indem ihre meisten Geschosse erst nach dem ersten Aufschlage hinter den beiden Geschützen krepirten, nur von dem Ulanen-Zuge wurde ein Pferd getödtet. Die französische Batterie scheint demnächst an anderer Stelle verwandt worden zu sein.*)

Bei dem weiteren Vordringen des 1. Bataillons 67. Linien-Regiments über St. Arnual hinaus behielt das 2. Bataillon des 40. französischen Linien-Regiments mit einer Genie-Kompagnie das Dorf zunächst besetzt.

In dieser Lage verblieb die Abtheilung bei Brebach bis gegen 7 Uhr Abends.

Die Verluste auf dem linken Flügel zu beiden Seiten der Saar bezifferten sich bei den preußischen Truppen auf 1 Offizier, 48 Mann, 3 Pferde; hiervon entfielen auf die

6. Komp. Regts. Nr. 40: 1 Offizier (verwundet gefangen)**),

  tobt: — Unteroff.,   7 Mann***),

verwundet: 3 =   7 =

gefangen: — =   29 =

Summe: 1 Offz., 3 Unteroff., 43 Mann,

---

*) Die Stelle, an welcher diese Batterie gegen Brebach in Thätigkeit trat, ist nicht genau anzugeben.

**) Lieutenant v. Konarsky wurde durch den Abzug der Franzosen am 5. August aus der Gefangenschaft befreit.

***) Da die Ziffern endgültigen Ermittelungen entnommen sind, sind die Vermißten zu den Todten gerechnet worden.

8. Komp. Regts. Nr. 40:

todt: 1 Mann,

verwundet: 1   =

Summe: 2 Mann,

3. Zug der 6. leichten Batterie: verwundet 2 Pferde.
Zug des Ulanen-Regts Nr. 7: todt 1 Pferd.

Nach französischen Angaben bestanden die Verluste des 67. Linien-Regiments in 3 Todten und 25 Verwundeten;[*] beim 2. Bataillon 40. Regiments in einem Offizier verwundet und 1 Sergeant todt; der Zug der 7. Dragoner büßte ein Pferd ein.

Während des Kampfes am Winterberge näherte sich das 66. französische Linien-Regiment dem Reppertsberge, auf dessen westlichem Abhange Lieutenant v. d. Berswordt (7. Kompagnie) seine auf dem Exerzirplatze stehende Feldwache über die Forbacher Straße hinübergeführt hatte und ausgeschwärmt den Angriff erwartete. Bereits war jedoch Hauptmann Frhr. v. Rosen mit dem übrigen Theile der Kompagnie auf dem Exerzirplatze angelangt. Derselbe bemerkte in dem „vorliegenden Grunde"[**] feindliche Truppen, welche er auf ungefähr eine Brigade schätzte. Voran eine ausgedehnte, sehr dichte Schützenlinie, der in nur geringer Entfernung Kompagnien in Linie und diesen auf etwa 400 Meter Abstand 4 Bataillone folgten.[***] In größerer Entfernung rückten aus dem gegenüberliegenden Walde (Gehölze der Folster Höhe) und von den Spicherer Bergen her noch mindestens 4 Bataillone und mehrere Eskadrons vor.

In der That dürfte um diese Zeit die Brigade Pouget aus ihrer Versammlung am Stiringer Waldstück ihren Vormarsch angetreten haben. Das 8. Linien-Regiment erhielt dabei die Richtung auf den Exerzirplatz angewiesen, das 3. Bataillon desselben stieß jedoch auf Schwierigkeiten im Gelände und ging durch den Wald längs

---

[*] Nach Dick de Lonlay gehörten diese 28 Mann sämmtlich dem auf St. Arnual vorgegangenen 1. Bataillon des Regiments an.

[**] Unter „vorliegendem Grunde" ist nicht etwa das „Ehrenthal" zu verstehen. Diese Bezeichnung ist in verschiedenen Berichten auf das ganze Gelände von der Schlucht von St. Arnual an bis zum Drahtzuge angewendet, welches von den Spicherer Höhen, sowie denen des Exerzirplatzes bis zum Winterberge eingerahmt wird. Die Ueberhöhung dieser Bergzüge läßt das Zwischengelände als einen tiefer liegenden Grund erscheinen.

[***] Nach unserer Vermuthung das 66. Linien-Regiment, in dessen Nähe auch ein Bataillon des 67. Regiments zur Zeit gewesen sein dürfte.

der Eisenbahn vor. Das 23. Regiment war beauftragt, die Ver=
bindung mit dem linken Flügel der Brigade Bastoul herzustellen, das
12. Jäger=Bataillon sollte in Reserve folgen, während die
Eskadrons der 5. Chasseurs, von denen ein Zug auf Schoeneck ent=
sandt war, sich vor der Brigade befanden.

Gegen letztere flankirte der Zug des Husaren=Regiments Nr. 9
unter Lieutenant Wernitz, welcher sich als Feldwache auf dem Exerzir=
platze befand, sowie einige Ulanen; die Husaren verloren hierbei zwei
Verwundete.

Hauptmann v. Rosen verstärkte sofort die Abtheilung des
Lieutenants v. d. Berswordt und ließ gleichzeitig auf dem Exer=
zirplatz einen Halbzug unter Lieutenant Hermens ausschwärmen.
Währenddessen wurde das Heraustreten weiterer Truppenmassen
aus dem gegenüberliegenden Walde bemerkt, welche, ebenfalls mit
vorgenommenen Schützen, die Richtung auf St. Arnual einschlugen.*)

Die feindlichen Linien näherten sich dem Exerzirplatze von allen
Seiten, indem sie auch hier frühzeitig das Feuer eröffneten, durch
welches ungeachtet der großen Entfernung, die auf über 900 Meter
geschätzt wurde, mehrere Leute der Kompagnie getroffen wurden.
Gleichzeitig gelangten die vordersten Abtheilungen des 66. Regiments
an den Reppertsberg. Hier trat diesen jedoch nunmehr, noch im
letzten Augenblick, die 5. Kompagnie entgegen.

Mit derselben war Hauptmann Kosch 5 Minuten nach erhal=
tenem Befehl, das „rothe Haus" zu besetzen, aus dem Alarmquartier
in St. Johann aufgebrochen und, einen großen Theil des Weges im
Laufschritt zurücklegend, bei dem Gehöft angelangt, wo die Kom=
pagnie bereits Gewehrfeuer erhielt.**) An ihrer Spitze befand sich
Lieutenant Schlesinger mit 42 Mann, welche im Hôtel Hagen an
der neuen Brücke gelegen, und die mit der Kompagnie vorgegangen
waren. Diese Abtheilung schwärmte sofort gegen die vorliegende
steile und durch Hecken schwer gangbare Höhe aus. Es gelang ihr,
dieselbe zu erreichen, die äußeren Hecken zu besetzen und ein wirk=

---

*) In einzelnen Darstellungen wird in diesen Massen die der Brigade
Pouget zur Unterstützung folgende Brigade Valazé erblickt. Es ist dies mög=
lich, doch möchten wir eher annehmen, daß dies das 23. Linien=Regiment ge=
wesen ist, welches, die Chaussee überschreitend, sich mit halbrechts entwickelte und
die Verbindung mit der Brigade Bastoul zunächst durch ein Bataillon her=
stellte.

**) Sie dürfte hier erst eingetroffen sein, als der westliche Theil des
Winterberges bereits geräumt war.

sames Feuer gegen die feindlichen Abtheilungen (66. Regiment) zu richten, welche vom Winterberge her, so wie in der Front anrückten. Schützen derselben, welche sich bereits in einem nabeliegenden Getreidefelde ein= genistet hatten, wurden durch einen kurzen Anlauf vertrieben.

Gleichzeitig mit dem Vorgehen des Lieutenants Schlesinger hatte sich auch Premierlieutenant v. Schilgen mit dem 2. Zuge durch die weiter links befindlichen Hecken hindurchgearbeitet, um den Winterberg und die Schlucht unter Feuer zu nehmen. Auch dieser Zug trat sofort in ein Feuergefecht ein und beschoß namentlich die über den Winterberg herüberkommenden Kolonnen; Premierlieutenant v. Schilgen wurde hier schwer verwundet.

Seitens des Bataillonskommandeurs, Major v. Horn, ging sowohl der 5. wie der 7. Kompagnie Weisung zu, sobald der Feind dränge, nach St. Johann auszuweichen.

Das lebhafte Vorrücken von Kolonnen, welche die linke Flanke zu umfassen drohten, veranlaßte nach einiger Zeit den bei der Ab= theilung des Lieutenants Schlesinger befindlichen Kompagniechef, diesem den Befehl zum langsamen Zurückgehen zu geben. Dem Ab= zuge desselben schloß sich auch der andere bereits im Gefecht befind= liche Zug an. . Das Zurückgehen erfolgte unter dem Schutze des bisher als Soutien verbliebenen übrigen Theils der Kompagnie, mit welchem Lieutenant Freiherr v. Steinäcker eine Aufnahme= stellung auf einer kleinen Erhebung neben einem neugebauten Hause nahm, das gleichfalls besetzt wurde. Das Gewehrfeuer war auch hier heftig und erlitt die Kompagnie dabei noch einige Verluste; das Haus selbst wurde erst von seinen Vertheidigern durch die Hinter= fenster verlassen, als der Feind bereits durch die zertrümmerte Hausthür eindrang.

Auf Befehl des Bataillonskommandeurs zog sich darauf die Kompagnie nach der alten Brücke zurück. Wie bereits erwähnt, traf sie mit dem Zuge der 6. Kompagnie unter Premierlieutenant Garrelts an derselben ziemlich gleichzeitig ein und wurde diese nun= mehr von beiden Abtheilungen besetzt.

Der Verlust der Kompagnie betrug in dem verhältnißmäßig kurzen Gefecht:

todt: — Offizier,	3	Unteroffiziere,	3 Mann,
verwundet: 1 =	2	=	19 =
gefangen: — =	2	=	6 =

Summe 1 Offizier, 7 Unteroffiziere, 28 Mann.

Durch den nothwendig gewordenen Rückzug der 5. Kompagnie wurde der linke Flügel der 7. Kompagnie nunmehr einer bedrohlichen Umfassung ausgesetzt. Die Lage dieser Kompagnie wurde um so schwieriger, als sich inzwischen die Brigade Pouget, rechts über die Chaussee, links über die Bahn herübergreifend, in der Front dem Exerzirplatze immer mehr näherte, auch in dem der Deutsch-Mühle gegenüberliegenden Walde sich bereits französische Infanterie zeigte (3. Bataillon 8. Linien-Regiments). Durch Frontalfeuer vom linken Flügel der anrückenden französischen Schützen erlitt der an der Baumreihe des Exerzirplatzes ausgeschwärmte Halbzug unter Lieutenant Hermens einige Verluste.

Drei Mal hatten bereits berittene Ordonnanzen die Weisung überbracht, daß die Kompagnie, wenn sie gedrängt würde, zurückgehen sollte. Hauptmann Freiherr v. Rosen erachtete aber zunächst seinen Abzug noch nicht für so gefährdet, um seine Stellung bereits aufgeben zu müssen. Als der Gegner sich auf etwa 240 Meter genähert hatte, wurde er von den ausgeschwärmten Schützen mit Schnellfeuer empfangen, so daß er stutzte und sich niederwarf; es erfolgte darauf von beiden Seiten ein lebhaftes Feuer, indeß gingen die meisten Kugeln der Franzosen über die Köpfe der Füsiliere hinweg, doch wurde „der dahinter liegende Boden völlig von ihnen durchfegt."

Mit der Zeit gelangten nunmehr Abtheilungen der französischen Schützenlinien, bald kriechend, bald sprungweise vorgehend, bis nahe an die Vertheidiger heran (der Bericht giebt an: bis auf 40 Meter); auch die Umfassung des linken Flügels machte derart Fortschritte, daß sich bereits stärkere Abtheilungen des Gegners in einigen Sandhügeln festsetzten, die 240 Meter links rückwärts der preußischen Schützen auf dem Reppertsberge lagen. Gleichzeitig mit der Meldung hiervon ging der bestimmte Befehl des Oberstlieutenants v. Pestel ein, nunmehr die Stellung zu räumen.

Hauptmann Frhr. v. Rosen beauftragte demgemäß den Lieutenant Goldschmidt, mit dem Schützenzuge den Abzug zu decken. Dieser leistete, bevor er die Stadt erreichte, noch mehrmals Widerstand, wobei auch ein Anlauf feindlicher Schützen durch das Entgegenwerfen dreier Sektionen zum Stehen gebracht wurde. Der weiteren Umfassung des Feindes trat der Zug demnächst durch Besetzen des Ausganges einer Schlucht entgegen, welche von den Sandhügeln nach der Forbacher Straße herunterführt. Nach lebhaftem Feuergefecht an dieser Stelle ordnete der Kompagniechef den weiteren Rückzug an, indem er gleichzeitig an der Straßenecke beim Hauptzollamt für Aufnahme sorgte. Auch hier kam es noch zu einem kurzen Feuergefecht, worauf die Kompagnie die neue Brücke unbehelligt erreichte. An derselben fand sie bereits die 10. und 11. Kompagnie unter Hauptmann Frhr. v. Blomberg, denen sich der Bataillonskommandeur, Major v. Holleben, angeschlossen hatte, vor, von denen die letztere zur Aufnahme auf dem linken Saar-Ufer nach Saarbrücken hinein, vorgeschoben stand. Ein Zug derselben unter Lieutenant Jüttner hielt die beiden Straßenecken, etwa 80 Meter vor der Brücke, besetzt, während Lieutenant v. Borries mit einem Zuge in Richtung auf die alte Saarbrücke vorgegangen war, um ein etwaiges Vordringen des Gegners von dorther abzuhalten. Dieser Zug stieß hierbei auf den Feind, von dem einzelne Schützenschwärme, vom Nuß- oder Reppertsberge her, die Vorstadt betraten, doch gelang es ihm, dieselben zum Stehen zu bringen. Als der Abzug der 7. Kompagnie glücklich bewerkstelligt war, nahm Major v. Holleben die 11. Kompagnie, deren übrige Abtheilungen ebenfalls lebhaftes Gewehrfeuer von den Höhen herab erhalten hatten, und bei der Lieutenant v. Borries verwundet worden war, über die Brücke zurück.*)

Etwa um dieselbe Zeit, als die letzten preußischen Abtheilungen das linke Saar-Ufer räumten (11¾ Uhr), entschloß sich Generalmajor Graf Gneisenau, die noch in und bei Heusweiler befindliche Infanterie und Artillerie nach dem Gefechtsfelde heranzuziehen und ertheilte den darauf bezüglichen Befehl.**)

---

*) Nach Dick de Lonlay drangen Schützen des 1. Bataillons 67. Regiments und das 10. Jäger-Bataillon in die Vorstadt ein, wurden jedoch bald zurückgerufen.

**) Derselbe lautete:

"Grl. Maj. Graf Gneisenau befiehlt, daß das II. Bataillon (Rgts. 29) und die schwere Batterie Angesichts dieses vorrücken sollen nach Saarbrücken, wo größeres Gefecht seit einer Stunde stattfindet."

gez. v. Fragstein

2. 8. 70 Morgens 11¾ Uhr.   Pr. Lt. und Brigb. Adjut.

Dieser Befehl trägt den weiteren Vermerk:

"Eingegangen Heusweiler, 1 Uhr M. Das Bataillon und die Batterie rücken vor."

? (unleserlich)

Lieut. u. Adjut. Rhein. Feld-Art. Rgts. Nr. 8.

Von den französischen Truppen soll der Exerzirplatz selbst zuerst durch Schützen des 23. Linien=Regiments betreten worden sein, und zwar auf seinem östlichen Theile.

Die Verluste der 7. Kompagnie beim Kampfe am Reppertsberge und auf dem Exerzirplatze betrugen:

an Todten	— Unteroffizier	6 Mann,
verwundet	1 =	6 =
gefangen	— =	1 =

Summe   1 Unteroffizier 13 Mann.

Der Verlust des französischen 66. Linien=Regiments, welches hauptsächlich im Gefecht gegen die 5. und 7. Kompagnie gestanden haben dürfte, wird auf 3 Offiziere todt bezw. an den Wunden gestorben, 2 Offiziere verwundet, 4 Mann todt, 42 verwundet angegeben, die Brigade Pouget hatte — abgesehen vom 3. Bataillon 8. Linien Regiments — keine Einbuße erlitten.

Nach Besitznahme des Exerzirplatzes dehnte sich das Gefecht nun auch auf die Besatzung des Eisenbahn=Ueberganges über die Saar bei Malstatt aus. Hier hatte der auf der doppelt verbarrikadirten Bahnbrücke als Feldwache befindliche 3. Zug der 10. Kompagnie des Regiments Nr. 69 (Lieutenant Franz) bereits etwa um 11 Uhr durch seine Patrouillen die Meldung vom Vorgehen starker feindlicher Infanterie und Artillerie von der goldenen Bremme her gegen den Exerzirplatz sowie einer anderen Abtheilung auf Gersweiler erhalten. Hauptmann v. Becherer führte sofort den übrigen Theil seiner Kompagnie aus Malstatt vor und besetzte mit dem Schützenzug (Lieutenant Sauerländer) den längs der Saar laufenden Bahndamm zwischen Eisenbahnbrücke und der Cementfabrik, während links von diesem ein Halbzug unter Premierlieutenant Spitz an der Schleuse ebenfalls hinter dem Damm Stellung nahm; der letzte Halbzug verblieb als Soutien vorläufig noch in Malstatt, während der 3. Zug seine Stellung auf der Eisenbahnbrücke, an den in der Mitte und am diesseitigen Ausgange aus Bahnschwellen errichteten beiden Barrikaden behielt. Gegen 12 Uhr eröffneten zahlreiche feindliche Schützen von der Höhe des Exerzirplatzes ihr Feuer gegen den 3. und den Schützenzug. Dasselbe wurde bei der großen Entfernung (über 600 Meter) anfangs nur wenig erwidert. Dies war hier die Lage, als die letzten Abtheilungen des 2. Bataillons 40. Regiments das linke Ufer der Saar räumten.

Schließlich ist noch das kleine Gefecht zu erwähnen, welches inzwischen im Laufe des Vormittags an der Saar vor Burbach stattgefunden hatte. Dort war das Seiten=Detachement des Oberst du Ferron (1. Bataillon 77. Regiments, 3. Jäger=Bataillon, 1 Eskadron der 4. Chasseurs à cheval und eine 4pfdg. Batterie), welches bereits um 8 Uhr seinen Marsch antrat, etwa um 9½ Uhr vor Gersweiler angelangt. Diesem Orte gegenüber befand sich an der nach Burbach führenden Fuhrt auf dem rechten Saar=Ufer nur ein Posten von 1 Unteroffizier, 10 Mann der 10. Kompagnie Regiments Nr. 69. Der Führer derselben, Unter=offizier Geppert, hatte durch seine Mannschaften einen Schützen=graben ausheben lassen und erwartete, in diesem verdeckt, den Feind, dessen vorderste Abtheilung überraschend mit Schnellfeuer empfangen wurde. Es entspann sich ein kurzes Feuergefecht, in welchem der preußische Posten noch Verstärkung durch zufällig dorthin entsandte Patrouillen erhielt; eine von der 2. Kompagnie des Regiments Nr. 40 unter Unteroffizier Unger, ebenfalls in der Stärke von 10 Mann, zwei weitere von der 1. und 4. Kompagnie genannten Regiments. Nach einiger Zeit ging der Feind vom Flusse zurück und räumte auch Gersweiler; vier etwas später vom Unteroffizier Geppert in einem Kahne über die Saar geschickte Füsiliere fanden ihn nicht mehr vor; sie brachten die Nachricht zurück, daß die Franzosen einen Verlust von einem berittenen Offizier und 13 Mann erlitten hätten. Fran=zösische Angaben bestätigen diese Meldung; das Bataillon des 77. Re=giments verlor einen Kapitain todt, außerdem 12 Mann todt und verwundet, das 3. Chasseur=Bataillon 1 Sergeanten todt.*)

So waren gegen 12 Uhr die Franzosen in den Besitz sämmtlicher Höhen des linken Saar=Ufers gelangt. Die Brigade Bastoul sammelte sich am Nußberge, sowie am Reppertsberge; die Brigade Pouget am Exerzirplatz; die Artillerie der Division Bataille beeilte sich, die Schwierigkeiten des Geländes zu überwinden und möglichst schnell in die genommene Stellung zu gelangen.

---

*) Nach Dick de Lonlay soll ein lebhafter Kampf um Gersweiler selbst stattgefunden haben. Ist daselbst überhaupt ein Zusammenstoß gewesen, so kann ein solcher nur mit kleineren Patrouillen der 10. Kompagnie 69, die von Malstatt über die Eisenbahnbrücke vorgegangen waren, erfolgt sein. Jeden=falls haben die preußischen Patrouillen weder bei Gersweiler noch bei Burbach Verluste erlitten. Auf den angegebenen Verlust der Franzosen werden wir noch an anderer Stelle zurückkommen.

Wahrscheinlich befanden sich bereits um diese Zeit die beiden der Division Bataille als Unterstützung folgenden Brigaden der Division Laveaucoupet und Vergé unmittelbar hinter derselben, während der Rest des Korps demnächst von den Lagerplätzen herangezogen wurde.

Nach den Beobachtungen der 6. leichten Batterie erschien zuerst eine feindliche Batterie auf dem Nußberge, etwa 10 Minuten später eine zweite an der nördlichen Grenze des Exerzirplatzes, denen eine dritte „anscheinend auf dem Reppertsberge" und etwas später eine vierte auf dem westlichsten Theile des Exerzirplatzes folgten. Auf Letzterem traf auch die Mitrailleusen=Batterie ein, welche jedoch zunächst noch nicht in Thätigkeit trat.*)

Die Zahl der bisher bemerkbar gewesenen französischen Truppen wurde vom General Grafen Gneisenau auf etwa eine Division geschätzt, die Zahl der jetzt auftretenden Geschütze von ihm auf 20, von dem Batteriechef, Hauptmann v. Helden=Sarnowski, auf 32. Außerdem war ihm das Vorgehen von Kolonnen auf Gersweiler bekannt, deren Stärke sich jedoch nicht übersehen ließ.

Hauptmann v. Helden = Sarnowski ließ das Feuer der Batterie auf dem Nußberge, der großen Entfernung wegen, unerwidert, eröffnete es aber gegen die an dem Nordrande des Exerzirplatzes demnächst auftretende Batterie, welche jedoch nach etwa einer halben Stunde ihr Feuer einstellte, so daß sich nunmehr Hauptmann v. Helden gegen die dritte feindliche Batterie wenden konnte, die inzwischen, „anscheinend auf dem Reppertsberge", aufgefahren war und von dort aus in das Gefecht eingriff.**)

Das Feuer der französischen Artillerie richtete sich jedoch nicht allein auf die preußischen Geschütze, sondern überschüttete gleichzeitig

---

*) General Frossard sagt, daß auf den Höhen 3 Batterien entwickelt worden wären, Did de Lonlay giebt dagegen ebenfalls 5 Batterien an, von denen eine auf den Höhen rechts abgeprotzt wäre. (Nußberg?)

**) Der Bericht der Batterie giebt die Entfernung bis zu den auf dem Nußberg und „anscheinend auf dem Reppertsberge" in Thätigkeit getretenen Geschütze auf circa 3000 Schritt an; die Entfernung bis zu der auf dem Exerzirplatz zuerst abgeprotzten Batterie auf etwa 2200 Schritt.

Nach dem Croquis, welches dem Berichte beigelegt ist, und der Karte der Umgegend von Saarbrücken zu urtheilen, betrugen die Entfernungen von der ersten Stellung der Batterie bis zum Nußberge etwa 2600 Meter, gegen die erste auf dem Exerzirplatz erscheinende Batterie etwa 1800, bis zum Reppertsberg ungefähr 2300 bis 2400 Meter. Nach dem Bericht des Hauptmanns v. Helden fiel der erste Schuß um 12 Uhr.

das gesammte Gelände zwischen Raschpfuhl, Burbach, Malstatt und
St. Johann; auch in Saarbrücken schlugen Granaten ein. Die
Bahnbrücke über die Saar, der Bahnhof, sowie einzelne Häuser in
Saarbrücken und St. Johann wie am Raschpfuhl geriethen dabei in
Brand, auch im Köllerthaler Walde entstand Feuer.

Die auf dem westlichen Theile des Exerzirplatzes zuletzt noch
auftretende vierte Batterie richtete ihr Feuer ebenfalls zunächst auf
die Batterie Helden. Diese sah sich veranlaßt, nachdem sich der
überlegene Gegner soweit eingeschossen hatte, daß seine Granaten
fortwährend in nächster Nähe der preußischen Geschütze einschlugen,
bis auf eine 240 Meter weiter rückwärts befindliche kleine Bodenerhebung zurückzugehen, was den Erfolg hatte, daß der Feind noch
einige Zeit die verlassene Position beschoß. Aus der neuen Stellung
wurde das Feuer sofort wieder aufgenommen und zwar gegen die
zuletzt auf dem Exerzirplatz erschienene Batterie, auf 1900 bis
2000 Meter, anfangs jedoch nur mit 3 Geschützen, da das Zünd-
loch des vierten durch eine abgebrochene Schlagröhre eine Zeit lang
verstopft blieb.

Der Verlust der Höhen auf dem linken Saar-Ufer und die bedeutende Ueberlegenheit des Gegners ließen eine weitere ernstliche
Vertheidigung auch auf dem rechten Ufer nicht rathsam erscheinen,
um so mehr, als auch St. Johann und Saarbrücken dadurch der
Zerstörung ausgesetzt worden wären; Generalmajor Graf Gneisenau
gab daher, nachdem er die Ueberzeugung gewonnen, daß der Abzug
der drei Kompagnien des 2. Bataillons über die Brücken erfolgt
war, etwa um 1 Uhr an den Oberstlieutenant v. Pestel den Befehl, das Gefecht abzubrechen und den Rückmarsch auf
Raschpfuhl anzutreten. Dieser Befehl ging jedoch weder dem
Detachement bei Brebach, noch den beiden Zügen der 6. Kompagnie, welche nach dem Eisenbahndamm an der Dudweiler Straße
zurückgegangen waren, zu. Ersteres hatte bereits seinerseits mehrfach Ulanen nach St. Johann geschickt, um weitere Weisungen ein-
zuholen, ohne daß diese wieder zurückgekommen waren; Letztere,
welche infolge des auch auf sie vom Nußberge her gerichteten
Granatfeuers auf der Straße nach Dudweiler in den nahen Wald
zurückgingen, sind wahrscheinlich von dem Ueberbringer des Befehls
dort nicht gefunden worden.

Auch in St. Johann wurde der Befehl zunächst nur von der
7. Kompagnie ausgeführt; diese ließ auf Anordnung des Majors

v. Horn den Zug des Lieutenants Schlesinger noch als Arrieregarde zurück, welcher sich erst dem späteren Abmarsche der beiden
Füsilier-Kompagnien anschloß. Der übrige Theil der 7. Kompagnie
verfolgte zunächst die große Straße unter dem Feuer der feindlichen
Artillerie bei der nunmehr auch die Mitrailleusen-Batterie in Thätigkeit trat, die namentlich den Eisenbahnviaduct an der Schleifmühle
scharf bestrich. Dieser wurde infolge dessen zugweise im Marsch!
Marsch! schnell durchlaufen. Aber auch jenseits desselben blieb das
Granatfeuer noch auf die beiden Züge gerichtet, so daß sie um Verluste zu vermeiden, den Rückzug auf Rußhütte einschlugen, wo der
Wald sie dem Auge des Feindes bald entzog. Unterwegs erreichte
sie ein weiterer Befehl, den Marsch auf Hilschbach fortzusetzen.
Ungeachtet des lebhaften feindlichen Feuers verloren die beiden Züge
vom Verlassen der Saarbrücke an nur noch einen leicht Verwundeten.

An der alten Brücke glaubte Hauptmann Kosch, der sich dort
mit der 5. Kompagnie und dem Zuge des Premierlieutenants
Garrelts (6. Kompagnie) befand, und ungeachtet der weiten Entfernung noch von der feindlichen Infanterie auf dem Nußberge beschossen wurde, sich zunächst noch länger behaupten zu können, um so
mehr, als der Abzug nicht gefährdet erschien. Er wollte daher die
Ausführung des Befehls unter den obwaltenden Umständen bis zu
seiner Wiederholung verschieben, trat jedoch den Rückzug auf Raschpfuhl an, als ihm bedeutet wurde, daß es überhaupt nicht in der
Absicht lag, St. Johann zu halten. Während des Aufenthaltes an
der Saarbrücke hatte die Kompagnie noch einen Mann schwer verwundet verloren, im Uebrigen wurde Raschpfuhl ohne weiteren Verlust erreicht. Von dort setzte Hauptmann Kosch auf Befehl des
Brigadekommandeurs den Marsch auf Hilschbach fort.

Dem Abzuge der beiden Kompagnien des 2. Bataillons schloß
sich demnächst das 3. Bataillon an, welchem der Befehl dazu durch
den Adjutanten des Regiments überbracht wurde.

Major v. Holleben nahm die beiden an der neuen Brücke
befindlichen Kompagnien seines Bataillons erst zurück, nachdem er
sich von dem Abmarsche der noch an der alten Brücke befindlich gewesenen Abtheilungen überzeugt hatte. Um das Ziel zu verkleinern,
ließ er zunächst die 11. Kompagnie antreten, während die 10. Kompagnie etwas später folgte. Dem Abmarsch der bereits an der

Brücke im Granatfeuer gestandenen Truppen schloß sich auch der dort noch belassene Zug der 7. Kompagnie an. Während desselben drangen feindliche Schützen bis an das Saar-Ufer vor, wo es mit ihnen noch zu einem kurzen Feuergefecht kam.

Beim Marsche auf Naschpfuhl geriethen die Kompagnien eben- falls in ein heftiges Granatfeuer, zu dem beim Durchschreiten des Durchganges am Eisenbahndamm wiederum das Feuer der Mitrailleusen hinzutrat. Die 10. Kompagnie verlor hierbei mehrere Leute.*) Auch die 9. und 12. Kompagnie wurden von der Schleif- mühle und vom Bahnhofe zurückgenommen und sammelte sich das 3. Bataillon demnächst auf der Chaussee am Saume des Köller- thaler Waldes.

Der Zug des Lieutenants Goldschmidt der 7. Kompagnie, welcher inzwischen nach dem Bahnhof gelangt war und daselbst noch einige Zeit verblieb, folgte alsdann ebenfalls auf Naschpfuhl; derselbe verlor hierbei noch einen Mann verwundet.

Der Gesammtverlust des 3. Bataillons betrug:

    2 Mann todt,

    2 Offiziere**), 1 Unteroffizier, 17 Füsiliere verwundet.

Hiervon entfielen auf

die 9. Kompagnie:	1 Unteroffizier verwundet;	
10. Kompagnie:	2 Mann todt;	
	1 Offizier, 13 Mann verwundet;	
11. Kompagnie:	1 Offizier, 3 Mann verwundet;	
12. Kompagnie:	—	1 Mann verwundet;

Die 6. leichte Batterie hatte inzwischen nach Kräften ver- sucht den Rückmarsch der einzelnen Abtheilungen von der Saar zu erleichtern. Das gegen sie gerichtete sehr überlegene Feuer der fran- zösischen Artillerie nöthigte sie jedoch, erneut die Stellung zu wechseln. Hauptmann v. Helden-Sarnowski führte sie daher über die Chaussee hinüber und nahm östlich derselben, etwa 240 Meter weiter rückwärts, den Kampf von Neuem auf. Der großen Entfernung

---

*) Wahrscheinlich 9 Mann; die Ziffer läßt sich nur nach der in den Ver- lustlisten aufgeführten Art der Verwundungen annähernd angeben (6 Mann durch Granatsplitter, 1 Mann durch eine Mitrailleusenkugel), während diese bei den Todten nicht ersichtlich ist.

**) Lieutenant v. Borries und Lieutenant der Landwehr Cramer (beide verblieben bei ihren Kompagnien).

wegen wurde das Feuer jedoch bald wieder eingestellt, indeß verblieb die Batterie noch in dieser Stellung, um wenigstens durch ihre Anwesenheit das Feuer des Gegners von der Infanterie abzuleiten, was ihr auch insofern gelang, als der Feind sie noch weiter beschoß.

Nach einiger Zeit ging jedoch der Befehl des Generals Grafen Gneisenau dem Batteriechef zu: eine abwartende Stellung zu nehmen, die Munition wieder zu kompletiren und sich bereit zu halten, um gegen etwa vorgehende Infanterie verwandt zu werden. Die Batterie rückte nunmehr an die bei Raschpfuhl sich sammelnde Infanterie heran, wo sie östlich der Straße in der Höhe des Gehöfts verblieb.

Der Verlust der 4 Geschütze bestand in 1 Unteroffizier todt, Hauptmann v. Helden-Sarnowski, 2 Mann, 6 Pferde verwundet.

Beim 1. Munitionswagen war die Deichsel zerschossen und die Stütze einer Seitenlehne abgerissen worden. Der Munitionsverbrauch belief sich auf 72 Granaten.*)

Zwischen 2 und 3 Uhr versammelten sich somit bei Raschpfuhl: das 1. und 3. Bataillon 40. Regiments, 4 Geschütze der 6. leichten Batterie, 1³/₄ Eskadrons Ulanen und 1 Zug Husaren. Die hierher, wie nach dem Köllerthaler Walde zurückgegangenen Abtheilungen des 2. Bataillons befanden sich auf dem Wege nach Hilschbach; über den Verbleib der beiden Züge der 6. Kompagnie, wie des Detachements von Brebach dürfte man zur Zeit keine genaue Kenntniß gehabt haben.

Das Geschützfeuer des Gegners hörte im Wesentlichen bald nach 2 Uhr auf, nur vereinzelt schlugen noch bis 3 Uhr Granaten bei Raschpfuhl ein.**)

Dorthin war inzwischen auch die 10. Kompagnie 69. Regiments beordert worden, welche bei Malstatt und auf der Eisenbahnbrücke zeitweise noch das Gefecht mit dem Gegner unterhalten hatte,

---

*) Der Munitionsverbrauch der gesammten Batterie, einschließlich der beiden nach Brebach entsandten Geschütze, bestand in 126 Granaten und 1 Kartätsche.

**) Die 1. Kompagnie verlor durch das Artilleriefeuer 5, die 3. und 4. Kompagnie je einen Mann; auch die Fahne des 1. Bataillons wurde von einem Granatsplitter getroffen.

indem wiederholt Schützenschwärme desselben aus den vorliegenden Gebüschen und am Sensenwerke sich zeigten und zu lebhaftem Feuer Veranlassung boten. Gegen 2 Uhr protzten auch zwei Geschütze an der vordersten Ecke des Exerzirplatzes ab und bewarfen die Eisenbahnbrücke mit Granaten. Nach etwa einer halben Stunde gerieth das auf derselben befindliche Stroh der Feldwache in Brand und ergriffen die Flammen auch die Brücke. Mehrere Tornister von Leuten, die noch als Patrouillen unterwegs waren und später bei Burbach übersetzten, verbrannten dabei. Um 2¼ Uhr ging der Befehl zum Abzuge ein. Derselbe erfolgte unter erneutem lebhaften Feuer des Gegners; der 3. Zug ging dabei längs des Eisenbahndammes über Burbach nach Raschpfuhl, während Hauptmann v. Becherer die beiden anderen Züge über Rußhütte dorthin führte. Der Verlust der Kompagnie bestand in zwei leicht Verwundeten, während sich der des ihr hauptsächlich wohl gegenüber befindlich gewesenen 3. Bataillons 8. französischen Linien-Regiments auf 4 Verwundete bezifferte.

Generalmajor Graf Gneisenau war es nicht unbekannt geblieben, daß der Feind außer den vom Winterberge bis auf den Exerzirplatz entwickelten Truppen noch größere Massen von Infanterie und Artillerie dahinter gezeigt hatte, auch hatte er den Eindruck gewonnen, daß Kolonnen über Gersweiler auf Burbach vordrangen. Unter diesen Umständen, und da der Zweck der Aufnahmestellung erreicht war, entschloß er sich zum weiteren Rückmarsch nach Hilschbach, durch welchen er sich seiner Division näherte. Auch die bei Völklingen befindlichen 3 Kompagnien 69. Regiments erhielten Anweisung, sich dorthin abzuziehen. Zu welcher Zeit dieser Entschluß gefaßt wurde, ist nicht bekannt, doch scheint es, daß derselbe schon feststand, bald nachdem der Befehl zum Abbrechen des Gefechtes gegeben war. Wenigstens erhielt das 2. Bataillon 40. Regiments kurze Zeit hernach die Weisung, auf Hilschbach abzuziehen, auch ist der Befehl zum Rückmarsch der Abtheilung bei Völklingen um dieselbe Zeit — etwa um 2 Uhr — zugegangen.

Jedenfalls verblieben aber die bei Raschpfuhl versammelten Truppen noch längere Zeit daselbst, auch wurde von diesen noch ein Kommando unter Lieutenant Meyer nach St. Johann und Saarbrücken mit Wagen zum Aufsuchen von Verwundeten abgeschickt (4½ Uhr). Der Abmarsch nach Hilschbach erfolgte erst zwischen 5 und 6 Uhr. Unterwegs stieß man auf das vorbeorderte 2. Bataillon 29. Regiments nebst

der schweren Batterie, sowie die beiden Eskadrons des Husaren=
Regiments Nr. 9, welche sich dem Vormarsch derselben angeschlossen
hatten und nunmehr sämmtlich wieder umkehrten. Gegen 8 Uhr
wurde Hilschbach erreicht und daselbst Biwak bezogen. In demselben
traf auch die 4. Eskadron des Ulanen=Regiments, welche bis dahin
bei Dudweiler zur Beobachtung verblieben war, über Fischbach und
Ort marschirend, ein, sowie von Völklingen her die 3 Kompagnien.
69. Regiments und die 50 Ulanen unter Oberstlieutenant v. Sulicky
Letzteres Detachement war im Laufe des Vormittags bereits ebenfalls
mit dem Feinde in Berührung getreten.

Wie wir wissen, sollte gegen die Aufstellung desselben eine
Division des III. Korps als Demonstration vorgehen. In welcher
Stärke dieselbe thatsächlich ausgeführt wurde, ist nicht bekannt; die
preußischen Meldungen bezifferten den Gegner hier auf 3 Regimenter
Infanterie nebst Artillerie. Etwa um 1 Uhr zeigte sich vor der
12. Kompagnie, welche den Uebergang bei Wehrden auf dem linken
Saar=Ufer besetzt hielt, eine französische Batterie, der nach Meldung
der Patrouillen mehrere Bataillone folgten.

Da die Kompagnie sofort Schützen ausschwärmen ließ, zog die
Batterie, durch ein Wäldchen gedeckt, nach einer Höhe oberhalb der
Brücke und protzte auf derselben ab, doch dauerte es geraume Zeit,
bevor der erste Schuß fiel. Die Kompagnie ging hierauf, unbelästigt
durch das Feuer, über die Saar zurück und besetzte den Eisenbahn=
damm.

Als nunmehr der Feind das Feuer eröffnete, befand sich die
9. Kompagnie zufällig auf der Wiese zwischen Wehrden und Völk=
lingen zum Appell versammelt; derselbe wurde ruhig abgehalten und
rückten dann die Korporalschaften geschlossen ein, um sich gefechtsbereit
zu machen.

Im Ganzen verfeuerte die feindliche Batterie 25 bis 30 Granaten
und Schrapnels, welche größtentheils nicht krepirten.

Etwa um 2 Uhr traf der Befehl des Generals Grafen
Gneisenau zum Abmarsch nach Hilschbach ein.

Die nahe der Louisenthaler Glashütte aufgestellte Feldwache der
11. Kompagnie, welche durch eine stärkere feindliche Abtheilung von
der Stangenmühle aus beschossen worden war, erwiderte das Feuer
erst beim Abzuge, der im Uebrigen ungestört und ohne Verlust aus=
geführt wurde.

Es waren somit am Abend zwischen Hilschbach und Heusweiler vereint: das 1. und 3. Bataillon 40. Regiments, sowie das 3. Bataillon 69. Regiments, 2. Bataillon 29. Regiments, 2¹/₃ Kompagnien des 2. Bataillons 40. Regiments, ungefähr 3 Eskadrons Ulanen-Regiments Nr. 7, 2 Eskadrons Husaren-Regiments Nr. 9, die 6. schwere und 4 Geschütze der 6. leichten Batterie, im Ganzen: 4⁷/₁₂ Bataillone, etwas über 5 Eskadrons und 10 Geschütze.

Das Bataillon des Regiments Nr. 29, sowie 2 Eskadrons übernahmen bei Guichenbach die Vorposten.

Die während des Gefechts um 2 Uhr vom General Grafen Gneisenau an das General-Kommando gerichtete Meldung hatte um 4¹/₂ Uhr Nachmittags Lebach passirt und war dort gelesen worden. Infolge dessen begab sich der Divisionskommandeur, General Frhr. v. Barnekow, sofort in Richtung auf Saarbrücken vor, indem er gleichzeitig Anordnung traf, die noch rückwärts befindlichen übrigen beiden Bataillone des Regiments Nr. 29 sowie die 5. schwere Batterie auf Heusweiler vorzuziehen, während das Regiment Nr. 72, die 5. leichte Batterie sowie die 3. und 4. Eskadron Husaren-Regiments Nr. 9 nach Lebach beordert wurden.

Das Tagebuch der 16. Division fügt hinzu:

„Aus mündlicher Meldung geht hervor, daß General Graf Gneisenau dem 2. Bataillon 29. Regiments und der 6. schweren Batterie um 12 Uhr Mittags den Vormarsch auf Aschpfuhl anbefohlen habe, sie kamen aber zu spät"; ferner: „Inzwischen war das Gefecht beendet, ohne daß die Avantgarde Fühlung mit dem Feinde behalten hatte; die Division befahl, sie sogleich wieder zu gewinnen und erließ die dahingehenden Befehle."

Demzufolge wurden am Morgen des 3. August Offiziers-Patrouillen der Kavallerie nach Völklingen, Bockershausen,*) St. Johann und Dudweiler entsandt.

Französischerseits fand eine Verfolgung nicht statt. Die Vorbewegung des Korps Frossard endete an der Saar und ging auch hier die Fühlung mit dem Gegner verloren.

Die Division Bataille verblieb auf den in Besitz genommenen Höhen, auf welchen sie einige Schützengräben anlegte; hinter ihr

---

*) Bockershausen liegt an der Saar zwischen Völklingen und Burbach.

die Chasseur-Brigade, sowie die beiden Infanterie-Brigaden Valazé und Jolivet. Die Division Laveaucoupet ging in ihr altes Biwak nach Oettingen zurück, während die Korps-Artillerie und die Dragoner-Brigade bei Forbach belassen wurden.*)

Kaiser Napoleon, welcher gegen Mittag mittelst Bahn von Metz in Forbach eingetroffen war und sich von dort nach dem Exerzirplatze begab, hatte einem Theile des Artilleriegefechtes beigewohnt, um 1½ Uhr jedoch bereits das Gefechtsfeld wieder verlassen.

Im Biwak um Hilschbach waren am Abend des 2. August noch nicht eingetroffen:

Die beiden Züge der 6. Kompagnie unter Hauptmann Grundner, sowie das Detachement von Brebach.

Wir haben die weiteren Begebenheiten bei diesen beiden Abtheilungen noch nachzuholen.

Hauptmann Grundner hatte seine deckende Aufstellung am Waldrande beim Eintritt der Straße nach Dudweiler wieder verlassen, sobald das feindliche Granatfeuer aufhörte, und war bis in die Gegend des Taufen-Sees vorgegangen, woselbst die Kompagnie ruhte und von den Bewohnern von St. Johann reichlich verpflegt wurde. Da die in die Stadt geschickten Patrouillen meldeten, daß sich der Feind nicht in derselben befände, wurde Lieutenant Mitscher mit einem Hornisten dorthin entsandt, um etwa noch zurückgebliebene Mannschaften zu sammeln. Derselbe ließ an beiden Brücken wiederholt blasen und sammelte noch 23 Mann. Eine Patrouille, welche nach Saarbrücken hineingeschickt wurde, kehrte mit der Meldung zurück, daß sich weder Versprengte noch Verwundete daselbst befänden. Der von Raschpfuhl entsandte Lieutenant Meyer (4. Kompagnie), welchen man an der neuen Brücke traf, erhielt hiervon Mittheilung; er überzeugte sich jedoch noch selbst von der Richtigkeit und brachte dabei aus Saarbrücken einen Mann des 66. Linien-Regiments, sowie einen als Spion angesehenen englischen Reporter als Gefangene zurück.

Der Gefangene sagte aus:

„Es haben heute (2. August) bei Saarbrücken 3 Divisionen gefochten und 24 Geschütze. Morgen folgt noch eine Division. Das

---

*) Nach Frossard ist auch die Division Laveaucoupet hinter den besetzten Höhen verblieben.

Lager ist 3 Kilometer hinter Saarbrücken gewesen. Um 11 Uhr ist der Kaiser gekommen." —

Die Anwesenheit der Patrouillen in der Stadt, sowie das Signal=blasen, hatte noch ein lebhaftes Gewehrfeuer von der Löwenburg herab hervorgerufen.

Als Lieutenant Mitscher zurückkehrte, war die Kompagnie bereits abmarschirt; er erreichte sie um 7½ Uhr 2 Kilometer hinter Dud=weiler bei Sulzbach. Hauptmann Grundner setzte den Marsch noch 3 Kilometer weiter fort bis Quierschied, woselbst die beiden Züge mit den gesammelten Versprengten die Nacht verblieben und von dort aus am folgenden Tage das Regiment erreichten.

Bei Brebach hatte sich die 8. Kompagnie noch zeitweise mit der Besatzung von St. Arnual beschossen; bei der Größe der Ent=fernung war das Feuer indeß allmälig beiderseitig ganz erloschen.

Als sich das Gefecht bei den übrigen Truppen immer mehr von St. Johann zu entfernen schien, wurden mehrere Ulanen ausgeschickt, um Nachricht über den Stand des Gefechts einzuziehen, ohne daß diese jedoch zurückkehrten. Nachdem bereits um 5 Uhr die beiden Geschütze mit der Bedeckung eines Zuges auf Eschbergerhof (2½ Kilo=meter nördlich Brebach) vorausgeschickt waren, wurde gegen 7 Uhr endlich gemeldet, daß sich keine diesseitigen Abtheilungen in Saar=brücken und St. Johann mehr befänden. Hauptmann Neydecker sah sich nunmehr zum Abmarsche genöthigt. Da ihm infolge eines an einem früheren Tage gegebenen Befehls bekannt war, daß ein etwaiger Rückzug auf Lebach gehen sollte, marschirte er, das Saarthal vermeidend, über Eschbergerhof und Dudweiler nach Holz, wo er Nachts 12 Uhr eintraf. Von dort am folgenden Morgen 4 Uhr wieder aufbrechend, erreichte er über Dilsburg das Regiment zwischen Heusweiler und Eiweiler, während die beiden Geschütze um 5½ Uhr zu ihrer Batterie im Biwak bei Dilsburg stießen. Auch der Zug Ulanen trat zum Regiment zurück.*)

Der Gesammt=Verlust der preußischen Truppen am 2. August bezifferte sich auf: 5 Offiziere, 131 Mann, 9 Pferde. Hiervon entfielen auf die einzelnen Truppentheile:

---

*) Fischbach an der Bahn, die von St. Johann in nordöstlicher Richtung geht; Holz 4 Kilometer östlich Heusweiler; letzteres sowie Eiweiler an der großen Straße St. Johann—Lebach, Dilsburg zwischen Guichenbach und Heusweiler.

	tobt:			verwundet:				vermißt:		
	Utffz.	Mann	Pferde	Offz.	Utffz.	Mann	Pferde	Offz.	Utffz.	Mann
Regiment Nr. 40										
1. Bataillon	—	1	—	—	1	5	—	—	—	—
2. ,	3	13	—	1	6	33	—	1 verwundet	3	40
3. ,	—	2	—	2	1	15	—	—	—	1
Summe d. Regts.	3	16	—	3	8	53	—	1 verwundet	3	41

Im Ganzen: 4 Offiziere, 124 Mann.*)

Regiment Nr. 69 (10. Kompagnie)	—	—	—	—	—	2	—	—	—	—
Husaren Nr. 9	—	—	—	—	—	2	—	—	—	—
Ulanen Nr. 7	—	—	1	—	—	—	—	—	—	—
6. leichte Batterie	1	—	—	1	—	2	8	—	—	—
Summe	4	16	1	4	8	59	8	1	3	41

Im Ganzen: 5 Offiziere, 131 Mann, 9 Pferde.

Von den verwundeten Offizieren verblieben bei ihren Abtheilungen: Hauptmann v. Helden (6. leichte Batterie), Sekondlieutenant der Landwehr Cramer (10. Kompagnie 40. Regiments), Sekondlieutenant v. Borries (11. Kompagnie 40. Regiments).

Der französische Verlust wird in dem „Rapport" des Generals Frossard im Ganzen auf 6 Offiziere, 80 Mann angegeben, im Einzelnen betrug er:

	tobt: Offiziere	Mann,	verwundet: Offiziere	Mann
3. Jäger-Bataillon	—	—	—	1
32. Linien-Regiment	—	—	—	2
55. , ,	—	1	—	—
77. , ,	1	—	—	—
8. , ,	—	—	—	4
66. , ,	1	4	4	38
67. , ,	—	3	—	25
40. , ,	—	—	—	2
Summe:	2	8	4	72

Nach Dick de Lonlays Angaben müßten die Verluste etwas größer gewesen sein, da derselbe beim Regiment Nr. 77 außer dem Offizier noch 12 Mann todt oder verwundet angiebt.

---

*) Von den Vermißten sind 6 Mann dauernd vermißt geblieben und dürften diese zu den Todten zu rechnen sein.

c. Betrachtungen auf Grundlage des Gefechts von Saarbrücken.

Einleitung.

Das Gefecht zeigt bei den preußischen Truppen in großen Zügen folgende Erscheinungen:

Obgleich die Vorposten den Anmarsch starker feindlicher Kräfte sofort entdecken und melden, gelang es doch nicht, rechtzeitig St. Arnual zu besetzen und vor dem Angriff des Feindes noch die Lücke auf dem Reppertsberg zu schließen.

Die herbeieilende Reserve-Kompagnie muß bei ihrem Eintreffen auf dem Gefechtsfelde bereits gegen letzteren vorgehen, und so entbehrt die Führung auf dem linken Saar-Ufer überhaupt einer Gefechts-Reserve, da weitere Abtheilungen ihr zum Festhalten der Höhen nicht zur Verfügung gestellt werden.

In der vordersten Linie bei Völklingen, Gersweiler, gegenüber Malstatt, auf dem Exerzirplatz am Reppertsberge, wie beim Winterberge, St. Arnual und Brebach entspinnen sich Kämpfe vereinzelter Kompagnien oder kleinerer Abtheilungen, die zwar in einem inneren Zusammenhange stehen, jedoch nur an wenigen Stellen sich unmittelbar unterstützen. Auf dem linken Ufer trägt das Gefecht den Charakter eines Gefechts von Vorposten gegen einen die Offensive ergreifenden größeren Heereskörper, später auf dem rechten Ufer den der Aufnahme eines Vorposten-Detachements (oder einer Avantgarde) an einer Flußlinie.

Bei dem Gefecht des Vorposten-Detachements gerathen die 3 Züge der 6. Kompagnie Nr. 40 bei St. Arnual und dem Winterberge ebenfalls in vereinzelte Kämpfe, durch welche sie mit Verlust nach und nach zum Abzuge gezwungen werden.

Die zuerst Zurückkommenden besetzten zwar die alte Brücke über die Saar, ziehen bald darauf aber auf Befehl nach dem Bahndamm ab.

Mit dem Abzuge der linken Flügel-Kompagnie wird die gesammte Stellung auf dem linken Ufer auf die Dauer unhaltbar, dessenungeachtet halten die beiden anderen Kompagnien daselbst mit großer Standhaftigkeit noch aus, bis theils die Ueberlegenheit des Feindes und die Bedrohung ihres Rückzuges, theils der bestimmte Befehl sie zur Räumung veranlassen.

Ihr Abzug richtet sich auf beide in der Stadt befindliche Brücken, von denen inzwischen die untere bereits frühzeitig von zwei Kompagnien eines aus der allgemeinen Reserve hervorgeholten Bataillons gesichert worden ist, während die beiden anderen Kompagnien desselben durch Besetzung des dahinter befindlichen Geländes und seiner Baulichkeiten eine weitere Aufnahme bieten.

An den unterhalb Saarbrücken in Betracht kommenden Stellen fanden nur Demonstrationen statt, welche sich auf den Gang des Gefechts vor Saarbrücken ohne Einfluß erwiesen. Das oberhalb bei Brebach befindliche preußische Detachement greift zwar in das Gefecht auf dem linken Ufer ein, vermag aber keine entscheidende Wirkung auszuüben.

Die bedeutende Ueberlegenheit des Feindes, sowie Rücksichten auf die Stadt, veranlassen demnächst auch das Aufgeben der Saar-Linie, wobei der Abzug der vordersten Truppen unter dem Geschütz-feuer des Gegners erfolgt, welches die eigenen wenigen Geschütze nach Kräften abzulenken suchen.

Mehrere Stunden verbleibt das Gros der gesammten Streit-kräfte noch im Angesicht des Feindes bei Maschpfuhl. Demnächst wird der Rückzug angetreten, hierbei aber die Fühlung mit dem Feinde aufgegeben; einzelnen Abtheilungen, insbesondere dem bei Brebach befindlichen Detachement, gehen bezügliche Be-fehle nicht zu, so daß diese erst am folgenden Morgen das Gros der Truppen in der Gegend um Hilschbach erreichen. Ein Sammeln aller Theile des 2. Bataillons findet auf dem Gefechtsfelde selbst nicht mehr statt.

Die hier hervorgehobenen Erscheinungen regen zu einem näheren Eingehen auf dieselben an, sowohl in Bezug auf die besonderen Ver-hältnisse von Grenzdetachements, als auch im Allgemeinen auf die Führung und das Verhalten der Truppen im Gefecht überhaupt.

Betrachtungen über das Gefecht von Saarbrücken in Bezug auf die Verhältnisse der Grenzdetachements.

Die einleitenden Bewegungen, welche zu dem Gefecht am 2. August führten, haben Gelegenheit gegeben, Gefechtslagen zu be-sprechen, wie sie sich für ein Detachement herausstellen können (siehe Seite 262).

Die Ereignisse des 2. August bieten eine Grundlage für die Verhältnisse von Grenzdetachements, welche an einen bestimmten Punkt gebunden, dem Angriffe feindlicher Massen ausgesetzt sind.

Als unmittelbares Ergebniß des Gefechts von Saarbrücken tritt hervor, daß das preußische Detachement gezwungen worden ist, das linke Saar-Ufer zu räumen und demnächst freiwillig die Aufstellung auf dem rechten Ufer von Völklingen bis Brebach aufgab.

Mit einem solchen Ergebniß wird man überall da rechnen müssen, wo der Gegner mit bedeutender Ueberlegenheit die Offensive gegen kleinere Grenzdetachements ergreift und hat man dasselbe in den Bereich seiner sonstigen Erwägungen bereits dann zu ziehen, wenn ein stärkeres Ansammeln seiner Massen auf die Möglichkeit einer Offensive hinweist.

Da die Beobachtung des Feindes nicht aufhören darf und die Sicherung des eigenen Landes so lange als möglich aufrecht zu erhalten ist, wird man daher für einen derartig gefährdeten Posten besondere Maßnahmen zu treffen haben. Schließen die allgemeinen Verhältnisse eine ausreichende unmittelbare Verstärkung zur dauernden Behauptung der in Frage kommenden Oertlichkeit aus, so muß man entweder die Infanterie zurücknehmen und der Kavallerie allein Beobachtung und Sicherung überlassen, oder man muß für eine ausreichende Aufnahme des Detachements Sorge tragen. Auf beide Maßregeln haben uns bereits früher die Ereignisse vor Saarbrücken hingewiesen, einerseits durch den bekannten Befehl des Großen Hauptquartiers vom 30. Juli (S. 26), andererseits durch das zum Zweck der Aufnahme erfolgte Vorschicken des Gros der unter den Befehl des Generalmajors Grafen Gneisenau gestellten Truppen. Das Gefecht selbst läßt die Wichtigkeit und den Nutzen einer Aufnahme wenigstens insoweit erkennen, als man aus dem Gang desselben den Eindruck gewinnt, daß, wenn die Franzosen den Abziehenden unmittelbar gefolgt wären, diese nur das Eingreifen der zur Aufnahme herbeigeführten Truppen vor größeren Verlusten und sehr wahrscheinlich auch vor Zersprengung bewahren konnte.

Der Verlust im Gefecht belief sich auf 5 Offiziere und 131 Mann, von welchem auf das 2. Bataillon der Hohenzollernschen Füsiliere allein 2 Offiziere, 98 Mann entfallen; ein Verlust, der bei demselben fast $\frac{1}{10}$ der Kopfstärke betrug und daher seineswegs als ein unbedeutender bezeichnet werden kann. Unter diesen Umständen liegt die Frage nahe: ob die Annahme des Gefechts überhaupt preußischerseits nicht zu umgehen gewesen wäre. Wir sind der Ansicht, daß das Gefecht sich als eine Folge der gesammten Lage ergab, in welcher sich das Saarbrücker Detachement von Anfang an befand, und daß es bei der stattgefundenen Entwickelung von Kräften auf dem linken Saar=Ufer überhaupt nicht vermieden werden konnte, sobald der Gegner sich zu einem Angriffe entschloß. Diese Entwickelung war bei der Nähe des übermächtigen Gegners kühn, aber für die großen Verhältnisse von solchem Nutzen, daß man es wohl auf ein Abzugsgefecht ankommen lassen durfte.

Vergegenwärtigen wir uns zunächst noch einmal die Verhältnisse, unter welchen das 2. Bataillon Nr. 40 in das Gefecht trat:

Von den äußersten Posten gehen fast gleichzeitig drei Meldungen vom Anrücken starker feindlicher Kräfte bei den beiden Vorposten=Kompagnien ein. Aehnliche Meldungen — wenn auch über eine geringere Stärke des Gegners — sind bereits in den vorhergegangenen Tagen verschiedentlich eingetroffen, ohne daß es zu einem größeren Zusammenstoß gekommen war. Es blieb also unter allen Umständen Pflicht der betreffenden Vorgesetzten, zunächst selbst zu sehen, was eigentlich vorlag, und diejenigen Anordnungen zu treffen, welche den Gegner zur Entwickelung seiner Absichten zwingen konnten. Schon dem Gefühle nach verbot es sich von selbst, ohne Weiteres die Vortruppen zurückzunehmen.

Es kann nun vielleicht gesagt werden: Man hätte die Feldwachen ein für alle Mal anweisen sollen, auf ihre Kompagnien zurückzugehen, sobald stärkere feindliche Kräfte im Anrücken sichtbar wurden; sie konnten dann an den Eingängen in die Stadt von ihren Kompagnien aufgenommen werden, worauf, sobald dies geschehen, Saarbrücken zu räumen war.

Es läßt sich allerdings annehmen, daß alsdann die Räumung des linken Saar=Ufers mit gar keinem, oder jedenfalls geringerem Verlust verbunden gewesen wäre. Indeß für die spätere Beurtheilung, nach Kenntniß aller Verhältnisse, spiegeln sich die Begebenheiten doch vielfach anders, als wie für den, welcher zum Handeln im gegebenen Falle berufen ist. Auch darf nicht unbeachtet bleiben, daß eine nachträgliche theoretische Beurtheilung oft dazu verführt, zweierlei zu übersehen. Einmal, daß die Vorsicht nicht das Wagen ausscheiden darf und dann, daß in den meisten Kriegslagen sich die Anschauungen der Handelnden zunächst auf Vorhergegangenes aufbauen und gestalten.

Hierzu sei Folgendes bemerkt:

Gewiß ist es nöthig, alle Gebote der Vorsicht in Erwägung zu ziehen, aber, wenn man nur sie befolgt, erblaßt das Element des Wagens, und wer dasselbe nicht mit in den Krieg hineinnehmen will, der bleibe zu Hause und füge sich in das, was über ihn verhängt wird. Das „Wagen" ist für den Krieg ein unentbehrliches Element! Wohl war die Aufstellung der paar Kompagnien vor den Uebergängen von Saarbrücken bei der bedeutenden Ueberlegenheit des nahen Feindes und der Beschaffenheit des Geländes eine gewagte, — haben wir doch gesehen, daß man selbst im Großen Hauptquartier darüber nicht ohne Besorgniß gewesen ist, welche im Befehl zum Zurückschicken der Infanterie zum Ausbruck gelangte, — aber es läßt sich doch nicht verkennen, daß das Verbleiben des Detachements in seiner ursprünglichen Stellung reichliche Früchte getragen hat, und daß diese nur so lange geerntet werden konnten, als die Infanterie die Höhen am linken Saar-Ufer besetzt hielt. Ohne Opfer geht es nun einmal im Kriege nicht ab, vorsichtiges Ueberlegen jedoch wird sie auf das Möglichste einschränken, und dabei kommt es dann auch wesentlich auf die im Einzelnen getroffenen Anordnungen an.

Eine Kritik, welche sich darauf beschränkt, etwas als gewagt zu bezeichnen, spricht damit noch keinen Tadel aus.

Was die Anschauung des Handelnden über seine Lage betrifft, so wird diese, namentlich in den Fällen, in welchen die allgemeinen Verhältnisse eine Zeit lang dieselben bleiben, aus allem Vorhergegangenen sich zu einer ganz bestimmten Vorstellung gestalten, die sich allerdings nicht immer mit derjenigen deckt, welche man nach den Ereignissen gewinnt. Hier war man nach den bisherigen Vorgängen zu der Anschauung gelangt: daß der Gegner jeden Augenblick zwar vorgehen könne, es aber nicht wolle; man hatte überdies Vertrauen zu sich selbst gewonnen und war überzeugt, daß, wenn jener sich doch zu einem Vorgehen entschloß, man sich mit Ehren aus der schwierigen Lage herausziehen würde. — eine Anschauung, in der man sich wahrlich nicht getäuscht hat. Was wäre auch daraus entstanden, wenn man bei jedem Alarm, bei jedem Erscheinen irgend einer stärkeren Abtheilung. sofort in Rücksicht auf die Gefährdung der eigenen Lage rückgängige Bewegungen angetreten hätte! Wo wäre da das Gefühl hingekommen, welches einen Jeden durchbringen muß und hier durchbrang: „wir bleiben auf unserem Platze stehen, so lange dies irgend zu leisten ist, und wenn wir auch Blut dabei lassen müssen!" Ein derartiges Gefühl darf man nicht unterschätzen, es gehört mit zu den Grundlagen, deren es bedarf, um auf siegreichen Abschluß eines Krieges hoffen zu können.

Was man auch immer gegen ein Verbleiben der schwachen Abtheilungen auf dem linken Saar-Ufer aus Forderungen der Vorsicht einzuwenden vermag, es fällt zusammen vor dem hier berechtigten Element des Wagens und dem ebenso berechtigten Selbstgefühl von Führer und Truppe, welches in dem bisherigen Gange der Ereignisse seine Begründung fand.

Wer den Krieg in seiner wahren Gestalt und in dem ganzen Umfange seiner Erscheinungen kennen lernen will, muß diesen Momenten auch volle Beachtung schenken.

Wir würden auch unsererseits von einer Instruktion der Vorposten — bei einem Vorgehen starker feindlicher Kräfte ohne Weiteres zurückzugehen — hier Abstand genommen haben. Dies umsomehr, als unter den vorliegenden Verhältnissen wesentliche Uebelstände mit ihrer Durchführung verbunden gewesen wären.

Man vergegenwärtige sich nur die Folgen, wenn z. B. aus der Gegend des Forsthauses ein französisches Bataillon plötzlich gegen St. Arnual und den Winterberg vorbrach und die 6. Kompagnie, statt zum Aufhalten desselben vorzugehen, sich mit der Aufnahme ihrer Sicherungen unmittelbar bei Saarbrücken begnügt hätte? Das französische Bataillon würde sich voraussichtlich ohne Kampf in den Besitz des Nuß- und Reppertsberges gesetzt haben, und Saarbrücken war dann nicht mehr zu halten, die Wiedernahme der Stellung, selbst unter Verwendung der seit dem vorigen Tage eingetroffenen beiden anderen Bataillone des Regiments Nr. 40, hätte aber nur unter sehr großen Opfern erfolgen können und sehr fraglich wurde sie überhaupt, wenn der Gegner zur Ausbeutung seiner Erkundung weitere Truppen, wie dies nothwendig gewesen wäre, bereit gestellt hatte und diese dem mit dem Vorstoße beauftragten Bataillon folgen ließ.

Wesentlich anders dagegen mußten sich die Verhältnisse gestalten, wenn die 6. Kompagnie bereits auf dem Winterberge einem feindlichen Anprall Widerstand entgegensetzte. Dann fanden wenigstens die Führer Zeit, herbeizueilen und sich selbst davon zu überzeugen, ob es sich hier um einen allgemeinen Angriff großer Maſſen oder nur um den vereinzelten Vorſtoß einer Rekognoszirungs-Abtheilung handele. War Erſteres der Fall, ſo mußten die Vorpoſten-Kompagnien zurückgehen, wobei eine weitere Ausdehnung des Gefechts unvermeidlich wurde; über- zeugte man ſich von Letzterem, ſo mußte die 5., wie das Gros der 7. Kom- pagnie zur Unterſtützung des linken Flügels verwandt und von Raſchpfuhl her eine Abtheilung der Reſerve herbeigeholt werden. Jedenfalls durfte man nicht die Räumung der Stellung, welche man ſo lange mit anerkennenswerther Unerſchrockenheit und zum großen Nutzen des Ganzen behauptet hatte, abhängig machen von irgend einer Patrouillen-Meldung oder der Einſicht des Kommandeurs einer Feldwache.

Es war mithin richtig, daß auf die Meldung von der Annäherung des Feindes die Vorpoſten-Kompagnien die Höhen beſetzten und daß die oberſte Führung ſich zunächſt perſönlich über den Gegner unter- richtete. Gewann auch ſie den Eindruck von einem ſo überlegenen Auftreten deſſelben, daß die Mittel nicht zum Widerſtande ausreichten, ſo mußte allerdings die Stellung geräumt werden, und da man die bereits im Gefecht befindliche Abtheilung nicht im Stich laſſen durfte und ihr Zurückkommen ſichern mußte, ward dann die größere Aus- breitung des Kampfes unvermeidlich. Unter dieſen Erwägungen konnte auch das ſonſt ſo ſchwerwiegende Bedenken, daß der erſte bedeutendere Zuſammenſtoß in dieſem Kriege ein Rückzugsgefecht wurde, nicht zu einem andern Verfahren führen.

So war das Gefecht von Saarbrücken — wie wir Eingangs behauptet haben — eine Folge der Lage, in welcher ſich das Detache- ment von Anfang an befunden hatte, und die bis dahin erlangten Reſultate waren wohl werth, daß es geliefert wurde. In derartige Lagen können aber auch in Zukunft Grenz-Detachements gerathen, welche bei nicht ausreichender Ueberſicht des Vorgeländes auf naher Entfernung von größeren Maſſen des Feindes verbleiben. Man darf daher dem Zurückgehen eines ſolchen Detachements unter Gefecht nicht eine zu große Bedeutung beimeſſen, hat aber auch die Verpflichtung, dafür zu ſorgen, daß ihm ein Abzug in guter Haltung überhaupt ermöglicht werde. —

Auf Grund der eingehenden Meldungen ſehen wir die Vorpoſten- Kompagnien (6. und 7.) ohne Verzug aufbrechen, um die vorgeſchobenen Feldwachen und Poſten zu unterſtützen und Stellung auf den Höhen

zu nehmen; sämmtliche Führer, der Major v. Horn, Oberstlieutenant
v. Pestel und General Graf Gneisenau eilen in die vorderste Linie
und die Reserve-Kompagnie erhält Befehl, nach dem Rothen Hause
zu rücken. Es vollzieht sich daher alles Erforderliche, um die bisher
verfolgte Absicht, die Höhen vor Saarbrücken so lange als möglich
zu behaupten, auch jetzt noch festzuhalten. Nun wissen wir aber, daß
die 6. Kompagnie mit einem Theile ihrer Stärke nicht einmal bis
an die Stelle gelangte, welche sie besetzen wollte, vielmehr schon vorher auf den Feind stieß, und ferner, daß die vom rechten Ufer nach
dem Rothen Hause voreilende 5. Kompagnie bei ihrem Eintreffen an
demselben bereits von feindlichem Feuer, vom Reppertsberge aus,
empfangen wurde. Die Truppen befanden sich somit im Gefecht,
noch bevor ihre sämmtlichen Abtheilungen der vordersten Linie an
die für sie bestimmten Stellen eingerückt waren. Es ist dies ein
so unglückliches Verhältniß, daß man leicht zu einem abfälligen
Urtheil veranlaßt werden und die Ursache in einem mangel-
haften Vorpostendienst oder in der schlechten Wahl der
Vorpostenaufstellung, wie der Stellung des Detachements
suchen könnte.

Aber nach beiden Richtungen würde eine derartige Beurtheilung
uns nicht gerechtfertigt erscheinen.

Vergleicht man die Entfernungen, welche die aus dem Stiftswalde
von St. Arnual heraustretenden französischen Abtheilungen bis zum
gleichnamigen Dorfe und dem Winterberge zurückzulegen hatten, mit
dem Wege, welche die bezüglichen Meldungen vom Posten auf der
Löwenburg und der Vedette bei St. Arnual bis zum Quartier der
6. Kompagnie durchlaufen mußten, und zählt man zu letzteren die
Strecke hinzu, welche die Kompagnie alsdann durcheilte, um in die
vorderste Linie zu gelangen, so war es gar nicht anders möglich, als
daß sie bereits auf den im Vorgehen gebliebenen Gegner im oder
sogar schon vor dem Dorfe stieß, sowie ihn gleichzeitig unmittelbar
vor dem Winterberge antraf. Aehnlich ungünstig liegen die Verhältnisse für ein rechtzeitiges Eintreffen der Reserve-Kompagnie. Die
Meldung vom Erscheinen des Feindes mußte zunächst an die Vorposten-Kompagnie gelangen und von dort dem Bataillonskommandeur zugehen, welcher allein in der Lage war, den Befehl an die
5. Kompagnie zum Vorgehen zu geben. Nun trat hier in günstiger
Weise noch eine ausnahmsweise Beschleunigung dadurch ein, daß sich
der Major v. Horn zufällig beim Eingehen der Meldung bei der

Vorposten-Kompagnie befand und sofort der Reserve-Kompagnie den Befehl zum Vorrücken zugehen lassen konnte. So sehr sich diese auch beeilte, aus ihrem Quartier im oberen Theile von St. Johann nach dem Rothen Hause zu gelangen, war es für sie doch unmöglich, früher dort einzutreffen als der Gegner am Reppertsberge erschien.

Im Uebrigen kann man nie mit voller Bestimmtheit darauf rechnen, daß die Meldung aus der vordersten Linie von dem Erblicken der ersten feindlichen Abtheilung auch durch die Feldwache immer unmittelbar nach ihrem Eintreffen bei derselben weiter geschickt wird; es werden darüber oft noch mehrere Minuten verstreichen.

Meist wird sich der Kommandeur der Feldwache doch zunächst auf einen Punkt begeben, von welchem aus er selbst die Richtigkeit der Meldung festzustellen vermag, und ein derartiger Aussichtspunkt findet sich nicht immer in der nächsten Nähe, häufig wird der betreffende Führer sogar sich bis zu dem Posten begeben müssen, von dem die Meldung ausging. Die eigene Beobachtung nimmt ebenfalls noch Zeit in Anspruch, wie das Niederschreiben, und dann muß diese an die Kompagnie gerichtete Meldung den Weg wieder zurücklegen, den der Offizier selbst eben gemacht hat. Es wird daher vielfach vorkommen, daß vom ersten Erblicken des Feindes durch einen Vorposten bis zum Abgang der Meldung des Feldwach-Kommandeurs 5 Minuten und mehr verstreichen und der Gegner sich inzwischen um 400 m oder mehr genähert hat. Derartige Verzögerungen werden aber um so empfindlicher, je weniger weit sich das Vorgelände von den Vorposten aus übersehen läßt und je mehr die Nähe des Feindes ein weites Ausgreifen der Patrouillen verhindert. Man ist dann leicht geneigt, Vorwürfe über zu spätes Melden zu erheben, wozu unter solchen Umständen jedoch die Berechtigung fehlt; es sind dies eben für gewisse Lagen unabänderliche Folgen, und man muß sich daher vergegenwärtigen, daß man mit ihnen in solchen Verhältnissen zu rechnen hat.

Schon bei den Manövern kann man häufig die Erfahrung machen, daß wenn ein höherer Führer Meldung vom Vorgehen des Gegners erhält und sich zu den vordersten Posten begiebt, er über die Nähe desselben ganz erstaunt ausruft: „Da ist er ja schon dicht vor uns!"

Hat man jedoch eine weite Aussicht von den Vorposten aus, so kann es auch vorkommen, daß dieselben die Annäherung des Gegners eher bemerken, als die Meldung der vorbefindlichen Kavalleriepatrouillen anlangt, namentlich dort, wo diese Patrouillen durch die Nähe des Feindes nicht in der Lage sind, weit genug auszugreifen. Auch da sind Vorwürfe über ungenügende Aufklärung der Kavallerie nicht gerechtfertigt, wohl aber, wenn bei größerer Entfernung des Feindes ihre Patrouillen zu spät vorgeschickt worden sind.

Unter diesen Umständen erscheint es angezeigt, wenn der Kommandeur einer Feldwache eine Meldung vom Vorgehen stärkerer Abtheilungen des Gegners erhält, überall da, wo die Verhältnisse so liegen, daß alsdann — ihre Richtigkeit vorausgesetzt — schleunigst weitere Maßregeln getroffen werden müßten, er die erste bei ihm eingehende Meldung sofort weitergiebt mit dem Hinzufügen, daß er zur Feststellung ihrer Richtigkeit das Erforderliche thut oder angeordnet hat. Dies scheint auch hier stattgefunden zu haben und nach Allem, was jetzt noch klar gestellt werden kann, dürfte jedenfalls bei den Ereignissen des 2. August irgend ein Versehen im Vorpostendienst ausgeschlossen sein.

Dann bliebe nur noch übrig, die gewählte Stellung des Detachements als eine verfehlte zu bezeichnen. Hierüber haben wir aber schon Seite 136 Gelegenheit gefunden, uns auszusprechen. Wollte man den großen Nutzen, welchen eine Aufstellung auf dem linken Saar=Ufer in sich schloß, erreichen und ausbeuten, so blieb eben nichts übrig, als die Höhen so lange als möglich festzuhalten, welche Schwächen diese Stellung an und für sich, sowie bei der geringen Stärke der verfügbaren Truppen auch haben mochte. Die hier genommene Vorpostenaufstellung und deren Folgen weisen darauf hin, daß nicht immer allen für Vorpostenaufstellungen und Gefechtsstellungen wünschenswerthen Gesichtspunkten Rechnung getragen werden kann.

Derartiges kann sich auch bei anderen Kriegslagen herausstellen, aber insbesondere werden Grenz=Detachements davon betroffen werden, sobald deren einzelne Abtheilungen an bestimmte Punkte gebunden und dadurch in der Wahl ihrer Vorpostenaufstellung wie einer etwaigen Gefechtsstellung beschränkt sind. Dies fällt umsomehr ins Gewicht, als in den meisten Fällen diese Detachements eine Breitenausdehnung annehmen müssen, zu welcher ihre Stärke in einem ungünstigen Verhältniß steht. Die im gesammten Verlauf dieser Studie zur Besprechung gelangten Detachements bieten einen Anhalt

für diese Behauptung. Es kann doch nicht nur als ein Zufall be=
trachtet werden, daß die Detachements von Trier, Saarbrücken (zu=
nächst die kleine Abtheilung unter Oberstlieutenant v. Pestel bei der
Stadt selbst, in den letzten Tagen aber auch die größere unter
General Graf Gneisenau in ihrer Ausdehnung von Völklingen bis
Brebach), ferner die Sicherungen in der gesammten bayerischen Pfalz
genöthigt waren, ihre Kräfte auf weite Erstreckungen auseinander
zu ziehen.

In etwas lassen sich diese Uebelstände in einzelnen Fällen ver=
kleinern, wenn man den Detachements eine größere Stärke giebt, als
sie 1870 besaßen, wodurch auch die einzelnen Posten eines Detache=
ments ebenfalls stärker gemacht werden können und jeder für sich an
Widerstandskraft gewinnt. Dann würde sich auch unter Umständen
vielleicht auch ein rechtzeitiges Eingreifen von Reserven eher ermög=
lichen lassen. Aber vollständig gehoben können die Uebelstände auch
hierdurch nicht werden, während man dabei anderweitige mit in den
Kauf nehmen müßte.

Vielfach wird eine verhältnißmäßig starke Zutheilung von Ka=
vallerie vortheilhaft sein; indeß auch sie reicht nicht aus, um eine
rechtzeitige Gefechtsbereitschaft sicher zu stellen, sobald sich die beiden
Gegner auf nahe Entfernung gegenüberstehen.

Unter diesen Umständen scheint es nur ein Mittel zu geben,
sobald der Feind in zu lästiger Nähe sich festsetzt, nämlich das, wenn
er nicht allzu übermächtig ist, alle Kräfte zusammen zu nehmen
und über ihn herzufallen, um ihn aus der unbequemen
Nachbarschaft zu vertreiben. Entschließt man sich aber nicht
zu einem derartigen Ausfall, so wird man sich unnützen Alarmirungen
aussetzen und dabei doch eine Ueberraschung kaum verhindern können.

Dieses Mittel war allerdings bei der Lage des Saarbrücker
Detachements nicht anwendbar; dasselbe blieb infolge der erdrückenden
Ueberlegenheit des Gegners auf die Defensive angewiesen, und unter
solchen Umständen kann, wie bereits ausgeführt, entweder nur an
eine Zurücknahme der Infanterie oder an Maßregeln zur Auf=
nahme gedacht werden.

Im Uebrigen haben wir bereits an anderer Stelle darauf hin=
gewiesen, daß für das Ergreifen der Offensive überhaupt keine
besonders große Ueberlegenheit erforderlich ist. Wenn sich aber bei
unseren Betrachtungen schließlich immer mehr herausgestellt hat, daß

der Grenzschutz in den meisten Fällen eine Zersplitterung der Streitkräfte nicht vermeiden kann und eine gegenseitige Unterstützung der einzelnen Abtheilungen oft schwer, oft gar nicht ausführbar ist, so müssen wir obigen Satz dahin erweitern, daß man auch mit dem Gegner untergeordneten Kräften die Offensive — als einen Ausfall gedacht — mit Aussicht auf Erfolg zu ergreifen vermag. —

Der weitere Verlauf des Kampfes zeigt nun, wie bereits bemerkt, eine Anzahl von Einzelgefechten, welche, wenn auch alle in einem inneren Zusammenhange stehend, doch örtlich nur durch kleinere Abtheilungen selbstständig geführt werden. Derartige Erscheinungen können unter Umständen auch bei den Gefechten anderer Grenz-Detachements hervortreten, jedenfalls aber da, wo in der Defensive eine Vereinzelung ihrer Kräfte eingetreten ist. In solchen Lagen wächst die Schwierigkeit der Führung; ein ausreichender Ueberblick ist nicht immer zu erlangen und die an den einzelnen Punkten im Gefecht begriffenen Abtheilungen besitzen bei ihrer geringen Stärke nicht überall eine hinreichende Widerstandskraft, um sich lange zu halten.

Desto wichtiger wird die Verwendung der Reserven, aber auch diese wird in vielen Fällen auf außergewöhnliche Schwierigkeiten stoßen. Betrachtet man die Lage des Saarbrücker Detachements vor Eintreffen der vom General Graf Gneisenau herbeigeführten Unterstützungen, so haben wir schon bei den Betrachtungen über die Durchführung der Aufgabe darauf hingewiesen, daß das eine Bataillon mit den 3 Eskadrons nicht in der Lage war, sämmtlichen in der allernächsten Umgebung von Saarbrücken hervortretenden Ansprüchen ausreichend zu genügen. Das Gefecht am 2. August bestätigt dies, denn eine Kompagnie, welche beim Erscheinen des Gegners sofort Verwendung findet, um wenigstens einigermaßen eine Lücke der Front zu schließen, kann füglich nicht als eine allgemeine Reserve betrachtet werden. Selbst in einer weniger verwickelten Lage, wie die des Saarbrücker Detachements es war, werden die betreffenden Grenz-Detachements meist zur Besetzung einzelner Punkte und Sicherung nach verschiedenen Richtungen genöthigt sein. Wir verzichten hierauf, dies näher an einigen Beispielen durchzuführen, denn Jeder, der auf einer Spezialkarte die Lage eines Detachements supponirt und dieselbe durchdenkt, wird sich davon überzeugen. Bald sind es verschiedene Straßen, die zu einem Knotenpunkt führen, welche von

Vorposten-Kompagnien festgehalten werden müssen, bald Wege, die seitwärts des Aufstellungspunktes der Masse des Detachements vorbeiführen, oft legen sich einzelne Erhebungen vor, die zu besetzen sind, um dem Gegner nicht einen ungehinderten Einblick zu gestatten, oft sind es Uebergänge, Gehöfte oder Waldstücke, welche festgehalten werden müssen, um nicht bei einem Gefecht in eine nachtheilige Lage zu gerathen. Auch befindet sich die Rückzugslinie nicht immer senkrecht hinter der Stellung und bedingt durch ihre Richtung alsdann besondere Sicherheitsmaßregeln.

Je mehr man nun zu einer Vereinzelung von Kräften in der vordersten Linie genöthigt wird, desto mehr tritt die Nothwendigkeit einer möglichst starken Reserve hervor.

Es dürfte sich daher zunächst empfehlen, wo unter Berücksichtigung der allgemeinen Lage ein bestimmter Punkt, wie hier Saarbrücken, von einem selbstständigen Detachement möglichst lange gehalten werden soll — was in manchen Fällen sich bereits im Frieden übersehen läßt —, auch die Anforderungen, welche durch die Gestaltung des Geländes und der Oertlichkeit hervorgerufen werden, einer sehr eingehenden Prüfung zu unterziehen und die Stärke des Detachements auch nach diesem Gesichtspunkt zu bemessen.

Man darf sich daher nicht mit der sonst sehr einfachen Anordnung abfinden, daß die in X an der Grenze liegende Friedensgarnison daselbst die Aufgaben eines Grenz-Detachements zu übernehmen hat.

Wenn aber trotzdem andere Rücksichten nicht gestatten, den Anforderungen zu genügen, welche die örtlichen Verhältnisse hervorrufen, so wird der Führer eines Detachements um so mehr sein besonderes Augenmerk darauf zu richten haben, sich unter allen Umständen eine Reserve zu bilden.

Bei Saarbrücken war die 5. Kompagnie 40. Regiments allerdings insoweit als allgemeine Reserve zur Verfügung, als sie auch auf dem rechten Ufer eine Unterstützung für die bei Brebach und Malstatt befindlichen Kompagnien zu bieten vermochte, aber für die dem Feinde gegenüber zunächst auf dem linken Ufer in Betracht kommende Front kann sie insofern nicht gleichzeitig als eine Reserve betrachtet werden, als sie unter Umständen zur Schließung der in der vordersten Linie befindlichen Lücke Verwendung finden mußte. Dies regt die Frage an, ob es für das Bataillon nicht zu ermöglichen gewesen wäre, seine vorderste Linie zu schließen und doch noch eine Reserve zu behalten.

Den Grundsatz, eine möglichst starke Reserve sich zu bilden, hat man bis zur Entsendung der Kompagnie nach Brebach wohl unausgesetzt im Auge gehabt, da bis dahin 2 Kompagnien (zeitweise wenigstens annähernd 2 Kompagnien) in St. Johann verblieben.

Immerhin scheint der Gang der Ereignisse darauf hinzuweisen, daß es bis zum Eintreffen der beiden anderen Bataillone des Regiments 40 am 1. August Nachmittags zweckmäßiger gewesen wäre, die Lücke auf dem Reppertsberge mehr zu sichern und sich außerdem doch eine Spezial=Reserve für das linke Ufer, wie eine allgemeine Reserve auf dem rechten Ufer zurückzuhalten. Dies konnte geschehen, indem man die 5. Kompagnie ebenfalls nach Saarbrücken hinein legte und von ihr eine starke Feldwache auf den Reppertsberg vorzog, die beiden anderen Züge aber vorläufig als eine Spezial= Reserve dem Bataillonskommandeur zur Verfügung stellte, während Brebach dagegen nur durch einen Zug der 8. Kompagnie zu besetzen war, und dann die beiden übrigen Züge derselben als allgemeine Reserve in St. Johann zur Verfügung des Detachementsführers belassen wurden.

Nach dem Eintreffen des 1. und 3. Bataillons 40. Regiments dagegen konnten auch diese beiden Züge der 8. Kompagnie ebenfalls nach Saarbrücken verlegt und somit die Spezial=Reserve auf dem linken Saar=Ufer auf vier Züge erhöht werden. Der übrige Theil des Regiments bildete dann die allgemeine Reserve, aus der ein paar Kompagnien zur Aufnahme nach St. Johann vorzuziehen waren, welche auch den Zug der 8. Kompagnie in Brebach durch einen Zug abzulösen vermochten, so daß dann das gesammte 2. Bataillon auf dem linken Ufer in der Hand seines Kommandeurs wieder vereinigt gewesen wäre.

Das Gefecht selbst hat die Folgen des Fehlens einer eigentlichen Gefechts=Reserve des Bataillons nicht völlig zum Austrage gebracht, da der Gegner dem zurückgehenden linken Flügel nicht unmittelbar nach Saarbrücken und bis an die Saar=Uebergänge folgte, wie man dies eigentlich erwarten durfte. Geschah dies aber, so konnte nur das Entgegenwerfen einer Reserve an dieser Stelle dem Gegner den Aufenthalt bereiten, welcher für den Abzug der 5. und 7. Kompagnie erforderlich war.

Die auf dem rechten Ufer bis Brebach weit vorgeschobene Infanterie konnte nur einen Stützpunkt für die von hier auf Saar= gemünd aufklärenden Ulanen bieten. Ging der Feind hier mit gemischten Waffen vor, so erfolgte dies bei der Entfernung und der Gefahr, welche in einem vereinzelten Vorgehen auf diesem Saar=Ufer für ihn lag, dann voraussichtlich nur mit starken Kolonnen, welche die eine Kompagnie bei Brebach nicht aufzuhalten vermochte.

Was den Abzug der drei Kompagnien betrifft, so lag eine Gefahr darin, daß derselbe nur über zwei Brücken erfolgen konnte; aber diese Gefahr gelangte nur beim Zuge des Premierlieutenants Garrelts zum Ausdruck, indem der Feind sonst nicht aufbrängte. Unter diesen Verhältnissen ward die Nothwendigkeit, über diese beiden Brücken zurückgehen zu müssen, für das Sammeln des Bataillons zum Vortheil, da die zurückkommenden Abtheilungen zwei Stellen passiren mußten, an denen sie angehalten und zur Vereinigung des Bataillons in geeigneter Weise weiter geleitet werden konnten. Wenn trotzdem das Bataillon sich demnächst doch nicht auf dem Gefechtsfelde vereinigte, so lag dies in Verhältnissen, welche wir an anderer Stelle in Betracht ziehen werden.

Aber es kann nicht unbemerkt bleiben, daß ein derartiges Gefecht vor Wegeengen doch nur zu den Ausnahmen gehören wird. Anders liegen die Verhältnisse, wenn ein auf größere Ausdehnung aus= einandergezogenes Bataillon beim Zurückgehen keine derartigen Hin= dernisse hinter sich findet. In solchen Fällen reicht die persönliche Thätigkeit des Bataillonskommandeurs und seines Adjutanten nicht aus; die Nothwendigkeit, einige Ordonnanzen zur Verfügung zu haben, tritt hervor, aber daß diese im Infanteriegefecht auch wirklich zur Ausführung ihrer Bestellung gelangen, ist nicht immer mit Sicherheit zu erwarten, wie sich dies hier bei der 8. Kompagnie gezeigt hat. Da müssen mithin vor Allem auch die einzelnen Unter= führer hülfreich die Hand bieten und vom Patrouillenführer an bis zum Kompagniechef muß Jeder bestrebt sein, Alles aufzubieten, um die Gesammtheit des bezüglichen Truppen= körpers wieder herzustellen, so weit die Verhältnisse dies irgend gestatten.

Das Sammeln unter solchen Verhältnissen bleibt von der besonderen Lage des Truppentheiles während seines Abzuges abhängig, denn oft wird ein Theil durch den Gegner in seinen Bewegungen festgehalten, ein anderer zu Umwegen genöthigt werden, vielleicht auch deshalb, um nicht durch das Geschützfeuer des Feindes weitere Verluste zu erleiden, ein dritter trifft auf Unterstützung oder Aufnahme, die jetzt in das Gefecht eingreift, und schließt sich denselben an oder leistet an irgend einem günstigen Punkt von selbst erneuten Widerstand. Soweit aber Theile eines zurückgehenden Bataillons nicht noch durch das Gefecht gefesselt werden, ist es vornehmlichste Aufgabe der Führung, alle anderen Mannschaften wieder zu einem Ganzen zusammen zu ziehen und zwar so schnell, als dies sich irgend ermöglichen läßt.

Je stärker ein Grenz=Detachement ist, desto eher werden sich derartige Verhältnisse beherrschen lassen, wenn bei Eintheilung in einzelne Abschnitte eine flügelweise Verwendung der Truppenkörper erfolgt, indem dann in jedem Abschnitt die in vorderster Linie befindliche Abtheilung hinter sich einen geschlossenen Kern desselben Verbandes hat und an diesem beim Zurückgehen den besten Anhalt findet.

Wenden wir uns der Aufnahme vorbefindlicher fechtender Abtheilungen zu, so kann man annehmen, daß die Gesichtspunkte für eine solche im Wesentlichen dieselben bleiben werden, gleichviel, ob es sich dabei nur um Aufnahme der von einem Bataillon erfolgten Entsendungen oder eines bisher selbstständigen Grenz=Detachements durch Truppen handelt, welche für diesen Zweck vorgeschoben worden sind. Eine Aufnahme fechtender Truppen kann im Allgemeinen nur dann von Erfolg sein, sobald sich ihre Einwirkung geltend macht, wenn die vordere Abtheilung zum Abzuge genöthigt wird; andererseits birgt ein sehr nahes Herangehen der Unterstützungstruppen an die Gefechtslinie die Gefahr in sich, auch sie in einen ernsten Kampf zu verwickeln, was jedenfalls vermieden werden muß, wenn man einem überlegenen Feinde gegenüber einen weiteren Abzug des Ganzen beabsichtigt.

Befinden sich aber die aufnehmenden Truppen zu weit zurück, so kann es sich ereignen, daß vor ihren Augen die abziehenden Abtheilungen von nachhauender Kavallerie vernichtet werden oder auf andere Weise unterliegen, ohne daß man ihnen Hülfe zu leisten vermag. Anders jedoch liegen die Verhältnisse, wenn die vordersten Abtheilungen durch weite Uebersicht oder sonst günstige Verhältnisse in der Lage sind, rechtzeitig ihren Rückmarsch antreten zu können oder stark genug, um ihren Vorposten aus sich selbst eine genügende Aufnahme zu bieten. — Alsdann wird eine weiter rückwärts von anderen

Truppen bezogene Aufnahmestellung auch den weiteren Abmarsch zu begünstigen vermögen.

Die Aufnahme selbst wird wesentlich erleichtert, wenn sich im Gelände eine gute Stellung für die dazu bestimmten Truppen befindet, namentlich wenn stärkere Abschnitte, wie Flußlinien, Bodenerhebungen u. dgl., mit freiem Schußfelde daselbst vorhanden sind. Aber diese Bedingungen finden sich nicht immer erfüllt, man muß das Gelände nehmen, wie es eben beschaffen ist.

Stets wird es aber für die aufnehmenden Truppen darauf ankommen, das Vorgehen des Gegners möglichst bald und auf weite Entfernung zu einem zeitweisen Halt zu bringen, damit die Zurück= gehenden sich loslösen können und die aufnehmende Abtheilung sich weiterhin aus ihrer Entwickelung wieder in Marschkolonne zu setzen oder in mehrere solcher zu zerlegen vermag. Dies wird, wenn das Gelände nicht einer Geschützwirkung überhaupt ungünstig ist, am besten durch eine starke Artillerie zu erreichen sein. Die Mitgabe einer solchen an Detachements, welche zur Aufnahme vorgeschickt werden, ist daher im Auge zu behalten. Indeß wird diese Zutheilung erst bei einer gewissen Stärke des Detachements rathsam sein. Wurde bei Saarbrücken auch das 2. Bataillon 29. Regiments mit dem 1. und 3. Bataillon 40. Regiments nach Raschpfuhl vorgeführt, so waren diese Kräfte ausreichend, um die Zutheilung einer ganzen Artillerie=Abtheilung zu gestatten.

Wenn hier nun Verhältnisse berührt worden sind, die sich auch sonst im Kriege anderweitig vielfach bemerkbar machen, so ergiebt sich doch aus dem Gesagten, daß die Lage eines Grenz=Detachements recht schwierig sein wird, wenn der Gegner frühzeitig zu einer Offen= sive mit bedeutender Ueberlegenheit schreitet. Die Aufgabe, welche man diesen Detachements ertheilt, muß darauf Rücksicht nehmen und die Instruktion derselben danach gefaßt werden.

Nun ist bereits berührt worden, daß dem Detachement Saar= brücken unter Anderem die Weisung zugegangen war: „kein Terrain zu räumen, so lange es ohne Verlust zu behaupten" (S. 24 und S. 27 Anmerkung).

Aus dem Gange der Ereignisse am 2. August aber erkennt man, daß es unter Umständen recht schwer ist, eine derartige Weisung durchzuführen. Bei dem bedeckten Vorgelände konnte an einzelnen Stellen, namentlich auf beiden Flügeln, gar nicht übersehen werden, ob einer kleineren feindlichen Abtheilung, mit der man das Gefecht aufnahm, nicht größere Massen folgten. Dies „ohne Verluste" konnte auch nie die Deutung haben, daß jeder Verlust vermieden werden sollte, denn sonst hätte man vor jeder vorgehenden feindlichen Ab= theilung abziehen müssen.

Die Absicht: das Detachement nicht einer Niederlage auszusetzen, welche bei dem ersten Zusammenstoß im Beginn eines Krieges ihre Wirkung viel weiter als auf die betreffende Truppe erstreckt, kann die obige, nicht glückliche Weisung diktirt haben. Man wird sich bei diesen Instruktionen aber häufig kaum anders auszudrücken vermögen, als indem man vorschreibt: Gegen bedeutende Ueberlegenheit sich nicht in ein Gefecht einzulassen. Die Ausführung einer derartigen Weisung bleibt jedoch immer schwierig. Um so mehr ist die obere Leitung verpflichtet, den Detachements auch die Mittel zu gewähren, recht= zeitig die feindliche Ueberlegenheit erkennen zu können. Sie vermag dies dadurch, daß sie in Fällen, in denen es nicht auf die Festhaltung eines bestimmten Punktes durchaus ankommt, dem Detachements= führer Freiheit in der Wahl seiner Aufstellung gewährt, so daß dieser sie nach den Vortheilen des Geländes namentlich in Bezug auf weite Uebersicht, örtliche Unterstützung der einzelnen Posten und günstige Abzugsverhältnisse sich aussuchen kann. Sie vermag es ferner, indem sie in allen Fällen, in denen die allgemeinen Verhältnisse eine Verwendung starker Kavallerie ermög= lichen, auch eine reichliche Zutheilung dieser Waffe ein= treten läßt, und indem sie dort, wo die Verhältnisse hierfür nicht günstig liegen oder bei denen das Gelände oder die Nähe des Feindes keinen Ueberblick gestattet, frühzeitig für eine ausreichende Aufnahme mit starker Artillerie sorgt.

Wir haben hiermit die wesentlichsten Punkte beleuchtet, zu welchen uns das Gefecht von Saarbrücken, von preußischer Seite betrachtet, bezüglich der Verhältnisse von Grenz=Detachements An= regung bot.

Nochmals sei darauf hingewiesen, daß die Grundlage das Vor= gehen starker Massen gegen ein schwaches Grenz=Detachement bildete, welches in der Nähe derselben Aufstellung gefunden und einen bestimmten Punkt so lange als irgend möglich festzuhalten suchte.

Wir ergänzen die Verhältnisse, in welchen einem derartigen Detachement die Sicherung einer bestimmten Oertlichkeit obliegt, noch durch die kurze Bemerkung, daß, wenn der Angriff durch nicht übermäßig starke feindliche Kräfte erfolgt, die Linie der äußersten Posten an den nicht bedrohten Stellen stehen bleiben muß, alle sonst erreichbaren geschlossenen Abtheilungen aber an dem Punkte zu verwenden sind, gegen welche der Angriff sich richtet.

Wir können diesen Abschnitt nicht schließen, ohne erneut betont zu haben, daß, wo durch die Nähe des Gegners die Lage irgendwie unsicher wird, das beste Mittel bleibt, durch einen offensiven Ausfall denselben zu vertreiben, wenn seine Ueberlegenheit nicht eine zu große ist.

Genaue Kenntniß der Stärke und Aufstellung des Gegners, Fortsetzung der Beobachtung auf allen den Strecken, welche durch das eigene Vorgehen nicht gedeckt werden, Zusammenfassen aller Kräfte, welche diese Beobachtung nicht durchaus erfordert, möglichst gedeckter Anmarsch und Schnelligkeit der Bewegung sowie kräftiger Angriff der ersten sich entgegenstellenden Abtheilungen des Feindes sind die Hauptbedingungen für das Gelingen eines derartigen Offensivstoßes.

Betrachtungen über das Gefecht von Saarbrücken in Bezug auf Gefechte im Allgemeinen.

Unsere weiteren Untersuchungen haben sich auf die Führung und das Verhalten der einzelnen Abtheilungen zu erstrecken. Die Ergebnisse dieser Untersuchungen werden, wenn auch das Gefecht von Saarbrücken die Anregung dazu bietet, nicht bloß den Grenz-Detachements eigenthümlich, sondern zum größten Theil überhaupt bei jedem Gefecht anwendbar sein.

Die Führung.

Bezüglich der Führung kommt zunächst die Leitung der gesammten Kräfte in Betracht, welche vom Generalmajor Graf Gneisenau ausgehen mußte.

Bei allen derartigen Untersuchungen ist festzuhalten, daß die unmittelbar nach den Ereignissen geschriebenen Berichte doch nur eine übersichtliche Darstellung des Gefechts enthalten können und sollen, wie sich dasselbe vor den Augen des Berichterstatters abgespielt hat. Keineswegs aber sind sie unter dem Gesichtspunkte geschrieben, Jemandem, dem es 22 Jahre später einfällt, Studien über die

Befehlsführung während des betreffenden Gefechts anzustellen, ein so vollständiges Material hierfür zu bieten, daß alle Momente einer gründlichen Kritik unterworfen werden könnten. So ist hier beispielsweise nur ersichtlich, wo sich der General beim Beginn des Gefechts aufgehalten, nicht aber, wo er seine Stellung während der einzelnen Momente im weiteren Verlaufe desselben genommen hat, und so finden sich ferner in den Berichten Anordnungen aufgeführt, ohne genaue Mittheilung des Wortlautes der betreffenden Befehle. Außerdem kann noch eine ganze Anzahl von Befehlen thatsächlich gegeben worden sein, von denen überhaupt nichts erwähnt ist, ohne daß nach beiden Richtungen hin dadurch für den Zweck des Berichtes irgend eine Lücke nachzuweisen ist. Es darf überdies nicht unberücksichtigt bleiben, daß der Bericht des Brigadekommandeurs unmittelbar nach seinem Eintreffen in Hilschbach an demselben Abend 8½ Uhr niedergeschrieben worden ist, also zu einer Zeit, wo ihm noch mannigfache andere Anordnungen und Erwägungen zufielen und er jedenfalls verschiedene Führer noch nicht gesprochen haben konnte, die ihn über einzelne nicht unwichtige Ereignisse aufzuklären vermocht hätten. Gewiß läßt sich im vorliegenden Falle, wie bei anderen Gelegenheiten, ein ganz bestimmtes Urtheil über diese oder jene Anordnung fällen, wenn man sich überzeugt hat, daß Alles, was für die Aufklärung der Anordnung ins Gewicht fällt, auch thatsächlich klar vorliegt. In vielen Fällen kann dies aber gar nicht übersehen werden; es empfiehlt sich daher für den, der aus der Kriegsgeschichte lernen will, sich in der Kritik zu beschränken, dafür aber mehr Werth darauf zu legen, sich mit den Erscheinungen des Krieges vertraut zu machen und hierdurch die Anregung zum Nachdenken zu finden, auf welche Weise derartige Verhältnisse beherrscht werden können.

Ohne daher der Kritik vollständig zu entsagen, stellen wir uns bei unseren Studien vorzugsweise auf letzteren Standpunkt.

Wir werden uns daher auch in dem Folgenden weniger mit einer Beurtheilung der vom General Graf Gneisenau getroffenen Anordnungen beschäftigen, dagegen die einzelnen Momente des Gefechts uns klar zu machen suchen und erwägen, welche Anordnungen die betreffende Lage in derartigen Verhältnissen seitens der Führung überhaupt erforderte.

Dem Brigadekommandeur lag ob, die ihm unterstellten Abtheilungen, welche in der vordersten Linie von Völklingen bis Brebach ausgebreitet waren und sich in der Tiefe von vorwärts Saarbrücken bis in die Gegend von Heusweiler erstreckten, für den vorliegenden Zweck einheitlich zu leiten. Die Streitkräfte zerfielen in vier Gruppen:

Das Detachement des Oberstlieutenants v. Pestel bei Saarbrücken.

Das Füsilier-Bataillon des Regiments Nr. 69 bei Völklingen und Malstatt.

Die vom General zur Aufnahme nach Raschpfuhl vorgeführten Truppen, so wie die bei Heusweiler u. s. w. noch weiter rückwärts belassenen Abtheilungen (2. Bataillon Nr. 29, 6. schwere Batterie, 1¾ Eskadron Husaren Nr. 9).

Diese vier Gruppen hatte der Brigadekommandeur im Anfange zu leiten; sie konnten im Verlaufe des Gefechts sich vermehren oder sich zu einer geringeren Zahl zusammenziehen. Innerhalb dieser bestehenden oder sich bildenden Gruppen lag dem Führer einer jeden einzelnen die Durchführung der ihm zugehenden Befehle ob*).

Als die Meldungen über das Vorgehen des Feindes einliefen, war es für den obersten Führer erforderlich, sich zunächst durch den eigenen Augenschein über den Umfang der Bewegung Gewißheit zu verschaffen. Sobald dies geschehen, mußte er schlüssig werden, was er anordnen sollte.

Hierbei kam in Bezug auf die zu treffenden Entschlüsse in Betracht:

ob eine unmittelbare Unterstützung der auf dem linken Saar-Ufer befindlichen Abtheilungen des Oberstlieutenants v. Pestel aus den bei Raschpfuhl stehenden Truppen erfolgen sollte,

oder

ob der Befehl für die vorderste Abtheilung, sich über die Saar zurückzuziehen, zu geben war.

Für alle Fälle aber mußte zunächst für eine Aufnahme der auf dem linken Ufer der Saar zur Verwendung gelangenden Truppen gesorgt werden.

Unter diesen Umständen war es noch vor dem Abreiten des obersten Führers vom Quartier nach Eingang der ersten Meldungen

---

*) Hierbei sei gleichzeitig bemerkt, daß wir nicht wissen, ob die 10. Kompagnie Nr. 69 bei Malstatt unter dem Befehl des Oberstlieutenants v. Pestel stand. Jedenfalls wäre dies bei dem unmittelbaren Zusammenhange, welchen die Festhaltung der dortigen Eisenbahnbrücke mit der Behauptung der Stellung vor Saarbrücken hatte, erforderlich gewesen.

geboten, eine Abtheilung aus der Reserve von Raschpfuhl heran=
zuziehen, um dieselbe für eine unmittelbare Unterstützung der Kom=
pagnien des 2. Bataillons oder zu deren Aufnahme rechtzeitig bei
der Hand zu haben. Ein Vorziehen der gesammten noch verfügbaren
Truppen wäre dagegen in Rücksicht auf die anderen Postirungen an
der Saar nicht rathsam gewesen, so lange man unsicher blieb, ob
der Feind nicht auch gegen diese vorging. In dem waldbedeckten
Gelände des linken Ufers konnten hierüber zunächst nur weit aus=
greifende Patrouillen Aufklärung verschaffen.

Es hing also Alles davon ab, welchen Eindruck der Brigade=
kommandeur bei seinem Eintreffen in der vordersten Linie empfing.
Ueber die dort vorgefundene Lage besagt der Bericht: „Als ich auf
die Höhe des Exerzirplatzes kam, fand ich fünf entwickelte feindliche
Bataillone gegen die drei die Berge besetzt haltenden Kompagnien im leb=
haften Feuergefecht. Die Stellung auf dem Exerzirplatz wurde beherrscht
durch die Position des Winterberges, auf welchem sich auch bald Massen
von Infanterie, mindestens in der Stärke eines Bataillons, einnisteten
und die wenigen Tirailleure zurückdrängten. Die Stellung wurde
nun unhaltbar. Die Tirailleure zogen sich, den Abhang nach der
Stadt hinunter fechtend zurück."

Hätte es sich nur um den Angriff von fünf feindlichen Bataillonen
gehandelt, so wäre man wohl in der Lage gewesen mit den drei über=
haupt verfügbaren preußischen Bataillonen das Gefecht anzunehmen,
wenn dieselben bereits jetzt auf dem linken Saar=Ufer anwesend ge=
wesen wären. Indeß war dies aus Rücksicht auf ihr Bereithalten
für die gesammte Aufstellung an diesem Theile der Saar nicht zu
ermöglichen gewesen; im Uebrigen durfte man auch sehr bald vom
Exerzirplatz aus den Eindruck gewonnen haben, daß es sich um einen
allgemeinen Angriff des Feindes mit viel stärkeren Kräften handele.
Vor allem aber mußte berücksichtigt bleiben, daß die Aufgabe des
Generals vorzugsweise darauf hinwies: das Detachement des
Oberstlieutenants v. Pestel aufzunehmen. Dies aber schloß
eine Gefechtsverwendung der gesammten Truppen gegen
starke feindliche Kräfte auf dem linken Saar=Ufer behufs Festhaltung
desselben aus.

Unter den jetzt hervortretenden Verhältnissen war dem Gefecht
auf dem linken Ufer eine andere Wendung jedoch nicht mehr zu geben;
es erübrigte daher nur, für eine Aufnahme an der Saar zu sorgen
und dem 3. Bataillon, welches bereits von Raschpfuhl im Anmarsch

begriffen war, den Befehl zu ertheilen, zu diesem Zweck die beiden Uebergänge in der Stadt zu besetzen. Dem Oberstlieutenant v. Pestel aber mußte die Weisung zugehen, die drei vordersten Kompagnien bis hinter den Fluß zurückzunehmen und ihre Abtheilungen zu sammeln, so weit dies die Gefechtsverhältnisse zuließen.

Der oberste Führer selbst konnte bei dieser Sachlage nicht länger bei den Kompagnien auf dem linken Ufer verbleiben, für ihn kam es darauf an, jetzt einen Standpunkt zu nehmen, von welchem aus er die weitere Entwickelung der gesammten Verhältnisse zu überblicken vermochte, und wo ihn auch die Meldungen von den übrigen Postirungen an der Saar am sichersten erreichten. Er mußte sich daher nunmehr nach der Höhe von Raschpfuhl begeben, woselbst er gleichzeitig seine Reserven unter Augen behielt. Bei dem Ritt nach Raschpfuhl begegnete alsdann der General voraussichtlich dem 3. Bataillon und war es nützlich, sich zu vergewissern, daß der Befehl zur Aufnahme von demselben auch richtig aufgefaßt sei; letzteres um so mehr, als bei dem schleunigen Vorholen einer Abtheilung, welche in den Kampf eingreifen soll, es sich leicht ereignen kann, daß durch die Befehlsüberbringung oder durch die Auffassung des Befehls Mißverständnisse entstehen, da verschiedene Personen hierbei betheiligt sind. Im vorliegenden Falle kamen: der Brigadekommandeur, der Ueberbringer des Befehls an den Regimentskommandeur, dieser selbst, wie der von ihm an das Bataillon geschickte Adjutant und schließlich der Bataillonskommandeur in Betracht; also unter ziemlich einfachen Verhältnissen bereits fünf Personen, eine Zahl, die sich bei weiterer Gliederung der Instanzen oder auch durch andere Umstände noch vergrößern kann. Da ist es denn nicht ausgeschlossen, daß statt des ursprünglichen Wortlauts, bei welchem das Vorgehen „zur Aufnahme" von besonderer Wichtigkeit war, schließlich bei der zur Ausführung bestimmten Truppe die Weisung anlangt: „Das Bataillon soll zur Unterstützung des 2. Bataillons vorgehen."*) Das wäre aber ganz etwas anderes gewesen, als der oberste Führer beabsichtigen mußte. Daher ist eine Kontrolle der Befehle sehr nothwendig, sonst konnte es hier leicht dazu kommen, daß das 3. Bataillon im anerkennenswerthen Eifer, seine fechtenden Kameraden zu unterstützen, über die Saar hinüberstürzte und dadurch nur die Opfer eines aussichtslosen Kampfes vermehrte.

*) „Zur Unterstützung" lautet auch die Angabe in den verschiedenen Berichten.

Es ist vorhin beim Zurücktritt des Generals nach Raschpfuhl absichtlich betont worden, daß dies auch erforderlich war, um gleichzeitig die Reserve unter Augen zu behalten.

Wir legen hierauf einen besonderen Werth, da wir aus mannigfachen Erscheinungen, die sowohl in der Kriegsgeschichte aus der Wirklichkeit wie bei Friedensübungen hervortreten, die Ueberzeugung gewonnen haben, daß ein Führer seiner Reserve nur dann völlig sicher ist, wenn er sie unter Augen behält oder ihr Verbleiben an der bestimmten Stelle wenigstens unausgesetzt kontrollirt.

Welches Unheil das Unterlassen einer derartigen Beaufsichtigung herbeiführen kann, davon giebt das Treffen von Wavre 1815 ein lehrreiches Beispiel. Das preußische III. Korps war am 18. Juni im Zurückgehen hinter den Abschnitt von Wavre begriffen, als Grouchys Kolonnen anrückten. Die 9. Brigade (v. Borcke) sollte sich noch an der Stadt entwickeln, erhielt aber nach einiger Zeit den Befehl, den Marsch auf der großen Straße nach Coutures fortzusetzen und sich hinter den jenseits der Stadt entwickelten Truppen aufzustellen. Der Befehl gelangte aber zu der Brigade nur in seinem ersten Theile: den Marsch auf der großen Straße nach Coutures fortzusetzen. Dies wurde auch ausgeführt, die Brigade marschirte durch die Stellung der anderen Truppen — sogar unter den Augen des Generalkommandos —, aber in der Annahme, daß das Korps überhaupt den begonnenen Rückmarsch weiter fortsetzen wollte, marschirte sie weiter und gelangte in der Nacht in Coutures an. Im Generalkommando aber befand man sich im Glauben, daß die Brigade hinter dem Standpunkt desselben unter der Deckung der nächsten Bodenerhebung aufmarschirt wäre. Als man sie später dort suchte, zeigte es sich erst, daß sie weiter marschirt sein mußte, gefunden wurde sie nicht mehr.

Die Folge hiervon war, daß am 19. Juni während des Treffens von Wavre es dem kommandirenden General an einer ausreichenden Reserve fehlte, um der Umfassung seines rechten Flügels erfolgreich entgegentreten zu können.*)

So trugen Mißverständnisse in Bezug auf den Befehl, wie nicht ausreichender Kontrolle über seine Ausführung und über die Reserve wesentlich zum Verlust des Treffens bei.

---

*) Die Vereinigung der Brigade mit dem Armeekorps erfolgte erst am 20. Juni bei Gembloux.

Nachdem die drei Kompagnien des 2. Bataillons 40 das rechte Ufer erreicht hatten und einige Zeit darauf die französische Artillerie von den in Besitz genommenen Höhen ihr Feuer eröffnete, handelte es sich darum, ob die Vertheidigung der Saarlinie aufrecht erhalten oder der Abmarsch angetreten werden sollte. Zunächst war diese Frage für St. Johann und nächste Umgebung (Brebach — Malstatt) brennend.

Für ein Festhalten sprach, daß man dem Gegner freiwillig kein Stück Landes überläßt und dies um so weniger, wenn dasselbe für die weiteren Operationen von Wichtigkeit ist. Auch fand die Ver=theidigung hier eine wesentliche Unterstützung durch das nicht un=beträchtliche Fronthinderniß, welches die Saar bildete.

Gegen ein Festhalten der Saarlinie aber ist anzuführen, daß der Feind bereits sehr starke Massen gezeigt hatte und eine weit überlegene Artillerie in günstige Stellungen vorführte, welche einen Widerstand, namentlich wenn französischerseits noch anderweitige Uebergangsversuche erfolgten, aussichtslos erscheinen ließen. Ueber=schritt der Feind auf der Gefechtslinie an irgend einer Stelle die Saar, so war ein Vorführen der noch bei Raschpfuhl gebliebenen und bereits um die Hälfte geschwächten kleinen Infanteriereserve gegen denselben unter dem das ganze Gelände beherrschenden Feuer der französischen Geschütze ziemlich ausgeschlossen und ein einheitliches Zurückführen der vorne im Gefecht befindlichen einzelnen Abtheilungen schwerlich durchführbar. Es stand somit ein weiteres ungünstiges Gefecht mit großen Verlusten zu erwarten, welches überdies die Ort=schaften Saarbrücken, St. Johann und Malstatt in Mitleidenschaft ziehen mußte.

Weitere Opfer hätten hier aber keinen Nutzen gehabt, und in allen Gefechtslagen muß man über die Eindrücke des Augenblickes hinaus den ursprünglichen Zweck des Gefechts unausgesetzt im Auge behalten, es sei denn, daß unvorhergesehene Ereignisse die ganze Grundlage verändern oder solche Vortheile bieten, daß man sich deren Ausbeute nicht entgehen lassen darf. Nun war die Aufstellung des Detachements Pestel jedenfalls nicht unter dem Gesichtspunkte erfolgt, dem Vorgehen eines weit überlegenen Gegners mit Waffengewalt entgegenzutreten, und ebensowenig waren die übrigen Truppen zu einem solchen Zweck nach Raschpfuhl vorgeführt worden; ihre Auf=gabe war, das Detachement Pestel aufzunehmen, keineswegs aber bestand sie darin, im Verein mit demselben sich unter allen Umständen

an der Saar zu behaupten. Zwar hing es vom Feinde ab, ob der=
selbe seinen bisherigen Erfolg weiter ausbeuten wollte, entschloß er
sich aber hierzu, dann standen dem Vertheidiger bei der Vereinzelung
seiner vordersten Posten und deren Vertheilung auf eine große Strecke,
sowie bei der Unmöglichkeit ihrer ausreichenden Unterstützung durch
seine Reserven nur erneute Verluste ohne Hoffnung auf Erfolg in
Aussicht.

Um etwas günstiger wäre die Lage geworden, wenn der Ver=
theidiger die Brücken in der Stadt, wie die Eisenbahnbrücke gründlich
hätte zerstören dürfen. Aber diese Uebergänge waren für das spätere
Vorgehen der Armee nothwendig und dieser Gesichtspunkt war daher
wichtiger, als jeder Vortheil, der dem Detachement aus der Zer=
störung der Brücken erwachsen konnte. Führte der Feind demnächst
eine solche aus — wie dies zufällig mit der Eisenbahnbrücke geschah —
so konnte man es nicht ändern, den Absichten der Heeresleitung aber
durfte man selbst keine Schwierigkeiten schaffen.

Unter diesen Umständen mußte also der oberste Führer dem Oberst=
lieutenant v. Pestel den Befehl geben: „Sobald die 3 Kompagnien des
2. Bataillons über die Saar zurück wären, mit seinem Detachement
nach Raschpfuhl abzumarschiren"; sowie dem 3. Bataillon: „Sobald
das 2. Bataillon auf dem rechten Ufer gesammelt wäre und sich in
Marsch auf Raschpfuhl gesetzt hätte, demselben ebendahin zu folgen."
Stand die 10. Kompagnie 69. Regiments bei Malstatt unter dem
unmittelbaren Kommando des Oberstlieutenants, so war es Sache
desselben, im Sinne dieses Befehls über sie zu verfügen; war dies
nicht der Fall, so mußte dies vom Brigadekommandeur geschehen. Man
sieht, wie nöthig eine derartige vorherige feste Regelung ist, da sonst
im Gefechte leicht eine Abtheilung ganz ohne Befehl bleiben kann.
Thatsächlich ist die Weisung zum Abzuge nach Raschpfuhl der Kom=
pagnie im weiteren Verlauf des Gefechts so spät zugegangen, daß es
fast den Eindruck macht, als ob sie übersehen worden sei und eine
unmittelbare Unterstellung unter dem Führer des Saarbrücker Detache=
ments nicht bestanden habe.

Man muß sich nur vergegenwärtigen, wie es unter Verhältnissen,
bei denen die Aufmerksamkeit vornehmlich auf die Gesammtlage
gerichtet ist, in Bezug auf derartige Einzelheiten in solchen Fällen
zugehen kann. Der erst am Nachmittage des vorhergegangenen
Tages eingetroffene Brigadekommandeur hat sich jedenfalls über die
Aufstellung des Detachements von dem Führer desselben eingehend

berichten laſſen. Der betreffende Detachementsführer ſpricht ſelbſt-
verſtändlich zunächſt nur von der Vertheilung der zu ſeinem Detachement gehörigen Abtheilungen und vervollſtändigt ſeine Angaben mit
dem Hinweiſe, daß ſein rechter Flügel bei Malſtatt durch eine Kompagnie 69. Regiments geſichert ſei; das Befehlsverhältniß dieſer
Kompagnie dürfte ſchwerlich dabei zur Sprache kommen. Der Brigadekommandeur nimmt an, daß der Detachementsführer über ſie verfügt,
Letzterer, daß jenem die bisherige Selbſtſtändigkeit des Füſilier-Bataillons
69. Regiments und mithin deſſen freie Verfügung über die entſandte
Kompagnie bekannt ſei. Es empfiehlt ſich daher, daß, wenn ein
höherer Führer plötzlich den Befehl über eine auf längere Linie ſich
erſtreckende Grenzſicherung erhält, er ſich beeilt, die Befehlsgliederung
der verſchiedenen Poſtirungen angehörigen Truppen klarzuſtellen,
wenn vorher die einzelnen Abtheilungen auf gegenſeitige Aushülfe
und Unterſtützungen angewieſen waren.

In Bezug auf die Befehlsgliederung tritt noch eine andere Frage
hier hervor, nämlich die, ob das zur Aufnahme beſtimmte Bataillon
dem Oberſtlieutenant v. Peſtel untergeordnet werden, oder in der
Hand des Brigadekommandeurs verbleiben ſollte. Wir würden
letzterer Maßregel den Vorzug geben, da das Feſthalten der Uebergänge in Saarbrücken im Zuſammenhange mit dem Feſthalten der
übrigen an der Saar noch beſetzten Punkte ſtand, die Leitung der
einzelnen Poſten daher unmittelbar vom Brigadekommandeur ausgehen mußte und ein weiteres Beſtehenlaſſen des geſammten Detachements Peſtel in ſeiner Selbſtſtändigkeit jetzt der Gefechtslage nicht
mehr entſprach. Auf eine ſofortige ordnungsmäßige Vertheidigung
durch die zurückgehenden Kompagnien iſt bei einem Abzugsgefecht,
in welchem die einzelnen Abtheilungen von Anfang an vereinzelt
kämpfen, ſo wie bei dem Nachdrängen eines übermächtigen Feindes
nicht mit Sicherheit zu rechnen, und welche Schwierigkeiten das
Sammeln eines Bataillons aus einem derartigen Gefecht bietet, dürften
die in der Darſtellung erwähnten Verhältniſſe beim 2. Bataillon des
Füſilier-Regiments deutlich hervortreten laſſen.

Ueber das Feſthalten oder Aufgeben der geſammten Saar-
linie von Brebach bis Völllingen konnte aber nur der Brigade-
Kommandeur entſcheiden und dazu bedurfte er an der augenblicklich
am brennendſten in Frage kommenden Stelle — in St. Johann —
einer völlig gefechtsfähigen Abtheilung, welche, wie die übrigen einzelnen Poſten an der Saar, in Rückſicht auf den Zuſammenhang mit

diefen, unmittelbar unter feiner Leitung blieb. Während es im Allgemeinen gewiß richtig ift, Truppen, welche zur Unterftützung bereits kämpfender Abtheilungen vorgefchickt werden, wo es das Rang= verhältniß geftattet, unter den Befehl des Führers der Letzteren zu ftellen, fo würden wir doch unter den vorliegenden Umftänden hier= von Abftand nehmen und es vorziehen, wenn der Brigadekommandeur feine Befehle unmittelbar dem 3. Bataillon ertheilte.

Hiermit können wir jedoch unfere Betrachtungen über die Be= fehlsertheilung in diefem Gefechtsmoment noch nicht befchließen, denn bei dem Entfchluß, die Saarlinie aufzugeben, darf die Lage der Abtheilung in Brebach nicht überfehen werden. Diefe in der Stärke von 1 Kompagnie, 1 Zug Ulanen und 2 Gefchützen ftand unter dem Kommando des Oberftlieutenants v. Peftel, ein Zurück= nehmen derfelben und die Sorge für ihre Vereinigung mit den an= deren Truppen fiel daher zunächft diefem Detachements=Führer zu, fobald er den Befehl zum Sammeln feiner Truppen bei Rafchpfuhl erhielt.

Aber im vorliegenden Falle dürfte doch noch eine andere Be= ftimmung des Detachements von Nutzen gewefen fein, fobald fich der Brigadekommandeur entfchloß, die Vertheidigung der Saar= linie aufzugeben. Diefe kleine Abtheilung aller Waffen hatte bei Brebach Aufftellung gefunden in Rückficht auf ein Vorgehen des Feindes von Saargemünd aus auf St. Johann. Durch ihr weites Vorfchieben konnte man nöthigenfalls Zeit gewinnen, die auf dem linken Ufer verwandten Kompagnien zurückzunehmen, wenn ein ftarker Vorftoß des Gegners auf dem rechten Ufer dies erforderlich gemacht hätte. Die Möglichkeit einer Unterftützung des Gefechts auf dem linken Ufer von Brebach aus war nur eine Folge der aus anderen Rückfichten hervorgerufenen Anwefenheit der Abtheilung bei diefem Dorfe, keineswegs aber der Zweck, weshalb fie überhaupt vorgenommen worden war.

Als nun die übrigen Kompagnien des 2. Bataillons gezwungen wurden, die Stellung auf den Höhen zu räumen, hatte ein weiteres Verbleiben des Detachements bei Brebach, auf fo große Entfernung von den übrigen Truppen, keinen ftichhaltigen Grund mehr, wenn nicht etwa ein Verfuch zur Wiedernahme des Winterberges beabfichtigt wurde. Dagegen war es nothwendig für etwa fpäter eintretende Ereigniffe das weitere gemeinfchaftliche Handeln der Maffe der Truppen und diefer Abtheilung ficher zu ftellen, was jedenfalls ein näheres

Heranziehen der Letzteren an St. Johann bedingte. Allerdings blieb ein solches, nachdem der Winterberg bereits vom Feinde besetzt war und jeden Augenblick auf demselben Artillerie erscheinen konnte, längs der Saar schwerlich noch ausführbar und hätte der Abzug schon zu dieser Zeit einen Umweg — etwa über Eschbergerhof*) — erfordert.

Nach beschlossenem Aufgeben der Saar=Vertheidigung konnte jedoch für das Brebacher Detachement noch eine anderweitige Verwendung ins Auge gefaßt werden, die indeß nur der Brigadekommandeur anzuordnen vermochte, nämlich: die Sicherung der Bahn auf Neunkirchen unter Zurückgehen auf der Dudweiler Straße. Voraussetzung ist, daß der Brigadekommandeur überhaupt Kenntniß von der Wichtigkeit dieser Bahn in Bezug auf die Vorbewegung der II. Armee gehabt hat, was wir vorläufig bezweifeln müssen, denn einen derartigen Einblick in die beabsichtigten großen Operationen, insbesondere im Anfange des Feldzuges, besitzen nur die höchsten Kommandostellen. Erst später, wenn eine unmittelbare Berührung mit den in gleiche Höhe gelangten oder unmittelbar folgenden Kolonnen anderer Korps hergestellt ist, gerathen auch kleinere Abtheilungen manchmal in die Lage, in ihren Maßnahmen auf jene Rücksicht nehmen zu können, ohne erst von Oben her darauf bezügliche Weisungen abzuwarten. Hier hatte das Saarbrücker Detachement allerdings anfangs die Bestimmung erhalten, seinen Rückzug längs der Bahn auf Neunkirchen zu nehmen und namentlich diesen Ausschiffungspunkt zu decken, aber bereits seit einigen Tagen war der Befehl abgeändert und die Straße auf Lebach als Rückzugsrichtung gegeben worden. Es wäre daher nützlich gewesen, wenn dem General Graf Gneisenau bei Uebernahme des Befehls vom Generalkommando, welches in der Lage war, die einschlagenden Verhältnisse zu übersehen, irgend eine Rücksichtnahme auf Deckung der erwähnte Bahnlinie auferlegt und nicht nur sein Zurückgehen auf die Spitzen des anrückenden eigenen Armee=Korps in Betracht gezogen worden wäre. Ob dem General etwas hierauf Bezügliches zugegangen ist, wissen wir nicht; immerhin blieb jedoch die Sicherung einer der von St. Johann in das Innere des Landes führenden Hauptstraßen, sowie die Beobachtung auf dem rechten Ufer nach Saargemünd zu noch als eine Forderung bestehen. Die allgemeinen Verhältnisse beanspruchten daher, daß nach beiden Richtungen hin die Fühlung mit dem Feinde

---

*) s. Karte I.

erhalten, und man darüber unterrichtet blieb, wie weit etwa Abthei=
lungen desselben auf oder gegen die Dudweiler Straße vorgelangten.

Diese Rücksichten würden uns zum Heranziehen des Brebacher
Detachements auf die Straße St. Johann—Neunkirchen unter Ver=
stärkung desselben durch die bei Dudweiler befindliche Ulanen=Eskadron
bewogen haben. Hier deckte diese Abtheilung im Falle eines weiteren
Rückzuges von Raschpfuhl gleichzeitig die linke Flanke des Gros und
konnte sowohl in Richtung auf Saarbrücken wie auf Saargemünd
die Fühlung mit dem Feinde erhalten. Es war dann von Werth,
für die hier aufklärenden Ulanen, daß sie einen Rückhalt in der
Kompagnie fanden.

Nach dem Gange, welchen das Gefecht von Saarbrücken
nahm, mußte die Führung sich demnächst darüber schlüssig machen,
was anzuordnen war, nachdem die Versammlung des größten
Theils des Detachements bei Raschpfuhl stattgefunden hatte. In
erster Linie handelte es sich dabei, ob man stehen bleiben oder weiter
zurückgehen sollte.

Um sich in die Lage des Brigadekommandeurs um diese Zeit
vollständig zu versetzen, fehlt es in einer Beziehung an einem nicht
unwesentlichen Anhalt; wir wissen nämlich nicht, inwieweit derselbe
damals über die Vorgänge bei Völklingen unterrichtet war, auch ist
nicht bekannt, ob er überhaupt mit dem dort befindlichen Füsilier=
Bataillon Nr. 69 in telegraphischer Verbindung gestanden hat und
wenn dies der Fall gewesen, ob eine solche auch noch nach Räumung
des Bahnhofes von St. Johann unterhalten worden ist.

Jedenfalls aber lagen die Verhältnisse jetzt derartig, daß wenn
der Gegner mit starken Kräften bei Völklingen überzugehen beab=
sichtigte, die 3. Füsilier=Kompagnie dies nicht zu wehren vermochten.
Dann aber war, sobald der Gegner nach bewirktem Uebergange in
Richtung Püttlingen weiter vordrang, ein Verbleiben des Detachements,
das seinen Rückzug auf Lebach hatte, bei Raschpfuhl in hohem Grade
gefährlich.

Dazu kam, daß auch ein weiteres Vordringen des Gegners über
St. Johann jeden Augenblick stattfinden konnte, und, wenn man ihm
dasselbe auf den Höhen von Raschpfuhl zu verwehren suchte, ein neues
Gefecht entbrennen mußte, welches bei der bereits erkannten bedeutenden
Ueberlegenheit des Feindes doch nur einen unglücklichen Ausgang er=
warten ließ.

Im Uebrigen hatte man die Aufgabe, weshalb das Gros des Detachements von Hilschweiler bis an Saarbrücken herangezogen worden war, gelöst: die Aufnahme des Detachements v. Pestel hatte stattgefunden. Man konnte sich daher jetzt der Division wieder nähern, und schloß dadurch die Gefahr aus, in einen weiteren verlust=reichen Kampf unnöthigerweise verwickelt zu werden.

So weit sprachen die Verhältnisse allerdings für den Rückzug. Man brauchte sich mit demselben nicht zu sehr zu beeilen, denn das Ueberschreiten der Saar und die Entwickelung angemessener Kräfte auf dem rechten Ufer bei St. Johann oder Völklingen konnte vom Gegner nicht ohne beträchtlichen Zeitaufwand erfolgen und mußte unter den Augen der preußischen Truppen ausgeführt werden. Die verhältnißmäßig geringe Stärke selber gestattete überdies, sich für den Abzug in Marschkolonne zu setzen, ohne daß die Franzosen sie dabei wesentlich zu behindern vermocht hätten. Es läßt sich also gar nichts dagegen einwenden, daß die Truppen noch länger bei Raschpfuhl verblieben.

Aber für den Entschluß, ob stehen bleiben, ob zurückgehen, kommen doch noch andere Rücksichten in Betracht, als die bisher an=geführten und sie sind so wichtiger Natur, daß wir sie nicht über=sehen dürfen.

Zunächst müssen wir auch hier wieder den Grundsatz voranstellen: Man überläßt dem Feinde keinen Fußbreit Boden, wenn die Ver=hältnisse nicht dazu unabweislich zwingen.

Zwischen 1 und 2 Uhr Nachmittags konnte man freilich noch nicht übersehen, ob der Gegner die mit Aufgebot bedeutender Kräfte am Vormittage begonnene Vorbewegung weiter fortsetzen würde. Zwischen 5 und 6 Uhr aber, als der Abmarsch von Raschpfuhl er=folgte, wußte man ganz genau, daß er für diesen Tag wenigstens eine solche Absicht nicht mehr hatte, ja man konnte zu dieser Zeit mit ziemlicher Bestimmtheit sogar vermuthen, daß eine solche auch nicht für den folgenden Tag vorlag, denn sonst würden die Franzosen es doch nicht unterlassen haben, das unvertheidigte St. Johann zu besetzen.

In Bezug auf die Lage bei Völklingen würde es sich auch er=geben haben — wenn nicht bereits in den ersten Nachmittagsstunden die 3 Füsilier=Kompagnien Nr. 69 zurückbeordert worden wären — daß der Gegner auch dort kein Ueberschreiten der Saar beabsichtigte; sein baldiges vollständiges Verschwinden daselbst sprach ebenfalls da=für, daß er nicht die Absicht hatte, dies am nächsten Tage auszuführen.

Dann aber kommt doch auch in Betracht, daß, so lange man den rechten Thalrand festhielt, die Beobachtung des Saar-Thales wesentlich erleichtert wurde. Zwar konnte die Fühlung mit dem Gegner durch die Kavallerie auch erhalten werden, selbst wenn man bis Heusweiler zurückging, aber sie war umständlicher, wurde durch das Gelände mehr behindert und die Beobachtung hörte fast gänzlich auf, wenn der Feind eine nur etwas überlegene Kavallerie auf das rechte Ufer vorwarf.

Schließlich sei auch noch darauf hingewiesen, daß, wenn der Feind nicht folgte, ein weites Zurückgehen des Detachements voraussichtlich eine unnütze Marschleistung in sich schloß, denn mit der in Aussicht stehenden Vorbewegung des Armee-Korps mußte dieses Detachement denselben Weg wieder vorwärts zurücklegen.

In Rücksicht dieser Erwägungen würden wir für die Führung des Detachements im Laufe des Nachmittags folgenden Befehl gegeben haben:

„Als Arrieregarde verbleibt das 1. Bataillon Nr. 40 nebst 4 Geschützen der 6. leichten Batterie und 1¾ Eskadrons Ulanen am Eintritt der Straße St. Johann—Lebach in den Köllerthaler Wald; die Saar ist abwärts von St. Johann bis Bockershausen zu beobachten."

„Das Gros, 1¾ Bataillon Nr. 40, 10 Kompagnien Nr. 69 und 1 Zug Husaren Nr. 9, marschirt auf der Chaussee nach Kolonie Buchschachen und Guichenbach, woselbst es Alarm-Quartiere bezieht."

„Das rechte Seiten-Detachement (3 Kompagnien Füsilier-Regiments Nr. 69, 50 Ulanen) beobachtet den Uebergang von Völklingen auch noch weiterhin und setzt die Erkundungen auf dem linken Flügel fort. Verbindung nach Saarlouis und Raschpfuhl ist zu unterhalten. Die 10. Kompagnie Nr. 69 rückt mit 10 Ulanen nach Bockershausen; sie tritt unter den Befehl des Bataillons zurück."

„Das linke Seiten-Detachement (Detachement Brebach, verstärkt durch die Ulanen-Eskadron aus Dudweiler) setzt sich auf die Dudweiler Straße bei Jägersfreude, Patrouillen beobachten St. Johann und die Straße von Saargemünd über Brebach nach St. Ingbert, Verbindung mit dem Posten des Dragoner-Regiments Nr. 5 bei letzterem Orte ist zu unterhalten."

„Beim Vorgehen stärkerer feindlicher Abtheilungen hat sich die Arrieregarde an das Gros heranzuziehen. Das linke Seiten-

Detachement verbleibt auf der Straße nach Neunkirchen; das rechte Seiten-Detachement geht über Püttlingen und Ritterstraße bis in die Höhe von Kolonie Buchschachen."

„Meldungen sind nach Kolonie Buchschachen zu richten."

Auf diese Weise würde man durch die Aufstellung der Arrieregarde am Eingange des Köllerthaler Waldes, wie durch die beiden Seiten-Detachements im Besitz des Geländes verblieben sein, welches man zur Zeit noch inne hatte; alle von der Saar heraufführenden Wege blieben unter der sichersten Beobachtung und konnte sich diese bei Völklingen auch noch ferner auf das linke Ufer erstrecken, das Gros der Truppen fand nach kurzem Marsche wenigstens theilweise Unterkunft und stand unmittelbar hinter den waldbedeckten Höhen bereit, zur Aufnahme der noch vorne befindlichen Abtheilungen entsprechende Maßregeln zu treffen.

Die 4 Geschütze sind hierbei der Arrieregarde zugetheilt worden, weil sie am besten im Stande waren, ein Vorbrechen des Gegners aus St. Johann zu verzögern; auch konnte das Verbleiben einer Abtheilung aller Waffen in der Gegend von Naschpfuhl den Gegner im Glauben erhalten, daß sich noch das gesammte Detachement daselbst befände. Die beiden beim Detachement Brebach befindlichen Geschütze würden wir an die Batterie wieder herangezogen haben, doch war es dann gerathen, sie zunächst von der Dudweiler Straße nach dem Gros des gesammten Detachements zu dirigiren, da der Marsch unmittelbar bei St. Johann vorbei zu gewagt erscheinen mußte.

Es bleibt noch zu erwägen, welche Anordnungen seitens der Führung im Laufe des Tages in Bezug auf die am 1. August in der Gegend um Heusweiler eingetroffenen und vorläufig dort belassenen Truppen zu treffen waren. Dieselben bestanden aus dem 2. Bataillon Regiments Nr. 29, 1¼ Eskadrons Husaren und der 6. schweren Batterie.

Vor Saarbrücken mußte sich dem obersten Führer nach seinem Eintreffen auf dem Exerzirplatze sofort die Ueberzeugung aufdrängen, daß eine längere Behauptung des linken Saar-Ufers nicht mehr zu ermöglichen war; dem ersten Eindrucke nach hatte man jedoch nur 5 Bataillone gegen sich, denen man jedenfalls, wenn sie es versuchen sollten, über die Saar weiter vorzubringen, ernsthaften Widerstand entgegenstellen konnte. Ob sie dies ohne anderweitige Unterstützung unternehmen würden, konnte man nicht wissen; wahr-

scheinlich war sogar, daß es nicht geschah, aber immerhin konnte es
an der Saar zu einem weiteren Gefecht kommen. Wo aber ein
Gefecht in Aussicht steht, ist es stets nothwendig, alle irgend ver=
fügbaren Truppen auch für die Durchführung desselben bereit zu
stellen.

In Rücksicht hierauf mußte also der Befehl zum schleunigen Vor=
gehen der betreffenden Abtheilungen gegeben werden. Dies ist in Bezug
auf das Bataillon und die Batterie auch um 11 Uhr Vormittags
geschehen; nur den Husaren ging ein solcher Befehl nicht zu, sondern
schlossen diese sich von selbst dem Vormarsch an. Letzteres ist richtig.
Wo ein Gefecht entbrannt ist, gehört ein Jeder hin, der nicht für
anderweitige wichtigere Zwecke an eine bestimmte Stelle gefesselt ist.
Wir würden aber auch nicht auf das Vorholen der Husaren seitens
der obersten Führung verzichtet haben, da man selbst in diesem Ge=
lände einen vortheilhaften Gebrauch von einer stärkeren Kavallerie zu
machen vermochte, namentlich aber, wenn man nach dem thatsächlichen
Verlaufe des Gefechts, sich entschlossen hätte, theils unmittelbar an
der Saar, theils auf dem Thalrande des rechten Ufers zu verbleiben.
Dann war eine derartige Verstärkung dieser Waffe nur erwünscht,
um sowohl gegen Saargemünd auf dem rechten Ufer, wie über
Völklingen hinaus auf dem linken Ufer alle für eine Aufklärung
vorhandenen Kräfte auch zu einer solchen verwenden zu können. Diese
Zutheilung hätte alsdann an beide Seiten=Detachements erfolgen
müssen, da die Arrieregarde bei Raschpfuhl mit 1 bis 2 Zügen
Kavallerie vollständig ausreichte. Aber selbst, wenn man sich zur
Zeit des ersten Befehls am Vormittage bereits mit dem Ge=
danken eines weiteren Rückzuges nach Aufnahme des Pestel'schen
Detachements vertraut gemacht hätte, würden wir erst recht die
1³/₄ Eskadrons Husaren vorbeordert haben. Denn je weiter man
die Infanterie zurücknahm, um sie der Angriffssphäre des Feindes
zu entziehen, desto mehr fiel es der Kavallerie zu, die Fühlung mit
ihm zu erhalten. Verwendete aber der Gegner seine Eskadrons in
demselben Sinne, so hatte bei beiderseitig der Lage entsprechender
Führung derjenige, welcher der Stärkere war, die meisten Aussichten
auf Erfolg. Es gehörte auch alsdann jeder Reiter, der weit zurück
nutzlos geblieben wäre, in die vorderste Linie.

Hierbei müssen wir noch darauf aufmerksam machen, daß unter
solchen Verhältnissen eine Vermischung von Abtheilungen verschiedener
Kavallerie=Regimenter sehr leicht eintreten kann. Wir werden eine

solche voraussichtlich später bei den Studien über die Operationen in Bezug auf den Aufklärungsdienst noch in großem Maßstabe vorfinden und diesem Verhältniß dann näher treten; hier sei nur vorläufig bemerkt, daß man der wichtigen Forderung des Zusammenhaltens der Truppenverbände auch in dieser Richtung nach Möglichkeit Rechnung tragen muß. —

Der nach Heusweiler gesandte Befehl enthält den Vermerk: „Eingegangen Heusweiler 1 Uhr Mittags. Das Bataillon und die Batterie rücken vor." Wie es gekommen ist, daß die um 6 Uhr Nachmittags von Raschpfuhl zurückmarschirenden Truppen erst auf ihrem Wege diese beiden Abtheilungen trafen, vermögen wir nicht aufzuklären. Vielleicht ist es versäumt worden, ihnen, als der bestimmte Entschluß zum Abmarsch gefaßt wurde, den Befehl zur Umkehr entgegen zu schicken, vielleicht auch haben sie einen Befehl zum Halten bekommen. Wir entnehmen hieraus, darauf hinzuweisen, daß eine vorbeorderte Truppe stets einen Adjutanten vorausschicken muß, nicht nur um sich vorne über den Gang des Gefechts zu unterrichten und dem daselbst kommandirenden Offizier den Anmarsch zu melden, sondern auch um bei diesem seine Truppe in Erinnerung zu bringen, sobald der Gang des Gefechts irgend welche anderweitigen Anordnungen für sie erfordern könnte. —

Wir schließen hiermit die Betrachtungen über die oberste Befehlsführung im Gefechte von Saarbrücken ab; man wird finden, daß die thatsächlichen Anordnungen, soweit wir solche noch festzustellen vermochten, sich mit unseren theoretischen Entwickelungen im Allgemeinen decken, nur in Bezug auf den Abmarsch der gesammten Truppen von Raschpfuhl sind wir, ebenso wie bezüglich einer Verwerthung des Brebacher Detachements, zu einer etwas abweichenden Anschauung gelangt.*)

Es darf aber nicht übersehen werden, daß wir hier die zu fassenden Entschlüsse auf weitester Grundlage von Erwägungen zu entwickeln versucht haben. Nun muß jedoch Niemand verlangen, daß sich eine derartige Gedankenarbeit im Kopfe eines Befehlshabers während eines Gefechts vollziehen soll: das ist einfach nicht möglich! Um einen Entschluß auf eingehende Betrachtung und Würdigung aller für denselben in Betracht kommenden Umstände aufbauen zu können,

---

*) Wie es gekommen, daß Letzteres ohne Befehl zum Abmarsch blieb, ist nicht zu ermitteln.

bedarf es eines großen Zeitaufwandes und ungestörter Arbeit. Im Drange des Gefechtes, in dem alle Vorgänge mit gespanntester Aufmerksamkeit zu verfolgen sind, welches oft unerwartete Erscheinungen zeigt, wo die Meldungen und Anfragen schnelle Entscheidungen und schwerwiegende Entschlüsse des Befehlshabers erfordern und vielfach bestimmte Ansichten sich auf ganz ungenügender Grundlage bilden müssen, ist der Führer nicht im Stande Betrachtungen anzustellen, wie wir es hier bei voller Kenntniß des ganzen Verlaufes des Gefechtes nach Jahren am Schreibtisch zum Zweck des Lernens ausgeführt haben.

Aber die Fähigkeit, Lagen schnell zu erfassen und rasch zu sachgemäßem Entschlusse zu gelangen, reift nicht allein auf den Uebungsfeldern im Frieden; ihre Entwickelung bedarf ernster Studien und selbstständigen Nachdenkens, denn das Gebiet des Krieges ist ein überaus großes und mannigfaltiges und zeitigt Erscheinungen, welche auch die bestgeleitetsten Friedensübungen nicht zur Darstellung zu bringen vermögen. Auch genügt es keineswegs, Vorträge anzuhören oder Bücher zu lesen; es bedarf die Entwickelung vor Allem der Selbstthätigkeit, des Nachdenkens, der wirklichen eigenen Geistesarbeit. Je mehr Jemand sich mit den Verhältnissen des Krieges auf solchen Wegen vertraut gemacht hat, desto leichter wird es ihm werden, sich in den verschiedensten Lagen zurecht zu finden. Die größten Feldherren aller Zeiten haben daher auch stets auf das Eifrigste dem Studium des Krieges obgelegen. Vor Allem aber ist festzuhalten, daß jede kriegerische Thätigkeit von dem Charakter des Handelnden abhängt, und daß daher die Entwickelung und Stärkung desselben die ersten und vornehmlichsten Ziele jeder Ausbildung — und in erster Linie der eigenen Ausbildung — sein müssen. —

In Bezug auf die Thätigkeit der übrigen am Gefecht von Saarbrücken betheiligten Führer sei hier noch die des Kommandeurs des 2. Bataillons der Hohenzollernschen Füsiliere einer eingehenden Betrachtung unterzogen, da dieselbe unter ganz besonders schwierigen Verhältnissen ausgeübt werden mußte.

Wir wissen, daß Major v. Horn kurz vor Beginn des Gefechts überhaupt erst eingetroffen war und das Kommando des Bataillons übernommen hatte. Die hierdurch schon für ihn sehr ungünstige Lage gestaltete sich durch die Vereinzelung der Kompagnien, wie durch die räumliche Ausdehnung und Unübersichtlichkeit des Geländes noch wesentlich schwieriger.

Aufgabe dieſes Stabsoffiziers konnte zunächſt nur die Leitung der Kompagnien ſein, welche auf dem linken Ufer zur Thätigkeit gelangten. Die nach Brebach entſandte Kompagnie gehörte unmittelbar unter den Befehl des Oberſtlieutenants v. Peſtel als Führer des Detachements, dem die Behauptung von Saarbrücken zufiel, da ihre Aufgabe vorzugsweiſe in der Sicherung der geſammten Aufſtellung in Richtung Saargemünd auf dem rechten Ufer beſtand. Ob auch die Reſerve=Kompagnie in St. Johann dem Befehle des Bataillons= kommandeurs unterſtellt geweſen iſt, wiſſen wir nicht, thatſächlich hat er über dieſelbe verfügt. Wir ſind der Anſicht, daß auch die Reſerve=Kompagnie nur vom Detachementsführer abhängig ſein durfte, da ſie die Reſerve für die auf beiden Ufern befindlichen Abtheilungen bildete. Für die Theile des Bataillons, welche auf dem linken Ufer ſich befanden oder noch auf daſſelbe herangezogen wurden, bedurfte es einer einheitlichen Leitung und ſolche fiel dem Bataillons= kommandeur von Anfang an zu. Dieſe Verhältniſſe weiſen erneut darauf hin, wie nothwendig eine den Umſtänden anzupaſſende Befehls= gliederung iſt, auch tritt hervor, daß bei derartigen Detachements nicht immer dem Kommandeur eines Bataillons die freie Verfügung über ſeine ſämmtlichen Kompagnien überlaſſen bleiben kann.

Wir wiſſen ferner, daß die erſten Meldungen vom Vorgehen des Feindes den Major v. Horn bei der 6. Kompagnie trafen — wahrſcheinlich alſo in der Nähe ihres Alarmhauſes in der gegen St. Arnual gewandten Vorſtadt von Saarbrücken. Selbſtverſtändlich lag auch für ihn zunächſt das Bedürfniß vor, ſelbſt zu ſehen. That= ſächlich eilte er auch ſofort zu den äußerſten Vorpoſten zurück — wie es den Anſchein hat, ſogar über dieſelben hinaus —, dort über= zeugt er ſich von der Richtigkeit der Meldung wie von der Stärke des Gegners und trifft noch eine Einzelanordnung bei einer in ſeine Nähe gelangten Abtheilung der Kompagnie durch Vornehmen der= ſelben bis an eine Baumreihe, von welcher aus ſie wahrſcheinlich ein beſſeres Schußfeld gegen die feindlichen Schützen hatte. Dann aber mußte er hier die weitere Entwickelung dem Kompagnie=Chef überlaſſen, da es ſeine Aufgabe iſt, auch die andere Kompagnie auf dem äußerſten rechten Flügel im Auge zu behalten und über die vor= beorderte Reſerve, die aus St. Johann erwartete 5. Kompagnie, zu verfügen.

Es war daher durchaus den Verhältniſſen entſprechend, daß ſich Major v. Horn nunmehr zurück begab, um die Uebereinſtimmung in der Thätigkeit seiner Abtheilungen herbeizuführen, soweit dies überhaupt möglich war.

Ob das linke Ufer bereits jetzt verlassen werden sollte, konnte nur der Führer des gesammten Detachements anordnen; die Kompagnien hatten die Stellung zu halten, bis ihnen ein auf die Räumung bezüglicher Befehl zuging, oder bis sie dazu durch den Feind gezwungen wurden. Der Bataillonskommandeur konnte vorläufig nur die zum Festhalten erforderlichen Anordnungen treffen. Hierzu gehörte in erster Linie, daß die 6. und 7. Kompagnie die vorgeschriebenen Stellungen einnahmen, dann aber mußte beim weiteren Ausbreiten des Feindes auch die zwischen beiden Kompagnien befindliche Lücke geschlossen werden.

Beides im Auge haltend, gab der Major v. Horn den Abtheilungen der 6. und 7. Kompagnie, auf welche er beim Ritt nach dem rechten Flügel stieß, Befehl, sich halb links zu halten, um dem zunächst von Südosten kommenden Vorstoß des Feindes entgegenzutreten.

Eine fernere Nothwendigkeit für den Kommandeur war, sich eine Reserve zu schaffen. Als eine solche war zunächst das Heranziehen der 5. Kompagnie ins Auge zu fassen; weitere Unterstützungen konnten nur vom General Graf Gneisenau aus den bei Raschpfuhl befindlichen Truppen erfolgen.

Daß die 5. Kompagnie vorbeordert wurde, wissen wir. Die Geschichte des Regiments erwähnt, daß dies durch den Major v. Horn erfolgt sei; der Augenblick, in welchem der Befehl dazu ertheilt wurde, ist nicht bezeichnet, doch steht zu vermuthen — wenigstens in Rücksicht auf das schnelle Eintreffen der Kompagnie —, daß dies unmittelbar nach Eingang der Meldung vom Anrücken des Feindes geschehen sein dürfte, was jedenfalls als richtig bezeichnet werden muß, sobald Major v. Horn über die Kompagnie Verfügung hatte oder sie ihm jetzt zur Verfügung gestellt wurde.

Das Vorziehen der 5. Kompagnie nach dem Rothen Hause ist jedenfalls als zweckmäßig anzuerkennen, da sie sich dort in der Mitte der ganzen Stellung befand und zur Hand war, um die gefährdete Lücke, welche der nicht von Anfang an besetzte Reppertsberg zwischen beiden Flügeln zeigte, auszufüllen, was unmittelbar nach ihrem Eintreffen dann auch durch ihr sofortiges weiteres Vorgehen insoweit geschah, als ihre Kräfte dazu ausreichten.

Hatten bisher die Verhältnisse noch gestattet, dem Bataillons-Kommandeur eine Einwirkung durch das Dirigiren von Soutiens und das Heranziehen der Reserve-Kompagnie auszuüben, so mußte eine solche nunmehr bei der Ausdehnung der gesammten Linie und der Unübersichtlichkeit des Geländes, sowie durch den Umstand, daß ein großer Theil der verfügbaren Kräfte sich sofort im Gefecht mit dem Feinde befand, und bei dem Mangel einer weiteren Reserve zur eigenen Verfügung sich wesentlich herabmindern. Die Einzelheiten entzogen sich in dem unübersichtlichen Gelände zum großen Theil dem Auge, doch wurde sehr bald — dem Berichte zufolge — erkannt, daß das Gefecht am Winterberge im Zurückgehen begriffen war.

Es ist schon früher darauf hingewiesen, daß mit dem Verlust des Winterberges die gesammte Stellung auf dem linken Saar-Ufer nicht mehr auf die Dauer gehalten werden konnte. Kräfte, um das Gefecht wieder herzustellen, hatte der Bataillonskommandeur nicht mehr zu verausgaben, der Augenblick war schwierig, und müssen wir uns die Frage vorlegen, was seitens dieses Kommandeurs jetzt geschehen sollte.

Am einfachsten erscheint es, diese Frage dahin zu beantworten, daß, bei der Unmöglichkeit die Stellung mit den noch vorhandenen Kräften auf die Dauer zu behaupten, nunmehr auch der Rückzug der 5. und 7. Kompagnie hätte befohlen werden müssen.

Aber so einfach lagen die Verhältnisse für den Bataillonskommandeur keineswegs.

Zunächst wußte er noch gar nicht, ob nicht die obere Führung durch Vorführen von Reserven, wozu die beiden anderen Bataillone des Regiments verfügbar waren, ein Wiederherstellen des Gefechts beabsichtige, dann aber darf auch eine Truppe überhaupt niemals den ihr angewiesenen Platz ohne Befehl eher verlassen, als bis sie durch den Feind dazu gezwungen wird.

Eine derartige Nöthigung lag auch für den Augenblick noch gar nicht vor, wohl aber forderte das Zurückgehen der 6. Kompagnie im Gegentheil noch zu einem Verbleiben der anderen Kompagnien für einige Zeit auf.

Unter welchen Verhältnissen diese Kompagnie von St. Arnual und dem Winterberge her, in ihren einzelnen Theilen vom Feinde gedrängt, nach Saarbrücken und über die Saar zurückkommen würde, ließ sich noch gar nicht übersehen; räumte man aber den Reppertsberg sofort, so konnte das Zurückkommen derselben überhaupt in Frage gestellt sein.

Demgemäß erschien es daher geboten, der 5. und 7. Kompagnie anzubefehlen, ihre Stellung erst, wenn sie vom Feinde gedrängt würden, zu räumen; für den Bataillonskommandeur selbst aber wurde es — beim Mangel jeglicher Reserve, wie solche sonst das Vorpostengros bietet — nothwendig, sich zu derjenigen seiner Abtheilungen hinzubegeben, die anscheinend augenblicklich in eine mißliche Lage gerathen war, um zu sehen, wie es bei ihr stände, ihre weitere Aufgabe festzustellen und persönlich einzugreifen, wenn dies nach irgend einer Richtung hin nothwendig erscheinen sollte.

Das thatsächliche Verfahren des Majors v. Horn bekräftigt diese theoretischen Entwickelungen, denn er selbst eilte jetzt wiederum nach seinem linken Flügel, während er der 5. und 7. Kompagnie die Weisung ertheilte: „wenn sie gedrängt würden, nach St. Johann auszuweichen".

Der Major stieß auf den im Rückzuge befindlichen Hauptmann Grundner, welcher die Mannschaften von ungefähr zwei Zügen seiner Kompagnie bei sich hatte.

Hat der innere Halt einer Truppe, die überraschend in ein verlustreiches Gefecht verwickelt wurde und zurückgeht, dabei gelitten, so ist Alles zu seiner sofortigen Hebung aufzubieten und am günstigsten, wenn die Einwirkung des Führers sie zum erneuten Vorgehen bringt, sobald die sonstigen Umstände dies irgend gestatten.

Wir sprechen dies hier als eine allgemeine Bemerkung aus, da kein Anhalt vorliegt, der uns berechtigte, die Haltung dieser zurückkommenden Mannschaften als eine augenblicklich erschütterte zu bezeichnen, wenngleich bei Lagen, wie sie diese beiden Züge erlebt hatten, meistentheils eine, wenigstens zeitweise Erschütterung der betreffenden Truppe verbunden zu sein pflegt. Aber von einem erneuten Vorführen dieser geringen Kräfte die Berge hinauf, auf denen sich der übermächtige Gegner ausbreitete, konnte keine Rede sein. Da blieb also nichts anderes übrig als sie dort zu verwenden, wo sie dem weiteren Vordringen des Gegners noch Widerstand zu leisten vermochten. Die hierzu am meisten geeignete Stelle war nach der örtlichen Beschaffenheit die obere Saar-Brücke, und eine Besetzung derselben fiel um so mehr ins Gewicht, als es sich dabei um einen Uebergangspunkt über die Saar handelte und ein Festhalten desselben dem gesammten Gefechtszweck, wie der augenblicklichen Gefechtslage durchaus entsprach.

Demgemäß ist auch verfahren worden. Der Bericht des Bataillonskommandeurs fährt fort: „Nach einer halben Stunde kamen 2 Züge der 6. Kompagnie unter Hauptmann Grundner den Winterberg herunter und besetzten auf meinen Befehl die Barrikaden und nächstgelegenen Häuser am rechten Saar-Ufer."

Nach der oberen alten Saarbrücke richtete sich demnächst auch der Abzug der Mannschaften des Lieutenants Garrelts der 6., sowie der der 5. Kompagnie, welche nunmehr an der Brücke verblieben, bis der Befehl des Generals Graf Gneisenau sie abrief. Es hätte auch dem Bataillonskommandeur die Sorge für die Sicherheit der neuen Brücke obgelegen, wenn dieselbe nicht bereits von Kompagnien des 3. Bataillons besetzt gewesen wäre.

Welcher Grund vorlag, daß Major v. Horn nach einiger Zeit die 6. Kompagnie bis hinter den Eisenbahndamm an der Straße nach Dudweiler zurücknahm, ist nicht bekannt. Es können bei einer derartigen Anordnung Rücksichten auf den Zustand der Truppe, oder örtliche Verhältnisse, oder anderweitige Umstände maßgebend gewesen sein.*)

In Bezug auf den Abzug von der Saar heißt es in dem Bericht des Bataillonskommandeurs:

„Es folgten nun die zerstreuten Züge der 5., 6. und 7. Kompagnie und zogen sich auf den wiederholt gegebenen Befehl des Herrn Generals Graf v. Gneisenau durch St. Johann zurück."

„Da die Straße nach Lebach, auf welcher der Rückzug befohlen war, unter dem heftigsten Granatfeuer sich befand, so wurden die sich dort sammelnden Abtheilungen auf meinen Befehl durch den Tunnel über den Bahnhof und in den Köllerthaler Wald dirigirt."

Major v. Horn scheint, nachdem er für Sicherung der oberen Brücke Sorge getragen hatte, sich wieder zu den beiden anderen Kompagnien begeben zu haben, wenigstens deutet der Umstand darauf hin, daß, als später noch der Befehl zum Abzuge von den Saarbrücken einging, er die an der oberen Brücke befindliche 7. Kompagnie anwies,

---

*) Auffallend ist, daß man während des ganzen dem Gefecht vorhergegangenen Zeitabschnitts keinen Anhalt findet, der auf eine Sicherung der alten Brücke hinweist. Ob trotzdem Maßregeln hierfür getroffen wurden, oder ob die örtlichen Verhältnisse zu ungünstig liegen, namentlich bei der beherrschenden Lage des Nußberges, muß dahingestellt bleiben. Letzteres kann man insofern nicht annehmen, als doch thatsächlich im Gefecht sich die 5. Kompagnie und der Zug des Premierlieutenants Garrelts an dieser Brücke festsetzten.

einen Zug noch als Arrieregarde in St. Johann zu belassen. (Bericht der 7. Kompagnie). Jedenfalls kann es nur als durchaus angezeigt betrachtet werden, daß der Bataillonskommandeur, nachdem er für den linken Flügel gesorgt hatte, seine Thätigkeit wieder dem rechten Flügel zuwandte.

Im weiteren Verlauf der Ereignisse fiel ihm die Aufgabe zu, sobald der Befehl zur Räumung von St. Johann eintraf, die drei Kompagnien auf den geeignetsten Wegen nach Maschpfuhl zu führen und sie dort zu vereinigen; es gelang ihm, daselbst die 5. und 7. Kompagnie nebst dem Zuge des Premierlieutenants Garrelts wieder zu einem Ganzen zusammenzufassen, nur die beiden Züge der 6. Kompagnie gelangten nicht zur Stelle; der höhere Befehl, sofort den Rückmarsch in ein Biwak bei Hilschbach fortzusetzen, schloß ein weiteres Erwarten ihres Eintreffens aus. Jedenfalls darf man annehmen, daß der Befehl zur Versammlung bei Maschpfuhl auch für diese beiden Züge abgegangen ist, der Ueberbringer sie jedoch nicht aufgefunden hat. Dies ist dadurch erklärlich daß, wie wir wissen, Hauptmann Grundner seinen Platz am Eisenbahndamm infolge des heftigen Granatfeuers verlassen und für einige Zeit in dem Walde an der Dudweiler Straße Deckung gesucht hatte.

Aus dem Angeführten aber können wir ersehen, in welche schwierige Lagen ein Befehlshaber geräth, dessen Abtheilung, auf große Ausdehnung auseinandergezogen, in vereinzelte Gefechte tritt. Eine einheitliche unmittelbare Leitung wird dann nicht mehr durchführbar und bleibt dem Kommandeur nichts anderes übrig, als unausgesetzt dorthin zu eilen, wo er nach dem wechselnden Gange des Gefechts seine Anwesenheit am nothwendigsten hält, während sonst als eine der ersten Bedingungen für eine einheitliche Leitung das möglichst lange Verbleiben des Führers an einer Stelle hervortritt und festgehalten werden muß.

Umsomehr wird es Aufgabe der höheren Führung sein, durch ihre Anordnungen das Entstehen solcher schwierigen Verhältnisse zu vermeiden, was am ersten dadurch geschehen kann, daß, wo Gefechte in Aussicht stehen, ausreichende Kräfte bereit gestellt werden. Dazu gehört auch für Vorposten-Aufstellungen insbesondere, daß in irgend einer Weise ein Gros der Vorposten gebildet wird, welches den vereinzelten Vorposten-Kompagnien Unterstützung und Rückhalt bietet und so auch für Vorpostengefechte eine Reserve in der Hand des betreffenden Vorpostenkommandeurs bildet.

Für die Führer aller vereinzelten Abtheilungen tritt aber auch erneut die Nothwendigkeit hervor, daß sie von dem Bestreben durchdrungen sein müssen, so weit es die Gefechtsverhältnisse irgend zulassen, auch ihrerseits Alles zu thun, um den Zusammenhang mit dem höheren Verbande sobald als möglich wieder herzustellen.

Die Gefechtsverhältnisse einzelner Truppentheile.

Auf dem äußersten linken Flügel hatte das Detachement bei Brebach seine Aufmerksamkeit vorzugsweise einer Annäherung des Feindes von Saargemünd her auf dem rechten Ufer zuzuwenden. Das aus Klein-Blittersdorf eingehende Telegramm vom Wiederherstellen der Brücke bei Saargemünd, sowie das Ueberschreiten der Grenze in Richtung auf St. Johann veranlaßte das Vorsenden einer Ulanen-Patrouille auf der großen Straße. Es leuchtet ein, daß man über die dortigen Vorgänge schneller Gewißheit erlangt hätte, wenn weiter vorwärts ein selbstständiger Kavallerie-Posten dauernd aufgestellt gewesen wäre. Andere besondere Maßnahmen waren nach Eingang der Meldung zur Zeit nicht zu treffen. Die stattgefundene Besetzung der vordersten Häuser von Brebach sicherte vor Ueberraschung aus jener Richtung; es erübrigte daher nur die Weitergabe des Telegramms mit dem Zusatze, daß das Erforderliche zur Aufklärung angeordnet sei, und außerdem die Aufmerksamkeit der eigenen Posten durch einen betreffenden Hinweis zu schärfen.

Das demnächst vernehmbare Gewehrfeuer — anscheinend von den Spicherer Bergen erschallend — lenkte die Aufmerksamkeit auf das andere Ufer. Daß sich unter diesen Umständen das Detachement gefechtsbereit machte, war jedenfalls gerechtfertigt. Trotzdem entwickeln sich die Verhältnisse so schnell, daß die plötzlich aus dem Walde heraustretenden feindlichen Schützen bereits ihr Feuer gegen das Detachement eröffnen, bevor der zur Sicherung nach dieser Richtung aus dem Gros der Kompagnie vorbeorderte Zug die ihm angewiesene Stellung an der Chaussee erreichte. Wenn aber eine ruhende Truppe in eine Lage geräth, daß sie, bevor sie sich in ihrer Gefechtsstellung vollständig entwickelt hat, bereits Feuer vom Gegner erhält, so muß irgend etwas nicht recht zu der Lage stimmen und entweder eine Unachtsamkeit oder eine falsche Wahl ihres Aufstellungspunktes stattgefunden haben. Von ersterer kann nach dem beschriebenen Hergang nicht die Rede sein, wohl aber dürfte der Grund dafür zunächst darin zu suchen sein, daß das Detachement zwischen Brebach und dem Hall= berge in Rücksicht auf die Aufstellung der eigenen Truppen am andern Ufer sich zu weit vorgeschoben befand. Wollte man das Detachement bei Brebach aufstellen, so mußte man, damit es dort vor über= raschendem Feuer von jenseits der Saar geschützt war, bei der Beschaffen= heit des Geländes auf dem linken Ufer die südlichen Gehöfte von St. Arnual, sowie die Höhen westlich derselben ausreichend besetzt halten. Da dies aber unter Berücksichtigung des Vorgeländes auf dem linken Ufer, wie der Stärke der verfügbaren Truppen nicht angängig war, so hätte das Detachement auf dem rechten Ufer näher an St. Johann seine Aufstellung finden müssen.

Dieser Vorfall weist auf zwei nicht unwichtige Punkte hin.

Einmal bedarf es überall dort, wo in der Nähe des Feindes Vorpostenaufstellungen durch Bodenverhältnisse in ihrem Zusammen= hange eine Unterbrechung erleiden — wie dies durch Wasserläufe, ungangbare Strecken, steile Einschnitte u. dgl. stattfinden kann — und von dem einen Theile aus eine hinreichende Uebersicht des Vorgeländes auf der anderen Seite nicht vorhanden ist, eine diesem Verhältniß sich anpassende, sehr sorgfältige Regelung der gesammten vordersten Linie.

Dann aber ist ferner überall, wo ein solches Zerreißen der Vorpostenlinie durch Hindernisse stattfindet, auf Maßregeln Bedacht zu nehmen, welche eine schnelle Mittheilung dessen, was von der einen Seite beobachtet wird, an die auf der anderen Seite befindliche Ab= theilung ermöglicht; dazu gehört zunächst die ständige Aufstellung von ein paar Leuten an den Rändern des Hindernisses. Ist die Entfernung zwischen diesen Rändern keine beträchtliche, so kann das Betreffende durch Rufen übermittelt werden; ist dies wegen der Größe der Entfernung nicht ausführbar, so sind Signale zu verabreden, oder bei Wasserläufen Kähne mit Schiffern bereit zu halten; die Weiterbeförderung der Nachricht an die zugehörige Abtheilung liegt dann dem bezüglichen Posten ob. Derartige Maßnahmen dürfen nicht unterlassen werden, wie überhaupt besonderer Nachdruck darauf gelegt werden muß, daß alles Wichtige, was von einer Stelle der Vorpostenaufstellung vom Feinde bemerkt wird, nicht nur nach rück= wärts dem höheren Führer zu melden, sondern auch den Neben= abtheilungen (Feldwachen) sofort mitzutheilen ist.

Bei dem sich demnächst entspinnenden Gefecht zeigt sich zwar eine Einwirkung des Brebacher Detachements auf die Ereignisse bei St. Arnual, aber ungeachtet der flankirenden Stellung tritt diese nicht als eine durchgreifende hervor. Wohl mag der Gegner einige Verluste durch das Feuer erlitten haben, sowie der Marsch dieser oder jener seiner Abtheilungen etwas verzögert worden sein, indem sie die Deckungen des Geländes durch Umwege auszunutzen gezwungen wurden, auch hat die nothwendig gewordene Besetzung von St. Arnual einige Kräfte des Gegners gebunden, aber weder das Feuer der Infanterie noch das der beiden Geschütze vermochte die Besitznahme des Dorfes und das Ersteigen des Winterberges durch den Feind zu verhindern. Für eine ausreichende Wirkung des Ersteren war die Entfernung eine zu große, für Letztere das Schußfeld durch das Vorlagern der jenseits sich erhebenden Höhen ein zu beschränktes. Hatten wir an anderer Stelle bereits Gelegenheit gehabt darauf hinzuweisen, daß uns dieses Detachement in Bezug auf die Sicherung gegen Saargemünd zu stark bemessen erschien, so zeigt es sich jetzt, daß auch für ein wirksames Eingreifen desselben von Brebach in ein Gefecht auf dem linken Saar-Ufer sich kein ausreichender Wirkungskreis bot. Es wäre daher auch aus diesem Grunde besser gewesen, wenigstens ⅔ der Kompagnie in St. Johann zu belassen, wo diese beiden Züge als Verstärkung der Reserve jedenfalls eine zweckmäßigere Verwendung finden konnten, dann hätte es auch sich nicht ereignet, daß beim Sammeln des Bataillons bei Raschpfuhl ¼ seiner Stärke überhaupt gar nicht mehr herangezogen werden konnte.

Daß das Infanteriefeuer an dieser Stelle preußischerseits, wie es heißt: „sehr bald unterdrückt wurde", war der Sachlage gewiß entsprechend, wenngleich der Feind aus St. Arnual noch einige Zeit sehr heftig feuerte und bei jeder diesseitigen Bewegung auch später noch Salven herübersandte. Nur von der Güdinger Mühle und den anliegenden Gehöften wurde lebhaft auf die feindlichen Abtheilungen gefeuert, namentlich auch auf Kavallerie, welche sich auf der Straße Saargemünd—St. Arnual dicht an der Saar vorbewegten und diese Abtheilungen nöthigte, in die Waldungen einzubiegen. Die Entfernung wird auf 700 bis 800 Schritt angegeben, sie beträgt nach der Karte 1000 Schritt und darüber. Gegen die französischen Schützen, welche sich sehr schnell in den Hecken und Baulichkeiten des Dorfes eingenistet hatten, konnten die zu erreichenden Resultate in keinem Verhältniß zu dem Verbrauch an Munition stehen. Auch

der Verlust der Kompagnie bestand, trotz des weiter reichenden französischen Gewehrs, hier nur in zwei Verwundeten. Im Allgemeinen
wird, namentlich wenn bereits ausgeschwärmte Schützen vom Feinde
beschossen werden, die Neigung hervortreten, dieses Feuer sofort ohne
Rücksicht auf die Entfernung erwidern zu wollen; es liegt dies in
der Natur des Menschen auch vollständig begründet: wer durch feindliche Kugeln bedroht wird, fühlt auch das Bedürfniß, sich zu wehren.
Um so mehr muß die Führung darauf achten, daß die ersten Schüsse
nur auf Kommando fallen und dieses nach ruhiger Schätzung der
Entfernung nur auf Distanzen, auf welche eine Wirkung zu erwarten
ist, abgegeben wird.

Nachdem St. Arnual und der Winterberg in die Hand des
Feindes gefallen war, tritt die Frage hervor, was der Führer des
Brebacher Detachements nunmehr machen sollte? Weiter am Hall-
berg verbleiben oder auf St. Johann zurückgehen? Die Lage war
für ihn eine schwierige und die Frage ist nicht so ohne Weiteres zu
beantworten. Wie wir wissen, verblieb Hauptmann Neydecker noch
bis gegen 7 Uhr Abends in seiner Stellung und halten wir auch
unsererseits sein Verbleiben für erklärlich. Wenngleich der Kompagniechef wohl den Eindruck gehabt haben dürfte, daß der linke
preußische Flügel auf das andere Saar-Ufer zurückgedrängt wurde, so
konnte er weder den Gang des gesammten Gefechts übersehen, noch
wissen, welche Entschlüsse der Führer des ganzen Detachements treffen
würde: überdies erschien ein Rückzug auf der zunächst nach St. Johann
führenden Straße überhaupt nicht mehr ausführbar, nachdem der
Gegner sehr bald in den Besitz der jenseitigen Höhen gelangt war und
bereits Artillerie gezeigt hatte. Gewiß war ein Verbleiben in der
Stellung bedenklich, sobald die Franzosen Saarbrücken nahmen und
von dort über die Saar weiter vorstießen, denn jedenfalls war
dann an eine Vereinigung mit dem Bataillon in den nächsten
Tagen nicht zu denken: das Detachement hätte sich nur durch einen
schleunigen Marsch auf St. Ingbert dem Gegner entziehen können.
Andererseits aber mußte es für den obersten Führer, wenn es in
dessen Absicht lag, sich an der Saarlinie zu behaupten, einen um so
größeren Werth haben, in Richtung auf Saargemünd eine Sicherung
noch ferner zu besitzen, und zu diesem Zweck war ja überhaupt das
Detachement nach Brebach vorgeschoben worden. Der Kompagniechef
durfte also ohne besonderen Befehl nur dann, wenn er eine ausreichend klare Uebersicht des Standes des Gefechts erhielt, die ihn

zur Aufgabe seiner Stellung zwang, seinen Posten verlassen. Jeden=
falls fesselte er durch sein Verbleiben noch französische Kräfte
in St. Arnual und vermochte einem etwaigen Uebergangsversuch
daselbst — welchen man übrigens thatsächlich besorgte — entgegen
zu treten. Es blieb daher für ihn nur übrig, sich durch Ulanen=
Patrouillen Aufklärung über den Stand des Gefechts zu verschaffen,
dem Oberstlieutenant v. Pestel Meldung über die Lage bei Brebach,
sowie über dasjenige, was dort vom Feinde beobachtet wurde,
zugehen zu lassen und, unter gleichzeitiger Mittheilung seiner Absichten,
weitere Befehle zu erbitten.

Wie wir nun heutigen Tages das Gefecht übersehen, muß man
allerdings sagen, daß ein frühzeitiger Abzug des Detachements rath=
samer gewesen wäre. Eine Aufklärung nach Saargemünd zu konnte
durch die Ulanen weiter fortgesetzt werden; jedenfalls war aber, als
die Räumung des linken Ufers erfolgte, ein Heranziehen der 8. Kom=
pagnie an das Bataillon nach St. Johann für alle Verhältnisse
günstiger, als ein längeres Verbleiben derselben bei Brebach. In=
dessen war Hauptmann Neydecker durchaus nicht im Stande, die
gesammte Lage rechtzeitig zu übersehen und konnte der Abmarsch der
Kompagnie nur durch den Oberstlieutenant v. Pestel angeordnet
werden. Immerhin zeigt dieser Fall, daß die Führer eines ab=
gezweigten Postens, wie solche häufig bei den Grenzsicherungen er=
forderlich werden, leicht dazu kommen können, schwierige Entschlüsse,
die ein richtiges Verständniß für die Gesammtlage erfordern, selbst=
ständig treffen zu müssen.

Das Unterhalten der Verbindung zwischen Brebach und Saar=
brücken war so lange wesentlich erleichtert, als der Bahntelegraph in
Thätigkeit blieb. Inwieweit derselbe benutzt worden ist, wissen wir
nicht, auch nicht, ob von Anfang an Alles, was man von Brebach
aus über die Stärke des Feindes auf dem linken Ufer und über
den Verlauf des Gefechts daselbst zu beobachten vermochte, ununter=
brochen auf diesem Wege oder durch Ulanen=Ordonnanzen an das
obere Kommando mitgetheilt worden ist. Jedenfalls wird uns
der Werth einer Ausnutzung vorhandener telegraphischer
Leitungen für derartige Gefechte bei dieser Gelegenheit in
Erinnerung gebracht, sowie die Nothwendigkeit schnellster
Mittheilung aller Beobachtungen seitens der einzelnen
Postirungen an den Führer der gesammten Kräfte.

Wie es nun gekommen, daß ein Befehl dem Hauptmann Ney=
becker überhaupt nicht zugegangen ist, und daß andererseits: „Meh=
rere (von ihm) nach St. Johann abgeschickte Ulanen=Ordonnanzen
nicht zurückkehrten" vermögen wir nicht aufzuklären; wir müssen
uns begnügen, darauf hinzuweisen, daß derartige Friktionen in Wirk=
lichkeit vorkommen, und daß bei den großen Gefahren, die aus ihnen
hervorgehen können, Alles aufzubieten ist, was zu ihrer Vermeidung
dienen kann.   Hierzu gehört zunächst die sorgfältigste Friedens=
ausbildung in diesem Dienstzweige, dann im Kriege Kenntniß der in
Betracht kommenden Führer seitens der Ordonnanzen, sorgfältige
Ertheilung des Auftrages, genaue Angabe des betreffenden Weges,
und in wichtigeren Fällen Absenden von zwei Reitern oder Dirigiren
mehrerer auf verschiedenen Wegen.

Als endlich ein um 6 Uhr entsandter Trompeter mit der Nach=
richt zurückkam, daß Saarbrücken und St. Johann vollständig
geräumt seien, faßte Hauptmann Neybecker den gewiß richtigen Ent=
schluß, durch einen theilweisen Nachtmarsch sich seiner gefährdeten
Lage auf Umwegen zu entziehen und den Anschluß an sein Bataillon
aufzusuchen.   Wie wir wissen, wurde der Marsch glücklich durch=
geführt und das Regiment am folgenden Morgen erreicht.

In Bezug auf das Gefecht der 6. Kompagnie hat die Dar=
stellung desselben bereits ergeben, daß ungeachtet sorgfältiger späterer
Nachforschung über einige wichtige Momente in demselben nicht
völlige Klarheit zu erlangen gewesen ist.

Wir besitzen über die Aufstellung der Vorposten auf diesem
Flügel folgende Angaben:

„Im Wesentlichen wurden die Vorposten in der Nacht von
der Infanterie, bei Tage von beiden Waffen gestellt" (s. S. 115).

Ferner heißt es bei der Kompagnie des linken Flügels auf dem
linken Saar=Ufer:

„Alarmhaus an der Straße nach St. Arnual, mit einer Feld=
wache zwischen Nuß= und Winterberg, einer zweiten am südlichen
Ausgange von Saarbrücken auf dem Wege nach dem Rothen Berge,
Unteroffizierposten auf dem Winterberge" (s. S. 120).

Aus den Berichten über das Gefecht geht weiter hervor, daß
sich am Morgen des 2. August eine Ulanen=Vedette bei St. Arnual
befand und die Kompagnie „den Nußberg, die Löwenburg, den Winter=
berg bis einschließlich St. Arnual mit Posten und stehenden Pa=
trouillen besetzt hatte".

Eine Aufstellung von Feldwachen scheint daher in den letzten Tagen hier nicht stattgefunden zu haben und doch wäre eine solche um so nothwendiger gewesen, als ein etwaiger Widerstand vom Gros der Kompagnie in der vordersten Linie geleistet werden sollte und für das Einrücken derselben das Vorhandensein von Feldwachen mehr Aussicht auf Verzögerung eines Vorrückens des Gegners geboten hätte, als dies durch einzelne Posten erreicht werden konnte.

Wir sind mithin der Ansicht, daß bei der Deckung, welche der Stiftswald einem Vorbrechen des Gegners gewährte, sowohl die große Straße bei St. Arnual durch eine Feldwache zu sichern war, wie auch bei der Bedeutung des Winterberges und seiner beträchtlichen Ausdehnung die Aufstellung einer zweiten Feldwache am westlichen Theile seines Nordhanges erforderlich gewesen wäre. Hierdurch hätte man mehr Aussicht für eine rechtzeitige Besetzung des Winterberges durch die Kompagnie gewonnen, auch wäre ein überraschender Zusammenstoß des auf St. Arnual vorgehenden Theiles derselben mit dem Feinde dann weniger zu befürchten gewesen. Es kommt dabei auch in Betracht, daß Vedetten und kleinere Posten öfter, um eine weitere Beobachtung des sie vertreibenden Gegners auszuführen, seitwärts ausweichen und so der eigenen voreilenden Truppe keine Sicherheit mehr gewähren. Feldwachen, die in der Lage sind, dem Gegner bereits Widerstand zu leisten, werden dagegen durch ihr Verbleiben und Aufnehmen des Feuergefechts ihren Kompagnien mehr Schutz beim Anmarsch gewähren, und, im Falle die Ueberlegenheit des Gegners sie auch ohne Gefecht zum Verlassen ihrer Stellung veranlaßt, meist unmittelbar auf ihre Kompagnie sich zurückziehen, wodurch deren Anmarsch auch noch weiterhin gesichert bleibt.

An dem Punkte auf der Chaussee angekommen, wo die zwischen Nuß- und Winterberg befindliche Schlucht mündet, sehen wir die Kompagnie sich in ihre 3 Züge zerlegen. Der eine unter Lieutenant Konarski eilt, zwei Sektionen nach der Löwenburg entsendend, die Schlucht entlang nach ihrem Ausgange zu zur Besetzung des westlichen Theiles des Winterberges,*) der zweite unter Premierlieutenant Garrelts ersteigt den beschwerlichen Hang des Berges in Richtung auf dessen östliche Kuppe und den Steinbruch, während der letzte

---

*) Der dem Patent nach ältere Lieutenant Mitscher war — wie bereits mitgetheilt — um sich von der Richtigkeit der eingegangenen Meldung zu überzeugen, nach der Löwenburg hinaufgeschickt worden.

Zug bald darauf auf der Straße sich nach St. Arnual wendet. So entsteht ein Zerreißen der Kompagnie in drei Theile auf fast 1½ Kilometer in einem Gelände, welches die Uebersicht wie jede gegenseitige Unterstützung auf das Aeußerste erschwert. Der Hauptmann befindet sich dabei unten im Thale bei dem unter einem Feldwebel gegen St. Arnual vorgeschickten Zuge, wohl in der Ansicht, daß dies der wichtigste Punkt sei, wenigstens deutet die Stelle in seinem Bericht darauf hin, „weil der Feind fast immer von dort vorgedrungen war". Auch kann der Umstand, daß sich bei diesem Zuge kein Offizier befand, zu seinem Begleiten desselben beigetragen haben. Jedenfalls wurde aber hierdurch eine einheitliche Leitung der auseinandergezogenen Kompagnie ausgeschlossen.

Wir hätten als erste Anordnung die Entsendung eines Zuges gegen St. Arnual, eines zweiten auf den Winterberg und das Zurückhalten des dritten Zuges als Reserve vorgezogen. Allerdings wäre dann die Abtheilung auf dem Berge nur befähigt gewesen, etwa eine oder zwei Sektionen nach dem westlichsten Theil desselben zu entsenden; ein erfolgreiches Vordringen des Gegners an dieser Stelle aber mußte nicht nur zur Räumung der gesammten Höhe führen, sondern konnte sogar den Rückzug der bereits entwickelten Abtheilungen ernstlich bedrohen. Diese Gefahr — so scheint es — ist richtig erkannt worden und hat dies vermuthlich auch zu der Entsendung eines Zuges nach dem westlichen Theile des Berges, sowie der Abzweigung zweier Sektionen von demselben zur Besetzung der Löwenburg geführt. Wurde man zur Aufgabe des Winterberges oder des anstoßenden Saar-Thales gezwungen, so war allerdings eine ausreichende Besetzung des Nußberges das geeignetste Mittel, das Zurückkommen der vordersten Abtheilungen nach dem südlichen Theile von Saarbrücken wesentlich zu unterstützen.

Nun liegt aber die Kuppe des Nußberges etwa 900 Meter von der Höhe des Steinbruches entfernt, ihre Besetzung hätte nur noch die Zersplitterung der Kompagnie vergrößert, welche infolge der Meldung vom Erscheinen starker feindlicher Abtheilungen ihrer gesammten Kräfte für die vorderste Linie bedurfte, sobald sie überhaupt Widerstand leisten wollte. Thatsächlich sind diese beiden Sektionen auch zunächst gar nicht bis auf die Löwenburg gelangt, da der von dort herabkommende Lieutenant Mitscher sie mit vornahm.

Bei der oben vorgeschlagenen ersten Verwendung der einzelnen Abtheilungen würde dagegen der in Reserve zurückbehaltene Zug das

Mittel geboten haben, je nachdem sich die Verhältnisse entwickelten, die vorderen Züge zu unterstützen oder einer Umfassung des rechten Flügels entgegenzutreten oder durch Besetzung des Nußberges die erforderliche Aufnahme für die Zurückgehenden zu bieten und deren Abzug zu begünstigen.

Der in der Darstellung des Gefechts klar gelegte weitere Verlauf der Ereignisse bei der 6. Kompagnie zeigt die Folgen der Zersplitterung, mit der sie in das Gefecht eintrat. Jede Abtheilung kämpft vereinzelt, an keiner Stelle kann eine Unterstützung stattfinden. Der am längsten aushaltende Zug des Premierlieutenants Garrelts wird mit einer Katastrophe bedroht, der größte Theil der Mannschaften geht bis an die obere Brücke zurück, ohne die günstige Lage des Nußberges zum weiteren Aufhalten des Gegners auszunutzen und wird hierdurch die linke Flanke der am Reppertsberg und auf dem Exerzirplatz fechtenden beiden anderen Kompagnien entblößt.

Im Detachementskriege, namentlich aber auch bei Grenzsicherungen, wo die Stärke der Truppe nicht immer in einem angemessenen Verhältniß zu der Ausdehnung des Gebietes stehen wird, kann es häufig vorkommen, daß Kompagnien anfangs in ihrer Vereinzelung in Gefechte gerathen. Für eine jede derselben dürfte es dann in ähnlichen Lagen, nach den hier hervorgetretenen Erscheinungen, rathsam sein, sich unter allen Umständen eine Gefechtsreserve (Soutien) auszuscheiden und diese derartig aufzustellen, daß eine rechtzeitige Unterstützung der vordersten Linie oder deren Aufnahme ermöglicht werden kann. Dabei ist aber auch im Auge zu behalten, daß die Ausdehnung der vordersten Linie selbst, soweit als irgend angänglich, beschränkt werden muß. Auch ist überall dort, wo durch das Gros der Vorposten-Kompagnie beim Anrücken des Feindes in Nähe der Aufstellung der Vorpostenlinie Widerstand geleistet werden soll, der Standpunkt der Kompagnie so zu wählen, daß ihr rechtzeitiges Einrücken in die Linie gesichert erscheint, namentlich aber, wenn das Vorgelände keine weite Uebersicht gestattet. Liegen Verhältnisse vor, die dies nicht begünstigen, so kann man sich nicht mit einer Sicherung durch kleine Unteroffizierposten begnügen, sondern muß stärkere Feldwachen aufstellen.

Zur Sicherung eines rechtzeitigen Eingreifens der Kompagnie gehört aber auch ein für den Anmarsch derselben geeigneter Weg. Ist er nicht vorhanden, so muß so lange an Herstellung eines solchen gearbeitet werden, als die Zeit und Kräfte es gestatten. Liest man, mit welcher Mühe der Zug des Premierlieutenants Garrelts auf den Winterberg gelangte, so muß man allerdings annehmen, daß in dieser Beziehung nicht genug vorbereitet worden ist.

In dem kurzen Gefecht der Kompagnie treten aber noch Einzel= handlungen hervor, welche einer besonderen Betrachtung wohl werth sind.

1. So ist zunächst der Zusammenstoß des auf St. Arnual vor= gegangenen Zuges mit dem Feinde noch ins Auge zu fassen. Ungeachtet der späteren Nachforschungen hat sich hierüber keine ausreichende Aufklärung ergeben. Der Bericht der Kompagnie vom 4. August spricht sich über diesen Vorfall nicht aus; die auf jenen Nachforschungen beruhende Geschichte des Regiments besagt: „Mittlerweile hatten die Franzosen in St. Arnual und gegen die westliche Hälfte des Winter= berges Fortschritte gemacht. Der Tod des Hauptmanns Grundner am 16. August hat es verhindert, den Gang des Gefechts auf dem äußersten linken Flügel um St. Arnual aufzuklären, und die erst später eingeleiteten genauen Recherchen haben das Dunkel nicht ge= hoben. Gewiß ist, daß die Franzosen die Süd=Ost=Lisiere von St. Arnual ohne Gefecht gewannen, wahrscheinlich, daß der Hauptmann Grundner mit dem Zuge des Feldwebel Boecker St. Arnual überhaupt nicht mehr erreicht hat, sondern noch auf dem Wege von den aus dem Dorfe debouchirenden Kolonnen zurückgedrängt worden ist."

Wir haben mehr den Eindruck empfangen, daß der Zusammen= stoß im Dorfe in einer für die preußische Abtheilung überraschenden Weise stattgefunden hat, und werden durch die Darstellung von Dick de Lonlay hierin bestärkt.*)

Wenn nun auch nicht genau festgestellt werden kann, wie es bei diesem Vorfalle zugegangen ist, so weist die Lage selbst doch auf die Bemerkung hin, wie wünschenswerth es ist, daß jede Vorposten= Kompagnie über eine Zahl von Reitern verfügt, welche, außer dem Meldedienst, noch gestattet, in besonderen Lagen eine Aufklärung vor= zutreiben.

---

*) Le premier bataillon du 67e commandant Lazarotti, enlevé par le brave lieutenant-colonel Thibaudin, franchit le terrain boisé qui est devant lui, précédé du peloton du 5e chasseurs, du lieutenant Despierre, pénètre dans ce village que les Prussiens abandonnent en toute hâte et dispose aussitôt ses compagnies derrière les haies et les murs des clôtures extérieures. Dans ce mouvement seize tirailleurs prussiens qui se sont aventurés trop loin sont coupés de leurs communications et faits prisonniers par le bataillon du 67e.

Dick de Lonlay (pag. 42).

Ferner, daß selbst, wenn Kavallerie- oder nur kleinere Infanterie-posten sich vorne befinden, man sich auf die Sicherung durch dieselben beim Vordringen eines überlegenen Feindes nicht durchaus verlassen kann; es ist daher erforderlich, daß dann die vorgehende Kompagnie mit ausreichenden eigenen Sicherheitsmaßregeln marschirt.

Schließlich sei auch hier die alte Regel in Erinnerung gebracht, daß, wenn es sich für eine anmarschirende Abtheilung um Besetzung irgend welcher Oertlichkeit handelt, sowohl auf den Hauptwegen in derselben schnell Patrouillen vorzutreiben sind, um jenseits eine Aus-sicht zu gewinnen, als auch in gleicher Weise Patrouillen außerhalb der Oertlichkeit auf beiden Seiten entlang geschickt werden müssen. Selbst bei einer nothwendig werdenden beschleunigten Besetzung einer Oert-lichkeit ist von dieser Regel nicht abzuweichen.

2. Wie wir gesehen haben, nahm der von der Löwenburg herab-kommende Lieutenant Mitscher die beiden dorthin bestimmten Sek-tionen zur Besetzung des Ausganges der Schlucht mit vor, von wo aus er auf Befehl den Baumgang vor dem südlichen Abhange des Winterberges besetzte, während der übrige Theil des Zuges unter Lieutenant v. Konarski bereits sich hinter ihm auf der Höhe befand. Hierdurch entstand zufällig an dieser Stelle ein sogenanntes Etagen-feuer gegen die anrückenden feindlichen Schützenschwärme. Daß eine auf diese Weise zu erreichende größere Feuerkraft Werth hat, liegt auf der Hand, aber die hier sich ergebende Lage macht doch auf einige dabei zu nehmende Rücksichten aufmerksam. Im Allgemeinen ist es für die in der vordersten Linie befindlichen Mannschaften über-haupt nicht angenehm, wenn von hinten her, dicht über ihre Köpfe weg, fortwährend Kugeln herüberfliegen, und kann dies leicht zu einer recht nachtheiligen Beunruhigung führen. Ein solches Ueberschießen hat weniger zu bedeuten, sobald die hintere Abtheilung dicht auf-geschlossen ist und höher steht, als die vordere, wie dies z. B. der Fall ist, wenn ein Zug knieend oder auf der Erde liegend feuert und ein anderer auf Gliederabstand dahinter steht bezw. kniet. Dagegen entsteht thatsächlich eine Gefahr für die vordersten Leute, wenn der Gegner sich bereits auf nahe Entfernung befindet und gleichzeitig von einer weiter zurück befindlichen Abtheilung oder einer solchen, die wesentlich höher als die vordere steht, beschossen wird. In derartigen Lagen hat der Führer der zweiten Linie vor Allem dafür zu sorgen, daß er das Feuer seiner Leute in der Hand behält, mithin rechtzeitig das Stopfen herbeiführt oder dasselbe nur noch gegen weiter zurück befindliche

Soutiens des Gegners richtet. Der vorliegende Fall bietet einen Anhalt für die Nothwendigkeit eines derartigen Verfahrens; die Geschichte des Regiments sagt in Bezug auf denselben wörtlich: „Gegen den Südabhang der Westhälfte des Winterberges waren die Franzosen im Avanciren geblieben und bald so nahe herangekommen, daß das Feuer von der rückwärts auf der Höhe postirten Abtheilung des Lieutenants v. Konarski, das anfangs über die Leute des Lieutenants Mitscher hinweg auf die Franzosen gerichtet war, dieselben gefährdete. Infolge dessen wurde die vorgeschobene Stellung schon 5 Minuten, nachdem sie besetzt worden war, wieder geräumt."

3. Der Abzug des Lieutenants Mitscher erfolgte in der Art, daß er mit einem Theile seiner Mannschaften den Hang hinaufeilte und sich dort mit den übrigen Sektionen des Zuges unter Lieutenant v. Konarski vereinigte, während ein anderer Theil um den Westabhang herum nach der Löwenburg zurückkehrte. Letzterer dürfte wohl aus den Mannschaften des rechten Flügels bestanden haben, welche die hier vom Gelände gegebenen Deckungen für ihren Abzug ausnutzten. Wo sich in den Bodenverhältnissen derartige Begünstigungen bieten, wird deren Ausnutzung durch einen Theil der Leute meist stattfinden, aber es muß auch hier der Grundsatz festgehalten werden, daß, wenn eine augenblickliche Trennung dadurch entsteht, ein Jeder das Seinige dazu beizutragen hat, um die nothwendige Vereinigung so schnell als möglich wieder herbeizuführen. Ein derartiger Grundsatz muß bereits bei den Friedensübungen einem jeden Führer, von dem einer Gruppe an bis zu den höheren Kommandostellen, so eingelernt und angeübt werden, daß er auch in der Aufregung des Gefechts zur Ausführung gelangt.

Sache der bei der rechten Flügel-Abtheilung etwa befindlichen Unteroffiziere oder Gefreiten wäre es daher gewesen, diese nach der Höhe des Winterberges wieder hinaufzuführen, wo sie ihren Offizier wußten, wenn nicht das Nachdrängen des Feindes es unausführbar machte. Für den Offizier, dem ein Theil seiner Leute abkommt, empfiehlt es sich aber, sobald er mit den bei ihm gebliebenen Mannschaften zum Halten gelangt, durch den Hornisten oder einen Unteroffizier die Uebrigen aufsuchen und ihnen den Befehl überbringen zu lassen, sich zu ihm wieder heranzuziehen.

4. Ungeachtet der großen Ueberlegenheit der feindlichen Schützenschwärme und trotz des Anblicks der diesen folgenden Massen verharren die beiden Offiziere, Lieutenant Mitscher und Lieutenant

v. Konarski, in ihrer Stellung, selbst als die Umfassung sie zwischen zwei Feuer bringt; sie räumen erst den Platz, als sie — irrthümlicher= weise — auch von der Löwenburg her von ihren eigenen Kampf= genossen beschossen werden. Ein derartiges Ausharren giebt ein an= erkennenswerthes Vorbild; das Feuer von der Löwenburg her aber macht darauf aufmerksam, wie schwer es ist, bei weiter vorwärts auf solcher Entfernung (900 Meter) kämpfenden Abtheilungen Freund und Feind zu unterscheiden. Aus zurückliegenden Stellungen darf daher unter solchen Umständen das Feuer nicht auf zu große Ent= fernungen eröffnet werden. Auch weist dies darauf hin, Aufnahme= stellungen für Infanterie, wenn man die Wahl frei hat, nicht zu weit von den noch vor befindlichen Abtheilungen zu nehmen. Ein erneuter längerer Widerstand der hier zurückgehenden Abtheilungen am Nußberge scheint nicht erfolgt zu sein; weshalb dies nicht geschah, läßt sich nicht übersehen; wünschenswerth wäre ein solcher in Rücksicht auf die gesammte Lage jedenfalls gewesen.

Mit ziemlicher Bestimmtheit läßt sich jedoch annehmen, daß Lieutenant Mitscher (Lieutenant v. Konarski war schon verwundet) keine Kenntniß vom Verbleiben des Premierlieutenants Garrelts auf dem östlichen Theile des Winterberges gehabt hat, während das inzwischen am Reppertsberge bereits entbrannte Gefecht, von wo das Gewehrfeuer herüberschallte, ihm begründete Veranlassung gab, seine Abtheilung an den nächsten Saar=Uebergang heranzuführen. Dort fand er den Hauptmann Grundner mit einem Zuge bereits vor.

5. Am längsten hielt sich Premierlieutenant Garrelts auf dem östlichen Theile des Winterberges; ihm wurde die schwerste Aufgabe zu Theil, und sein ganzes Verhalten muß als ein nachahmungswerthes Beispiel in kritischen Lagen hingestellt werden.

Obgleich die starken Schützenschwärme des Feindes bereits auf große Entfernungen ihr Feuer beginnen, eröffnet er das seinige erst, als jene sich auf etwa 320 Meter genähert haben und ungeachtet des Flankenfeuers von St. Arnual weicht er nicht zurück, trotz der Ueber= zahl des ihm immer näher rückenden Gegners. Erst als er sieht, daß er keine Unterstützung zu gewärtigen hat und daher ein weiteres Verbleiben zu einer nutzlosen Aufopferung der Mannschaften führen muß, giebt er das Kommando „Kehrt, Marsch, langsam zurück!" Die Haltung des Führers in solchen Augenblicken ist entscheidend für die Haltung der Leute, je kritischer der Moment, desto mehr muß der Führer sich zu beherrschen suchen und sich selber zur Ruhe und

beſtimmten Befehlen zwingen. Jede rückgängige Bewegung ſoll, ſo
lange es irgend geht, im Schritt ausgeführt werden; kommen entwickelte Schützenlinien erſt ins Laufen, dann weiß man oft nie,
wann und wo ſie wieder zum Stehen gelangen. Iſt aber eine
derartige Beſchleunigung des Rückzuges bei Umfaſſungen durch
den Feind, um nicht vernichtet zu werden, nicht mehr zu vermeiden,
ſo kann es nur von Vortheil ſein, wenn den Mannſchaften der Punkt,
an welchen ſie ſich hinwenden ſollen, bezeichnet wird. Vielfach wird
ſich dies nicht ermöglichen laſſen, wo es aber durch Zuruf des Führers
oder eine anderweitige Maßregel für das Ganze oder wenigſtens
einen Theil der Leute noch ausführbar iſt, ſollte es nicht unterbleiben.
Dann wird es jedenfalls leichter ſein, bald erneuten Widerſtand zu
leiſten und eine Auflöſung der ganzen Abtheilung zu verhindern oder
wenigſtens einzuſchränken.

Hier wurden die Verhältniſſe ſo zwingend, daß der Abzug im
Schritt bei einer Umfaſſung von drei Seiten auf naher Entfernung
nicht mehr durchzuführen war. Eilends ging es den Berghang
hinab, die an der Steingrube befindlichen Mannſchaften wurden ab-
geſchnitten und fielen dem Gegner in die Hände, aber an der Chauſſee
macht der übrige Theil des Zuges wieder Front und eröffnet von
Neuem das Feuer, „um die ungeſtüm Nachdringenden durch Feuer
zurückzuſcheuchen“. Jedenfalls ein Beleg, wie ſehr der Offizier ſeine
Leute in der Hand hatte.

In dieſen Momenten, wie in den folgenden, iſt es nur der kalt-
blütigen Umſicht des Premierlieutenants Garrelts, im Verein mit
der Disziplin und Tapferkeit der Mannſchaften zu verdanken, daß
wenigſtens der größere Theil des Zuges überhaupt noch glücklich
zurückgelangte.

6. Schließlich giebt das Zurückgehen des Hauptmanns Grundner
von der ihm vom Bataillonskommandeur angewieſenen Stelle hinter
dem Eiſenbahndamm an der Straße nach Dudweiler in den dahinterliegenden Wald, um die bei ihm befindlichen beiden Züge nicht unnütz
dem Granatfeuer auszuſetzen, Veranlaſſung, darauf hinzuweiſen, daß
in ſolchen Fällen ſtets dem Vorgeſetzten von der Veränderung des
Platzes Meldung zu machen iſt. Ebenſo muß darauf geachtet werden,
daß wenn eine Platzveränderung oder wie hier ein Abmarſch erfolgt,
bevor entſandte Abtheilungen zurückgekehrt ſind, das Belaſſen eines
Unteroffiziers mit einigen Leuten an der bisherigen Aufenthaltsſtelle
erforderlich iſt, um jenen bei ihrer Zurückkunft mitzutheilen, wo die

Kompagnie 2c. geblieben ift. Ob Beides hier gefchehen, ift nicht bekannt. Der Rückmarfch auf der Dudweiler Straße ift in dem Bericht der Kompagnie nicht angeführt. Ob hier ein Befehl dazu vorlag, oder welche Erwägungen fonft dazu geführt haben, wiffen wir nicht; jedenfalls wäre, wenn fonft nichts Zwingendes vorlag, nachdem man genaue Kenntniß vom Verbleiben des Feindes jenfeits der Saar erlangt hatte, die Vereinigung mit dem Bataillon auf der Lebacher Straße bereits an diefem Tage zu erreichen gewefen.

Die Thatfache, daß, nachdem Hauptmann Grundner wieder an die Eifenbahn zurückgekehrt war, es ihm durch das Hineinfenden eines Offiziers und von Patrouillen nach St. Johann noch gelang, 23 Mann des Bataillons zu fammeln, weift darauf hin, auch bei Abzugs= oder unglücklichen Gefechten, fobald der Feind nicht mehr nachdrängt, Abtheilungen in feiner Nähe fo lange als möglich zu belaffen, um Verfprengte oder aus irgend einer befonderen Veran= laffung noch zurückgebliebene Mannfchaften zu fammeln und ihnen die Wege anzuweifen, auf denen fie fich ihrem Truppentheil wieder anfchließen können. Eine derartige Aufgabe dürfte vorzugsweife der Kavallerie zufallen, welche beauftragt ift, die Fühlung am Feinde zu erhalten.*)

Bei der 5. Kompagnie 40. Regiments ftoßen wir auf den in ihrem Bericht befindlichen Satz: „Eine bisher im Hôtel Hagen in St. Johann befindliche Abtheilung von 1 Offizier, 42 Mann, die fich an der Tete der Kompagnie befand, fchwärmte (beim Eintreffen der Kompagnie am Rothen Haufe) fofort gegen die Höhe." Wie nun im Befonderen der Auftrag für diefen Halbzug, als er in Nähe der Brücke gelegt wurde, gelautet hat, wiffen wir nicht; in der Regimentsgefchichte ift nur gefagt: „Die 5. Kompagnie wurde mit einem Halbzuge im Hôtel Hagen, mit 2½ Zügen im Haufe la Marche im oberen Theile von St. Johann untergebracht, um hier als Repli, fowohl für die Vorpoften auf dem linken Saar-Ufer, als auch für die Befetzung von Brebach zu dienen." Als nun die 5. Kompagnie den diefe Verwendung „als Repli" abändernden Befehl, nach dem Rothen Haufe vorzugehen, erhält, ift es ganz in der Ordnung, daß fie auch die Abtheilung im Hôtel Hagen mit vornimmt.

---

*) Der Nutzen, welchen das Verbleiben der Kompagnie hier bot, trat z. B. auch nach dem Treffen bei Trautenau 1866 hervor, wo zwei preußifche Kompagnien die Nacht nach dem Treffen dicht vor der Stadt ausharrten und Gelegenheit fanden, noch eine ganze Anzahl Verfprengter zu fammeln.

Wäre jedoch der Halbzug bestimmt gewesen, die untere Brücke festzuhalten, wie wir dies bisher geglaubt haben, so durfte die Kompagnie ohne höheren Befehl ihn nicht mit vornehmen; die obere Führung hätte unter den vorliegenden Verhältnissen jedoch den Befehl hierzu ertheilen und die bisherige Aufgabe des Halbzuges dem 3. Bataillon überweisen können, wenngleich es immer nicht günstig ist, eine Abtheilung, welche an der betreffenden Stelle sich bereits eingenistet und mit der Oertlichkeit vertraut gemacht hat, gerade dann abzulösen, wenn die allgemeine Lage bald ein Gefecht an dieser Stelle erwarten läßt.

Wir berühren diesen Punkt im Wesentlichen jedoch deshalb, weil wir uns an einen Vorfall erinnern, bei welchem eine Abtheilung mit bestimmter Aufgabe an einen Punkt gefesselt war, diesen aber verließ und sich ihrem Bataillon anschloß, als dasselbe bei ihr vorbei gegen den Feind vorging. Auch Aehnliches haben wir in Bezug auf einzelne Personen bemerkt: Offiziere aus höheren Stäben, aus irgend einem Grunde zu den fechtenden Truppen vorgeschickt, betheiligen sich am Gefecht derselben, namentlich wenn sie der Zufall auf eine Truppe führt, der sie selbst früher angehört haben. Das ist an und für sich ein recht hervortretendes Zeugniß der Kampfesfreudigkeit und des kameradschaftlichen Zusammenhanges und das Gefühl, aus welchem dies entspringt, wird Jeder gewiß verstehen und anerkennen, aber — es darf nicht sein.

Im Uebrigen zeigt das Gefecht der 5. wie namentlich der 7. Kompagnie neben dem rühmlichen Aushalten im Kampfe auch unter den bedrohlichsten Verhältnissen bis zum letzten Augenblick, trotzdem sie nach den ihnen gewordenen Weisungen früher hätten zurückgehen können, noch einzelne andere Erscheinungen, die wohl werth sind, daß sie hier zur Nachachtung hervorgehoben werden.

Hierzu ist zu rechnen: Bei der 5. Kompagnie, daß sie, von feindlichem Gewehrfeuer bei ihrem Eintreffen am Bestimmungsort empfangen, die allgemeine Lage und den Einfluß der Höhe des Reppertsberges sofort richtig erkennend, mit ihren beiden vordersten Abtheilungen sich nicht in ein Feuergefecht einläßt, sondern unverzüglich den Berg hinauf zum Angriff vorgeht — ein in derartigen überraschenden Lagen gewiß zu empfehlendes Verfahren. Ebenso ist das Vertreiben feindlicher Schützen, auf welche man auf kurze Entfernung stößt, durch einen schnellen Schützenanlauf jedenfalls dem Eröffnen eines Feuergefechts vorzuziehen, welches den Soutiens des Gegners

Zeit zum Herankommen und Eingreifen bieten würde, namentlich aber da, wo man überhaupt vorwärts will.

Bei der 7. Kompagnie sehen wir die Feldwache des Lieutenants v. d. Berswardt nach den zunächst bedrohten Stellen sich wenden, ungeachtet der sichtbaren Ueberlegenheit des Feindes; ein Verfahren, was überall da innegehalten werden muß, wo die herbeieilende Vorposten-Kompagnie in der vordersten Sicherheitslinie fechten soll.

Auch ist anzuerkennen, daß, obwohl das Feuer des Feindes bereits aus weiter Entfernung einige Verluste erzeugte, Hauptmann Frhr. v. Rosen dasselbe erst erwidern ließ, als die Schützen des Gegners sich auf etwa 240 m genähert hatten.

Bei beiden Kompagnien aber springt der Vortheil eines zurückgehaltenen Soutiens, namentlich in Bezug auf den Abzug, deutlich hervor; diesem ist es zu verdanken, daß die vorne ausgeschwärmten Abtheilungen kurz hinter den Stellungen, welche sie räumen, Aufnahme finden, mehrfach noch erneuter Widerstand geleistet werden kann und die Züge und Kompagnien insoweit geschlossen, wie dies unter solchen Umständen nur zu ermöglichen ist, in der Hand ihrer Führer und zur weiteren Verwendung befähigt bleiben. Haben wir auf dem linken Flügel den Nachtheil, der durch das Fehlen eines Soutiens entsteht, kennen gelernt, so ergänzen sich die daselbst angestellten Betrachtungen hier dadurch, daß die Vortheile eines Soutiens bei derartigen Lagen im Gefecht dieser beiden Kompagnien unverkennbar sind.

Der Abzug der Truppen von der Saar führt uns einen zweiten Fall vor, in welchem von einem Abzuge im Schritt, auf den sonst der höchste Werth gelegt werden muß, Abstand genommen wird. Es ist dies das Passiren des Eisenbahntunnels, welcher unter dem Feuer der feindlichen Artillerie liegt. Hier erfolgt z. B. von der 7. Kompagnie der Durchmarsch zugweise und im Laufschritt. Es erscheint ein derartiges Verfahren statthaft, wenn sonst große Verluste zu erwarten sind. Aber es muß eisern daran festgehalten werden, daß solche Rückwärtsbewegungen im Laufen nur auf Kommando erfolgen, und erneut sei darauf hingewiesen, daß, wenn hierbei ein Zerlegen des Truppenkörpers in einzelne Unterabtheilungen oder ein Auflösen angeordnet wird, vorher ein Punkt zum Sammeln zu bestimmen ist.

Von den übrigen Infanterie-Truppentheilen sei hier nur noch auf einen eigenthümlichen Vorfall bei der 10. Kompagnie

69. Regiments auf der Malstatter Eisenbahnbrücke zurückgegriffen. Wir wissen, daß diese Brücke für die großen Operationen erhalten werden sollte. Aber sie geräth in Brand, indem eine Granate das auf derselben hinter der Barrikade für die Feldwache aufgehäufte Stroh entzündet. Es ist dies eine von den Zufälligkeiten, an die man in der Regel nur denkt, wenn sie sich thatsächlich ereignen, auch ist nicht anzunehmen, daß ein derartiger Vorfall oft vorkommen wird. Immerhin weist er uns darauf hin, daß, wo eine Brücke, die für weitere Zwecke erhalten werden soll, und die durch die Bestandtheile ihres Baues dem Verbrennen ausgesetzt ist, in die Vertheidigung gezogen wird, nicht noch feuergefährliches Material auf derselben belassen werden darf und daß es nützlich ist, Löschmaterial bei der Hand zu haben.

Bei der 6. leichten Batterie giebt zunächst die Entsendung eines Zuges Anlaß zur Betrachtung. Die Geschichte des Hohenzollernschen Füsilier-Regiments erwähnt in Bezug auf denselben: „Gegen 9 Uhr (Vormittags) waren 2 Geschütze durch Saarbrücken hindurch nach dem Exerzirplatz getrabt, von den Leuten mit jubelndem Hurrah begrüßt. Graf Gneisenau, der Tags zuvor vom Exerzirplatz aus das Vorterrain rekognoszirt hatte, hatte ihre Aufstellung daselbst angeordnet. Indessen erregte dieselbe immerhin Bedenken, auch erschien sie bei der event. nothwendig werdenden Räumung zu exponirt, und so befahl der General, sie nach Brebach zu dirigiren, wo man sich bei einem etwaigen Vorgehen der Franzosen in flankirender Stellung eine gute Wirkung versprechen konnte."

Abzweigungen von taktischen Einheiten sind nach Möglichkeit zu vermeiden, dies gilt besonders für die Artillerie, als diejenige Waffe, deren Kampffeld die weiteren Entfernungen umfaßt und für die Entscheidungen auf denselben danach streben muß, ihre gesammte Stärke zur Verfügung zu haben. Das schließt nicht aus, daß unter ganz besonderen Umständen auch einzelne Züge nützliche Verwendung finden können; namentlich dort, wo das Gelände nicht gestattet, alle Geschütze der Batterie in Stellung zu bringen, wie dies unter Anderem öfter im Gebirge der Fall sein wird. Es erscheint alsdann nicht angebracht, auf eine unter Umständen recht günstige Geschützwirkung ganz zu verzichten, nur einem Prinzipe zu Gefallen. Kann man nicht alle 6 Geschütze einer Batterie verwenden, so ist es immer besser die Feuerkraft von 2 Geschützen auszunutzen, als auf die Wirkung der Artillerie gänzlich zu verzichten.

Es fragt sich nun, ob es unter den hier vorliegenden Verhältnissen besser war, die Batterie zusammenzuhalten oder die Abzweigung eines Zuges eintreten zu lassen. Wir würden Ersteres für zweckmäßiger gehalten haben. Man wußte, daß dem kleinen Detachement ein ganzes Armee-Korps gegenüber stand, der Feind also eine starke Artillerie besaß; mehr als 20 Geschütze hatte man selbst bereits an einem der vorhergehenden Tage auf den Spicherer Höhen bemerkt. Gegen eine solche Ueberlegenheit aufzukommen, war für die eine Batterie des Detachements keine Aussicht vorhanden; sie konnte sich auf einen entscheidenden Kampf an keiner Stelle einlassen, wo der Gegner seine Ueberlegenheit auf nähere Entfernungen zu entwickeln vermochte. Es ist dies auch einer der Gründe, welche ihre Verwendung auf dem linken Saar-Ufer ausschlossen. Dagegen war der Feind nicht in der Lage, sobald er die Saar überschritt, auf dem rechten Ufer sofort eine starke Artillerie-Linie zu entwickeln, und die Thätigkeit der leichten Batterie konnte dann eine recht nutzbringende werden — wie sie es auch gewesen ist, — namentlich in Betracht der Aufgabe, welche die nach Raschpfuhl herangezogenen Truppen hatten: der Aufnahme des Saarbrücker Detachements. Dann war aber die ganze Gefechtskraft der Batterie erforderlich, also ein Zusammenhalten aller 6 Geschütze.

Die anfangs beabsichtigte Verwendung eines Zuges auf dem Exerzirplatz versprach somit bezüglich eines Gefechts keinen Nutzen; es wurde auch von ihr wieder Abstand genommen. Immerhin tritt aber bei ihrem kurzen Erscheinen auf dem linken Saar-Ufer doch ein gewisser Werth hervor, der in der freudigen Begrüßung durch die Infanterie gekennzeichnet wird. Jede Unterstützung ist einer bis dahin auf sich selbst angewiesenen Truppe werthvoll, doppelt aber eine solche durch Artillerie, deren weitreichende und gewaltige Wirkung die Gefechtskraft wesentlich erhöht. Schon die Mittheilung, daß Geschütze in der Nähe eingetroffen sind, trägt zur Stärkung der Widerstandskraft einer Truppe bei. Sieht aber ein Jeder in der Truppe mit eigenen Augen die Geschütze, so fühlt er sich in dieser Hinsicht noch mehr gestärkt. Damit wollen wir jedoch eine Verwendung der Artillerie zu rein militärischen Promenaden keineswegs empfehlen; der hier zu Grunde liegende Vorfall bietet uns nur Gelegenheit, auch in dieser Hinsicht die Zutheilung von

Artillerie an Grenz-Detachements von einer gewissen Stärke, welche in ihrer Isolirtheit eine wesentliche Stütze an ihr finden, zu empfehlen.

Die demnächst erfolgte Zutheilung dieses Zuges an das Detachement Brebach dürfte schon in Hinsicht auf unsere obige Bemerkung über die Nothwendigkeit des Zusammenhaltens aller Geschütze nicht als eine vortheilhafte Maßregel zu bezeichnen sein. Drangen von Saargemünd her auf dem rechten Saar-Ufer stärkere französische Kolonnen vor, und wollte man ihnen gegenüber in der Gegend von Brebach Widerstand leisten, so mußten die Reserven oder ein Theil derselben und mit ihnen die ganze Batterie dorthin vorgeschickt werden. Voraussichtlich hätte man die Annäherung des Feindes so frühzeitig erfahren, daß für die Ausführung dieser Maßregel auch hinreichende Zeit zur Verfügung blieb.

Der hauptsächlichste Nutzen von der Anwesenheit beider Geschütze bei Brebach ist, wie es scheint, in ihrer Einwirkung auf ein Gefecht am linken Saar-Ufer erhofft worden. Allerdings lag dort der schwächste Punkt der gesammten Aufstellung und jede Stärkung der Vertheidigung desselben war erwünscht. Aber der hohe jenseitige Thalrand engte das Schußfeld in sehr empfindlicher Weise ein und gestattete dem Gegner sehr schnell Deckungen zu finden, wenn er zufällig in die Schußlinie gerieth. Ging der Feind mit größeren Massen zum Angriff dort vor, so reichten zwei Geschütze nicht hin, eine entscheidende Einwirkung auszuüben, und wurden dem Gegner diese dennoch empfindlich, so wäre es für ihn ein Leichtes gewesen, sie durch überlegene Artillerie aus günstiger Stellung zu bekämpfen.

Für uns liegt die Vermuthung nahe, daß der General Graf Gneisenau, als er am Nachmittage des 1. August die Stellung beritt, bei der großen Ausdehnung derselben auf dem linken Ufer, gar nicht auf dem rechten Ufer nach dem entlegenen Brebach gelangt ist; es dürfte hierzu auch die erforderliche Zeit nicht vorhanden gewesen sein. Ist dies zutreffend, so würde die Entsendung der beiden Geschütze nach einem bestimmten Punkt darauf hinweisen, daß man gut daran thut, solche Abzweigungen von einer Batterie auf größere Entfernungen nur nach genauer Kenntniß der betreffenden Oertlichkeit eintreten zu lassen.

Was das Verfahren des Hauptmanns v. Helden-Sarnowski mit den beiden anderen Zügen der Batterie betrifft, so kann sich daran ein jeder Führer, der über Artillerie zu verfügen hat, wie jeder

Batteriechef ein Beispiel nehmen. Die erste Aufstellung der Batterie ist für den Zweck der Aufnahme sachgemäß gewählt. Die Aufgabe einer Aufnahme erfordert, daß man ein Nachdringen der feindlichen Infanterie nach Kräften verhindert und daher dort Stellung nimmt, wo die Gefechtslage und die Beschaffenheit des Geländes hierzu die meiste Aussicht bietet. In der zuerst gewählten Stellung war die Batterie aber vollständig in der Lage, gegen ein Vordringen des Feindes aus St. Johann wie über die Eisenbahnbrücke eine Wirkung auszuüben. Eine weitere Forderung liegt in dem Bekämpfen der feindlichen Artillerie, vor Allem aber in der Ableitung ihres Feuers von den zurückgehenden Truppen.

Bei der großen Entfernung beider Thalränder von einander und der Ueberlegenheit des Feindes an Artillerie war ein Nieder=kämpfen seiner Batterien durch die vier preußischen Geschütze aus=geschlossen; es blieb diesen daher nur übrig, das Feuer des Gegners von der eigenen Infanterie nach Kräften abzuleiten. Diese Aufgabe aber ist vom Hauptmann v. Helden=Sarnowski durch festes Aushalten und umsichtiges Stellungwechseln so weit gelöst worden, als dies über=haupt nur erreichbar war.

Die Verluste, welche der Feind durch die Batterie erlitt, lassen sich nicht übersehen; doch glauben wir sie nur als geringe bezeichnen zu können. Hierfür spricht die verhältnißmäßig nicht beträchtliche Gesammteinbuße der Franzosen, welche zum weitaus größten Theil auf das Feuer der Infanterie gerechnet werden muß. Ferner aber ist dies durch den Gang des Gefechtes, wie die Gestaltung des Geländes vollständig erklärlich. Nur die beiden Geschütze bei Brebach gelangten dazu, stellenweise auf geschlossene Abtheilungen von Infanterie und vielleicht auch von Kavallerie zu feuern, die aber sofort hinter Deckungen wieder verschwanden; sonst boten sich ihnen auch nur meist bewegende Schützenlinien auf kurze Zeit zum Ziel,*) ebenso nur auf kurze Zeit eine Batterie. Allerdings heißt es in den preußischen Berichten mehrmals, daß diese Ziele „mit Erfolg" beschossen wurden; jedenfalls kann der Erfolg jedoch unter den obwaltenden Umständen kein bedeutender gewesen sein. Die vier Geschütze des Hauptmanns v. Helden haben nur Artillerieziele gehabt, bei denen sich die Wirkung der Geschosse der Beobachtung entzog; auch weist die französische Liste

---

*) Nach einer Angabe in Did de Lonlay wurden 2 Unteroffiziere des 67. Linien=Regiments durch eine Granate getödtet.

bei der Artillerie keinen Verlust auf. Dessenungeachtet kann hier von einer Munitionsverschwendung nicht die Rede sein, denn wesentlich nur dadurch, daß die Geschütze feuerten, gelang es ihnen, einen Theil der feindlichen Artillerie auf sich zu ziehen. Bemerkt muß noch werden, wie der wiederholte Stellungswechsel der Batterie anscheinend die Veranlassung geboten hat, daß die Stärke der preußischen Artillerie überschätzt wurde, wenigstens findet sich in dem Werke von Dick de Lonlay dieselbe auf vier Batterien angegeben.

Das Verhalten des Hauptmanns v. Helden weist darauf hin, wie in derartigen Gefechten auch eine einzelne Batterie bedeutender Ueberlegenheit gegenüber nicht an ein Einstellen ihrer Thätigkeit denken darf, sondern durch Wechsel der Stellung und zeitweises Wiedereröffnen des Feuers suchen muß, möglichst viel Geschosse auf sich zu ziehen und die eigene Infanterie zu entlasten, und zwar so lange, bis ihre Verluste sie überhaupt zu weiterem Kampfe unfähig machen.

Der Gang des Gefechts bot der Kavallerie keine Gelegenheit zu einem Eingreifen in dasselbe. Selbst die Verwendung einiger Züge auf dem linken Saar-Ufer hätte keine Aussicht auf einen entsprechenden Erfolg gehabt. Vielleicht wäre es ihnen dort möglich gewesen, an irgend einer Stelle unter Ausnutzung des Geländes eine feindliche Schützenlinie überraschend anzufallen; aber die Masse der feindlichen Streitkräfte füllte das gesammte Gelände aus, ihre Schützenschwärme bewegten sich in großer Stärke auf demselben und überall folgten Soutiens, so daß jede vorbrechende Kavallerie wohl sofort dem von allen Seiten sich auf sie ergießenden Feuer erlegen wäre, ein Ergebniß, was ein nur augenblickliches Stocken im Vorgehen eines kleinen Bruchtheiles der feindlichen Linie nicht aufgewogen hätte. Als zweckmäßig ist das Verhalten der Husaren-Feldwache auf dem Exerzirplatze anzuerkennen, die flankirend sich gegen die vor der Front des feindlichen linken Flügels befindlichen Chasseurs ausbreitete, um deren weiteres Vorgehen zu verlangsamen und ihnen den Einblick in die diesseitige Lage möglichst lange zu verwehren.

Im Uebrigen konnte sich die Thätigkeit der Kavallerie nur erstrecken auf Ordonnanzdienst, Erhalten der Verbindung zwischen den einzelnen Infanterieposten, Unterstützung derselben in Beobachtung der Saarlinie und Aufklärung gegen Saargemünd hin. Man würde aber fehlgreifen, wenn man hieraus schließen wollte, daß sich die Thätigkeit der Kavallerie bei Gefechten von Grenzdetachements immer nur auf diesen Gebieten bewegen müßte. Es sind dies zwar Aufgaben, die stets Ansprüche erheben werden, aber bei denen die Zahl der Mannschaften auf das Nothwendigste zu beschränken ist, da sich oft genug Gelegenheit zu einem Eingreifen geschlossener Abtheilungen in das Gefecht bieten wird und man zu einem solchen nicht stark genug sein kann. Hier war ein Eingreifen größerer Abtheilungen durch die Stärke des Gegners und den Gang, welchen das Gefecht nahm, ausgeschlossen.

Verluste und Munitionsverbrauch.

Die mitgetheilten preußischen Verluste (in Summe 5 Offiziere, 131 Mann, 9 Pferde) erweisen sich größer als die betreffenden Ziffern des Generalstabs-Werkes sie angeben. Der Grund liegt vorzugsweise darin, daß die letzteren sich auf die damals vorgelegenen Angaben stützen, die ersteren aber nachträglichen Zusammenstellungen entnommen sind, welche in Rücksicht auf spätere Invalidenansprüche auch diejenigen Verwundeten mitenthalten, welche nach dem Gefechte noch bei der Truppe verblieben.

Für den Krieg selbst sind nur diejenigen Angaben von Werth, welche sich auf die thatsächliche Verminderung der Kombattantenzahl beziehen. Aber bei diesen Angaben, welche unmittelbar nach dem Gefecht gemacht werden müssen, ist es häufig bei dem besten Willen unmöglich, die Verlustliste in voller Richtigkeit herzustellen. Vielfach finden sich Versprengte erst nach dem Abgang derselben ein, Leute, die leicht verletzt bei der Truppe noch verblieben und unter den Verwundeten daher nicht mit aufgeführt wurden, müssen nachträglich in das Lazareth geschickt werden; es kann auch vorkommen, daß man auf das Eintreffen einer abgezweigten Abtheilung nach der Lage, in welcher man sie zuletzt gesehen hat, noch hofft, während sie in Feindes Hand gefallen ist oder Verluste erlitten hat; oft erscheinen auch Leute wieder, die nach Aussage Anderer todt niedergefallen sein sollen.

In Bezug auf die französischen Verlustlisten sind uns die Prinzipien nicht bekannt, nach welchen sie aufgestellt sind. Nach Angaben des Generals Frossard beläuft sich der Verlust auf 6 Offiziere, 80 Mann; nach Dick de Lonlay treten hier 12 Mann hinzu und

zwar beim 77. Regiment von der auf Gersweiler gerichteten Kolonne.*)
Letztere Angabe findet sich auch in den preußischen Berichten.**)

Noch weniger sicher ist der wirkliche Verbrauch an Patronen
genau festzustellen. Beispielsweise wird derselbe hier beim 2. Bataillon
Regiments Nr. 40 auf 12 143 Stück angegeben.***) Wahrscheinlich
ist in dieser Angabe aber auch der sonstige Abgang an Patronen
enthalten. Derselbe kann aber keineswegs unbeträchtlich sein, denn
die Zahl der Gefangenen, deren Munition doch jedenfalls verloren
gegangen ist und bei denen man nicht weiß, wieviel Patronen von
ihnen bis zum Augenblick ihrer Gefangennahme verschossen wurden,
beträgt allein schon 3 Unteroffiziere 40 Mann; auch gehen bei einem
Rückzugsgefecht meist die Patronen der liegenbleibenden Todten
verloren, ganz abgesehen davon, daß selbst bei den genauesten Vor=
schriften über die Abgabe der Munition Verwundeter es nicht zu
ermöglichen ist, daß die ihnen abgenommenen Patronen auch immer
bei ihrem eigenen Truppentheil zur Verrechnung gelangen. Immer=
hin würden, wenn man berechnen sollte, wieviel Patronen wirklich
verschossen worden sind, von obiger Summe (12 143) einige Tausende
in Abzug gebracht werden müssen, wobei man gar nicht in der Lage
ist, diese Zahl mit irgend welcher Sicherheit anzunehmen.

Der Munitionsverbrauch der preußischen Batterie wird mit
126 Granaten und 1 Kartätsche angegeben; wie es den Anschein hat, ist
hierbei die verschossene Munition des entsandten Zuges (54 Granaten,
1 Kartätsche) mit einbegriffen.

Bei so schwankender Grundlage lassen sich mithin selbst bei
diesem kleinen Gefechte keine genauen Ziffern feststellen über das Ver=
hältniß der verschossenen Munition zu dem Ergebniß des Gewehr=
und Geschützfeuers. Wir sind hierauf näher eingegangen, um den

---

*) Nach Frossard ist beim 3. Jäger=Bataillon 1 Mann verwundet, beim
77. Linien=Regiment 1 Offizier getödtet worden.

Nach Dick de Lonlay betrug der Verlust der Kolonne des Oberst
du Ferron: 1 Sergeant der 3. Jäger todt, 1 Offizier und 12 Mann des
77. Regiments todt oder verwundet.

**) Es muß auffallen, daß die preußischen Berichte ebenfalls bei Gersweiler
genau denselben Gesammtverlust der Franzosen bereits am 23. Juli angeben,
so daß irgendwo ein Irrthum in dieser Beziehung vorzuliegen scheint (s. S. 121).
Wir neigen zu der Ansicht, daß es sich hier nur um einen einmaligen
Verlust der Franzosen in der Höhe von 1 Offizier 13 Mann handeln kann,
und müssen den Tag, an welchem er stattfand, dahin gestellt sein lassen.

***) Beim 1. Bataillon 150, beim 3. Bataillon 100 Patronen.

Werth derartiger Berechnungen klar zu legen; nur ganz ausnahms=
weise können solche Zahlen Anspruch auf Richtigkeit machen. Immer=
hin zeigt sich auch hier, daß auf jeden außer Gefecht gesetzten Mann
eine überaus bedeutende Anzahl von Kugeln zu rechnen ist. Die
Aufregung des Gefechts mit ihren Folgen: Schlechtes Zielen und
Abfeuern ohne zu zielen, übereilte Kommandos, grobe Irrthümer
im Schätzen der Entfernungen und Schießen auf viel zu weite Ent=
fernungen, ergiebt wesentlich andere Resultate als auf den Schieß=
plätzen im Frieden, und selbst Mancher, der auf diesen ein guter
Schütze gewesen ist, leistet im Ernstfalle gar nichts. Um so wichtiger
werden Feuerleitung und Feuerdisziplin, und für Beides muß im
Frieden die feste Grundlage gelegt werden.

Das Feuer der französischen Artillerie wird mehrfach als ein
sehr heftiges bezeichnet. Die Ergebnisse desselben lassen sich nur
theilweise feststellen, indem man bei der namentlichen Aufführung der
preußischen Verluste die Bezeichnung „durch Granatsplitter verwundet"
vorfindet, dagegen bei den Getödteten die Angabe fehlt, ob der Tod
durch Gewehrkugel oder Geschosse der Artillerie erfolgt ist.*)

Diese Listen weisen bei den durch Geschützfeuer Verwundeten
1 Offizier 19 Mann auf, von denen die größte Zahl auf die
10. Kompagnie Regiments 40 — vermuthlich bei ihrem Rückmarsch durch
den Tunnel — fällt, 6 Mann durch Granatsplitter, 1 durch
Mitrailleusenkugel.**) Rechnet man hierzu noch einige Todte, so
dürfte doch der Gesammtverlust durch das Artilleriefeuer die Ziffer
von 25 Mann kaum überstiegen haben.

Betrachtungen über den Angriff der Division Bataille.

Um auf die Führung und das Verfahren der Truppentheile
auf französischer Seite näher einzugehen, fehlt es an ausreichendem
Material; wir vermögen daher nur aus dem, was in der Dar=
stellung des Gefechts hat gegeben werden können, Anregung zu ein=
zelnen allgemeinen Betrachtungen zu entnehmen.

---

*) Abgesehen von einem Artilleristen.

**) Es verloren ferner durch Granatsplitter verwundet: die 3., 4. und
7. Kompagnie Regiments 40 je 1 Mann, die 1. Kompagnie 5 Leute (durch eine
Granate), die 6. leichte Batterie hatte 1 Unteroffizier todt, 1 Offizier 2 Mann
verwundet; außerdem 6 Pferde (2 Pferde waren durch Gewehrkugeln ver=
wundet).

Eine der ersten Bedingungen bei der Anlage eines Gefechts, dessen Umfang sich von vornherein nicht übersehen läßt, bleibt, daß dem betreffenden Truppentheil — sei es eine Kompagnie oder ein Armeekorps —, so weit man es in der Hand hat, nur eine so große Breitenausdehnung zugemuthet wird, als solche seiner Stärke entspricht und seine einheitliche Leitung nicht darunter leidet.

Es sind daher auch in Anleitungen vielfach Breitenausdehnungen festgesetzt worden, in welchen sich eine Division in der Offensive oder in der Defensive entwickeln darf.

Selbstverständlich ist dies nur ein Anhalt, welchen die allgemeine Lage, namentlich auch die Stärke des Gegners und des Geländes, so wie die Aufgabe des betreffenden Truppentheils wesentlich ändern kann; immerhin wird eine Gefechtsführung um so schwieriger sein, je mehr die räumliche Ausdehnung im Verhältniß zur Stärke der Truppe zunimmt und je unübersichtlicher das Gelände ist.

Nun beträgt die Ausdehnung, in welcher die Division Bataille auftrat, vom Südende von St. Arnual bis zur Eisenbahn in der Höhe des Drahtzuges 4800 Meter; eine Ausdehnung, die viel zu groß erscheinen würde, sobald die Höhen preußischerseits mit ausreichenden Kräften für einen nachhaltigen Widerstand besetzt waren. Für diesen Fall hätte der Angriff auf St. Arnual und den Winterberg bis zum Weg Rothes Haus — Spicheren allein bereits das Ansetzen einer ganzen Division in Anspruch genommen. Allerdings kann ein Truppenkörper sich in größerer Breite ausdehnen, wenn man die Ueberzeugung hat, daß der Gegner nicht in der Lage ist, den einzelnen Kolonnen ernsteren Widerstand entgegenzustellen, aber selbst in solchen Fällen ist es gerathen, daß der höhere Führer, sobald es zum Gefecht kommt, sofort eine Abtheilung bestimmt, welche zu seiner Verfügung verbleibt.

Handelt es sich aber um einen Angriff gegen starke feindliche Kräfte, so ist von Anfang an eine eigene Reserve für den Divisionskommandeur nothwendig, um sie einsetzen zu können, wenn an dem wichtigsten Punkte die bereits im Gefecht stehenden Kräfte sich nicht als ausreichend erweisen, oder wenn es darauf ankommt, etwaigen Rückschlägen, die von Einfluß sein könnten, zu begegnen. Hat die Führung für solche Fälle nicht noch Truppen zur Hand, so muß auf die Unterstützung weiter rückwärts folgender Kräfte gegriffen werden und erschwert alsdann die Vermischung von Abtheilungen, welche verschiedenen Verbänden angehören, die einheitliche Leitung an der betreffenden Stelle um ein Bedeutendes.

Ob sich General Bataille eine Gefechtsreserve ausgeschieden hat oder nicht, können wir nicht mit Bestimmtheit sagen; soweit die Vertheilung der Truppen bekannt ist, scheint dies nicht der Fall gewesen zu sein; auch das Eingreifen von Truppentheilen, die anderen Divisionen angehören, auf dem rechten Flügel des Gefechts (40. Regiment, 10. Jäger-Bataillon) dürfte dies bestätigen. Ebenso wissen wir nicht anzugeben, inwieweit die Ueberzeugung vorlag, im ersten Anlaufe nur auf schwache Abtheilungen zu stoßen, wodurch das Vorgehen der Division in breiter Front seine Berechtigung finden würde. Immerhin darf aber nicht übersehen werden, daß noch ein anderer Umstand für letzteres nicht ohne Einfluß gewesen ist, nämlich: die vorherige Aufstellung des Korps Frossard.

Man wird häufig im Kriege darauf stoßen, daß sich größere Truppenmassen für Angriffsbewegungen nicht so gruppiren lassen, wie es für die Absichten, welche man verfolgt, auch gerade am wünschens= werthesten erscheint, da alle Bewegungen von den Stellen ausgehen, an welchen sich die Truppen zur Zeit befinden. Nun war hier die Division Bataille als Avantgarde des Korps vorgeschoben worden und befand sich, um dieser Aufgabe gemäß die Sicherung in aus= reichender Breite auch ausführen zu können, bereits seit einigen Tagen mit einer Brigade in der Gegend von Stiring, mit der anderen auf den Höhen von Spicheren. Wollte man für den Angriff zwei Divi= sionen in erster Linie verwenden, so hätte man bei der Division Bataille eine Brigade unter vorläufigem Belassen ihrer Vorposten zunächst an die andere heranziehen müssen. Dies wäre umständlich und zeitraubend gewesen und hätte den Angriff auf einen Theil der Linie des Vortheils beraubt, welcher die genaue Bekanntschaft der Truppen mit dem Vorgelände in sich schloß.

Immerhin können wir als Ergebniß der aus den Thatsachen gegebenen Anregung nur festhalten, daß sich ein Zusammenziehen von getrennten Abtheilungen eines Truppenkörpers bei Angriffs= bewegungen überall dort empfiehlt, wo ernstere Gefechte zu erwarten sind, und daß beim Beginn eines solchen eine der ersten Anordnungen ihres Führers in dem Ausscheiden einer Gefechtsreserve zur eigenen unmittelbaren Verfügung bestehen muß. Wir würden es daher, sobald man einen ernsteren Widerstand erwartete, für angezeigt gehalten haben, wenn von der linken Flügelbrigade, welche zunächst nur bis an die Folster Höhe vorzuschicken war, ein Regiment abgezweigt und hinter den linken Flügel der Brigade Bastoul als

Reserve des Divisionskommandeurs herangezogen worden wäre. Fand man starken Widerstand bei St. Arnual und an dem Winterberge, so konnte die Division dann dort wenigstens neun ihrer Bataillone einsetzen und war nicht bei einem etwaigen Stocken des Angriffs der rechten Flügelbrigade auf Unterstützung durch fremde Truppen einer anderen Division angewiesen.

Im Uebrigen kann man den Anordnungen französischerseits, so weit sie sich aus den großen Umrissen erkennen lassen, nur beistimmen. Es ist dies namentlich der Fall bei der Wahl des ersten Angriffspunktes, in der Verwendung der Artillerie und in Bezug auf die zum Festhalten der genommenen Stellung getroffenen Maßregeln.

Der Angriff begann durch die rechte Flügelbrigade gegen St. Arnual und den Winterberg, während die linke Flügelbrigade vorläufig noch etwas zurückblieb. Wären beide Brigaden gleichzeitig in das Gefecht getreten, so gelangte man vielleicht etwas frühzeitiger in den Besitz der gesammten Stellung, voraussichtlich hätte dabei aber die Brigade Pouget, welche jetzt nur 3 Mann einbüßte, wesentlich größere Verluste erlitten, umsomehr, als der Exerzirplatz sich wallähnlich über das Ehrenthal erhebt.

Der Winterberg war aber der vorspringendste Punkt der Stellung, hier konnte der Angriff am schnellsten erfolgen, und wenn stärkere preußische Kräfte weiter rückwärts überhaupt vorhanden waren, so vermochten sie jedenfalls hier am spätesten einzutreffen, während die Vertheidiger des Exerzirplatzes viel früher verstärkt werden konnten und man alsdann dort einen bedeutend kräftigeren Widerstand erwarten mußte. Gelangte aber der Winterberg in die Hand des Angreifers und brachte derselbe ein Paar Batterien auf demselben in Stellung, so wurden die Mitte und der rechte preußische Flügel unhaltbar.

Durch die Art und Weise, wie der Angriff sich thatsächlich gestaltete, ist jedenfalls der Zweck des Gefechtes mit den geringsten Opfern erkauft worden.

Die Artillerie nahm zunächst theils auf den Vorsprüngen des Spicherer Plateaus Aufstellung, theils begleitete sie die Infanterie. Sie fand hier zwar keine hervorragende Thätigkeit,*) da die kleinen

---

*) Die preußischen Berichte erwähnen wenigstens einer solchen — abgesehen von einer Batterie, welche kurze Zeit gegen das Detachement Brebach in Thätigkeit trat — bis zum Erscheinen der französischen Artillerie auf den dicht vor Saarbrücken befindlichen Höhen, an keiner Stelle.

preußischen Abtheilungen bei den Deckungen des Geländes keine ge= eigneten Ziele boten, sie wäre aber zur Hand gewesen, wenn größere Kräfte entgegentraten, den Angriff vorzubereiten, namentlich aber auch etwa auftretende Artillerie zu bekämpfen und deren Feuer abzulenken, soweit dies überhaupt möglich war.

Sobald die Höhen vor Saarbrücken genommen waren, beeilten sich die Batterien, auf denselben zu erscheinen, wobei jedoch das schwierige Gelände die Bewegung etwas verlangsamt hat. Auch eilten die Pioniere herbei, um durch ihre Arbeiten ein Festhalten der Stellung gegen einen feindlichen Vorstoß zu unterstützen. Beides sind Maßregeln, welche nie aus den Augen gelassen werden dürfen.

Bei der großen Breitenausdehnung der Division sehen wir auch die beiden Brigaden ihre Regimenter sehr bald in breiter Front entwickeln, wobei beim linken Flügel das Bestreben hervortritt, die Verbindung herzustellen und zu erhalten; bei letzterer verbleibt wenig= stens das Jäger=Bataillon in zweiter Linie somit zur Verfügung des Brigadekommandeurs; ob bei der rechten Flügelbrigade sich der Kommandeur eine Reserve zurückbehielt, wissen wir nicht, doch hat es den Anschein, als ob dies nicht geschehen sei. Ebenso gewinnt man den Eindruck, als ob die Regimenter zum Theil ihre gesammten Bataillone sehr bald in einer Linie entwickelt hätten. Es ist aber möglich, daß sich diese Einzelheiten auch anders gestaltet haben.

Beim Angriff einer vom Feinde besetzten Stellung ist es erfor= derlich, daß die Brigaden einer in erster Linie befindlichen Division bestimmte Geländeabschnitte, gegen welche sie vorgehen sollen, angewiesen erhalten, sie ertheilen ihren Regimentern dementsprechend ihre Auf= gaben. Unter größeren Verhältnissen weist bereits unser Reglement darauf hin, die Regimenter dabei nebeneinander zu setzen, wie dies auch hier geschehen ist. Die Führung wird dadurch wesentlich erleichtert. Aber dieselben Gründe, welche vorhin für das Ausscheiden einer Gefechtsreserve zur Verfügung des Divisionskommandeurs her= vorgehoben worden sind, gelten auch für die Führer der Brigaden wie für die Regimentskommandeure, selbst dann, wenn sie sich in einem höheren Truppenverbande befinden. Vielfach wird sich der Begriff einer Reserve dabei mit der eines 2. oder 3. Treffens decken. Wir hoffen im Verfolg der Studien auch auf Grundlage der Darstellung bedeutenderer Kämpfe hierauf noch weiter eingehen zu können.

Wo aber einer Division oder ihren Unterabtheilungen beim
Angriff Abschnitte zugewiesen werden, welche für ihre Stärke in Bezug
auf den Gefechtszweck zu groß bemessen erscheinen, wird das Bestreben,
den Zusammenhang herzustellen und keine bedenkliche Lücken zu lassen,
dazu führen, den größten Theil der Truppen in erster Linie zu ver=
wenden und infolge dessen zu wenig oder gar nichts für das An=
sammeln einer Reserve übrig bleiben.

Durch das Feuer der französischen Artillerie geriethen der
Bahnhof, die Eisenbahnbrücke, sowie mehrere Gehöfte in der Um=
gegend, wie einzelne Häuser in Saarbrücken und St. Johann in
Brand, was damals Gegenstand vielfacher Erörterungen wurde. Wir
begnügen uns, hier darauf hinzuweisen, daß, wo Oertlichkeiten
irgend welcher Art in die Vertheidigung gezogen oder von Truppen
durchschritten werden, der Gegner voll berechtigt ist, seine Artillerie
gegen dieselben wirken zu lassen. Wenn dabei einige Häuser in Brand
gerathen oder Bewohner getroffen werden, so ist dies sehr bedauerlich
— aber nicht zu vermeiden.

Was schließlich die den eigentlichen Vorstoß gegen Saarbrücken
unterstützenden Demonstrationen betrifft, so ist die von Saargemünd
aus angeordnete völlig eindruckslos geblieben, da sie nur das Vor=
senden einiger Ulanen=Patrouillen von Brebach aus zur Folge hatte.
Ebenso wenig hat das Vorgehen französischer Kolonnen auf Gers=
weiler, wie gegen den Uebergang von Völklingen einen Einfluß auf
das Gefecht ausgeübt. Gersweiler mußte vom rechten Ufer aus
unter allen Verhältnissen beobachtet und Völklingen als selbstständiger
Posten festgehalten werden, von dem aus auf eine weitere Unterstützung,
nachdem eine solche schon früher durch die 10. Kompagnie 69. Regiments
erfolgt war, füglich für ein Gefecht bei Saarbrücken überhaupt nicht
gerechnet werden konnte. Dagegen dürfte in Bezug auf das Aufgeben
der Saarlinie das Erscheinen französischer Truppen an den beiden
Stellen insofern mitgewirkt haben, als dadurch ihre Ueberlegenheit
noch mehr hervortrat und eine weitere Behauptung der Saarlinie
aussichtslos wurde.

Im Allgemeinen können Demonstrationen nur dann von Werth
sein, wenn durch sie irgend eine feindliche Abtheilung an einen be=
stimmten Punkt gefesselt und ihr Heranziehen an diejenige Stelle,
wo die Entscheidung liegt, verhindert wird, oder wenn sie durch
Bedrohung in einer für die gesammte Lage des Gegners empfindlichen
Richtung Kräfte desselben von der entscheidenden Stelle abziehen. Eine

demonstrirende Abtheilung muß zur Erfüllung dieser Zwecke jeden Augenblick bereit sein, zum ernsten Angriff überzugehen. Auch empfiehlt es sich sehr, zu erwägen, ob es in jedem einzelnen Falle nicht besser ist, statt sich überhaupt in Demonstrationen einzulassen, die dazu in Aussicht genommenen Truppen dort mit den anderen zu verwerthen, wo der Schwerpunkt des Angriffes liegt.

Ergebnisse des Gefechts.

Die dem Vorgehen der Franzosen zu Grunde gelegene Absicht wurde erreicht, indem sie in den Besitz der Höhen des linken Saar= Ufers gelangten; sie gewannen dabei den Eindruck, daß größere Massen des Gegners auf dem rechten Ufer im Saarthal zur Zeit noch nicht eingetroffen waren. Trotz dieses Erfolges, welcher mit dem Aufgebot großer Massen erreicht wurde, geschah aber unmittelbar nach dem Gefecht am 2. August Nichts, um die Fühlung, welche man während der vergangenen 14 Tage mit den vordersten preußischen Truppen gehabt hatte, weiter zu erhalten. Der Gegner verschwand schließlich auf den waldbedeckten Höhen des rechten Ufers, und man unterließ jeden Versuch festzustellen, wo er geblieben war und ob hinter diesem verdeckenden Vorhang weitere Streitkräfte sich befänden.*) Wir haben schon an verschiedenen Stellen uns darüber ausgesprochen, daß eine mit dem Feinde erlangte Fühlung nicht wieder verloren gehen darf. Es ist sowohl Aufgabe der höheren Führung, das Er= forderliche anzuordnen, wie auch im Besonderen der gesammten in erster Linie befindlichen Kavallerie — gleichviel ob sie aus Divisionen besteht oder der Infanterie zugetheilt ist —, dies von selbst stets im Auge zu behalten; alsdann wäre auch eine Besetzung von St. Johann durch Infanterie für die auf allen Hauptstraßen vorgehenden Reiter zur Aufnahme erforderlich gewesen.

Auch auf preußischer Seite ging die Fühlung mit dem Gegner zunächst verloren. Daß das Unrichtige dieses Verfahrens aber sofort erkannt wurde, ergiebt sich aus dem Tagebuche der 16. Division, in welchem angeführt ist: „Inzwischen war das Gefecht beendet, ohne daß die Avantgarde Fühlung mit dem Feinde behalten hatte. Die Division befahl, sie sogleich wieder zu gewinnen und erließ die dahin= gehenden Befehle."

---

*) Nach einer Mittheilung soll man sogar die Ansicht gehabt haben, daß das preußische Detachement auf Saarlouis abgezogen wäre.

Der französischen Armee erwuchs durch das Vorschieben ihrer vordersten Linie bis an die Saar aber vor Allem auch der große Vortheil, daß eine Offensive des Gegners an dieser Stelle nunmehr den Fluß unter ihrem Feuer hätte überschreiten müssen. Es ist bekannt, daß die französische Heeresleitung jedoch, als die Zeit heran= nahte, dies auszubeuten, davon Abstand nahm und sich somit freiwillig des wichtigsten Erfolges, welchen das Gefecht des 2. August in sich schloß, begab. Hierdurch wurde aber für die Führung der deutschen Armee in der Folge auch der wesentlichste Nachtheil wieder aufgehoben, welchen die erzwungene Räumung von Saarbrücken mit sich bringen konnte.

Während in Frankreich die Bedeutung des Gefechts anfangs überschätzt wurde und sich desto empfindlicher der Rückschlag bemerklich machte, welchen die nächsten unglücklichen Kämpfe bald darauf hervorriefen, trat in Deutschland durchaus nicht der aufregende Eindruck hervor, auf welchen mit dem durch ein Gefecht herbei= geführtes Aufgeben eines bis dahin behaupteten Gebietes sonst im Allgemeinen zu rechnen ist. Es wird dabei immer auf die Umstände ankommen, unter welchen die Räumung eines Grenzdistriktes erfolgt. Erregend wird fast stets das Preisgeben eigenen Gebietes auf die Masse oder wenigstens auf den zunächst bedrohten Theil der Bevöl= kerung wirken. Hier aber diente die damals bereits allgemein bekannte Thatsache, daß die kleine Schaar unentwegt fast 14 Tage lang in unmittelbarer Berührung mit dem weit überlegenen Gegner sich gehalten und selbst den Kampf mit ihm ehrenvoll bestanden hatte, nur dazu, das Vertrauen zu stärken, welches man auf die Armee und den schließlichen Ausgang des Krieges setzte.

Ueber den Eindruck, welchen dies Gefecht auf die betheiligte Truppe gemacht hatte, äußert sich die Geschichte der Hohenzollernschen Füsiliere mit den Worten: „Für das Regiment hatte das Gefecht einen unbestreitbaren Werth. Es war das erste ernstliche Gefecht und erst hier gewinnt man Gewißheit über den Werth der Truppe. Heute hatte die Haltung die hochgespanntesten Erwartungen über= troffen, obwohl jeder Einzelne die kolossale Uebermacht der Franzosen vor Augen hatte." Aus der Darstellung des Gefechts läßt sich die Richtigkeit dieses Ausspruches auch im Einzelnen erkennen. Das Ausharren des Premierlieutenants Garrelts mit seinen Mann= schaften, der Hauptleute Frhr. v. Rosen und Kosch mit ihren Kom= pagnien, sowie des Hauptmanns v. Helden mit der Batterie bis

zur äußersten Grenze des Möglichen, der immer aufs Neue auf=
genommene Widerstand, das Verbleiben des Hauptmanns Neybecker
mit seinem Detachement bei Brebach, Alles dies und noch viele
andere Züge geben Beleg von dem Geiste, welcher Führer wie Truppe
beseelte. So fand die erfolgreiche Thätigkeit des Detachements, welche
dasselbe seit 14 Tagen ausgeübt hatte, in dem Gefechte von Saar=
brücken ihren würdigen Abschluß. — Die Ansicht, welche man
preußischerseits über das Verfahren der französischen Heeresleitung
in der Truppe selbst gewann, ist in dem Tagebuch der 16. Division
(General Frhr. v. Barnekow), zu welcher die betheiligte Infanterie
gehörte, an demselben Tage in folgenden Worten niedergelegt:

„Beim Feinde scheint es sich heute um einen kurzen Vorstoß unter
den Augen des Kaisers gehandelt zu haben, um ein bulletin de guerre
publiziren zu können. Er begnügte sich mit dem Besitz des linken
Saar=Ufers."

d. Einfluß der heutigen Bewaffnung.

Ueber den Einfluß der heutigen Feuerwaffen im Gefecht dürfte
sich ein Jeder, der sich überhaupt mit dieser Frage zu beschäftigen
hat, bereits seine Ansicht gebildet haben.

Zwar zeigt die Erfahrung, daß, wenn eine Truppe mit For=
mationen und Gefechtsgrundsätzen in den Kampf tritt, welche der
Vervollkommnung der Feuerwaffen nicht mehr entsprechen, sie, durch
den thatsächlichen Verlauf belehrt, von selbst zu Aenderungen in ihrem
Verfahren übergeht. Aber diese Erfahrungen, welche beim Beginn
eines Feldzuges zunächst nur von einem Theile des Heeres gemacht
werden, gelangen in der Bewegung des Krieges nicht sofort überall
zur Einführung, und Armeekorps, die später als andere dazu kommen,
an Schlachten Theil zu nehmen oder größere Gefechte zu liefern,
greifen zu veränderten Formen und Grundsätzen in der Regel erst
dann, wenn sie an sich selbst diese Erfahrungen gemacht haben. Die
Folge davon sind große Verluste, welche selbst auf die Entscheidungen
von Einfluß sein können. Daher wird diejenige Armee, welche bei
der Friedensausbildung den Ansprüchen der Zukunft am zweckmäßigsten
zu genügen verstanden hat, im Anfange eines Krieges ein bedeutendes
Uebergewicht über jede andere erhalten, welche in dieser Richtung
veralteten Prinzipien folgt.

Allerdings entscheidet über die Richtigkeit der Ansichten erst
der Krieg. Um so mehr liegt Jedem aber die Verpflichtung ob, sich

nicht mit allgemeinen Anschauungen zu begnügen, sondern derartige Fragen auf das Allereingehendste zum Gegenstand des Studiums zu machen. Wer dabei die Verhältnisse des Krieges, die Natur des Menschen und die Wirkungsfähigkeit verbesserter Waffen oder sonstiger Einführungen am richtigsten erkennt, wird in seiner Ausbildung und weiteren Entwickelung im Frieden auch den Anforderungen eines zukünftigen Krieges am meisten entsprechen.

Wir wählen hier den Weg, die am schärfsten hervortretenden Momente in den Kämpfen, auf die wir im Verfolg unserer Studien stoßen werden, unter dem Gesichtspunkt zu untersuchen, ob und inwieweit anderweitige Erscheinungen hervorgetreten sein würden, wenn beide Gegner schon damals im Besitz der heutigen Waffen gewesen wären.

Allerdings wird man auf diese Weise nur sehr allmälig zu einer umfassenden Grundlage gelangen, aber die Aufgabe ist eine so wichtige, daß man nicht sorgsam genug bei ihrer Lösung vorgehen · kann.

Schon bei den Betrachtungen über die Zusammenstöße von Patrouillen betraten wir diesen Weg, wir verfolgen ihn auch hier auf der Grundlage eines etwas größeren Zusammenstoßes, wobei jedoch festgehalten werden muß, daß das Gefecht von Saarbrücken nur den Charakter des Vorgehens starker Kräfte gegen eine Vorpostenaufstellung hat.

Die Franzosen fanden zunächst den östlichen wie den westlichen Theil des Winterberges von je einem Zuge besetzt, stießen also auf einen Widerstand, wie ihn annähernd etwa zwei starke Feldwachen auszuüben vermögen; ihr dem unsern überlegenes Gewehr gestattete ihnen schon damals auf weitere Entfernung ihr Feuer zu eröffnen. Daß ein erwähnenswerthes Ergebniß desselben im Anfange hervorgetreten wäre, geht aus den Berichten nicht hervor. Abgesehen von den beiden vorgeschobenen Sektionen des Lieutenants Mitscher, welche auch nur wenige Minuten dem Feuer ausgesetzt waren, boten die auf dem überhöhenden Berge befindlichen preußischen Schützen jedenfalls ein sehr schlechtes Ziel. Je größer aber die Tragweite des Gewehrs ist, in desto weiterem Umfange werden die über den Höhenkamm hinweggehenden Kugeln die auf größere Entfernung befindlichen Unterstützungen der Vertheidigung durch Zufallstreffer belästigen. Es dürfte sich daher in der Defensive bei Stellungen auf Bodenerhebungen empfehlen, die Soutiens nahe an die Feuerlinie heranzuziehen.

Denken wir uns die beiden preußischen Züge mit unserem heutigen Gewehr bewaffnet, so würden sie in der Lage gewesen sein, ebenfalls auf weitere Entfernung bereits mit dem Feuer zu beginnen, was ein vorsichtigeres Vorgehen selbst eines überlegenen Gegners hervorrufen dürfte, wodurch unter sonst günstigen Verhältnissen ein Zeitgewinn für den Vertheidiger erwachsen kann, welcher ihm beim Heranziehen seiner nächsten Unterstützungen — hier also der Vor-posten-Kompagnie — zu Gute kommen würde.

Auch auf eine etwas größere Wirkung ist dabei gegen früher zu rechnen, hervorgerufen durch die größere Rasanz und den Umstand, daß eine Kugel mehrere Leute außer Gefecht zu setzen vermag.

Im vorliegenden Falle kommt jedoch in Betracht, daß die von der Höhe nach der Tiefe abgegebenen Schüsse Bohrschüsse sind, also das hinter den Schützen des Angreifers befindliche Gelände nicht in einem wesentlichen Umfange beherrschen. Die größere Schußweite und Rasanz kommt nur auf ebenem Gelände, welches keine Deckungen bietet, zum vollen Austrage. Man darf sich daher nicht verleiten lassen, auf größere Entfernungen von den Höhen herab ein leb-haftes Feuer gegen Schützenlinien zu unterhalten; vielmehr wird es vorzuziehen sein, auf solche Entfernungen das Feuer gegen die feindlichen Soutiens zu leiten, sobald diese in Entfernungen einrücken, auf welche ein Massenfeuer nach den betreffenden Vorschriften zu-lässig ist. Ist dagegen der Angreifer so weit vorgedrungen, daß sein Nahfeuer schon empfindlichere Verluste erzeugt, so wird es meist nicht durchführbar sein, das Feuer der Schützenlinie auf weiter zurück-befindliche Abtheilungen zu richten. Ein jeder einzelne Schütze hat sich dem Boden so angepaßt, daß er ihm möglichst Deckung gewährt; er hat die auf ihn unmittelbar zukommenden Gegner schon länger ins Auge gefaßt und ist von dem Gefühl erfüllt, sich dieser zunächst zu erwehren. Erfolgt nun ein Kommando, welches das Beschießen einer weit zurück auftretenden feindlichen geschlossenen Abtheilung anordnet, so muß der Schütze diese Abtheilung erst suchen, dabei oft seine bisherigen Gegner aus den Augen lassen und womöglich noch sich aus seiner Deckung erheben und diesen dabei ein besseres Ziel bieten. Anders liegen die Verhältnisse für den Einzelnen, wenn sich geschlossene Abtheilungen in seinem Gesichtskreise unmittelbar hinter der feindlichen Schützenlinie zeigen oder über dieselbe hervorbrechen. Sobald sich beim Kampf um Höhen die vordere Linie bereits auf nähere Entfernungen im Gefecht mit den feindlichen Schützen befindet, wird es daher besser sein, wenn der Vertheidiger weiter zurück auftretende geschlossene Massen des Gegners durch die nahe an die Schützenlinie herangeholten Soutiens beschießen läßt. Es hat dies Verfahren beim Festhalten einer Höhenstellung viel weniger Bedenken, als unter anderen Verhältnissen, da hier die auf dem Hange befind= lichen Schützen des Feindes die durch den Höhenkamm verdeckten Soutiens meistens nicht sehen werden.

Die auf dem westlichen Theile des Winterberges befindlichen Mannschaften räumten denselben infolge der Umfassung ihrer rechten Flanke durch starke feindliche Abtheilungen; das Feuer der nach dem Nußberge ausgewichenen Leute dieses Zuges wirkte dabei nur nachtheilig auf die Möglichkeit eines längeren Haltens ein. Jedenfalls würde aber ein von der Löwenburg her richtig geleitetes Feuer, welches sich nur gegen die über die Verbindung zwischen Winter= und Reppertsberg vorgehenden feindlichen Abtheilungen wandte, heutigen Tages voraussichtlich in der Lage gewesen sein, die Umfassung wenigstens in etwas zu verlangsamen. Die Gefahr bei einer weit zurückbefindlichen Aufnahme liegt, wie an anderer Stelle angeführt wurde, in der Schwierigkeit Freund und Feind zu unter= scheiden, wenn sich die aufnehmenden Truppen unmittelbar hinter den in erster Linie fechtenden befinden; dagegen wird man einer Um= fassung in der geeignetsten Weise entgegentreten, wenn Truppen des zweiten Treffens oder der Reserve seitwärts herausgeschoben werden und so den die vorderste Linie flankirenden Gegner ihrerseits flan= kiren. Die heutige Bewaffnung wird gestatten, einer Umfassung auf etwas weiterer Entfernung durch rückwärts befindliche Abtheilungen wirksam entgegen zu treten.

Der östliche Theil des Winterberges mußte infolge des Angriffes in der Front und gleichzeitiger Umfassung beider Flanken in Eile geräumt werden. Bei dem Mangel jedes Soutiens hätte dabei auch unser jetziges Gewehr nichts zu ändern vermocht.

Für den rechten Flügel der preußischen Vorposten bei der 7. Kompagnie gilt in Bezug auf die erste Vorbewegung der Fran= zosen dasselbe, was über Höhenvertheidigung bei der 6. Kompagnie gesagt ist. Nur steht hier fest, daß bei dem Feuer der Franzosen aus größerer Entfernung bereits frühzeitig einige Verluste eintraten, doch waren diese so gering, daß die Gefechtskraft der Kompagnie nicht im geringsten darunter litt. Es weist dies erneut darauf hin, daß lebhaftes Feuer auf große Entfernungen gegen gedeckte Schützen nicht angebracht ist. Die dabei zu erreichenden Resultate stehen in keinem richtigen Verhältniß zum Munitionsaufwand.

Die in der Mitte der gesammten Aufstellung herbeigeeilte 5. Kompagnie ward bei ihrem Eintreffen am Rothen Hause schon von einer feindlichen Abtheilung auf dem Reppertsberge beschossen. Ein solcher Moment ist stets für eine darauf nicht gefaßte Truppe gefährlich, aber die Gefahr wird sich bei erhöhter Schußwirkung noch steigern. Der Gegner scheint hier zunächst nur schwach gewesen zu sein, sonst würde es den sofort aufgelösten Mannschaften der Kompagnie — etwa 1½ Züge — schwerlich gelungen sein, die Höhe zu erreichen. Das dann auf derselben von ihr geführte Feuergefecht dürfte mit den heutigen Waffen verlustreicher für beide Theile geworden sein, sowohl für die Franzosen, da sich das Feuer auch theilweise gegen deren geschlossene Massen wandte, welche sich am Westhange des Winterberges entlang zogen, als auch für die preußische Kompagnie bei ihrem Abzug den Berg hinunter.

Bei dem Widerstande, welchen diese beiden Kompagnien noch während ihres Rückzuges nach den Saar-Brücken leisteten, kam es ebenso wie bei den Kompagnien, welche an der Saar ins Gefecht eingriffen, in Betracht, daß nunmehr ihre Schützen aus der Tiefe nach der Höhe feuerten und die über die Kämme der Berge fortgehenden Kugeln daher bei weiterreichenden Schußwaffen auch das rückwärtige Gelände in größerer Ausdehnung unsicher gemacht haben würden, als dies früher der Fall war. Die bei den auf größeren Entfernungen folgenden Reserven durch solche Zufallstreffer entstehenden Verluste werden sich daher vermehren, meist jedoch nur in einem Umfange, der für die Gefechtskraft der Truppe noch nicht in Betracht fallen dürfte. Thatsächlich hat während des Gefechts von Saarbrücken der Verlust der Reserve-Brigade des französischen linken Flügels nur in 3 Mann bestanden, welche durch weitgehende Geschosse getroffen wurden.

Die am Damm von Brebach und aus der Umfassung von St. Arnual sich beschießenden Abtheilungen befanden sich auf zu große Entfernungen gegenüber, um bedeutende Ergebnisse aufzuweisen; die 8. Kompagnie verlor dabei überhaupt nur 2 Mann. Auch bei verbesserten Waffen ist eine so beträchtliche Steigerung des Verlustes nicht zu erwarten, wenn sich zwei Schützenlinien in guten Deckungen auf 1000 Meter gegenüberliegen, um das Unterhalten eines lebhaften Feuers zu rechtfertigen. Auch hier dürfte Massenfeuer

gegen die Kolonnen, welche sich von Zeit zu Zeit zeigen, vorzugs=
weise im Auge zu behalten sein.

Bei Betrachtung der Thätigkeit der Artillerie ist festzu=
halten, daß auch in dieser Waffe bei allen Armeen seit 1870/71 eine
rege Weiterentwickelung stattgefunden hat. Wir brauchen hier nicht
auf alle Fortschritte derselben näher einzugehen, um so weniger, als
die technische Entwickelung fortwährend, bald nach der einen, bald
nach der andern Richtung hin, weitere Ergebnisse zeitigt. Es genügt,
darauf hinzuweisen, daß sich Treffsicherheit, Schußweite, wie Rasanz
und vor Allem die Wirkung des einzelnen Geschosses wesentlich ge=
steigert haben. Was die Schußweite betrifft, so darf nicht aus dem
Auge gelassen werden, daß jede Wirkung von einer richtigen Be=
obachtung abhängt, eine solche aber oft recht schwierig ist. Es kann
sich wohl ausnahmsweise Gelegenheit zu einem Feuer auf recht weite
Entfernungen bieten, im Allgemeinen wird aber den Ansprüchen des
Feldkrieges Genüge geleistet, wenn sich auf Entfernungen von etwas
über 3000 Meter noch eine ausreichende Treffsicherheit ergiebt.

Die Gefechtsberichte der Artillerie geben in manchen Lagen,
welche später durch Berichte des Gegners klar gestellt werden können,
Zeugniß davon, wie oft falsche Ansichten über die erreichte Wirkung
Platz greifen. Man stößt nicht vereinzelt auf die Angabe, daß eine
feindliche Batterie zum Schweigen gebracht oder zum Abzuge ge=
zwungen sei, während dieselbe vielleicht nur in der Ueberzeugung,
keine Wirkung zu erzielen, ihr Feuer eingestellt hat, oder ihre Stel=
lung wechselte, weil sie anderweitig nöthiger war, oder eine Stelle
glaubte gefunden zu haben, von welcher aus sie besser zu wirken ver=
mochte. Derartige Irrthümer finden sich selbst beim Gefecht von
Saarbrücken sowohl in einem preußischen Bericht, wie französischer=
seits in den von Dick de Lonlay gemachten Angaben.

Bei dem heutigen Standpunkt der Artillerie dürfte der Kampf,
welchen Hauptmann v. Helden=Sarnowski mit seinen 4 Geschützen
zu bestehen hatte, verlustreicher für dieselbe ausgefallen sein und
ihn früher zum Wechsel der verschiedenen Stellungen gezwungen
haben, vielleicht auch zu einem zeitweisen weiteren Zurückgehen, wobei
er jedoch alsdann stets erneut wieder hätte auftreten müssen, um das
Feuer von der Infanterie abzuziehen. In Bezug auf Letztere kann man
aber mit ziemlicher Bestimmtheit annehmen, daß sie bei ihrem Rückzuge
von der Saar beträchtlich größere Verluste durch das Geschützfeuer
erlitten haben würde; in gleicher Weise gilt dies auch von den

vorwärts Naschpfubl entwickelten Kompagnien, von denen die 1. der Hohenzollernschen Füsiliere bereits damals 5 Mann durch eine einzige Granate verlor. Das Feuer der Batterie Helden gegen die französischen Batterie scheint aus dem Grunde wirkungslos gewesen zu sein, weil das Gelände diesen auf ihrem höheren Standpunkte ganz besonders gute Deckung gewährte und keine ausreichende Beobachtung möglich war. Für Letzteres spricht auch die verschiedene Schätzung der Zahl der französischen Geschütze.

Für die Wirkung der beiden bei Brebach in Thätigkeit getretenen Geschütze bleibt die Schwierigkeit der Beobachtung, wie das beschränkte Gefechtsfeld und die Deckungen, welche dem Gegner das Gelände gewährte, maßgebend, wodurch auch jetzt auf ein bedeutendes Ergebniß kaum zu rechnen wäre; dagegen könnte man sich heutigen Tages vom Schrapnelfeuer gegen die den Winterberg hinauf eilenden Schützenschwärme, wie gegen die Besatzung von St. Arnual eher einen größeren Erfolg versprechen.

Wir haben uns bisher nur mit der Wirkung beschäftigt, es kommt aber für zukünftige Gefechte auch das rauchschwache Pulver in Betracht.

Der Rauch des früheren Gewehrfeuers und die großen Dampfwolken, welche bis vor kurzem das Geschützfeuer erzeugte, waren nach verschiedenen Richtungen hin von Einfluß. Einmal beeinträchtigten sie vielfach das Zielen der Feuernden selbst, dann aber verbargen sie diese auch dem Gegner und erschwerten dessen genaues Schießen, außerdem aber boten sie der höheren Leitung vielfach einen sehr erwünschten Ueberblick über die Gefechtslage auch auf größeren Entfernungen vom Standpunkte des Führers.

Heutigen Tages fällt dieser Anhalt weg, ebenso wie der deckende Vorhang, welchen der Rauch bildete, auch steht einem genauen Zielen, in dieser Beziehung wenigstens, kein Hinderniß mehr entgegen.

Wir wollen versuchen vorzuführen, welchen Eindruck die einzelnen Momente im Gefecht von Saarbrücken gewährt haben würden, wenn damals schon das rauchfreie Pulver zur Anwendung gelangt wäre.

Wie wir wissen, wurde die erste Entwickelung der französischen Truppen auf weite Entfernung mit ausreichender Genauigkeit erkannt, was bei dem überhöhenden Standpunkt der preußischen Vorposten leicht erklärlich ist. Inwieweit ferner die Einzelheiten bei verschiedenen Gruppen, beim weiteren Vorschreiten des Angriffs wahrgenommen wurden, läßt sich nicht genau feststellen. Theilweise scheint

man die Bewegungen der Massen nicht mehr genau übersehen zu
haben, was jedoch dem Auseinanderziehen der Brigaden und Regimenter und den Deckungen durch das Gelände mehr zuzuschreiben
sein dürfte, als dem sich entwickelnden Pulverdampf der starken und
lebhaft feuernden Schützenschwärme; immerhin hat man verschiedentlich noch Massen erblickt, namentlich die, welche sich auf dem westlichen Hange des Winterberges vorbewegten, auch ebenso geschlossene
Abtheilungen der Brigade Pouget. Heutigen Tages würde man jedenfalls bei dem Ueberhöhen der preußischen Stellung die Bewegungen
des Angreifers in allen Einzelheiten soweit unumterbrochen klar vor
Augen behalten, als die Deckungen, welche der Angreifer im Gelände
fand, dies nicht verhindern.

Es fragt sich demnächst, wie die oberen Führer, welche sich auf
dem Exerzirplatze befanden, den weiteren Gang des Gefechts zu übersehen vermochten, da hiervon in Verbindung mit den eingehenden
Meldungen die Leitung abhängig war.

In Bezug hierauf mußte der von Brebach herüberschallende
Kanonendonner, welcher jedenfalls so lange zu vernehmen war, als
die französische Artillerie noch nicht in größerer Zahl in Thätigkeit
trat, die Gewißheit geben, daß das dortige Detachement sich noch an
dem ihm angewiesenen Platze oder wenigstens in dessen Nähe befand.
Was sonst in der Saar-Niederung bei St. Arnual vorging, entzog
sich jedoch jedem Einblick; ein Gleiches gilt von dem Gefecht am
östlichen Theile des Winterberges, während die Räumung seines westlichen Theiles schon durch Vorgehen feindlicher Kolonnen längs
des Hanges desselben deutlich erkannt wurde. An allen diesen Erscheinungen auf dem linken Flügel ändert auch heutigen Tages die
Anwendung des rauchschwachen Pulvers nicht das Geringste in Bezug
auf die Leitung des Gefechtes.

Nach der Wegnahme des Winterberges forderte die Sachlage,
daß sich sowohl der Brigadekommandeur wie der Oberstlieutenant
v. Pestel auf das rechte Ufer der Saar begaben, nur Major
v. Horn mußte noch auf dem linken Ufer verbleiben. Es ist aber
bereits an anderer Stelle erörtert worden, daß er sich jetzt persönlich
zu der zurückweichenden 6. Kompagnie zu begeben hatte; die beiden
Kompagnien am Reppertsberge und auf dem Exerzirplatze mußten
inzwischen, nach der ihnen vom Bataillonskommandeur zurückgelassenen
Weisung, selbstständig handeln. Für ihn wurde es daher so wie so
in den nächstfolgenden Momenten durch die Sachlage unmöglich,

einen Ueberblick zu erlangen, was auch im Bericht des Bataillons hervorgehoben ist. Der Brigadekommandeur aber konnte erst von der Höhe von Raschpfuhl aus den Gang des Gefechts weiter beobachten.

Zur Charakterisirung der ersten Gefechtsmomente sei noch erwähnt, wie aus den Berichten nirgend hervorgeht, daß die in vorderster Linie fechtenden vereinzelten Abtheilungen einen Einblick in den Verlauf des Gefechtes bei ihrer Nebenabtheilung gehabt haben: so bemerkte Premierlieutenant Garrelts nichts von einem Gefecht bei St. Arnual, noch von dem des rechts von ihm befindlichen Zuges, und kein Anhalt findet sich, daß die am östlichen Theile des Reppertsberges kämpfende 5. Kompagnie von der am westlichen Theile desselben im Gefecht begriffenen 7. Kompagnie oder diese von jener etwas zu sehen vermochten; nur die in den Flanken aller dieser Abtheilungen allmälig vordringenden Kolonnen und Schützenschwärme gaben Gewißheit, daß die zunächst befindlichen befreundeten Abtheilungen ihre Plätze aufgegeben hatten. Bis dahin mag man wohl aufsteigenden Rauch über den verschiedenen Kuppen bemerkt haben: jedenfalls aber ist es bei ähnlichen Verhältnissen sehr schwer zu unterscheiden, ob der Rauch von Schüssen befreundeter oder feindlicher Abtheilungen herrührt. Die räumlichen Verhältnisse und die Beschaffenheit des Geländes begründen diese Erscheinungen. Unter solchen Bedingungen wird in Zukunft selbst der Anhalt, welchen die Rauchwolken vielleicht damals noch geben konnten, fortfallen.

Nach Räumung des linken Ufers lagen die Verhältnisse etwas günstiger für die Leitung auf preußischer Seite, da man Saarbrücken, wie den Uebergang bei Malstatt unter sich vor Augen hatte.

Nur ein Gefecht der Mannschaften, welche sich Gersweiler gegenüber befanden, dürfte damals noch durch das Aufsteigen des Rauches eher zu erkennen gewesen sein, als dies heute der Fall sein würde, und könnte dies jetzt Ungewißheit hervorrufen, ob jene Abtheilung sich dort noch behauptete.

Französischerseits gestattete der höhere Standpunkt, welchen die Führer beim Beginn des Gefechtes genommen hatten, — abgesehen vom äußersten rechten wie linken Flügel — unausgesetzt die durch die Mulde vorschreitenden Truppen im Auge zu behalten, und auch beim weiteren Vorreiten werden diese Führer wohl ziemlich deutlich haben sehen können, wie die vordersten Abtheilungen allmälig sämmtliche Höhen erstiegen.

Nachdem die Franzosen auf den Höhen angelangt waren, vermochte der durch das Feuer der vier preußischen Geschütze sich entwickelnde Rauch schon damals ihnen nicht viel zu verdecken. Heutigen Tages würde ihr Blick über die preußische Aufstellung dagegen durch Fehlen desselben auch nicht im Geringsten beeinträchtigt werden, auch würde das Feuer der französischen Artillerie bei größerer Schußweite, wie Trefffähigkeit und erhöhter Wirkung den preußischen Truppen, welche vor Maschpfuhl entwickelt waren, größere Verluste beigebracht und sie vielleicht genöthigt haben, theilweise die Deckung des hinter ihnen befindlichen Waldes aufzusuchen. Immerhin bleibt es schwierig, auf weite Entfernungen kleine feindliche Truppenkörper genau zu erkennen, und geht auch für das Aufsuchen von Artillerie der Anhalt verloren, welchen das Aufsteigen der Rauchwolken von ihren Schüssen früher noch bot.

Für die preußischen vier Geschütze war während des Gefechtes das Hervortreten dieser Rauchwolken vermuthlich noch der beste Anhalt, die Stellung der französischen Artillerie zu erkennen. Aber sie leisteten unter den damaligen Verhältnissen bereits nichts besonders Hervorragendes und umsoweniger dürfte also heutigen Tages eine Wirkung von ihnen zu erwarten sein. Unter solchen Verhältnissen war für sie im Allgemeinen nur auf Zufallstreffer zu rechnen, diese aber können jetzt von größerer Wirkung als früher sein.

Fassen wir die aus diesen Erörterungen sich ergebenden allgemeinen Züge zusammen, so dürfte — soweit aus diesem kleinen Gefechte überhaupt vorläufige Anhaltspunkte zu gewinnen sind — bei zukünftigen Kämpfen mit folgenden Erscheinungen zu rechnen sein:

So weit sich das Gelände von der einen oder anderen Seite aus überhaupt übersehen läßt, wird die Bewegung der Massen deutlicher erkannt und verfolgt werden können, da der bei größeren Zusammenstößen früher sich erhebende und verdeckende Pulverdampf fortfällt. Der Defensive wird dies insoweit zum Vortheil gereichen, als sie die Stärke der gegen die einzelnen Stellen vorrückenden feindlichen Abtheilungen häufig frühzeitiger zu überblicken vermag, namentlich aber auch an welchem Punkte und in welcher Stärke der Gegner seine vorderste Linie unterstützt und seine Reserven vorführt. Es wird daher ihrer Leitung auch leichter werden, entsprechende Gegenmaßregeln zu treffen.

Aber auch die Offensive wird die eigenen Massen besser als früher im Auge behalten und überall da, wo sie weiter zurück= befindliche Truppen des Gegners zu entdecken vermag, deren Verwendung ebenfalls leichter verfolgen können.

Schwieriger dagegen wird es in einzelnen Fällen sein, den Stand der vordersten Schützenlinien zu erkennen, und fast gänzlich entzieht sich der Gang des Gefechtes auf einem durch Bedeckung, Bodengestaltung oder durch große Ausdehnung des Gefechtsfeldes nicht mehr zu überblickenden Gelände der höheren Leitung, während früher unter solchen Verhältnissen die aufsteigenden Rauchwolken wenigstens einigen Anhalt dafür boten.

Unter diesen Umständen wird öfter eine Verstärkung höherer Stäbe durch Ordonnanzoffiziere und Meldereiter erwünscht sein, um sie an den Stellen verwenden zu können, an welchen jetzt der Gang des Gefechtes schwerer zu erkennen ist, da die im Gefecht selbst be= findlichen Abtheilungen erfahrungsmäßig wenig melden, vielfach nur, wenn sie um Unterstützung bitten. Die oben gekennzeichneten Er= scheinungen werden auch bei dem Gefecht kleinerer Abtheilungen hervortreten.

Das Infanterie= wie Artilleriefeuer kann auf größeren Ent= fernungen als früher beginnen und dadurch der Gegner zu einer frühzeitigeren Entwickelung gezwungen werden. Die weitere Folge davon ist, daß die einleitenden Momente des Angriffs mehr Zeit in Anspruch nehmen, was wiederum der Vertheidigung zu Gute kommt, um Gegenmaßregeln zu ergreifen. Am meisten wird hierzu die Artillerie beitragen; aber auch das Feuer der Infanterie wird einige Einwirkung in dieser Beziehung ausüben, sogar das ihrer Feldwachen ist im Stande, eine frühzeitigere Entwickelung des Gegners herbeizuführen und so das rechtzeitige Eintreffen der Vorposten= Kompagnien zu begünstigen.

Aber das Feuer auf weiten Entfernungen muß sich stets in sorg= fältig bemessenen Grenzen halten, damit es nicht zu einem Aufwand von Munition führt, welcher mit dem Ergebniß nicht im Einklang steht. Die Reglements und die Schießinstruktionen aller Armeen haben je nach dem Stande und den Veränderungen in der Wirkung ihrer Feuerwaffen die Entfernungen festzusetzen, auf welchen das Feuer eröffnet werden kann, und dabei das Einzel= wie Massenfeuer entsprechend zu regeln. Letzteres verspricht, auf geeignete Ziele an= gewandt, auf weiteren Entfernungen noch am ersten eine ausgiebige

Wirkung des Gewehrs. Die Möglichkeit aber, daß der Gegner uns bereits auf weitere Entfernung beschießen kann, wird überall beim Anmarsche zu weit vorgetriebenen Aufklärungen zwingen, und wo durch diese die Anwesenheit des Feindes innerhalb der Treffweite seiner Feuerwaffen festgestellt ist, zur sorgfältigsten Ausnutzung des Geländes, namentlich aber in Rücksicht auf das Artilleriefeuer zu frühzeitigem Auseinanderziehen größerer Massen führen.

Im Gefecht selbst ist infolge der vergrößerten Flugweite der Geschosse darauf zu rechnen, daß die Projektile das Gelände hinter den vordersten Abtheilungen auch auf größere Ausdehnung unsicher machen, und daß hierdurch, wie durch die rasantere Bestreichung und größere Durchschlagskraft die Zahl der Zufallstreffer sich vermehren wird. Der alsdann damit verbundene größere Verlust ist nicht zu vermeiden. Unter Umständen wird es vielleicht angängig sein, in Schlachten die Reserven zunächst weiter zurückzuhalten, und sie so wenigstens dem Bereich des Infanteriefeuers mehr zu entziehen; auch werden die starken Stäbe der oberen Kommandos bei Wahl ihres Standpunktes mit Vorsicht verfahren müssen, um nicht günstige Ziele zu bieten, da Verluste in denselben die Ruhe und Sicherheit der Leitung wesentlich beeinträchtigen.

Ist ferner im Artilleriegefechte, namentlich auf weiteren Ent= fernungen, der Gegner gut gedeckt, so wird durch das fast völlige Fehlen der Rauchwolken der Anhalt zum Zielen, welchen man unter solchen erschwerenden Umständen früher gehabt hat, verloren gehen. Man ist daher umsomehr darauf angewiesen, durch weit vorgetriebene Beobachtungen sich einen Einblick zu verschaffen, wo die Verhältnisse dies nur irgend gestatten. Dagegen wird aus demselben Grunde in allen Fällen, in denen der Gegner sichtbar bleibt, das Einschießen sich erleichtern.

Wir begnügen uns hier mit diesen vorläufig gewonnenen und aufgestellten allgemeinen Ansichten; der weitere Verlauf unserer Studien wird voraussichtlich reichen Stoff zu ihrer Vermehrung und Vertiefung, wie zu ihrer Berichtigung bieten. Auf diesem Wege werden dann auch bereits berührte Einzelheiten, welche in diese Zusammenstellung noch nicht aufgenommen sind, im Zusammenhang mit anderen im Gefecht auftretenden Erscheinungen eine festere Gestalt gewinnen können.

5. Ergebnisse der Betrachtungen über die Ereignisse in den Grenzbezirken.

(15. Juli bis 2. August 1870.)

Unsere Studien über die Ereignisse in den Grenzbezirken vor Beginn der großen Operationen des Feldzuges 1870 haben ein reiches Material zur Kenntniß der betreffenden Verhältnisse ergeben.

Aber schon die Vielseitigkeit der Lagen, mit der durch sie bedingten Mannigfaltigkeit in der Zusammensetzung der Truppen, sowie ihrer Aufgaben und deren Durchführung, welche hier nur auf der Grundlage eines Feldzuges und eines, allerdings sehr abwechselungsreichen Kriegstheaters hervorgetreten sind, lassen vermuthen, daß bei dem Studium mehrerer Feldzüge auch noch anderweitige Ergebnisse hervortreten dürften.

Zur Bestätigung dieser Behauptung braucht aus der Fülle sonstiger Erscheinungen nur auf einzelne Punkte hingewiesen zu werden.

So ist z. B. bis jetzt in unserer Arbeit nur die Verwendung mobiler Kolonnen erwähnt worden, ohne daß ihre Aufgaben und deren Durchführung eingehendere Betrachtung gefunden haben. Der Grund hierfür ist, daß die im oberen Theile von Baden auftretende Kolonne in den letzten Tagen des vorliegenden Zeitabschnittes erst ihre Thätigkeit begann und daher keinen ausreichenden Anhalt bot, ein solcher sich aber später im Anschluß an die Verwendung derartiger Detachements in den im Feindesland in Besitz genommenen Bezirken in ausgedehntester Weise finden dürfte.

Ferner lassen sich die Verhältnisse an der Küste, die doch auch eine Sicherung von Grenzbezirken berühren, nur im Zusammenhange mit einer Verwendung der Flotte zu einer ausreichenden Grundlage für Betrachtungen verwerthen.

Immerhin gestattet aber das Ergebniß unserer bisherigen Studien bereits ein vorläufiges Zusammenfassen der Einzelbetrachtungen zu einem einheitlichen Ganzen, dessen Vervollständigung und Ausbau der weiteren Arbeit — theils der eigenen, theils der Anderer — überlassen bleiben muß. Um das überaus große Gebiet des Krieges auf empirischem Wege zu einer einheitlichen Lehre zusammenzufassen, reichen die Kräfte eines Einzelnen nicht aus; unter diesem Gesichtspunkte haben wir in dem Vorwort unsere Arbeit auch nur als einen Beitrag für den Zweck bezeichnen können.

Wir schließen daher diesen 1. Theil unserer Studien mit einer
Zusammenstellung der aus derselben hervorgegangenen Ergebnisse als
einen Beitrag für die Lehre vom Kriege im Allgemeinen und
ins Besondere als einen solchen für die Verhältnisse in den
Grenzbezirken.

Je zahlreicher die Truppen zweier Nachbarstaaten sind, welche
sich beim Ausbruch eines Krieges in der Nähe der Grenze befinden,
und je höher deren Kriegsbereitschaft entwickelt ist, desto mehr wächst
die Möglichkeit von Zusammenstößen noch vor Beginn der großen
Operationen.

Die Aufstellung von Grenzdetachements erfolgt in Rücksicht
auf die beabsichtigten Operationen und die Sicherung des eigenen
Gebietes; letzteres, namentlich anfangs, auch unter dem Gesichts=
punkt, Störungen der Mobilmachung zu verhindern.

Für diese Zwecke sind die in den Grenzbezirken im Frieden
untergebrachten Truppen zunächst verfügbar. Wo dieselben nicht aus=
reichen, hat sofortige Verstärkung durch weiter zurückliegende Truppen
zu erfolgen.

Aber alle in den ersten Tagen der Mobilmachung zur Ver=
wendung gelangenden Abtheilungen erleiden mehr oder weniger
Störungen in der Durchführung ihrer planmäßigen Kriegsbereitschaft.
Diese Störungen werden um so empfindlicher sein, je schneller eine
Truppe die Garnison verlassen muß und in je kleinere Abtheilungen
sie sich in Ausführung ihres Dienstes demnächst auflöst.

Man darf daher in dem Vorwerfen von Truppen nicht über
das nothwendigste Bedürfniß hinausgehen; günstige Lage der Gar=
nisonen und gute Eisenbahnverbindungen werden gestatten, einen Theil
der Kräfte in Bereitschaft zu halten und diese erst, wenn Maßregeln
des Feindes es erforderlich machen, den bereits an der Grenze ent=
wickelten Abtheilungen zuzuführen.

Dagegen ist zu vermeiden, daß beim Eintritt kriegerischer Ver=
wickelungen die Garnison eines an der Grenze liegenden Ortes zu
anderweitiger Verwendung herausgezogen wird, insbesondere aber,
wenn die Nothwendigkeit vorliegt, sie an ihrer bisherigen Stelle
unmittelbar wieder durch eine von rückwärts hervorgeholte Truppe
zu ersetzen. Der Werth, den eine genaue Kenntniß des Geländes und
aller einschlagenden Verhältnisse in sich schließt, geht sonst verloren.

Auch darf die Beunruhigung nicht unberücksichtigt bleiben, welche durch die Räumung eines in der Nähe der Grenze liegenden Garnison-ortes hervorgerufen wird.

Befürchtungen nehmen alsdann die Gestalt von Thatsachen an, welche sich weithin verbreiten, mit ihrer größeren Ausdehnung aber immer übertriebener werden und oft empfindliche Störungen oder übereilte Anordnungen zur Folge haben.

Um so wichtiger wird es, eine Räumung von Garnisonen an der Grenze zu vermeiden und um so nothwendiger erscheint es für den Führer einer am Platz verbleibenden Truppe, daß er Ruhe und Festigkeit bewahrt, alle Nachrichten sichtet und übereilte Maßregeln vermeidet.

Zunächst tritt in den ersten Tagen das Bedürfniß einer Sicherung für die ungestörte Durchführung der Mobilmachung am dringendsten hervor.

Dies Bedürfniß ist für sämmtliche Bezirke vorhanden, welche an den in Betracht kommenden Nachbarstaat grenzen, außerdem noch unter Umständen längs der Küste. Je früher derartige Störungen erfolgen, je weiter sie sich dabei ausdehnen, desto empfindlicher können sie werden. Gleichzeitig schließt die erforderliche Deckung der Mobil-machung aber auch die Sicherung des gesammten Grenzbezirkes in sich ein.

Man darf hierbei in der Besorgniß eines feindlichen Einfalles jedoch nicht zu weit gehen. Diese Besorgniß besteht auf beiden Seiten der Grenze, und Jeder traut dem Anderen dasjenige an Offensiv-Unternehmungen zu, was ihm selbst am unangenehmsten und gefähr-lichsten ist. Es wird im Allgemeinen genügen, wenn man bei den Maßregeln zunächst von der Friedens-Dislokation des Gegners aus-geht; ergiebt sich eine ernstere Bedrohung noch vor Beginn der großen Operationen, so finden in allen Staaten die in den Grenzprovinzen liegenden Korps heutigen Tages in sich selbst hinlänglich die Mittel, eine schnelle und ausreichende Verstärkung der bedrohten Stellen ein-treten zu lassen.

Die Zahl der Grenz-Detachements kann aber nur eine beschränkte sein, und es ist mithin nicht durchführbar, jede Ortschaft in den betreffenden Bezirken unmittelbar zu schützen; abgesehen von der Zersplitterung der Kräfte, reichen dieselben hierzu überhaupt nicht aus. Das vorübergehende Erscheinen kleinerer feindlicher Abtheilungen — namentlich von Kavallerie — und einzelne Störungen auf unserem

Gebiet sind ebensowenig zu verhindern, wie der Gegner derartige Unternehmungen unsererseits zu verwehren vermag. Maßregeln dagegen können nur insoweit vorgesehen werden, daß diese Störungen nicht zu beträchtlich anwachsen und der Feind möglichst schnell wieder vertrieben wird.

Neben den durch die Sicherung der Mobilmachung und der Grenz= bezirke hervorgerufenen Maßnahmen treten aber auch gleichzeitig die Ansprüche hervor, welche die beabsichtigten Operationen bedingen. Diese Ansprüche vermag allein die oberste Heeresleitung zu übersehen, die Erfordernisse derselben aber sind derartig, daß sie durch die Maßregeln, welche die Sicherung der Mobilmachung hervorrufen, nicht immer gedeckt werden.

Starke Beobachtung des Gegners auf seinen muthmaßlichen Anmarschlinien, Sicherung der Straßen und Eisenbahnzüge, welche der Versammlung der eigenen Armeen dienen, sei es, daß diese an der Grenze oder weiter rückwärts oder im Vormarsch der einzelnen Korps erfolgen soll, Festhalten eines Grenzgebietes, welches zu einer derartigen Versammlung bestimmt ist, Aufgeben eines Theils des eigenen Landes, sowie Unternehmungen in das feindliche Gebiet sind hierbei von der obersten Leitung besonders ins Auge zu fassen. Unter diesen Gesichtspunkten wird von ihr auch die Aufstellung von einzelnen Abtheilungen — von bloßer Kavalleriebeobachtung und kleineren ge= mischten Detachements an bis zum Vorwerfen geschlossener Heeres= körper oder deren anderweitige Verwendung — ausgehen müssen.

Unter solchen Umständen ist eine einheitliche Aufstellung der für allgemeine Zwecke, wie für die Sicherung der örtlichen Mobil= machung zu verwendenden Truppen erforderlich und kann diese nur seitens der obersten Heeresleitung erfolgen.

Gleichzeitig bleibt aber auch jeder in einem Grenzbezirk kom= mandirende General für die Sicherung der Provinz verantwort= lich. Es wird ihm daher in dieser Periode auch obliegen, wenn die Entwickelung der Verhältnisse beim Gegner es erfordert, eine Er= gänzung der Aufstellung eintreten zu lassen und den einzelnen Detache= ments Verstärkung oder Aufnahme zu gewähren. Zu diesen Zwecken kann er auch über Abtheilungen von Festungsbesatzungen unter eigener Verantwortlichkeit verfügen.

Außerdem können noch besondere Verhältnisse eintreten, in denen der rangälteste Truppenführer einer im Grenzbezirk liegenden Garnison bereits vor der Mobilmachung selbstständige Anordnungen zu treffen hat. Es wird dies vorzugsweise der Fall sein, sobald in Zeiten politischer Spannung eingehende Nachrichten eine Gefährdung der Garnison oder des zunächst gelegenen Gebietes befürchten lassen. Diese Anordnungen, welche unverzüglich den vorgesetzten Kommandos zu melden sind, haben sich dann aber auf Maßregeln für die eigene Sicherheit und Beobachtung der Grenze, wie auf das Einziehen von Nachrichten zu beschränken.

Die unmittelbare Unterstellung der Grenz-Detachements unter die oberste Heeresleitung findet ihr Ende, sobald operationsbereite Korps oder Armeen in dem betreffenden Bezirke auftreten, unter deren Befehl die betreffenden Detachements alsdann gestellt werden müssen.

Wo aber das Aufmarschgebiet einer Armee in den Grenzbezirken selbst liegt, bedarf es einer einheitlichen Leitung der bereits vorgeschobenen Grenzsicherungen und der allmälig einrückenden Truppen an Ort und Stelle von dem Augenblick an, in welchem letztere einzutreffen beginnen. In diesem Falle ist es angezeigt, den Befehl einem vorauszusendenden älteren General bis zum Eintreffen des Oberkommandos zu übertragen. —

Die **Stärke eines Grenz-Detachements** richtet sich nach der Aufgabe, welches dasselbe zu lösen hat, unter Berücksichtigung der örtlichen Verhältnisse.

Es kann hierbei durch Maßregeln des Gegners in der Folge die Verstärkung eines einzelnen Postens erforderlich werden. Man muß aber damit warten, bis dieses Erforderniß thatsächlich hervortritt, um nicht noch weitere Truppen vorzeitig in ihrer Mobilmachung zu stören.

An einzelnen Stellen wird man nur schwache Kavalleriebeobachtungen aufzustellen haben, namentlich dort, wo das benachbarte Gebiet das eigene umfaßt und dadurch der Rückzug von Infanterie erschwert werden kann; an anderen werden gemischte Detachements zur Verwendung gelangen, deren Stärke sich mit der Wichtigkeit des betreffenden Gebietes in Bezug auf die allgemeinen wie örtlichen Verhältnisse steigert. Dies kann sich bis zur frühzeitigen Aufstellung geschlossener Divisionen ausdehnen, insbesondere, wenn das Aufmarschgebiet einer Armee etwaigen Störungen durch den Gegner ausgesetzt ist.

In Bezug auf die Verbindung der einzelnen Waffen wird man im Allgemeinen festhalten können, daß:

Für Kavallerie die Sicherung der Aufnahme durch Infanterie erwünscht ist,

bei gemischten Detachements die Zutheilung einer möglichst starken Kavallerie zu erfolgen hat und

die Zutheilung von Artillerie nur bei entsprechender Stärke des Detachements rathsam ist, während eine Beigabe von Pionieren oder Eisenbahntruppen vom örtlichen Bedarf abhängig bleibt.

Weiter werden Abtheilungen, welche zur Aufnahme eines Grenz-Detachements bestimmt sind, in der Regel nur einer geringen Kavallerie bedürfen, dagegen mit einer verhältnißmäßig starken Artillerie auszustatten sein.

Im Uebrigen muß noch darauf hingewiesen werden, daß es nicht genügt, die Stärke eines Detachements nach den Anforderungen der allgemeinen Lage zu bemessen, sondern daß man auch berücksichtigen muß, welche Anforderungen die örtlichen Verhältnisse für die Durchführung der gestellten Aufgabe beanspruchen.

Die Aufgaben, welche den Grenz-Detachements zufallen, werden sehr verschiedenartig sein. In Rücksicht der vielseitigen und schwierigen Lagen, in welche sie gerathen können, und des Umstandes, daß die Friedensübungen den Führern keine ausreichende praktische Vorbereitung zu bieten vermögen, reicht der einfache Befehl nicht aus, sondern muß eine Instruktion die Zwecke des Detachements, wie sein Verhalten besonderen Verhältnissen gegenüber sehr eingehend festsetzen, ohne jedoch die selbstständige Durchführung zu beeinträchtigen. Eine frühzeitige Bekanntschaft des Detachementsführers mit seiner Aufgabe ist erforderlich.

Die Instruktionen sind im Wesentlichen unter Berücksichtigung folgender Gesichtspunkte aufzustellen:

Genaue Bezeichnung des Abschnittes oder der einzelnen Punkte, sowie der Wegeverbindungen und Bahnen, deren Sicherung dem Detachement obliegt.

Angabe der wichtigsten Richtungen und der ungefähren Entfernung, in welche die Aufklärungen vorzutreiben sind, mit dem Hinweise, daß eine mit dem Gegner erlangte Fühlung dauernd erhalten bleiben muß, vor der Kriegserklärung aber die Grenze nicht zu überschreiten ist, es sei denn, daß der Feind dies thut.

Ob das Detachement nur zur Beobachtung bestimmt ist, oder zum Festhalten seiner Aufstellung, wie weit dabei Widerstand geleistet werden soll und ob und wann es auf Unterstützung oder Aufnahme zu rechnen hat.

Inwieweit offensive Zwecke zu verfolgen sind, sei es durch stärkere Kavallerie oder durch einen kurzen Vorstoß des Detachements oder kleinere Abtheilungen. Material zur Kenntniß der einschlagenden Verhältnisse (Karten u. s. w.) und sonstige für die Durchführung erforderliche Mittel (technische Unterstützung, Sprengmittel u. a.) müssen dabei zur Verfügung gestellt werden, namentlich ist dies erforderlich bei beabsichtigten Zerstörungen von Bahnstrecken auf feindlichem Gebiet. Frühzeitige Kenntniß derartiger Aufträge ist auch hier besonders nothwendig, damit der betreffende Führer sich auch seinerseits von allem sonst noch Erforderlichen rechtzeitig unterrichten und sich mit seiner Aufgabe vertraut machen kann.

Kenntniß der Stellung von Nebenabtheilungen und Hinweis auf Unterhaltung der Verbindung, sowie Mittheilung an diese von Allem, was über den Feind in Erfahrung gebracht wird, beziehungsweise der eigenen Lage und den in derselben eintretenden Veränderungen.

Angabe der Rückzugslinie, wenn das besetzte Gebiet geräumt werden muß. Besondere Bestimmung, wenn der Abzug nicht bloß in einer Richtung zu erfolgen hat; inwieweit Bahn- und Wegesperrungen oder Zerstörungen stattzufinden haben, wobei es sich empfiehlt, auf wichtigeren Linien Generalstabsoffiziere und Pioniere oder Mannschaften von Eisenbahntruppen bereit zu stellen, welche Punkte beim Rückzuge noch nach Möglichkeit zu decken sind oder besondere Rücksichtnahmen erheischen und in welcher Richtung Unterstützung zu finden ist.

Wohin die Meldungen zu richten sind. Sofortige Uebermittelung jeder wichtigen Nachricht (unter Hinweis auf den Werth einer genauen Bezeichnung der bemerkten Regimenter des Feindes), außerdem zu welchen Stunden täglich Meldungen abzugehen haben, auch wenn nichts vorfällt.

Frühzeitiges Einrichten eines Nachrichtenwesens, Auswahl geeigneter Persönlichkeiten für dasselbe.

Enge Verbindung mit den Civilbehörden und Anweisung derselben, worauf vorzugsweise zu achten ist; Ueberwachung des Verkehrs auch an der Grenze neutraler Staaten, Verhindern der Ausfuhr von Pferden,

Verpflegung, Kohlen und sonstigen dem Gegner für den Krieg nütz=
lichen Gegenständen.

Mittheilung aller den Gegner betreffenden Notizen,
soweit dieselben für das Detachement von Werth sind; Kenntniß seiner
Uniformen und Kriegseintheilung, vermuthete Versammlungen in der
Nähe des Bezirks und Absichten, welche er in Bezug auf denselben
verfolgen könnte.

Bei der weiteren Entwickelung der Verhältnisse werden die Auf=
gaben jedoch verschiedentlich wesentlichen Veränderungen
unterworfen sein.

Bedrohliche Ansammlungen des Feindes können die bisherige
Forderung des Festhaltens in die einer bloßen Beobachtung verwan=
deln und zu einer Zurücknahme der Infanterie führen.

Andrerseits wird das Vorschreiten der Mobilmachung gestatten,
einzelnen Detachements, deren Stärke bis dahin nur zur Beobachtung
ausreichte, Unterstützung zu gewähren, welche sie befähigt, ernsteren
Widerstand zu leisten, — aber auch ermöglichen, an Stellen, deren
Behauptung nicht mehr erforderlich wird, Truppen zu anderweitiger
Verwendung fortzuziehen und an diesen dafür nur eine schwache
Beobachtung eintreten zu lassen.

Lücken, die sich in der Aufstellung des Gegners finden, oder der
Abmarsch seiner Truppen aus einem bisher von ihnen besetzten Grenz=
bezirke bieten Gelegenheit, Aufklärungen weiter vorzutreiben und
Störungen auf feindlichem Gebiet vorzunehmen oder Besitz von dem=
selben zu ergreifen.

Vereinzelung eines feindlichen Detachements, wie unvorsichtige Auf=
stellungen und Versehen im Sicherheitsdienste desselben fordern zum
Anordnen von Offensiv=Unternehmungen heraus.

In den Grenzsicherungen selbst können Verschiebungen eintreten,
sobald bei der Versammlung größerer Truppenmassen weitere Kräfte
in die erste Linie einrücken, um den Zusammenhang einzelner Heeres=
körper nicht zu zerreißen und die Aufgaben der vordersten Linie
zu erleichtern. Statt eines bis dahin angeordneten Zurückweichens
aus dieser Linie kann auch alsdann die Forderung ihrer Behauptung
eintreten.

Ebenso können Grenz=Detachements ihrer Aufgabe enthoben und
zu ihrem höheren Truppenverbande herangezogen werden, sobald
Abtheilungen anderer Korps in dem betreffenden Bezirk auftreten oder
die großen Operationen beginnen; in diesem Falle sind jedoch die

nothwendigen Weisungen zu geben, daß durch Zurücklassen kleinerer Abtheilungen oder von Kavallerie die Fühlung mit gegenüber befindlichen Truppen des Gegners nicht verloren geht.

Mit dem Vorschreiten der Mobilmachung, wie der Versammlung der Armeen werden öfter auch Veränderungen in der Bestimmung der Rückzugslinie eines Detachements erforderlich werden.

Sache der obersten Führung ist es, alle diese Punkte im Auge zu behalten und rechtzeitig den einzelnen Detachements diejenigen Aenderungen in ihren Aufgaben zugehen zu lassen, welche die sich allmälig entwickelnden Verhältnisse bedingen. Tritt hierbei durch das Eintreffen eines höheren Truppenführers ein Wechsel in der Führung eines Grenz-Detachements ein, so ist es rathsam, denselben ebenfalls mit besonderer Instruktion zu versehen, in welcher auch die bisherigen Berührungen und Wahrnehmungen des Detachements Aufnahme zu finden haben.

Bezüglich **Durchführung der Aufgaben** eines Grenz-Detachements ist hervorzuheben:

Die Wichtigkeit der Einrichtung eines Nachrichtenwesens tritt bereits in dem Zeitraum hervor, in welchem die Grenze noch nicht überschritten werden darf; die Bildung eines solchen muß frühzeitig erfolgen, und sind alle über den Gegner eingehenden Nachrichten — woher sie auch kommen — durch einen beständig damit beauftragten Offizier zu sammeln und zu prüfen. Die aus dem Nachbarstaate zurückkommenden Leute sind diesem zuzuführen und von ihm zu verhören.

Für den Nachrichtendienst an der Grenze kommt es hauptsächlich auf die Wahl geeigneter Persönlichkeiten an. Diese sind vorzugsweise unter dem daselbst befindlichen Beamtenpersonal der verschiedensten Kategorien auszusuchen, und werden namentlich solche Personen von Werth sein, welche durch längere militärische Dienstzeit auch ein gewisses Verständniß zur Beurtheilung militärischer Verhältnisse gewonnen haben. Jedem einzelnen von ihnen ist eine besondere Instruktion zu ertheilen, worauf in seinem Bereiche vorzugsweise zu achten ist, und genau vorzuschreiben, wohin die Mittheilungen zu richten sind.

Eine Beobachtung der Grenze ist außerdem von Anfang an durch die Truppe selbst erforderlich. Nach erfolgter Kriegserklärung muß, wo dies irgend angänglich, die Fühlung mit dem Feinde ohne Rücksicht auf die Grenzlinie gewonnen werden, um ihn aus unmittelbarster Nähe zu beobachten, und darf eine einmal erlangte Fühlung nicht wieder verloren gehen.

Hält sich der Gegner dabei noch in weiter Entfernung, so bedarf es hierzu des Vorgehens einer selbstständigen starken Kavallerie; steht eine solche nicht zur Verfügung, so muß die dem Grenz-Detachement zugetheilte Kavallerie auf entsprechende Entfernung die Aufklärung übernehmen. Es empfiehlt sich alsdann, sie in ihrer ganzen Stärke, abgesehen von den bei der Infanterie erforderlichen Ordonnanzen und Meldereitern, auf etwa einen halben Tagemarsch oder selbst darüber vorzunehmen, von wo aus die weitere Aufklärung durch Patrouillen auf den Hauptstraßen erfolgt. Gestatten die Kräfte dieser Kavallerie, Avantgarden sowie Offizier- und Unteroffizierposten noch weiter vorzutreiben, so muß dies geschehen. Ist der Feind aus verschiedenen Richtungen zu erwarten, so sind auch die minder wichtigen durch entsandte kleinere, aber selbstständige Kavallerie-Abtheilungen einer ständigen Ueberwachung zu unterziehen.

Wo sich geeignete Geländeverhältnisse finden, wie im Gebirge oder an Wasserläufen, empfiehlt es sich, der vorgenommenen Kavallerie durch einzelne Infanterie-Abtheilungen einen Rückhalt zu gewähren.

Bei großer Nähe des Gegners hat die Beobachtung vorzugsweise durch gemeinschaftliche Thätigkeit beider Waffen oder durch Infanterie allein zu erfolgen, welcher alsdann einzelne Meldereiter beizugeben sind.

Alle eingehenden Nachrichten sind vor ihrer Weitergabe einer sorgfältigen Prüfung zu unterziehen, namentlich ist dabei die Quelle, aus der sie stammen, zu beachten, auch ist bei einer nothwendig erscheinenden sofortigen Weitergabe der Nachricht ein Urtheil über den Werth der Quelle hinzuzufügen. Wo aber die Zeit es gestattet und eine Möglichkeit dazu vorhanden ist, sind Mittheilungen aus der Civilbevölkerung oder von Beamten stets noch vor ihrem Abgange in Bezug auf ihre Richtigkeit durch die Truppe selbst festzustellen. Auch bei Meldungen von Patrouillen ist — namentlich im Anfange — ebenfalls eine entsprechende Kontrolle durch die betreffenden Führer von Wichtigkeit. Auf diese Weise wird man am ersten noch unnützen Alarmirungen begegnen und weiter nach rückwärts hin die Verbreitung einer störenden Aufregung vermeiden; immer muß man eingedenk sein, daß bei der drohenden Gefahr und der Neuheit derartiger Lagen viele, namentlich aus nichtmilitärischen Kreisen hervorgehende Mittheilungen oft in übertriebenster Gestalt auftreten.

Die Aufstellung eines Grenz-Detachements wird in ihren Einzelheiten durch Aufgabe und Stärke, wie durch örtliche Verhältnisse, Maßnahmen des Gegners, dem Vorschreiten der eigenen Mobilmachung und der Versammlung der Kräfte beeinflußt; sie kann daher auch mannigfachen Veränderungen unterworfen sein.

Hierbei wird die Führung des Detachements, gleichviel, ob es sich um bloße Beobachtung oder möglichst lange Behauptung eines ausgedehnteren Gebietes oder eines bestimmten Punktes handelt, in den meisten Fällen genöthigt sein, einen Theil ihrer Kräfte in einzelnen Posten zu verwenden. Diese Vereinzelung macht es um so nothwendiger, daß das Vorgelände weithin unter Beobachtung gehalten wird, um rechtzeitig den Anmarsch des Gegners zu entdecken und die zur Unterstützung oder zur Aufnahme vorhandenen Abtheilungen zweckgemäß dirigiren zu können. Die Wahl eines geeigneten Abschnittes wird das Letztere wesentlich erleichtern.

In allen Fällen, in denen es sich um ein Festhalten durch stärkere Kräfte handelt, ist außer den als Vorposten und zur Besetzung einzelner Punkte erforderlichen Abtheilungen die Bildung eines besonderen Gros (Reserve) erforderlich, für dessen Verwendung auf ausgedehnteren Strecken vorhandene Bahnlinien von Nutzen sein können.

Sind jedoch günstige Bedingungen für eine Unterstützung durch das Gros aus einer centralen Stellung nicht vorhanden, so wird dasselbe hinter dem wichtigsten Theile der gesammten Linie seine Aufstellung finden, und müssen sonst auf sich angewiesene Postirungen von Anfang an verhältnißmäßig stark gemacht werden, um sich selbstständig möglichst lange behaupten zu können. Namentlich wird dies dann stattzufinden haben, wenn die Aufgabe bei einem nothwendig werdenden Verlassen der Stellung auch weiterhin die Sicherung mehrerer Straßen oder Bahnen erfordert.

Ist durch die Länge der Linie eine abschnittsweise Eintheilung derselben bedingt — wie dies namentlich im Gebirge häufig der Fall sein wird — so können für einzelne Abschnitte auch abgesonderte Unterstützungen bereitgestellt werden, sobald die Gesammtstärke dies gestattet.

Die Aufnahme vorgeschobener Abtheilungen darf im Allgemeinen nicht in zu weiter Entfernung erfolgen. Ist ein Zurückgehen der vorne befindlichen Truppen im Gefecht vorauszusehen, so muß, wo das Gelände es gestattet, die Aufnahme möglichst auf günstige Schußweite hinter der ersten Linie stattfinden, es sei denn, daß die örtlichen Verhältnisse wie die eigene Stärke dieser einen gesicherten Abzug gestatten.

Zur Verstärkung von Stellungen durch fortifikatorische Arbeiten ist sofort zu schreiten; dabei ist es besser, mit der Zeit die wichtigsten Punkte auszuarbeiten, als zu zahlreiche Anlagen zu machen; die Herstellung von Wegen zu den einzelnen Stellungen ist nicht außer Acht zu lassen, und wo sich telegraphische Leitungen befinden, sind dieselben zur Verbindung der entsandten Abtheilungen mit dem Gros zu verwerthen.

Die Aufstellung von Vorposten zur örtlichen Sicherheit der Stellung wie der Truppen darf auch dort nicht fehlen, wo weitere Beobachtungen gegen den Feind vorgeschoben sind; ist die Ausdehnung der einzelnen Postirungen eine große, so wird man vielfach auf eine unmittelbare Verbindung der gesammten Postenkette verzichten und sich auf Unterhaltung derselben durch Patrouillen beschränken müssen. Ist der Feind in bedrohlicher Nähe und liegt die zu besetzende Stellung dicht an der eigenen Vorpostenlinie, so ist das Aussetzen starker Feld=wachen erforderlich, um den Truppen ein zeitgerechtes Erreichen der Stellung zu ermöglichen, sonst genügt meist das Vorschieben von Unter=offizierposten auf den Hauptwegen und besonders wichtigen Punkten; in allen Fällen aber sind die Truppen, welche nicht in der vordersten Sicherheitslinie verwandt werden, in steter Bereitschaft zu halten, doch können die Mannschaften in Alarmquartieren Unterkunft finden. Zur Erhöhung einer Sicherung gegen Ueberraschungen ist es statthaft, leichte Sperrungen der in Richtung auf den Gegner führenden Bahnen auszuführen.

Bei einem Vorstoß des Gegners wird man auch da, wo nicht eine Behauptung des Platzes unbedingt gefordert worden ist, das Gefecht mit dem ganzen Detachement annehmen, wenn die Ver=hältnisse danach liegen, daß ein erfolgreicher Widerstand zu erwarten steht. Es wird sich dabei nicht immer ermöglichen lassen, alle Kräfte an der wichtigsten Stelle zu vereinen, denn die Beobachtung nach anderen Richtungen, aus welchen der Feind noch erwartet werden kann, muß in der Regel aufrecht erhalten bleiben, wohl aber wird es meist angängig sein, die Soutiens jener Beobachtungen dorthin heranzuziehen, wo die Entscheidung liegt.

Einem übermächtigen Angriff des Feindes gegenüber, wie er namentlich eintreten kann, wenn derselbe einen Vorsprung in der Kriegsbereitschaft gewonnen hat, welcher ihm gestattet, die Offensive frühzeitiger zu ergreifen, als wir zu einer solchen bereit sind, sucht sich das Grenz=Detachement durch ein Zurückgehen auf seine Unterstützungen in der ihm vorgeschriebenen Richtung zu entziehen. Dabei kann es jedoch vorkommen, daß einzelne Abtheilungen einige Zeit Stand halten müssen, um Anderen den Abzug zu ermöglichen, da nicht immer auf eine ungestörte Vereinigung des Ganzen zu rechnen ist.

Die eigenen Offensivunternehmungen werden in Bezug auf weitergehende Vorstöße größerer Abtheilungen, wie auf die gründliche Zerstörung von entfernteren Bahnstrecken im feindlichen Gebiete nur von der obersten Heeresleitung ausgehen können; vorzugsweise werden derartige Unternehmungen der Kavallerie zufallen, diese muß bei ihrem Vorgehen damit rechnen, daß ihre Bewegungen vom Betreten des feindlichen Gebietes an von allen Seiten überwacht werden und daß beim weiteren Vordringen Truppen des Gegners nicht bloß in der Front, sondern auch in den Flanken wie im Rücken auftreten können, und demgemäß ihre Sicherungen ausbreiten.

Zerstörungen von Bahnen, Brücken u. dgl. auf nähere Entfernungen werden dagegen auch von Infanterie auszuführen sein. Es empfiehlt sich dabei in der Nähe des Feindes verdeckter Vormarsch — meist in der Nacht — und Ausführung der Zerstörung am frühen Morgen unter dem Schutz von Sicherheitsposten.

Grenz=Detachements sind aber auch zum selbstständigen Ergreifen der Offensive berechtigt, ohne erst die Weisung höherer Instanzen abzuwarten, sobald der Gegner irgend eine Blöße giebt, deren Ausbeutung ihm zum Nachtheile gereichen würde, oder wenn er durch seine Nähe den Truppen gefährlich wird. Derartige Offensivstöße müssen jedoch den Charakter eines Ausfalls tragen und werden daher meist mit Rückkehr in die frühere Stellung enden, da sich sonst das Detachement in seiner Vereinzelung umfassenderen Gegenmaßregeln des Feindes aussetzen würde. Allerdings ist auch ihre Durchführung ausgeschlossen, sobald das Uebergewicht des Feindes so groß ist, daß überhaupt kein Erfolg in Aussicht steht; andrerseits bedarf es aber zu einem solchen Vorstoß durchaus keiner Ueberlegenheit, indem auch der Gegner nicht in allen Lagen seine Kräfte versammelt haben wird und man darauf rechnen kann, zunächst nur auf einen Theil derselben zu stoßen. Sorgfältige Erkundung der feindlichen Aufstellung, möglichst unbemerktes Herangehen an dieselbe, Vermeidung langer Einleitungsgefechte, sowie schnelles Ueberwältigen des zuerst entgegentretenden Widerstandes sind die Bedingungen des Gelingens. —

Als wichtigste Grundlage für das Verhalten eines Grenz-Detachements bezüglich der Durchführung seiner Aufgabe sind mithin folgende Sätze stets zu berücksichtigen, welchen wir auch noch auf anderen Gebieten begegnen werden:

Herangehen der Beobachtungen bis an den Gegner und Festhalten der erlangten Fühlung,

offensive Thätigkeit innerhalb der Wirkungssphäre des Detachements und

Festhalten des Geländes, in welchem dasselbe Verwendung gefunden hat, bis an die Grenze des Möglichen!

- - - - - - - -

Die hier gegebene Zusammenstellung der Verhältnisse von Grenz-Detachements stützt sich in jedem einzelnen Satze auf Thatsachen oder Betrachtungen, welche dieser erste Theil der „Studien über den Krieg" klarzustellen versucht hat. Die Ergebnisse der Untersuchungen erhalten damit den Charakter einer theoretischen Lehre, die, wenn auch nicht alle, so doch die wesentlichsten Gesichtspunkte der betreffenden Kriegslage berühren dürfte.

Aber diese Studien erreichen erst dann ihren vollen Nutzen für den Einzelnen, wenn derselbe sie zum Ausgangspunkt fortgesetzter selbstständiger Geistesarbeit verwerthet, indem er die allgemeinen Lehren auf supponirte Fälle zur Anwendung bringt. Auf diesem Wege wird er in die Lage kommen, die theoretischen Sätze in Bezug auf ihre Richtigkeit zu prüfen, sie zu erweitern oder umzuwandeln, vor Allem aber wird er an Gewandtheit in Beurtheilung der einschlagenden Verhältnisse und im Ergreifen wichtiger Entschlüsse gewinnen. Dies ist das Endziel aller theoretischen Beschäftigungen: ihr Ergebniß trägt wesentlich dazu bei, Führer heranzubilden, welche den Anforderungen des Krieges gewachsen sind, doch darf die Grundlage dazu nicht fehlen: der feste Charakter und die nur auf den Uebungsfeldern zu erlernende Kunst, die Truppe selbst zu beherrschen.

Ende des ersten Theils.

Gedruckt in der Königlichen Hofbuchdruckerei von E. S. Mittler & Sohn,
Berlin, Kochstraße 68—70.

Studien über den Krieg.

Auf Grundlage des

deutsch-französischen Krieges 1870/71

von

J. v. Verdy du Vernois,

General der Infanterie,

Chef des Infanterie-Regiments Graf Schwerin (3. Pommersches) Nr. 14.

Erster Theil:

Ereignisse in den Grenzbezirken.

(Vom 15. Juli bis 2. August 1870.)

EIW

I. Heft.

Nebst einer Anlage (Ordre de bataille der französischen Armee),
einer Skizze (Nr. 1) und einer Karte (Nr. 1).

· · · ◆ · · ·

Berlin 1891.

Ernst Siegfried Mittler und Sohn

Königliche Hofbuchhandlung

Kochstraße 68—70.

Studien über den Krieg.

deutsch-französischen Krieges 1870/71

von

J. v. Verdy du Vernois,

General der Infanterie,
Chef des Infanterie-Regiments Graf Schwerin (3. Pommerisches) Nr. 14.

Erster Theil:

Ereignisse in den Grenzbezirken.

Vom 15. Juli bis 2. August 1870.

JMS

Zweites Heft.

(Fortsetzung.)

Mit einer Uebersichtskarte und einem Plane in Steindruck.

· — · — · —

Ernst Siegfried Mittler und Sohn

Königliche Hofbuchhandlung
Kochstraße 68–70.

Studien über den Krieg.

Auf Grundlage des

deutsch-französischen Krieges 1870 71

von

J. v. Verdy du Vernois,

General der Infanterie,

Chef des Infanterie-Regiments Graf Schwerin (3. Pommer'sches) Nr. 14

Erster Theil:

Ereignisse in den Grenzbezirken.

(Vom 15. Juli bis 2. August 1870.)

Drittes Heft.

(Schluß des ersten Theils.)

—※—

Berlin 1892.

Ernst Siegfried Mittler und Sohn

Königliche Hofbuchhandlung

Kochstraße 68 70.